utb 5768

**Eine Arbeitsgemeinschaft der Verlage**

Brill | Schöningh – Fink · Paderborn
Brill | Vandenhoeck & Ruprecht · Göttingen – Böhlau · Wien · Köln
Verlag Barbara Budrich · Opladen · Toronto
facultas · Wien
Haupt Verlag · Bern
Verlag Julius Klinkhardt · Bad Heilbrunn
Mohr Siebeck · Tübingen
Narr Francke Attempto Verlag – expert verlag · Tübingen
Psychiatrie Verlag · Köln
Ernst Reinhardt Verlag · München
transcript Verlag · Bielefeld
Verlag Eugen Ulmer · Stuttgart
UVK Verlag · München
Waxmann · Münster · New York
wbv Publikation · Bielefeld
Wochenschau Verlag · Frankfurt am Main

*Für Vera*

Fabian Brand

# Theologische Fragen

55 Antworten zum katholischen Glauben

unter Mitarbeit von Vera Müller

BRILL | SCHÖNINGH

*Die Autoren:*
*Fabian Brand* (*1991), Dr. theol., Studium der Katholischen Theologie in Würzburg und Jerusalem, Promotion in Würzburg, arbeitet an der Erstellung seiner Habilitationsschrift im Fach Dogmatik.

*Vera Müller* (*1993), Studium in Würzburg, Gymnasiallehrerin u.a. für Katholische Religionslehre.

Online-Angebote oder elektronische Ausgaben sind erhältlich unter **www.utb-shop.de**

Bibliografische Information der Deutschen Nationalbibliothek

Die Deutsche Nationalbibliothek verzeichnet diese Publikation in der Deutschen Nationalbibliografie; detaillierte bibliografische Daten sind im Internet über http://dnb.d-nb.de abrufbar.



Internet: www.schoeningh.de



Printed in Germany.
Herstellung: Brill Deutschland GmbH, Paderborn
Einbandgestaltung: Atelier Reichert, Stuttgart

UTB-Band-Nr: 5768
ISBN 978-3-8252-5768-2
eISBN 978-3-8385-5768-7

# Inhaltsverzeichnis

# Vorwort

„Jedes Fragen ist ein Suchen“, schreibt Martin Heidegger in seiner Einleitung zu „Sein und Zeit“. Fragen und Suchen gehören eng zusammen – und beides prägt unser menschliches Leben. Denn es gibt kein Leben, das ohne Fragen auskäme. Schon Immanuel Kant hat die vier Grundfragen der Philosophie auf einen Nenner gebracht: Was kann ich wissen? Was soll ich tun? Was darf ich hoffen? Was ist der Mensch?

Fragen zu stellen ist eine zentrale Eigenschaft, die besonders auch im Theologiestudium und im Religionsunterricht zum Tragen kommt. Schüler und Studierende stellen Fragen und es ist eigentlich ein Segen für jeden Lehrenden, wenn der vorgetragene Lehrstoff nicht unhinterfragt angenommen wird. Wer Fragen stellt, zeigt damit: Hier setzt sich jemand aktiv mit einem Thema auseinander, hier wird nachgedacht, kritisch reflektiert. Die Lehre ist keine Einbahnstraße, sondern vielmehr ein dialogisches Ereignis, das sich dort konkretisiert, wo sich Fragen aufdrängen und gemeinsam um Antworten und Lösungsmöglichkeiten gerungen wird.

Das vorliegende Buch will helfen, einigen wichtigen Fragen, die sich im Laufe des Theologiestudiums oder des Religionsunterrichts stellen können, auf die Spur zu kommen. Das Buch ist eine Anregung, Fragen ernst zu nehmen, und zusammen mit den Fragenden eine Antwort zu erarbeiten. Dazu hält das Buch für jede Frage eine doppelte Antwortmöglichkeit bereit: Eine Kurzantwort, die sozusagen das Oberflächliche bedient und das Wichtigste in einem Satz zusammenfasst, und eine längere Antwort. Letztere geht einer Frage tiefer nach und versucht, Zusammenhänge und historische Entwicklungen näher zu beleuchten und verständlich zu vermitteln.

Dass Fragen zum Theologiestudium dazugehören und dass man sie tunlichst stellen sollte, habe ich selbst während des Theologischen Studienjahres in Jerusalem gelernt. Die Begegnung mit manchen Lehrenden und Lernenden war prägend. Hier durfte ich lernen, Fragen nicht auszuweichen, sondern auf Antwortsuche zu gehen. Das war nicht immer einfach. Es war meistens ein Ringen um Kompromisse, ein Reflektieren von Möglichkeiten, eine gemeinsame Suche. Wer sich offen und mutig auf alle Fragen einlässt, dem eröffnet sich die Chance, nicht nur Theologie anders zu betreiben, sondern auch Freundschaften zu schließen, die das Leben bereichern.

Auch dieses Buch ist die Frucht einer Freundschaft. Es ist in der Zusammenarbeit mit Vera Müller entstanden. Sie hatte nicht nur die Idee zu diesem Projekt, sondern hat das Buch auch in allen Phasen seiner Entstehung konstruktiv-kritisch begleitet und die Manuskripterstellung durch ihr Mitdenken maßgeblich unterstützt. Für ihren Mut, sich auf dieses Wagnis einzulassen, sei ihr herzlich gedankt. Ihr ist dieses Buch auch gewidmet, als Zeichen der tiefen Wertschätzung und als Dank für ihre Begleitung auf allen Lebenswegen. In unserer Freundschaft scheint etwas von jener Freundschaft auf, die der dreifaltige Gott mit uns Menschen schließen möchte. So, wie es schon im Buch Exodus heißt: „Der Herr und Mose redeten miteinander von Angesicht zu Angesicht, wie einer mit seinem Freund spricht." (33,11)

Am Ende eines intensiven Buchprojektes bleibt die Hoffnung, dass es sich in der Praxis bewährt. Dass es hilft, Antworten zu geben auf jene Fragen, die sich in der Auseinandersetzung mit der Theologie unausweichlich stellen. Und dass es zugleich eine Anregung ist, dem eigenen Fragen und Suchen weiter Raum zu geben, um mutig zu bleiben, sich nicht mit scheinbar bewährten Antworten zufrieden zu geben, sondern immer weiter zu denken und kritisch zu reflektieren.

Mistelfeld, am hohen Pfingstfest 2022 — Fabian Brand

# Weiterführende Literatur

Neben der bei den jeweiligen Fragen angeführten Literaturtipps gibt es eine Vielzahl von Handbüchern, die einen Überblick über die unterschiedlichen Thematiken anbieten. Die folgende Zusammenstellung bietet zu den verschiedenen Bereichen der Theologie eine Auswahl an weiterführender Literatur.

**Biblische Theologie**

Erich Zenger u.a. (Hg.): Einleitung in das Alte Testament, Stuttgart $^{9}$2016.

Stefan Wenger: Reise durch das Alte Testament. Eine theologische Bibelkunde, Münster 2020.

Martin Ebner/Stefan Schreiber (Hg.): Einleitung in das Neue Testament, Stuttgart $^{3}$2020.

Udo Schnelle: Einleitung in das Neue Testament, Göttingen $^{8}$2013.

Reinhard Feldmeier/Hermann Spieckermann: Der Gott der Lebendigen. Eine biblische Gotteslehre, Tübingen 2011.

**Systematische Theologie**

Martin Dürnberger: Basics systematischer Theologie. Eine Anleitung zum Nachdenken über den Glauben, Regensburg 2020.

Erwin Dirscherl/Markus Weißer: Dogmatik für das Lehramt. 12 Kernfragen des Glaubens, Regensburg 2019.

Gerhard Ludwig Müller: Katholische Dogmatik. Für Studium und Praxis der Theologie, Freiburg i.Br. u.a. $^{10}$2016.

Wolfgang Beinert (Hg.): Glaubenszugänge. Lehrbuch der katholischen Dogmatik (3 Bände), Paderborn u.a. 1995.

Otto Hermann Pesch: Katholische Dogmatik aus ökumenischer Erfahrung (3 Bände), Ostfildern 2008/2010.

Wolfgang Klausnitzer: Kirche, Kirchen und Ökumene. Lehrbuch für Fundamentaltheologie für Studierende, Religionslehrer und Religionslehrerinnen, Regensburg 2010.

Wolfgang Klausnitzer: Glaube und Wissen. Lehrbuch der Fundamentaltheologie für Studierende und Religionslehrer, Regensburg 2008.

Wolfgang Klausnitzer: Gott und Wirklichkeit. Lehrbuch der Fundamentaltheologie für Studierende und Religionslehrer, Regensburg 2008.

Christoph Böttigheimer: Lehrbuch der Fundamentaltheologie. Die Rationalität der Gottes-, Offenbarungs- und Kirchenfrage, Freiburg i.Br. u.a. $^{4}$2022.

### Ethische Fragen

Stephan Ernst: Am Anfang und Ende des Lebens. Grundfragen medizinischer Ethik, Freiburg i.Br. u.a. 2020.

Karl-Wilhelm Merks: Theologische Fundamentalethik, Freiburg i.Br. u.a. 2020.

Eberhard Schockenhoff: Die Kunst zu lieben. Unterwegs zu einer neuen Sexualethik, Freiburg i.Br. u.a. 2021.

Eberhard Schockenhoff: Ethik des Lebens. Grundlagen und neue Herausforderungen, Freiburg i.Br. u.a. 2013.

### Historische und praktische Theologie

Stephan Haering u.a. (Hg.): Handbuch der katholischen Kirchenrechts, Regensburg $^{3}$2015.

Martin Stuflesser: Eucharistie. Liturgische Feier und theologische Erschließung, Regensburg 2013.

Franz Dünzl: Geschichte des christologischen Dogmas in der Alten Kirche, Freiburg i.Br. u.a. 2019.

Franz Dünzl: Kleine Geschichte des trinitarischen Dogmas in der Alten Kirche, Freiburg i.Br. u.a. $^{2}$2011.

### Ökumene und interreligiöser Dialog

Johannes Oeldemann: Die Kirchen des christlichen Ostens. Orthodoxe, orientalische und mit Rom unierte Kirchen, Kevelaer $^{2}$2008.

Andreas Nachama u.a. (Hg.): Basiswissen Judentum, Freiburg i.Br. u.a. 2015.

Michael Tilly: Das Judentum, Wiesbaden 2007.

Ralf Elger: Islam. Eine Einführung, Frankfurt a.M. 2012.

# I. Glaube, Religion und Vernunft

# Was bedeutet Glaube?

Glaube ist etwas, das alle Weltreligionen miteinander verbindet. Wenngleich die Art und Weise, wie man glaubt, und das, was man glaubt, höchst unterschiedlich ist, trifft doch die Tatsache, dass man etwas glaubt, auf alle Religionen in der Weltgeschichte zu. Glaube kann als Fürwahrhalten eines bestimmten Gehaltes verstanden werden. Im jüdisch-christlichen Sinne ist Glaube ein Beziehungsbegriff: Er beinhaltet das existentielle Vertrauen, auf den anderen zuzugehen und das ganze Leben ihm in die Hand zu legen.

## Glaube als bloßer Gehorsam?

In der katholischen Kirche war Glaube bis zum Zweiten Vatikanischen Konzil als ein reiner Gehorsamsglaube verstanden. Im kleinen grünen Katechismus aus dem Jahr 1955 fand sich die Frage „Was ist Glaube?" und die Antwort lautete: „Was Gott geoffenbart hat, lehrt uns die katholische Kirche (...). Darum müssen wir auf die Kirche hören und alles glauben, was sie uns zu glauben befiehlt." Die Offenbarung Gottes wurde schlichtweg als ein Bündel von übernatürlichen Wahrheiten verstanden, über die die Kirche als Aufseherin wachte. Es handelt sich dabei um eine Lehre, auf die der Mensch von sich aus nicht kommen kann, die ihm also von außen vermittelt werden muss. Sie wird ihm von Gott in seiner Offenbarung geschenkt. Auf die Frage „Warum glauben wir alles, was Gott geoffenbart hat?", antwortet der Katechismus: „Wir glauben alles, was Gott geoffenbart hat, weil Gott die ewige Wahrheit ist; er kann nicht irren und nicht lügen." Weil Gott eine untrügliche Autorität besitzt, die niemals fehl gehen kann, deswegen ist die Offenbarung wahr und muss geglaubt werden. Sie wird aber den Gläubigen nicht unvermittelt weitergegeben, sondern sie ist durch das Lehramt der Kirche vermittelt, weswegen man auch dem Lehramt glauben muss.

## Führwahrhalten von Wahrheiten

Die Frage, die sich bei einem solchen Glaubensverständnis natürlich aufdrängt, lautet: Welche Bedeutung hat ein solcher Glaube aber nun für den Menschen? Wenn es nur um das Annehmen von übernatürlichen Wahrheiten geht, worin besteht dann der existentielle Mehrwert, den der Glaube ausmacht? Ist der Glaubensakt nicht mehr als nur das gehorsame Annehmen der geoffenbarten Wahrheiten? Mit anderen Worten könnte man formulieren: Weil nicht der Inhalt der

Offenbarung entscheidend ist, sondern die gehorsame Annahme der offenbarten Wahrheiten, würde es genügen, das Dogma von der Unfehlbarkeit des Papstes zu kennen (vgl. DH 3065–3075). Der Papst, der in Fragen des Glaubens nicht irren kann, ist der Garant für die Wahrheit der Offenbarung.

‚Glaube als Fürwahrhalten von Wahrheiten' ist eine Definition des Begriffs, die vor allem bis zum Zweiten Vaticanum in der Kirche vorrangig war. In der Alltagssprache findet das Wort „Glaube" Verwendung, wenn damit ausgedrückt werden soll, dass etwas ungewiss oder unsicher ist. Man kann glauben, dass morgen die Sonne scheint oder dass man eine Prüfung ganz gut absolviert hat. Weil man nichts Genaues weiß, deswegen kann man nur vermuten oder zumindest hoffen, dass es so kommt. Und damit ist eigentlich eine Dimension des Glaubens benannt, die auch im religiösen Glauben zum Tragen kommt: Das Vertrauen auf etwas, von dem man nichts Genaues weiß, von dem man aber hofft, dass es so kommt. Vertrauen und Hoffnung – das sind zwei Grundpfeiler, auf denen das religiöse Verständnis von Glauben ruht. So fasst es auch der Hebräerbrief zusammen: „Glaube nun ist, tragende Wirklichkeit von dem, was man erhofft, ein Zutagetreten von Tatsachen, die man nicht sieht" (11,1, Übers. fb).

## Glauben als Vertrauen

Ohne Vertrauen kann es kein menschliches Leben geben, jedes Leben ist vielmehr von einem Vertrauensvorschuss getragen, ohne den niemand existieren kann. Es braucht nicht nur ein Ja zum Leben und zu all dem, was mit diesem Leben verbunden ist, es braucht auch ein Vertrauen darauf, dass dieses Leben gelingen kann, auch wenn die äußeren Umstände manchmal dagegensprechen. Es gibt also so etwas wie einen „Urglauben", der in jede menschliche Existenz fundamental eingetragen ist. Dieser Glaube drückt sich in einem Vertrauen den Mitmenschen gegenüber aus: Jeder Mensch hat in seinem Leben Vertrauenspersonen, die da sind und auf deren Mitgehen man vertraut. Die ersten Personen, denen man solches unbedingtes Vertrauen schenkt, sind die Eltern. Von ihnen lernen Kinder, wie das Leben funktioniert. Und wie Aristoteles formuliert: „Wer lernen will, muss glauben." (De sophisticis elenchis 2,2) Am Beispiel eines kleinen Kindes kann man das gut verdeutlichen: Es muss den Eltern vertrauen, dass diese nichts Böses mit ihm im Sinn haben. Und dieses Kind kann nur etwas für sein Leben von den Eltern lernen, wenn es glaubt, dass es Vater und Mutter gut mit ihm meinen. Glaube berührt also wesentlich den interpersonalen Bereich und hat etwas mit einer Zuwendung zu tun, die von einem Vertrauen getragen ist.

## Das Herz verschenken

Das drückt sich auch in der Etymologie des Wortes „Glaube" aus: Das aus dem Althochdeutschen stammende „galaubjan" heißt nichts anderes als „liebhaben" (vgl. Klausnitzer, Glaube und Wissen, 23). Und das kommt auch im Lateinischen „credere" zum Ausdruck, das sich aus den beiden Worten „cor" und „dare" zusammensetzt: „jemandem sein Herz schenken". Damit ist eine neue Dimension dessen benannt, was Glaube meint: Keine Sachverhalte, keine Satzwahrheiten, kein Fürwahrhalten von bestimmten Dingen. *Glaube bezeichnet vielmehr ein existentielles Vertrauen, aus sich selbst herauszugehen und von anderen Menschen anerkannt und geliebt zu werden.*

Glaube, auch der religiöse Glaube, ist deswegen nichts Selbstverständliches. Denn Vertrauen kann auch immer enttäuscht werden, wenn es der andere, dem ich mich anvertraue, nicht gut mit mir meint. Das gilt auch für den religiösen Glauben: Wer in seinem Leben Gott vertraut, der muss einkalkulieren, dass dieser Gott ein Geheimnis ist, dass er den Menschen seine Nähe schenkt, aber dass er zugleich immer auch der Unverfügbare bleibt, der uns mit seiner unsagbaren Ferne konfrontiert. Daher gibt es nicht nur den Glauben, sondern auch den Unglauben: Weil dieses Vertrauen auf Gott in einer so massiven Weise enttäuscht worden ist, dass es nicht mehr möglich ist, Gott sein Herz zu schenken.

Im Hebräischen wird für Glaube der Begriff „emuna" verwendet. Doch „emuna" heißt eigentlich nicht Glauben, sondern zuerst „vertrauen". In der Liturgie hat sich das hebräische Wort in „Amen" noch rudimentär erhalten. „Amen" sagen, heißt letztlich nichts anderes als: Eine Zustimmung mit dem ganzen Leben zu geben, sich vertrauensvoll an Gott zu binden, das eigene Leben auf ihm aufzubauen. Glaube ist daher im Wesentlichen eine personale Beziehung zwischen einem Ich und einem Du: „Glaube ist das Ergriffen-Sein von dem, was uns unbedingt angeht", hat Paul Tillich formuliert (Symbol und Wirklichkeit, 118). Damit ist wiederum die existentielle Dimension dessen eingeholt, was Glauben bedeutet. Nicht das hören von Satzwahrheiten und die Zustimmung dazu generiert den Glauben, sondern Glaube beginnt dort zu wachsen, wo ein Mensch in seiner ganzen Existenz von etwas berührt wird, das ihn anfasst. Nicht die Ohren allein sind der Ort, an dem der Glaube entsteht, wohl aber Ohren und Herz zusammen.

## *Fides qua* und *fides quae*

Martin Buber spricht von den zwei Glaubensweisen und ordnet dem Judentum und dem Christentum die Glaubensformen von „emuna" und „pistis" zu. Darunter versteht er einen Unterschied zwischen vertrauensvollem Glauben und einer Anerkennung von Satzwahrheiten als wahr. Doch ein rechtes Glaubensverständnis sieht zwischen diesen beiden Formen keinen Gegensatz, sondern eine Zusammengehörigkeit. Der Glaube hat einen Gehalt, den wir in der Offenbarung empfangen haben (*fides quae*). Gott teilt sich den Menschen mit, zuhöchst in seinem Sohn Jesus Christus. Gott macht sich für uns zugänglich, er erschließt sich für uns. Aber diese Offenbarung geschieht durch konkrete Ereignisse, die uns Menschen angehen: Gott offenbart sich in der Kreuzigung und Auferstehung seines Sohnes, er offenbart sich im brennenden Dornbusch usw. Auch Offenbarung ist daher personal zu begreifen: Gott offenbart sich um uns Menschen willen, um uns zu retten und uns den Zugang zum Heil zu eröffnen. „Emuna“ und „pistis“ bilden daher auch eine Einheit: Gott offenbart sich, damit wir ihm immer mehr vertrauen können (*fides qua*).

## Der Glaube kommt vom Lieben

Der Glaube kommt vom Hören, schreibt Paulus im Römerbrief (10,7–10) und erfasst damit eine sehr zentrale Tatsache: dass das Evangelium verkündet werden muss, um Menschen für den Glauben an Christus, den Herrn, zu begeistern. Ein abgewandeltes Verständnis findet sich hingegen im Buch Deuteronomium: Man könnte es mit dem Schlagwort „die Liebe kommt vom Hören“ bezeichnen. Prägnant findet es seinen Ausdruck im *Schema Jisrael*, wo es heißt: „Höre, Israel! (...) Darum sollst du den HERNN, deinen Gott, lieben (...)“ (Dtn 6,4f). Aus dem Hören auf Gottes Wort erwächst die Liebe zu ihm und damit auch das Vertrauen, das wir als Glauben bezeichnen. Hören und Vertrauen sind damit nicht zwei unterschiedliche Kategorien, sondern die zwei Seiten ein und derselben Medaille. *Der Glaubensbegriff lässt sich daher bestimmen als ein personaler Vertrauensakt, der die ganze menschliche Existenz angeht und aus dem Hören auf Gottes Wort erwächst.*

**Zum Weiterlesen:**

Joseph Ratzinger (Benedikt XVI.): Einführung in das Christentum. Vorlesungen über das Apostolische Glaubensbekenntnis, München [6]2005.

Wolfgang Klausnitzer: Glaube und Wissen. Lehrbuch der Fundamentaltheologie für Studierende und Religionslehrer, Regensburg [2]2008 (besonders 21–71).

Andreas G. Weiß: Glaubensdämmerung. Was wir glauben, wenn wir glauben, Tübingen 2020.

# Was bedeutet Religion?

Der Religionsbegriff ist schillernd und hat im Lauf der Zeit mehrfache Bedeutungsverschiebungen erfahren. Augustin hebt das Moment der Rückbindung hervor, das sich vom Lateinischen ‚religare' herleiten lässt. Religion lässt sich demgemäß als eine Rückbindung des eigenen Lebens an Gott verstehen. Doch mehr noch besitzt Religion eine doppelte Basis: Sie ist theologisch und zugleich anthropologisch. Religion bezieht sich auf Gott, aber so, dass der Mensch mit seinem eigenen Dasein verändert wird, dass ein Verhältnis zur Schöpfung ein anderes wird.

## Religion – ein schillernder Begriff

Religion ist kein Begriff, den man *en passant* bestimmen könnte. Das hängt schon damit zusammen, dass er eine wechselvolle Geschichte hinter sich hat und im Lauf der Jahrhunderte nicht immer die gleiche Bedeutung besessen hat wie heute. Auch lässt sich der Begriff „Religion" nicht einfach auf alle Kulturen gleichermaßen anwenden: Afrikanische Stammeskulte lassen sich zum Beispiel ebenso wenig als Religion fassen, wie manch fernöstlich-spirituelle Strömung.

## Eine schwierige Begriffsgeschichte

Ein Blick in die Begriffsgeschichte zeigt zunächst, dass es im Griechischen kein Wort gibt, welches mit „Religion" vergleichbar wäre. Auch im Lateinischen ist „religio" ein Ausdruck, der neben anderen Begrifflichkeiten aus dem kultischen Bereich steht, z.B. *pietas* oder *sanctitas*. Mit diesem Befund lässt sich festhalten: *Religio* ist in der lateinischen Sprache kein Oberbegriff für alles, was mit einem Kult oder einer Götterverehrung zu tun hat. *Religio* steht vielmehr auf der gleichen Stufe mit anderen Ausdrücken, die ebenfalls einen bestimmten Vollzug der kultischen Praxis bezeichnen.

Der Wandel setzt erst mit den frühchristlichen Autoren Tertullian und Laktanz ein, welche vom Christentum als der *vera religio* sprechen. Augustin greift diesen Gedanken auf und erklärt das Wort *Religion*, indem er es vom lateinischen *religare* (zurückbinden) ableitet. Augustins Verständnis kann man dabei so zusammenfassen: *Wer sein Leben an den einen und wahren Gott bindet, der ist religiös, der besitzt eine Religion*. Bemerkenswert ist dabei, dass sich der Religionsbegriff lange Zeit nicht durchsetzen kann. Im gesamten Mittelalter spielt er keine Rolle, der dominierende Begriff ist hierbei *fides*. Wenn überhaupt, dann steht Religion im Zusammenhang mit den Orden: Ordensangehörige werden im Mittelalter als *Religiosen* bezeichnet.

Es dauert bis in die Moderne hinein, bis der Religionsbegriff wieder aufs Tableau rückt. Dabei sind vor allem die Wirren der Reformation und Gegenreformation sowie die Konfessionalisierung bedeutsam. Die Frage nach dem wahren Gottesglauben ist virulent und man versucht, ihn begrifflich zu fassen. Vor allem im 18. und 19. Jahrhundert spielt die Auseinandersetzung mit dem Religionsbegriff eine große Rolle: Es ist nicht nur die Zeit der prominenten Religionskritiker (s. S. 30–37), sondern immer mehr Denker setzen sich auch mit der Frage nach dem Verhältnis von Religion und Vernunft auseinander. Man fragt nach dem „Wesen der Religion" (Ludwig Feuerbach) oder bestreitet die Existenz von Religion grundsätzlich.

## Augustin und sein Religionsbegriff

Doch wir müssen uns noch einmal der Frage stellen, was denn *Religion* nun bedeutet. Kehren wir daher zu Augustin zurück, der in seiner Definition der *vera religio* einen ersten Anhaltspunkt liefert. Er schreibt: „qua unus Deus colitur, et purgatissima pietate cognoscitur principium naturarum omnium, a quo universitas et inchoatur et perficitur et continetur" (De vera religione I,1,1). Damit sind zwei entscheidende Dinge ausgesagt: *Religion ist untrennbar mit der Verehrung des einen Gottes verbunden und Religion ermöglicht die Gotteserkenntnis.* Religion besitzt also eine wesentlich kultische Dimension, die sich in der Verehrung Gottes ausdrückt. Aber sie erschöpft sich nicht darin, sondern leitet den Menschen an, Gott selbst zu erkennen und damit das eigene Leben an Gott zurückzubinden (*religare*). Damit findet Religion auch einen praktischen Ausdruck: Wer sein Leben an den einen und wahren Gott bindet, der lebt anders als jemand, der etwas anderes als Fundament seines Lebens auserwählt hat. Wer sich in Gottes Hand fallen lässt, der nimmt manches gelassener hin, der lässt sich nicht mehr von jedem Lüftchen hin- und herwerfen. Das eigene Leben in Gott verankern: Das ist nach Augustin ein wesentliches Moment des Religionsbegriffs.

## Religion als eine existentielle Bindung des Menschen

Damit ist auch etwas sehr Entscheidendes ausgesagt: Religion betrifft immer die ganze Existenz eines Menschen. Religion kann nie nur ein Lippenbekenntnis sein, sondern ist immer mit dem Einnehmen einer neuen Lebenshaltung verbunden. Wer das eigene Leben an Gott rückbindet, wie Augustin formuliert, der muss anders leben, der muss aus einer anderen Quelle seine Lebenskraft schöpfen. Damit ist Religion auch mehr als ein statischer Begriff. *Religion meint vielmehr die Ausrichtung des ganzen Lebens auf den einen und einzigen Gott hin, der als letzter Daseinsgrund der eigenen Existenz ausgemacht wird.* So fasst es auch Karl Rahner zusammen: Religion ist „die existentielle Bindung des ganzen Menschen an diesen Gott. Alle empirisch feststellbaren ‚Religionen' sind nur insofern Religionen, als ihnen diese existentielle Bindung des Menschen an den wirklichen, lebendigen Gott wirklich gelingt." (Hörer des Wortes, 216)

## Rückbindung an Gott und an die Mitmenschen

Wie sehr ein solches Religionsverständnis nicht nur die Beziehung des Menschen zu Gott im Blick hat, sondern auch auf die Beziehung zu den Mitmenschen verweist, hat Johann Baptist Metz in seinem Verständnis von Religion als *compassion*, also als ‚Mitleidenschaft' ausgearbeitet. In einem Interview äußert sich Metz so: „Aus der Gottesleidenschaft muss immer auch eine Mitleidenschaft für die Menschen entspringen. Denn die Rede vom Gott Abrahams, Isaaks und Jakobs ist kein unverletzlicher, sondern ein leidempfindlicher und empathischer Monotheismus. (...) Compassion verstehe ich als Mitleidenschaftlichkeit, als teilnehmende Wahrnehmung des fremden Leids, als tätiges Eingedenken des Leids der Anderen." (Religion ist Mitleidenschaft, 193) Gottes- und Nächstenliebe sind in der Religion miteinander verdrillt, sie lassen sich nicht trennen. *Daher ist jede Religion nicht nur die Rückbindung der eigenen Existenz an Gott, sondern auch an die Mitmenschen. Vertikale und Horizontale bedingen sich bei einem religiösen Bekenntnis reziprok und zwar dergestalt, dass aus dieser Rückbindung ein anderes Verhältnis zu den Mitmenschen möglich wird. Mit anderen Worten: Wer darum weiß, dass das eigene Leben von Gott geschenkt ist und in Gott eine bleibende Zukunft findet, der kann sich anders zu seiner Umwelt verhalten.*

Religion besitzt daher immer eine doppelte Basis: Sie ist *theologisch* und zugleich *anthropologisch*. Religion bezieht sich auf Gott, aber so, dass der Mensch mit seinem eigenen Dasein verändert wird, dass ein Verhältnis zur Schöpfung ein anderes wird. Max Seckler fasst diesen Gedanken im Rückgriff auf Karl Rahner prägnant zusammen: „So sicher es also ist, dass Gott nicht angemessen zur Sprache käme, wenn er im Menschen und in der Fluchtlinie seiner Selbstverwirklichung aufginge, so sicher ist es andererseits nicht nur aus theologischer, sondern gerade auch aus anthropologischer Sicht, dass in die letzte Bestimmung und damit in die Definition des Menschen Gott hineingehört. Dies nicht nur deswegen, weil das Wort ‚Gott' die eschatologische Bestimmung des *Menschen* anzeigt und diese anders als ‚in Gott' gar nicht denkbar ist, weshalb ja auch die Frage nach dem ‚Letzten' des *Menschen* von unendlicher Abgründigkeit ist; zuvor und darüber hinaus auch deshalb, weil allein schon die Fähigkeit, das *Wort* ‚Gott' zu denken, den Menschen ‚vor das Ganze der Wirklichkeit als solcher' und ‚vor das eine Ganze seines Daseins als solchen' bringt und damit erst den Menschen zum Menschen macht." (Der theologische Begriff der Religion, 190f)

**Zum Weiterlesen:**

Walter Kern u.a. (Hg.): Handbuch der Fundamentaltheologie. Band 1: Traktat Religion, Freiburg i.Br. u.a. 1985.

# Was bedeutet Erlösung?

Die ganze Schöpfung ist in einen unheilvollen Zustand verstrickt. Doch das Ziel der Schöpfung ist die Wiederherstellung ihrer uranfänglichen Gutheit. Da sich die Schöpfung nicht selbst aus dieser prekären Lage befreien kann, braucht es einen Zugriff von außen. Erlösung bezeichnet Gottes Eingreifen, um seine Schöpfung aus den Fesseln von Sünde und Tod zu lösen.

## Erlösung im Alten Testament

Das Alte Testament verbindet Erlösung immer mit dem Heilshandeln Gottes, der in die Geschicke seiner Schöpfung eingreift, um seinem Volk seine Nähe zu offenbaren. Dieses Heilshandeln beginnt mit Abraham, der von Gott losgekauft (vgl. Jes 29,22) in das Land der Verheißung geführt wird, um dort zum Stammvater eines großen Volkes zu werden. Immer wieder erfährt das Volk Israel Erlösung: Sie wird besonders dort konkret, wo sich Israel in aussichtslosen Notsituationen befindet, wo es mit einer feindlichen Übermacht konfrontiert wird oder sich durch eigenes, sündhaftes Verhalten von Gott entfernt hat. Prominentes Beispiel für Gottes Erlösungstat ist die Befreiung des Volkes aus dem Sklavenhaus Ägypten: Gott führt sein Volk in die Freiheit und eröffnet ihm einen neuen Lebensraum – das ist für Israel die Erfahrung von Erlösung schlechthin (vgl. Ri 3,28; 1 Sam 11,13). Doch auch einzelne Menschen wenden sich an Gott und erbitten von ihm Erlösung aus Ungerechtigkeit oder Krankheit, Not oder Elend. Gerade die Vergebung von Schuld und Sünde ist ein Thema, das in vielen Psalmen durchklingt (vgl. Ps 49,8; 144,7; 39,9; 51,3f). Wo Menschen in Bedrängung und Aussichtslosigkeit die heilbringende Gegenwart Gottes erfahren, dort geschieht Erlösung. Diese Erfahrung von Heil und Heilsein hat eine eschatologische Perspektive: Israel ist getragen von den Verheißungen der Propheten, dass Gott am Ende der Zeiten ein für alle Mal von aller Bedrängnis und allem Leid erlöst. Der Ausblick auf die messianische Zeit, die vor allem die Verkündigung der Propheten prägt, hilft Israel, die Krisen der Zeit zu überstehen. Dort, wo die äußere Not unerträglich erscheint, wächst die Hoffnung auf das endzeitliche Erlösungshandeln Gottes ins Unermessliche. Dort wurzelt auch die Erwartung des Messias, der aus dem Haus David stammt und am Ende der Tage Israel Sicherheit schafft und Gerechtigkeit übt.

## Christus, der Erlöser

Der Erlösungsgedanke wird im Neuen Testament ganz und gar auf die Person Jesu Christi hin fokussiert. Die Verkündigung des irdischen Jesus ist durchzogen von der Gewissheit, dass das endzeitliche Heil schon gegenwärtig erfahrbar werden kann; nämlich dort, wo die βασιλεία schon hier und heute anfanghaft zu wachsen beginnt. Doch die Erfahrung von Erlösung steht auch unter einem eschatologischen Vorbehalt: Sie ist gebrochen in dieser Welt realisiert, aber ihre Vollendung steht noch aus. Sie kann erst dort voll und ganz zum Ausdruck kommen, wo Gottes Reich vollendete Wirklichkeit ist. In dieser Welt ist die Erlösung immer noch von außen angefragt, sie wird durch Sünde, Leid, Krankheit und Tod nur gebrochen möglich. Deswegen wird Erlösung im Leben und Handeln Jesu gerade dort manifest, wo er Kranke von ihrer Krankheit heilt, wo er Dämonen austreibt, Sünden vergibt und Tote zum Leben erweckt. Dort bricht sich die βασιλεία Gottes inmitten der verderbten Schöpfung Bahn.

## Das Sterben Jesu am Kreuz als Sühnetod

Zwischen dem Anbruch des Gottesreiches und seiner eschatologischen Vollendung steht der Kreuzestod Christi, bei dem er sein „Leben hingibt als Lösegeld für viele“ (Mk 10,45). Erlösung wird den Menschen dadurch zu teil, dass Christus jenen Tod stirbt, den eigentlich die Menschen sterben müssten. Der Gerechte stirbt für die Ungerechten (vgl. 1 Petr 3,18), damit diejenigen, die eigentlich die Strafe verdient hätten, von der Strafe frei bleiben. Ein Lied aus dem 17. Jahrhundert bringt diesen Gedanken so ins Wort: „Wie wunderbarlich ist doch diese Strafe! Der gute Hirte leidet für die Schafe; die Schuld bezahlt der Herre, der Gerechte, für seine Knechte.“ (GL 290, 4. Strophe) Damit ist wesentlich der soteriologische Gehalt des Kreuzestodes Christi umrissen: *Es ist ein stellvertretender Sühnetod; sein Blut wird am Kreuzestamm „für viele vergossen“ (Mk 14,24)*. Seit alters her hat man das Sterben Jesu aus der Perspektive der alttestamentlichen Gottesknechtslieder gedeutet: „Mein Knecht, der gerechte, macht die Vielen gerecht; er lädt ihre Schuld auf sich. Deshalb gebe ich ihm Anteil unter den Großen und mit Mächtigen teilt er die Beute, weil er sein Leben dem Tod preisgab und sich unter die Abtrünnigen rechnen ließ. Er hob die Sünden der Vielen auf und trat für die Abtrünnigen ein.“ (Jes 53,11f)

## Die Deutung des Kreuzestodes bei Paulus

In der nachösterlichen Verkündigung nimmt die durch Christi Tod wirksam gewordene Erlösung vor allem bei Paulus breiten Raum ein. Christus stiftet Frieden „am Kreuz durch sein Blut“ (Kol 1,20), Gott hat die Welt in Christus mit sich versöhnt, denn Christus, „der keine Sünde kannte, [wurde, fb] für uns zur Sünde gemacht, damit wir in ihm Gerechtigkeit Gottes würden“ (2 Kor 5,21). Die Trennung zwischen Juden und Heiden ist durch den Tod Christi aufgehoben (Eph 2,16), seine Versöhnungstat am Kreuz umfasst den gesamten Kosmos (vgl. Kol 1,20). Die Menschen sind „der Macht der Finsternis entrissen und aufgenommen in das Reich“ des geliebten Sohnes (Kol 1,13), sie sind „aus der Macht der Sünde befreit“ (Röm 6,18), „vom Fluch des Gesetzes freigekauft“ (Gal 3,13). Die Auferstehung Christi von den Toten ist der Garant dafür, dass alle Menschen an diesem Leben Anteil erhalten (Röm 5,12–21). Am Ende der Zeiten wird die ganze Schöpfung, die „bis zum heutigen Tag seufzt und in Geburtswehen liegt (...) zur Freiheit und Herrlichkeit der Kinder Gottes“ befreit werden (Röm 8,20f). *Erlösung ist für Paulus ein Ereignis, das seinen Kulminationspunkt im Kreuzestod Christi und in seiner Auferweckung am dritten Tag findet. Aber diese Erlösung drückt sich in vielgestaltiger Weise aus: Sie wird besonders dort erfahrbar, wo Menschen spüren, dass sie frei sind, dass sie in Freiheit leben und ihr Leben von nichts und niemandem, von keiner Macht im Himmel oder auf Erden eingrenzt und beschränkt ist.* Das ist jene „Freiheit der Kinder Gottes“ zu der Christus durch seinen Tod die Welt befreit hat.

## Erlösung ist immer ein Geschenk

Charakteristisch für die biblische Soteriologie ist ein zentraler Gedanke: *Erlösung kommt immer von außen, sie ist das Geschenk eines Anderen.* Die Menschen können sich nicht selbst erlösen, sie sind vielmehr darauf angewiesen, dass sich ein anderer ihrer erbarmt und ihnen diese Erlösung schenkt. Gott selbst ist es, der seine Schöpfung erlösen muss. *Die Schöpfung selbst kann sich aus den unheilvollen Zuständen, in die sie verstrickt ist, nicht befreien. Dazu benötigt sie den Schöpfergott selbst, der alleine die Macht besitzt, seine Schöpfung von der Macht der Sünde und des Todes zu befreien.*

## Vier Modelle, um die Erlösung zu beschreiben

### (1) Athanasius der Große: Die Vergöttlichung des Menschen (*theosis*)

Für Athanasius hat die Soteriologie einen bestimmten Zielpunkt, den er als Vergöttlichung des Menschen (*theosis*) umschreibt: „Denn er wurde Mensch, damit wir vergöttlicht würden. Er offenbarte sich im Leibe, damit wir zur Erkenntnis des unsichtbaren Vaters gelangten; er ließ sich den Frevelmut seitens der Menschen gefallen, damit wir die Unsterblichkeit ererbten." (De incarnatione 54)

Das Konzept der *theosis*, das Athanasius hier umschreibt, lässt sich am ehesten bestimmen, wenn man es in Differenz zu einem anderen, antiken Entwurf setzt: der *Apotheose*. Dabei handelt es sich um die Vergöttlichung eines Menschen, wie zum Beispiel der römischen Kaiser. Ein Mensch wird zum Gott erhoben, er rückt in die göttliche Sphäre und wird deshalb verehrungswürdig. Diese Apotheose aber beruht auf rein menschlicher Macht: Ob ein Mensch zum Gott wird, hängt vom Wohl oder Wehe des Volkes ab. Eine solche Art der Vergöttlichung steht immer in der Gefahr dort relativiert zu werden, wo man einem Menschen die Verehrung wiedersagt. Im antiken Rom z.B. wurde ein Mensch durch einen Senatsbeschluss zum *divus* erhoben; diese Ehrerbietung konnte ihm also auch verwehrt werden.

## Weil Gott Mensch wurde, können wir vergöttlicht werden

Athanasius geht mit seiner *theosis* einen anderen Weg: Nicht die Menschen können sich selbst zu Göttern machen, sondern sie können Anteil am göttlichen Wesen erlangen, weil Gott ein Mensch wurde. Weil Gott sich seiner Schöpfung annimmt und sie von Sünde und Tod befreit, deswegen steht der Weg offen, dass die Menschen vergöttlicht werden. Wer sich in die Nachfolge Christi stellt, der ist dazu berufen, an seinem Wesen und seiner Gestalt teilzuhaben (vgl. Röm 8,29). Der ist aber auch dazu berufen, Anteil zu erhalten an seinem verklärten Auferstehungsleib und an seiner göttlichen Herrlichkeit. Diese *theosis* hängt nicht vom menschlichen Willen ab, sondern ist ein für alle Mal entschieden durch die Menschwerdung und durch den Tod Christi am Kreuz. Die Vergöttlichung ist auch kein Sonderweg, der für einige wenige Auserwählte bestimmt ist. Der *theosis* teilhaftig zu werden entscheidet sich vielmehr allein am Bekenntnis zum gekreuzigten und auferstandenen Herrn und ist die Einbeziehung der gesamten Schöpfung hin ausgerichtet.

### (2) Irenäus von Lyon: Die Wiederherstellung aller Dinge (*recapitulatio omnium*)

Einen anderen Gedankengang entwirft Irenäus von Lyon, der bezugnehmend auf Apg 3,21 das Konzept der Wiederherstellung aller Dinge (*recapitulatio omnium*) entwirft: „Wir haben somit klar bewiesen, dass das Wort, welches im Anfang bei Gott war, und durch welches alles gemacht worden ist, und das immer bei dem menschlichen Geschlechte weilte, jetzt in den letzten Zeiten gemäß der vom Vater bestimmten Zeit mit seinem Geschöpfe sich vereinte und zum leidensfähigen. Menschen geworden ist. Dadurch ist die Widerrede jener zurückgewiesen, die da behaupten, dass Christus vorher nicht gewesen ist, wenn er in der Zeit geboren ist. Wir haben nämlich gezeigt, dass der Sohn Gottes, der immer bei dem Vater gewesen ist, damals nicht seinen Anfang nahm. Vielmehr fasste er die lange Entwicklung der Menschen in sich zusammen, indem er durch die Inkarnation Mensch wurde, und gab uns in dieser Zusammenfassung das Heil, damit wir unser Sein nach, dem Bild und Gleichnis Gottes, das wir in Adam verloren hatten, in Christo Jesu wiedererlangen möchten." (Adv. haer. III, 18,1)

Irenäus geht davon aus, *dass die Schöpfung schon immer auf das Heilsereignis in Christus konzentriert ist.* Dahingehend ist die soteriologische Tat Christi auch universal zu begreifen: Sie umfasst alle Zeiten und damit auch alle Menschen, die je in dieser Schöpfung gelebt haben. Der Mensch ist schon immer berufen, *imago Dei* zu sein, aber dieses göttliche Abbild wurde durch die Sünde verdunkelt, deswegen braucht es die Menschwerdung, um die Sünde zu beseitigen und die Berufung des Menschen, Abbild Gottes zu sein, durch die göttliche Gnade wieder zum Leuchten zu bringen.

## Warum ist die Sünde notwendig für die Erlösung?

Es ist ein eigenartiger Gedanke, der bei Irenäus zum Tragen kommt: *Dass die Sünde des Menschen notwendig war.* Sie ist in die Welt gekommen, um den Menschen zum Heil, das sich in der Menschwerdung Bahn bricht, zu erziehen. Die Sünde hat für Irenäus einen pädagogischen Zweck, der seine Vollendung im erhöhten Christus findet. Man kann versuchen, diesen Gedanken mit einem einfachen Bild nachzuvollziehen: Eine Kerze leuchtet am Tag und bei Sonnenschein nur sehr zaghaft, aber die Kraft ihres Lichtes wird umso deutlicher, je finsterer es wird. So versteht Irenäus auch die Erlösung durch Christus: Sie kann deshalb die ganze Schöpfung erstrahlen lassen, weil sie vorher durch die Sünde verdunkelt war. Weil seine Berufung, *imago Dei* zu sein, zuvor verschleiert war, deswegen ist es umso bedeutender, dass Christus die Menschen ruft, durch sein Kreuz und seine Auferstehung neu Gott ähnlich zu werden.

### (3) Anselm von Canterbury: Die *Satisfaktionstheorie*

Einen wesentlichen Beitrag zur Soteriologie im Westen lieferte Anselm von Canterbury mit seinem Werk „Cur Deus homo" aus dem Jahr 1098. Anselm selbst war zu dieser Zeit nach Lyon ins Exil verbannt. Der Grund hierfür lag in seiner Verwicklung in den Investiturstreit in England: Anselm stand zwischen geistlicher und weltlicher Macht, er war ein Spielball zwischen den Herrschern beider Bereiche. Dieser Konflikt bildet auch die Grundlage, auf der sich „Cur Deus homo" erst verstehen lässt.

## Ein Unterschied von weltlicher und geistlicher Macht

Anselm geht davon aus, dass es eine *Diskrepanz von weltlicher und geistlicher Macht gibt, die ihre Verwirklichung in der ritterlichen Feudalordnung bzw. der Bußpraxis findet.* Nach Anselm wurde Gottes Ehre durch den Sündenfall des Menschen massiv verletzt; die Menschen versagen Gott das zu geben, was er verdient, nämlich die rechte Ehrerweisung: „Mithin ist sündigen nichts anderes als Gott das Geschuldete nicht leisten" (I,11). Vielmehr verletzen sie durch ihr eigenes, sündiges Handeln Gottes Macht: Will die Schöpfung nicht, „was sie soll, so entehrt sie Gott, soweit es an ihr liegt, weil sie sich nicht freiwillig seiner Anordnung unterwirft und die Ordnung und Schönheit des Alls, soweit es von ihr abhängt, zerstört, wenn sie auch die Macht und Würde Gottes nicht im geringsten verletzt oder entstellt" (I,15).

## Genugtuung oder Strafe

Gemäß des Grundsatzes „aut satisfactio aut poena" (I,15), der aus dem germanischen Lehensrecht stammt, kann Gott das Handeln der Menschen nicht ungesühnt lassen. Er ist in die Entscheidung gerufen, die Menschheit entweder zu bestrafen (was sich allerdings für einen barmherzigen Gott nicht ziemt) oder Genugtuung zu verlangen. Mit diesem Gedanken bewegen wir uns mitten in der mittelalterlichen Denkwelt, in der das Ritterideal der Ehre eine große Rolle spielte. *Die Ehre Gottes ist verletzt worden, aber Gott muss seine Ehre bewahren, wenn schon nicht durch Strafe, dann eben durch Genugtuung* (daher auch der Name jener Theorie: *Satisfaktionstheorie*).

## Wiederherstellung der Schöpfungsordnung durch Genugtuung

Für Anselm geht es also darum, die gefallene Schöpfungsordnung wiederherzustellen und damit Gottes Ehre zu retten. Eine Erlösung allein aus Erbarmen lehnt Anselm ausdrücklich ab, sie würde dem Gedanken der Gerechtigkeit widersprechen (vgl. I,12). Dabei drängt sich vor allem ein massives Problem auf: *Denn die Menschen können sich nicht selbst erlösen. Es muss eine Äquivalenz zwischen Sünde und Strafe geben: Gott muss etwas gegeben werden, was ihm der Mensch nicht geben kann,* da „Gott die Genugtuung nach der Größe der Sünde fordert" (I,21). Außerdem muss die Genugtuung größer sein als „alles, was außerhalb Gottes existiert" (II, 6). Eine solche Art der Versöhnung kann aber nur ein Mensch leisten, der zugleich Gott ist (vgl. II,6). Anselm gemäß ist daher die Menschwerdung Gottes die notwendige Voraussetzung, um die *satisfactio* zu erbringen. Die freiwillige

Selbsthingabe Jesu am Kreuz ist das *meritum*, das Gott und die Menschen versöhnt: „Kein Mensch außer ihm hat jemals durch sein Sterben Gott gegeben, was er nicht einst mit Notwendigkeit verlieren sollte, oder eingelöst, was er nicht schuldete. Jener aber opferte dem Vater freiwillig, was er durch keine Notwendigkeit jemals verlieren sollte, und löste für die Sünder ein, was er für sich nicht schuldig war." (II, 18)

### Anselms Theorie im Kreuzfeuer der Kritik

Kritik an Anselms Konzept von der Satisfaktion hat vor allem Thomas von Aquin geäußert. Diese soll hier zumindest ansatzweise aufgezeigt werden: Thomas erkennt keinen Verstoß gegen die Gerechtigkeit, wenn Gott die Erlösung als Erweis seiner Barmherzigkeit ohne Genugtuung vollzogen hätte (vgl. S.Th. III, q.46, a2 ad3). Einem anderen seine Schuld zu vergeben ist ja keine Tat, die neues Unrecht provoziert, sondern ein Ausdruck immer größerer Barmherzigkeit. Zum anderen merkt Thomas an, dass Gerechtigkeit und Barmherzigkeit keine Gegensatzpaare bilden, sie gehören vielmehr zusammen und sind aufeinander verwiesen (vgl. S.Th. I, q.21 a4).

Freilich bleibt am Ende noch ein anderer Kritikpunkt an Anselms Konzept wesentlich, den man so auf den Punkt bringen könnte: Haben wir es mit einem kleinkarierten Gott zu tun, der aufrechnet und nur zufriedengestellt wird, wenn ihm gegeben wird, was man ihm schuldet? So merkt Matthias Remenyi an, „dass Anselms Theorie der Genugtuung unvereinbar ist mit dem biblischen Versöhnungsgedanken, dem zufolge Gott sich grundlos neu dem Sünder zuwendet und ihm Versöhnung schenkt" (Stellvertretung, nicht Äquivalenz, 699). Sicher: Anselms Theorie muss sich daran messen lassen, inwiefern sie fähig ist, Erlösung als Geschenk der liebenden Zuwendung Gottes zu seiner Schöpfung zu begreifen und nicht nur als Zahlung einer ausstehenden Rechnung, die auf den Cent genau beglichen werden muss. Mit Joseph Ratzinger gesprochen: „Von manchen Andachtstexten her drängt sich dem Bewusstsein dann geradezu die Vorstellung auf, der christliche Glaube an das Kreuz stelle sich einen Gott vor, dessen unnachsichtige Gerechtigkeit ein Menschenopfer, das Opfer seines eigenen Sohnes, verlangt habe. Und man wendet sich mit Schrecken von einer Gerechtigkeit ab, deren finsterer Zorn die Botschaft von der Liebe unglaubwürdig macht." (Einführung in das Christentum, 264)

### (4) Inkarnation und Kreuz als Brennpunkte der Soteriologie

Entweder Inkarnation oder Kreuz – so könnte man grob zwei Erlösungskonzepte beschreiben, die jeweils typisch für die östliche und die westliche Theologie sind. Während Athanasius mit seinem *theosis*-Entwurf davon ausgeht, dass Gott Mensch geworden ist, um den Menschen dadurch zu vergöttlichen und zu erlösen, konzentriert sich Anselm auf das Kreuzesgeschehen. Den Kreuzestod Christi versteht er als *satisfactio* für die Sünde der Menschen, wodurch die Erlösung geschieht.

Thomas Pröpper jedenfalls fragt kritisch, ob es dem Gedanken der Erlösung wirklich gerecht wird, diese auf zwei Ereignisse im Leben Jesu zu beschränken. Er schreibt: „Jesu Tod ist der Ernstfall der Offenbarung der Liebe, ihre Verwirklichung in den faktischen Verhältnissen der Sünde und gleichwohl unsere Erlösung doch nur insofern, als ihn dieselbe Liebe, aus der Jesus lebte, überwand und sich darin als *Macht* über Sünde und Tod: als Liebe *Gottes* manifestierte." (Erlösungsglaube, 42f) Das heißt, Erlösung geschieht Pröpper gemäß durch das ganze Leben Jesu, das „Erweis der unbedingt für die Menschen entschiedenen Liebe Gottes" ist (Anthropologie, 1305). Nicht Inkarnation *oder* Kreuz sind deshalb die Alternativen für ein tragfähiges Konzept der Soteriologie, sondern erst durch Inkarnation *und* Kreuz (*und* Auferstehung!) kann sich wirklich eröffnen, was unter Erlösung zu verstehen ist und wie sie durch Christus geschieht.

## Erlösung wird wirksam, wo Menschen sich dem Tod verweigern

Was Erlösung bedeutet, fasst Hans-Joachim Sander so zusammen: „Erlösung arbeitet mit der Weigerung, die Macht des Todes zu leben und sogar in ihr aufzuleben. Sie verweigert dadurch der Gewalt die Chance, sich auszuweiten. Derjenige, der Erlösung bewirkt, geht in den Tod, um diesem den Raum zu nehmen, sich gegenüber allem anderen auszubreiten." (Glaubensräume, 185) Jesu Leben ist ein erlösendes Leben für die Menschen, weil es mit dieser Forderung, dem Tod im Leben keinen Raum mehr zu geben, radikal ernst macht. Dort, wo die Macht des Todes auf vielgestaltige Weise in das Leben von Menschen einbricht, dort spricht Jesus seine Worte, die „Geist und Leben" sind (Joh 6,63). Ja, mehr noch: Jesus selbst gibt dem Leben Raum, unbedingten Raum, selbst dort, wo die Macht des Todes unüberwindlich scheint. Jesu Leben ist eine Weigerung, den Tod zu akzeptieren. Er will, dass die Menschen das Leben haben „und es in Fülle haben" (Joh 10,10). Das ist sein ganzer Lebensinhalt. Und deswegen kann sein Leben von der Inkarnation bis zur Auferstehung auch Erlösung bewirken: „Denn erlöst hat uns die Liebe, die er unter uns lebte und die sich, nachdem sie den Tod nicht scheute, als *Gottes* Liebe *erwies*. Und erlöst *sind* wir in dem Glauben, dass Gott die Liebe selbst ist und ihre Möglichkeiten mit dem Tod nicht erschöpft sind. Denn dieser Glaube, in Jesu Auferweckung begründet, ist ja nicht bloß so eine Meinung über die Zukunft, hinhaltend und vage, sondern Hoffnung, die (...) schon die Gegenwart verändert: indem sie uns nämlich die Angst um uns selbst nimmt und mit ihr die Furcht vor der Liebe." (Pröpper, Erlösungsglaube, 42)

**Zum Weiterlesen:**

Dorothea Sattler: Erlösung? Lehrbuch der Soteriologie, Freiburg i.Br. u.a. $^{2}$2022.

Thomas Pröpper: Erlösungsglaube und Freiheitsgeschichte. Eine Skizze zur Soteriologie, München $^{2}$1988.

# Welche prominenten religionskritischen Positionen gibt es?

Besonders im Zeitalter der Aufklärung wurde der Gottesglaube und die Religion kritisch hinterfragt. Religionskritiker wie Feuerbach, Marx, Freud oder Nietzsche haben ihre Gedanken dabei sehr prominent vorgetragen. Wenngleich sie sich in ihren Ansatzpunkten unterscheiden, so stimmen sie doch in der Grundüberzeugung überein: Religion ist etwas, das den Menschen unnatürlich eingrenzt und ihn dermaßen gefangen hält, dass er seine Existenz nicht selbstbestimmt entfalten kann. Auch später gab es noch religionskritische Positionen, was sich z.B. am Werk von Camus ablesen lässt.

## Ludwig Feuerbach: Der Mensch als des Menschen Gott

Ludwig Andreas Feuerbach wurde am 28. Juli 1804 in Landshut als Sohn eines Juristen geboren. Er studierte zunächst evangelische Theologie in Heidelberg, bevor er in Berlin das Philosophiestudium begann. Später lehrte er in Erlangen Philosophie, ehe er sich aus dem universitären Betrieb verabschiedete und sich in Bruckberg bei Ansbach zu einem zurückgezogenen Leben entschied. Feuerbach starb am 13. September 1872 in Rechenberg bei Nürnberg.

Feuerbach unterzieht den Gottesglauben in seinem Hauptwerk „Das Wesen des Christentums" von 1841 einer radikalen Kritik. Darin hält er programmatisch fest: *„Das Bewusstsein Gottes ist das Selbstbewusstsein des Menschen, die Erkenntnis Gottes die Selbsterkenntnis des Menschen.* Aus seinem Gotte erkennst du den Menschen, und wiederum aus dem Menschen seinen Gott; beides ist eins. Was dem Menschen Gott ist, das ist *sein Geist, seine Seele* und was des *Menschen Geist, seine Seele, sein Herz, das ist sein Gott*: Gott ist das *offenbare* Innere, das *ausgesprochne* Selbst des Menschen (...)." (53) Damit hat Religion für Feuerbach rein gar nichts mit einer Transzendenz zu tun, sondern ist ganz und gar ein immanentes Ereignis. Mit anderen Worten: Alles Göttliche ist in Wirklichkeit Menschliches.

Von diesem Gedanken ausgehend kann Feuerbach daher auch bestimmen: „Die Religion ist die *Entzweiung* des Menschen *mit sich selbst*: er setzt sich Gott als ein ihm *entgegengesetztes* Wesen gegenüber." (80) Religion führt Feuerbach gemäß dazu, dass es den Menschen gewissermaßen innerlich zerreißt: Es gibt den Menschen in seiner konkreten Lebenssituation mit all dem, was ihn auszeichnet und es gibt den Menschen, so, wie er eigentlich sein möchte, mit all dem, was er nicht ist, was aber erstrebenswert für ihn erscheint. Aus dieser Erfahrung des Mangels entwickelt der Mensch die Religion: Gott wird zum Ort einer Idealvorstellung des Menschen. „Das, was der Mensch noch nicht wirklich ist, aber einst zu werden hofft und glaubt, einst werden will, was daher nur ein Gegenstand des Wunsches, der Sehnsucht, des Strebens und eben deswegen kein Gegenstand der sinnlichen Anschauung, sondern nur der Phantasie, der Einbildung ist, das nennt man ein *Ideal* (...). Der Gott des Menschen (...) ist nichts anderes, als sein Ideal.“ (Das Wesen der Religion, 152)

Damit sind wir bei dem angekommen, was den Kern der Religionskritik Feuerbachs ausmacht: seiner Projektionstheorie. „Der Mensch *veranschaulicht unwillkürlich* durch die *Einbildungskraft sein inneres Wesen*; er stellt es *außer sich* dar. Dieses *veranschaulichte, personifizierte,* durch die *unwiderstehliche Macht* der Einbildungskraft auf ihn wirkende Wesen der menschlichen Natur, als *Gesetz* seines Denkens und Handelns – ist *Gott.*“ (Das Wesen des Christentums, 316) Damit ist der Gottesglaube nicht nur rein funktional bestimmt (Gott wird nurmehr die Funktion zugedacht, die eigenen Wünsche und Sehnsüchte zu erfüllen), sondern Gott selbst wird kein eigenständiges Selbst mehr zugestanden. Er ist ein Wesen, das bloß vom Menschen abhängig ist, weil er vom Menschen selbst gemacht wurde. Was der Mensch sich für ein gelingendes Menschsein erhofft, das projiziert er auf ein Wesen, welches er als Gott bezeichnet. Dadurch hängt Gottes Wesen ganz und gar vom Menschen ab. Hört der Mensch auf, sein Inneres zu externalisieren, und an einem Ort außerhalb seines eigenen Selbst darzustellen, hört auch Gott auf zu existieren: „erst im Menschen wird Gott *als Gott* Gegenstand, wird er erst *Gott.*“ (Das Wesen des Christentums, 342)

Aus diesem Grund möchte Feuerbach den Blick wieder auf den Menschen konzentrieren, damit die Menschen „die *Anthropologie selbst als Theologie erkennen*“ (Das Wesen des Christentums, 346). Die Welt und die Menschen sollen nicht mehr um einen Gott kreisen, den es eigentlich gar nicht gibt. Sondern die Menschen sollen erkennen, dass sie selbst Mittelpunkt und Zentrum allen Denkens und Handelns sind. Sie sollen befreit werden von der falschen Vorstellung der Religion und lernen, sich selbst neu zu verstehen und zu begreifen, „dass es sich in der Religion, im Wesen Gottes selbst um gar nichts andres handelt, als um den *Menschen,* dass das Geheimnis der Theologie die Anthropologie, der Inhalt, der Gehalt des unendlichen Wesens das ‚endliche‘ Wesen ist.“ (Das Wesen des Christentums, 456) Daher kann Feuerbach auch bestimmen: Die „Sorge des Menschen *für sich selbst* ist *sein höchstes Wesen.*“ (Das Wesen des Christentums, 456) Oder, eher zugespitzt formuliert: „*Der Mensch ist der Gott des Christentums, die Anthropologie das Geheimnis der christlichen Theologie.*“ (Das Wesen des Christentums, 522) Diese Einsicht fasst Feuerbach konzise in seinem Diktum „*Homo homini Deus*“ zusammen.

## Karl Marx: Religion als ‚Opium des Volkes'

Karl Marx, geboren am 05. Mai 1818 in Trier, studierte zunächst Rechtswissenschaft, später auch Philosophie und Geschichte. In Rekurs auf Hegel entwickelt Marx ein gesellschaftlich-ökonomisches System, welches sich vor allem der Zusammenarbeit mit Friedrich Engels verdankt. Zusammen mit ihm gründet Marx 1846 auch das Kommunistische-Korrespondenz-Komitee, aus dem später der Bund der Kommunisten hervorgeht. Seine Idee fasst Marx in seinem Hauptwerk „Das Kapital" zusammen, welches erstmal 1867 publiziert wurde. Einen Großteil seines Lebens verbrachte Marx in London, wo er am 14. März 1883 verstorben ist.

Da sich Marx sehr intensiv mit dem Werk von Feuerbach auseinandersetzte, ist es kaum verwunderlich, das seine eigene Religionskritik eng mit der von Feuerbach verwandt ist. In seiner „Kritik der Hegelschen Rechtsphilosophie" hält Marx fest: „Das Fundament der irreligiösen Kritik ist: Der Mensch macht die Religion, die Religion macht nicht den Menschen. Und zwar ist die Religion das Selbstbewusstsein und das Selbstgefühl des Menschen, der sich selbst entweder noch nicht erworben oder schon wieder verloren hat. Aber der Mensch, das ist kein abstraktes, außer der Welt hockendes Wesen. Der Mensch, das ist die Welt des Menschen, Staat, Sozietät. Dieser Staat, diese Sozietät produzieren die Religion, ein verkehrtes Weltbewusstsein, weil sie eine verkehrte Welt sind." (Einleitung, 378)

In diesem Abschnitt ist aber auch der wesentliche Unterschied zwischen Marx und Feuerbach benannt: Ebenso wie Feuerbach ist für Marx die Religion ein hausgemachtes Produkt des Menschen. Dennoch basiert die Produktion der Religion nicht auf dem einzelnen Menschen, sondern sie ist eingegliedert in ein politisches System, nämlich das des Staates. Damit ist eingeholt, dass Marx seine Religionskritik grundsätzlich mit seiner politischen Haltung verdrillt. Anders formuliert: Religion ist für Marx etwas, das wesentlich mit den ökonomischen Produktionsverhältnissen einer Gesellschaft und eines Staates zusammenhängt. Daher hält er auch fest: „Das *religiöse* Elend ist in einem der *Ausdruck* des wirklichen Elendes und in einem die *Protestation* gegen das wirkliche Elend. Die Religion ist der Seufzer der bedrängten Kreatur, das Gemüt einer herzlosen Welt, wie sie der Geist geistloser Zustände ist. Sie ist das *Opium* des Volkes." (Einleitung, 378)

Religion ist für Marx ein „illusorisches Glück" (Einleitung, 379), eine „imaginäre Blumenkette" (Einleitung, 379), die den Menschen über sein reales Elend hinwegtäuschen will. Es gibt Religion, um den Menschen ruhigzustellen, ihn zu beruhigen, damit er angesichts der bedrohlichen Zustände, in denen er sein Leben gestalten muss, nicht umkommt. „Die Religion ist nur die illusorische Sonne, die sich um den Menschen bewegt, solange er sich nicht um sich selbst bewegt." (Einleitung, 379)

Religion ist für Marx etwas, das verschwinden muss, um eine Änderung der ökonomischen Verhältnisse herbeizuführen: „Es ist also die *Aufgabe der Geschich-*

*te*, nachdem das *Jenseits der Wahrheit* verschwunden ist, die *Wahrheit des Diesseits* zu etablieren. Es ist zunächst die *Aufgabe der Philosophie*, die im Dienste der Geschichte steht, nachdem die *Heiligengestalt* der menschlichen Selbstentfremdung entlarvt ist, die Selbstentfremdung in ihren *unheiligen Gestalten* zu entlarven. Die Kritik des Himmels verwandelt sich damit in die Kritik der Erde, die *Kritik der Religion* in die *Kritik des Rechts*, die *Kritik der Theologie* in die *Kritik der Politik*." (Einleitung, 379)

Wird die Religion abgeschafft, dann kann sich auch die konkrete Gesellschaft zum Besseren verändern. Marxens Religionskritik ist daher im Wesentlichen von einer politischen Motivation getragen. Das Trostmittel Religion gilt es für ihn abzuschaffen, um den Weg für eine politische Veränderung des ökonomischen Gesellschaftssystems freizumachen. Das ist die Richtung, in die seine Religionskritik zielt. Es geht darum, den Menschen von diesem Opium, das lähmt und schläfrig macht, zu befreien und ihm dadurch ein neues, anderes Handeln zu ermöglichen.

## Sigmund Freud: Religion als Zwangshandlung

Sigmund Freud wurde am 06. Mai 1856 in Freiberg in Mähren, dem heute tschechischen Příbor, geboren. Sein Medizinstudium absolvierte Freud in Wien, ehe er 1885 nach erfolgreicher Habilitation Privatdozent an der dortigen Universität wurde. Die Beschäftigung mit der Hypnose führte ihn zur Entwicklung seiner eigenen Behandlungsmethode, der sogenannten „Psychoanalyse". Im Zuge der „Machtergreifung" der Nationalsozialisten emigrierte der Jude Freud nach England, wo er am 23. September 1939 in London starb.

Für Freud hat Religionsausübung, die mit bestimmten Riten und Ritualen verbunden ist, einen stark negativen Touch; er umschreibt sie mit dem Begriff der „Zwangsneurose": Man könnte sich trauen, notiert er, „die Zwangsneurose als pathologisches Gegenstück zur Religionsbildung aufzufassen, die Neurose als eine individuelle Religiosität, die Religion als eine universale Zwangsneurose zu bezeichnen." (Zwangshandlungen und Religionsübungen, 138f)

Vor allem vom Standpunkt der Wissenschaft aus erkennt Freud die Notwendigkeit, die Religion zu kritisieren: „Von den drei Mächten [Kunst, Philosophie und Religion, fb], die der Wissenschaft Grund und Boden bestreiten können, ist die Religion allein der ernsthafte Feind." Denn Religion, so Freud, ist „eine ungeheure Macht, die über die stärksten Emotionen der Menschen verfügt." (Über eine Weltanschauung, 173) Dahingehend bestimmt er drei Momente, welche die Religion auszeichnen: Religion kann den Ursprung von allem und die Herkunft des Menschen erklären, sie kann Ängste beschwichtigen und sie erlässt Vorschriften. Wenn Freud die Schöpfung der Welt, wie sie die Religion Gott als dem liebenden

Vater zuschreibt, einer Psychoanalyse unterzieht, kommt er zu diesem Ergebnis: Der Mensch greift „auf das Erinnerungsbild des von ihm so überschätzten Vaters der Kinderzeit zurück, erhebt es zur Gottheit und rückt es in die Gegenwart und in die Realität. Die affektive Stärke dieses Erinnerungsbildes und die Fortdauer seiner Schutzbedürftigkeit tragen miteinander seinen Glauben an Gott." (Über eine Weltanschauung, 176)

Religion entspringt Freud gemäß einem infantilen Bedürfnis, das sich in der Sehnsucht nach einem Vater ausdrückt. Was religiöse Vorstellungen anbieten können, sind demnach auch nur Illusionen; sie sind „nicht Niederschläge der Erfahrung oder Endresultate des Denkens, es sind Illusionen, Erfüllungen der ältesten, stärksten, dringendsten Wünsche der Menschheit; das Geheimnis ihrer Stärke ist die Stärke dieser Wünsche." (Die Zukunft einer Illusion, 352) Religion bringt für Freud „einerseits Zwangseinschränkungen, wie nur eine individuelle Zwangsneurose, so enthält sie andererseits ein System von Wunschillusionen mit Verleugnung der Wirklichkeit, wie wir es isoliert nur bei einer Amentia, einer glückseligen halluzinatorischen Verworrenheit finden." (Die Zukunft einer Illusion, 367) Die Vatersehnsucht des Menschen mag es zwar geben, aber sie läuft grundsätzlich ins Leere: Denn einen solchen Vater, der die Wünsche und Sehnsüchte der Menschen erfüllen würde, gibt es nicht. Der Mensch ist immer nur auf sich allein gestellt, er muss die Erfüllung seines Wesens in sich selbst finden. Religion wirkt hier zwar tröstend und ruhigstellend, ist aber in letzter Konsequenz nicht mehr als eine blanke Illusion.

## Friedrich Nietzsche: Wir haben Gott getötet

Geboren am 15. Oktober 1844 in Röcken, studierte Friedrich Nietzsche in Leipzig Philosophie und wurde zum Professor in Basel ernannt. 1879 ließ sich Nietzsche pensionieren und arbeitete daraufhin als freier, selbstständiger Philosoph; in diesen Zeitraum fällt auch die Anfertigung der meisten seiner philosophischen Schriften. Nur zehn Jahre, nachdem er in die Pension eingetreten war, stürzte Nietzsche Anfang des Jahre 1889 in eine geistige Umnachtung, die bis zu seinem Tod am 25. August 1900 andauerte.

Die Grundlage seiner Religionskritik fasst Nietzsche in der Erzählung vom tollen Menschen zusammen: „Habt ihr nicht von jenem tollen Menschen gehört, der am hellen Vormittage eine Laterne anzündete, auf den Markt lief und unaufhörlich schrie: ‚Ich suche Gott! Ich suche Gott!' – Da dort gerade Viele von denen zusammenstanden, welche nicht an Gott glaubten, so erregte er ein großes Gelächter. Ist er denn verloren gegangen? sagte der Eine. Hat er sich verlaufen wie ein Kind? sagte der Andere. Oder hält er sich versteckt? Fürchtet er sich vor uns? Ist er zu Schiff gegangen? Ausgewandert? – so schrien und lachten sie durcheinander. Der tolle Mensch sprang mitten unter sie und durchbohrte sie mit seinen Blicken. ‚Wohin ist Gott? rief er, ich will es euch sagen! Wir haben ihn getötet, – ihr und ich! Wir Alle sind seine Mörder! Aber wie haben wir dies gemacht? Wie vermochten wir das Meer auszutrinken? Wer gab uns den Schwamm, um den ganzen Horizont wegzuwischen? Was taten wir, als wir diese Erde von ihrer Sonne losketteten? Wohin bewegt sie sich nun? Wohin bewegen wir uns? Fort von allen Sonnen? Stürzen wir nicht fortwährend? Und rückwärts, seitwärts, vorwärts, nach allen Seiten? Gibt es noch ein Oben und ein Unten? Irren wir nicht wie durch ein unendliches Nichts? Haucht uns nicht der leere Raum an? Ist es nicht kälter geworden? Kommt nicht immerfort die Nacht und mehr Nacht?'“ (Fröhliche Wissenschaft, 158–160)

Der Atheismus ist für Nietzsche unausweichlich. Gott ist nicht mehr am Leben, er ist getötet worden von jenen Menschen, die seine Existenz leugnen und negieren (also den Atheisten). Deswegen ist ein Glaube an diesen Gott auch sinnlos, weil es ihn nicht mehr gibt. Der Tod Gottes ist die Konsequenz einer Religionskritik, die sich von allem Illusionären und jeglichen Projektionstheorien lossagt.

Weil Nietzsche eben davon ausgeht, dass es außerhalb des Menschen nichts gibt, was ihn trösten oder ihm Sinn verleihen könnte, muss das Prinzip allen Lebendigen im Menschen selbst gefunden werden. Nietzsche packt diesen Gedanken in sein Schlagwort „Wille zur Macht“, worin er subsumiert, dass das Leben an sich der höchste Wert sei. Mit anderen Worten: Wenn der Mensch nach Trost sucht, dann muss er ihn sich selbst schaffen. Das ist die einzige Alternative, die Nietzsche noch erkennt.

Der Tod Gottes hat deshalb etwas Befreiendes: Er nimmt dem Menschen eine Illusion von Trost, die ihn gefangen hält und ihm doch nichts wirklich zu geben vermag. Gott ist wie ein Versprechen, das er aber nicht einlösen kann, sondern auf ewig nur Vertröstung bleibt. „Der Begriff ‚Gott‘ erfunden als Gegensatz-Begriff zum Leben, – in ihm alles Schädliche, Vergiftende, Verleumderische, die ganze Todfeindschaft gegen das Leben in eine entsetzliche Einheit gebracht! Der Begriff ‚Jenseits‘, ‚wahre Welt‘ erfunden, um die einzige Welt zu entwerten, die es gibt, – um kein Ziel, keine Vernunft, keine Aufgabe für unsre Erden-Realität übrig zu behalten!“ (Ecce homo, 373) Die leeren Begriffe wie „Gott“ oder „Jenseits“ taugen Nietzsche gemäß nicht mehr, deshalb ist es Zeit, sich ihrer zu entledigen. Was an ihre Stelle tritt, ist der Mensch und sein Wille zur Macht und zum Leben.

Gerade jene Macht ist es aber, die von der Religion mit ihrer Gesetzgebung immer weiter eingeschränkt wird: In der christlichen Religion wird Nächstenliebe höher angesetzt als das Verlangen, immer den eigenen Willen mit allen Mitteln durchzusetzen. Dieses Korsett religiöser Werte muss man loswerden, postuliert Nietzsche deshalb. Im Blick auf diese religiöse Gesetzgebung spricht er von einer „Umwertung der Werte“. Worauf es wirklich ankommt, ist die unbedingte Durchsetzung des eigenen Lebens. Religion negiert daher den Sinn des Lebens und verleugnet ihn.

Die Folgen aus dieser Ablehnung der religiösen Gesetze sind der Nihilismus und der Übermensch, der fähig ist, den Nihilismus zu überwinden. Als Übermensch bezeichnet Nietzsche denjenigen Menschen, der sich mit der Situation abfindet, dass es gültige Werte nur in diesem Leben selbst gibt, dass also ein letztgültiger Lebenssinn nur in der Immanenz gefunden werden kann.

## Albert Camus: Das ganze Leben ist absurd

Albert Camus, geboren am 07. November 1913 in Mondovi im heutigen Algerien, studierte zunächst in Algier Philosophie. Zu dieser Zeit schloss er sich auch der Kommunistischen Partei an. Später arbeitete Camus als Schriftsteller und Redakteur einer Zeitung; während des Zweiten Weltkriegs pendelte er zwischen Frankreich und Algerien und verfasste mehrere Schriften. 1957 wurde Camus mit dem Literaturnobelpreis ausgezeichnet, bevor er am 04. Januar 1960 bei einem Autounfall in der Nähe von Paris starb.

Den Grundgedanken seiner Religionskritik entwickelt Camus am Beispiel des Mythos von Sisyphos. Sisyphos verkörpert für Camus das Ideal aller menschlichen Absurdität: Er muss den Stein immer wieder auf den Berg rollen, obwohl er weiß, dass dieser wieder zurückrollt und das Spiel von Neuem beginnt. Dennoch bemerkt Camus: „Dieses Universum, das nun keinen Herrn mehr kennt, kommt ihm weder unfruchtbar noch wertlos vor. Jeder Gran dieses Steins, jedes mineralische Aufblitzen in diesem in Nacht gehüllten Berg ist eine Welt für sich. Der Kampf gegen Gipfel vermag ein Menschenherz auszufüllen. Wir müssen uns Sisyphos als einen glücklichen Menschen vorstellen." (Der Mythos des Sisyphos, 160)

Wie kommt Camus zu einer solchen Aussage? Zunächst vergleicht er das menschliche Leben mit der Strafe des Sisyphos: Auch das Leben kennt keinen letztgültigen Grund, auf dem es steht oder den es erstreben könnte. Das Leben versinkt in abgrundtiefer Absurdität. Damit wendet sich Camus gegen die Religion und den Gottglauben: Weil das Leben absurd ist, weil es über dieses Leben hinaus keine Hoffnung gibt, deswegen kann es auch keine Religion und keinen Gott geben. Das Leben ist für Camus gleich der Aufgabe, die Sisyphos anvertraut ist: sinnlos und ohne Aussicht auf Erfolg. Dennoch führt dies nicht zu einer durchweg negativen Sicht auf die Welt und den Menschen: So, wie Sisyphos in seinem absurden Tun dennoch einen Sinn entdeckt und dadurch Glück erfährt, so ist es auch mit dem menschlichen Leben. Im Wissen um seine Absurdität sucht es sich in der Immanenz einen Sinngehalt, der das Leben zu erfüllen vermag. Man könnte diesen Gedanken Camus mit einem Sprichwort konkretisieren: „Jeder ist seines Glückes Schmied". Oder anders: Es liegt in der Hand jedes einzelnen Menschen, einen Sinn in seinem Leben zu schaffen und zu entdecken.

Doch man kann die Absurdität des Lebens auch ablehnen, was nach Camus zu zwei unterschiedlichen Reaktionen führen kann: Man beendet das eigene Leben selbst und freiwillig (durch Suizid) oder man flüchtet sich in die Religion, was einem geistigen Selbstmord gleichkommt.

**Zum Weiterlesen:**

Michael Kühnlein (Hg.): Religionsphilosophie und Religionskritik. Ein Handbuch, Berlin 2018.

Michael Weinrich: Religion und Religionskritik. Ein Arbeitsbuch, Stuttgart [2]2012.

Gregor Maria Hoff: Religionskritik heute, Regensburg 2004.

# Was heißt es, dass sich Gott offenbart?

Offenbarung bedeutet die Enthüllung von etwas, das verborgen und unbekannt ist. Im religiösen Sinne bezeichnet Offenbarung die Entschleierung Gottes. Mit anderen Worten: Gott bleibt für seine Schöpfung nicht gänzlich unbekannt, er teilt sich ihr mit und zwar dergestalt, dass die Schöpfung etwas von Gottes Wesen erahnen kann. Solche Offenbarung wurde lange in Form einer bloßen Informationsweitergabe verstanden. Erst das Zweite Vatikanische Konzil hat die Offenbarung als dialogisches Ereignis wiederentdeckt, das eine Beziehung zwischen Gott und den Menschen stiftet und wesentlich auf die Gemeinschaft zwischen Gott und den Menschen hin ausgerichtet ist.

## Christus, der Offenbarer des Vaters

„Keiner hat Gott jemals geschaut. Der Einzige, der Gott ist und am Herzen des Vaters ruht, er hat ihn ausgelegt (*exegesato*)", heißt es im Johannesprolog über die Menschwerdung des Logos (1,18). Es ist das Eigentümliche der Menschwerdung, dass der Logos Kunde gibt von dem, den niemand zuvor schauen durfte, von dem selbst Mose nur die Spur und den Rücken zu sehen bekam (vgl. Ex 33,20–23). Der fleischgewordene Logos ist, so hebt der Johannesprolog an, der *Exeget* dieses Gottes. Damit wird ausdrücklich eines deutlich: „Jesus ist nicht ein weiterer, zweiter Gott, sondern eine biographische Exegese des einzigen Gottes – und zwar des schöpferisch wirkmächtigen und des barmherzig rettenden Gottes, den das Erste Testament bezeugt. Er ist nicht ‚Offenbarer' eines bislang unbekannten Gottes, sondern ‚Ausleger' des Gottes Israels (...)" (Zenger, „Gott hat keiner jemals geschaut", 167). Damit fasst Erich Zenger einen entscheidenden Gedanken ins Wort: Der fleischgewordene Logos *ist* die Offenbarung Gottes. Oder mit anderen Worten: Gott offenbart sich den Menschen und er tut es in besonderer Weise in seinem Sohn Jesus Christus.

## Gott gibt sein Wesen zu erkennen

Joseph Ratzinger notiert bezugnehmend auf diesen Vers aus dem Johannesprolog: „Im ersten Augenblick scheint das wirklich das Höchstmaß von Offenbarung, von Offenlegung Gottes zu sein. Der Sprung, der bisher ins Unendliche führte, scheint auf eine menschlich mögliche Größenordnung verkürzt, indem wir nur noch gleichsam die paar Schritte zu jenem Menschen in Palästina zu gehen brauchen, in dem uns Gott selber entgegentritt." (Einführung in das Christentum, 48) Gott ist ein Gott, der sich seiner Schöpfung zu erkennen gibt, der sich ihr zuwendet, der sie immer neu erkennen lässt, wer er ist und sie etwas über sein Wesen erahnen lässt. Nichts anderes bedeutet *Offenbarung*: Es ist die Offenlegung von etwas, was uns Menschen gänzlich unbekannt ist. Noch besser bringt dies der Lateinische Ausdruck *revelatio* auf den Punkt: es geht um Enthüllung, um Entschleierung. Gott ist gewissermaßen umhüllt von einem Schleier, hinter den wir Menschen aus eigener Kraft nicht schauen können. Aber Gott selber lüftet ihn immer wieder und immer wieder neu, damit seine Schöpfung einen Blick auf ihn erhaschen kann, damit seine Schöpfung im tastenden Sehen erahnen kann, wie dieser Gott ist.

## Offenbarung als Thema des Ersten Vatikanischen Konzils

Das Erste Vatikanische Konzil greift in seiner Konstitution *Dei Filius* das Thema der Offenbarung auf. Die Konstitution ist dabei nachhaltig von der Auseinandersetzung mit dem Rationalismus geprägt, ausdrücklich betonen die Konzilsväter eine doppelte Erkenntnisordnung und weisen darauf hin, dass der göttliche Glaube nicht der natürlichen Vernunft zugänglich ist (vgl. DH 3015). Mit anderen Worten: Es gibt Wahrheiten, die mit der natürlichen Vernunft erfasst werden können und es gibt religiöse Wahrheiten, die in der übernatürlichen Offenbarung begründet und die in sicherem Glauben anzunehmen sind. Damit ist schon etwas sehr Wichtiges über das Offenbarungsverständnis von *Dei Filius* ausgesagt: Hier wird ein Glaubensverständnis vorausgesetzt, das nicht dialogisch konzipiert ist, sondern als Fürwahrhalten von Offenbarungswahrheiten verstanden wird (→ *Was ist Glaube?*, S. 13ff). Was offenbart wird, ist nicht deshalb wahr, weil es einer Prüfung durch die natürliche Vernunft standgehalten hätte, sondern es ist deshalb wahr, weil es Inhalt einer Offenbarung ist.

Das Konzil hält fest, dass „Gott, der Ursprung und das Ziel aller Dinge, mit dem natürlichen Licht der menschlichen Vernunft aus den geschaffenen Dingen der Natur gewiss erkannt werden kann" (DH 3004); es bekräftigt also eine natürliche Gotteserkenntnis. Andererseits betont das Konzil aber auch die Übernatürlichkeit der Offenbarung: Denn Gott hat „aufgrund seiner unendlichen Güte den Menschen auf ein übernatürliches Ziel hingeordnet, nämlich an den göttlichen Gütern teilzuhaben, die das Erkenntnisvermögen des menschlichen Geistes völlig übersteigen" (DH 3005). Diese übernatürliche Offenbarung ist vor allem im Kanon der biblischen Schriften enthalten (vgl. DH 3006).

Der Inhalt der Offenbarung sind verschiedene Informationen, die sich in unterschiedlichen Instanzen ausmachen lassen: Es gibt eine „geoffenbarte Wahrheit" (DH 3032), die sich zum Beispiel in der „Lehre des Glaubens" findet (DH 3020) und sich in einer „geoffenbarten Lehre" manifestiert (DH 3042). Damit ist vor allem eines deutlich ausgesagt: Es gibt eine Offenbarung und Inhalt dieser

Offenbarung sind Glaubenslehren, die von der Kirche rechtmäßig verwaltet werden. Dahingehend wird auch verständlich, wie das Erste Vaticanum den Glauben versteht: „Da der Mensch ganz von Gott als seinem Schöpfer und Herrn abhängt und die geschaffene Vernunft der ungeschaffenen Wahrheit völlig unterworfen ist, sind wir gehalten, dem offenbarenden Gott im Glauben vollen Gehorsam des Verstandes und des Willens zu leisten." (DH 3008) Einen solchen Glauben aber erlangt man nicht durch ein Angesprochenwerden von Gott, welches die ganze Existenz des Menschen betrifft, sondern „wegen der Autorität des offenbarenden Gottes selbst, der weder sich täuschen noch täuschen kann" (DH 3008).

## Das Offenbarungsverständnis von *Dei Filius*

Damit sind zwei wesentliche Punkte des Offenbarungsverständnisses von Vaticanum I benannt: In Abgrenzung zum Rationalismus wird die Übernatürlichkeit der Offenbarung betont, die sich in der Kundgabe von Informationen ausdrückt. Glaube bedeutet in diesem Verständnis ein Führwahrhalten dieser offenbarten Wahrheiten; diese sind einzig und allein deshalb als wahr anzusehen, weil sie durch die Autorität Gottes offenbart wurden. Infolge von Max Seckler wird dieses Verständnis von Offenbarung als *instruktionstheoretisches Offenbarungsmodell* gekennzeichnet. Josef Schmitz bemerkt hierzu zusammenfassend: „Die Offenbarung wird hier nicht nur auf die kognitive Seite des Heilshandelns Gottes eingeschränkt, sondern das Offenbarungsgeschehen wird als Belehrung (Instruktion) verstanden, die konzeptualistisch ein ‚Depositum' von Wahrheiten mitteilt, dessen Übernatürlichkeit, Abgeschlossenheit und Unveränderlichkeit dann vor allem betont wird." (Das Christentum als Offenbarungsreligion, 22)

## Die Offenbarungskritik der Aufklärung

Ein solches Verständnis von Offenbarung stieß besonders während der Epoche der Aufklärung auf großen Widerstand. Immerhin war es das erklärte Ziel der Aufklärung, den Menschen zur Selbstständigkeit zu bringen und ihn zum kritischen Nachdenken zu ermuntern. Damit jedenfalls waren zentrale Punkte im Offenbarungsverständnis getroffen: Der Inhalt der Offenbarung, so die Kritik der Aufklärung, konnte nicht einfach so aufgrund der postulierten Autorität als wahr angenommen werden. Auch gegen die doppelte Erkenntnisordnung wandten sich die Aufklärer. Freilich: Im Hintergrund stand dabei Kants Diktum „Habe Mut, dich deines eigenen Verstandes zu bedienen!" Gerade dies aber wurde durch ein Festhalten an der doppelten Erkenntnisordnung vonseiten der Theologie aus den Angeln gehoben. Nicht Annahme einer Offenbarung aufgrund der Leistung des eigenen Verstandes, sondern aufgrund eines Autoritätsgehorsams war ja die Basis dieses Offenbarungsverständnisses. Das traf das Anliegen der Aufklärung und sie versuchte vehement, dagegen anzukämpfen.

## Das Zweite Vatikanische Konzil und ein Aufbruch aus der Engführung

Auch das Zweite Vatikanische Konzil setzt sich in seiner Konstitution *Dei verbum* mit dem Thema der göttlichen Offenbarung auseinander. Während die ersten Schemata noch stark mit dem Geruch des Ersten Vaticanum und seines Offenbarungsmodells behaftet waren, wollten die Konzilsväter diese Engführung aufbrechen und vor allem die Offenbarung als dialogisches Geschehen betonen.

Einen wesentlichen Akzent setzt schon das erste Kapitel, wenn es dort heißt: „Gott hat in seiner Güte und Weisheit beschlossen, sich selbst zu offenbaren und das Geheimnis seines Willens kundzutun" (Nr. 2). Offenbarung wird wesentlich als Selbstmitteilung Gottes verstanden und nicht mehr, wie im Ersten Vaticanum, als Mitteilung übernatürlicher Wahrheiten. Diese Selbstmitteilung ist zutiefst personal: Sie zielt nicht auf die Annahme durch ein bloßes Fürwahrhalten, sondern auf eine freie Entscheidung des Menschen, sich auf das Beziehungsangebot, das Gott eröffnet, einzulassen: „In dieser Offenbarung redet der unsichtbare Gott aus überströmender Liebe die Menschen an wie Freunde und verkehrt mit ihnen, um sie in seine Gemeinschaft einzuladen und aufzunehmen" (Nr. 2). Offenbarung wird hier wesentlich als ein Ereignis konturiert, das getragen wird von Liebe und das auf die Erlangung einer freundschaftlichen Communio abzielt. Solche Freundschaft aber kann nicht durch bloße Zustimmung erlangt werden, sondern sie wird nur dort möglich, wo sich die Menschen mit ihrer ganzen Existenz und ihrem gesamten Dasein Gott anvertrauen und sich auf die Gemeinschaft, die er anbietet, einlassen. Die göttliche Selbstmitteilung hat wesentlich den Menschen im Blick und zwar mit allen Dimensionen seines Daseins! Hier geht es nicht mehr bloß um ein Ringen darum, inwiefern die Offenbarung der natürlichen Vernunft zugänglich ist oder nicht. Gott will die Menschen in die Gemeinschaft mit ihm einladen, damit sie durch Christus, „der zugleich der Mittler und die Fülle der ganzen Offenbarung ist" (Nr. 2) „Zugang zum Vater haben und teilhaftig werden der göttlichen Natur" (Nr. 2).

## Ein dialogisches Offenbarungsverständnis

Das Offenbarungsverständnis von Vaticanum II ist damit wesentlich *dialogisch.* Gott „redet (...) die Menschen an (alloquitur)" und zwar deshalb, weil er mit ihnen *in Konversation* treten will (conversatur). Offenbarung wird damit nicht als Einbahnstraße im Sinne einer bloßen Informationsweitergabe verstanden. Es geht hier um einen wirklichen Dialog. So bemerkt auch Joseph Ratzinger: „So wird sichtbar, wie der Offenbarungsgedanke zugleich ein Menschenbild entwirft: der Mensch als das dialogische Wesen, das im Hören auf Gottes Wort dem Präsens Gottes gleichzeitig wird und in der Gemeinschaft des Wortes die Wirklichkeit empfängt, die dieses Wort unteilbar ist: die Gemeinschaft mit Gott selbst." (Kommentar zu Dei verbum, 507)

Aufgrund dieses wesentlich dialogischen Verständnisses von Offenbarung, erschöpft sich Gottes Selbstmitteilung auch nicht in einigen wenigen Momenten. Sie umfasst vielmehr die ganze Geschichte der Schöpfung, welche durch die Selbstmitteilung Gottes in dieser Schöpfung in eine Heilsgeschichte konvertiert wird.

## Das *kommunikationstheoretische* Offenbarungsmodell

Das Zweite Vaticanum stellt die Offenbarungstheologie vom Kopf auf die Füße. Oder anders gesagt: Es befreit das Offenbarungsverständnis von seiner bloßen Abgrenzung gegen den Rationalismus und fügt es in eine ganzheitliche Sicht der Heilsgeschichte und des Menschen ein. So bleibt im Blick auf das Zweite Vatikanische Konzil und seinen Entwurf von Offenbarung festzuhalten: „Offenbarung wird (...) gesehen als reale Selbstmitteilung Gottes, durch die der Mensch in seiner ganzen Existenz als Partner einer Lebensgemeinschaft mit Gott betroffen ist und die im Raum der Geschichte in Taten und Worten zur innergeschichtlichen Gegebenheit kommt." (Schmitz, Das Christentum als Offenbarungsreligion, 26) Infolge von Max Seckler wird das Modell des Zweiten Vaticanum auch als *kommunikationstheoretisches Offenbarungsmodell* bezeichnet.

**Zum Weiterlesen:**

Gregor Maria Hoff: Offenbarungen Gottes? Eine theologische Problemgeschichte, Regensburg 2007.

Walter Kern u.a. (Hg.): Handbuch der Fundamentaltheologie. Band 2: Traktat Offenbarung, Tübingen [2]2000.

Klaus von Stosch: Offenbarung, Paderborn 2010.

# II. Gott, der Vater, der Allmächtige

# Glauben wir an einen Gott oder an drei Götter?

Im Anschluss an die Einigkeit und Einzigkeit Gottes, wie sie im Bekenntnis des Alten Testaments grundgelegt ist, glauben auch Christen an den einen Gott. Allerdings ist das Fundament des christlichen Glaubensbekenntnisses die Tatsache, dass sich dieser Gott auf dreifache Weise den Menschen offenbart hat. Vater, Sohn und Heiliger Geist sind also nicht drei einzelne Götter, sondern Ausdrucksweisen des einen Gottes, der sich auf unterschiedliche Weise den Menschen zu erkennen gibt.

## Kleeblatt und Hase als Bilder für die Trinität

Als der heilige Patrick während seiner Missionstätigkeit nach Irland gekommen ist, hat er den Glauben an den einen Gott mithilfe eines Symbols zu vermitteln versucht: Er hat ein Kleeblatt zur Hilfe genommen, welches zwar drei einzelne Blätter besitzt, die aber ihren Ursprung doch in einem einzigen Halm haben. Einen ähnlichen Zugang zur Trinität bietet das Drei-Hasen-Fenster im Paderborner Dom: Es zeigt drei einzelne Hasen, die aber gemeinsame Löffel besitzen.

## Zwei Verstehensmodelle für die Trinität

Die klassischen theologischen Trinitätsmodelle lassen sich in zwei Gruppen unterteilen:

(1) **Ein interpersonales Trinitätsmodell**
Trinitätstheologische Modelle, die als ‚relational' bzw. ‚interpersonal' gekennzeichnet sind, setzen beim Verständnis an, dass die Trinität in sich lebendige Beziehung der drei göttlichen Personen ist. Prominente Vertreter derartiger Entwürfe sind Jürgen Moltmann, Leonardo Boff, Richard Swinburne oder Gisbert Greshake; diese rekurrieren teilweise auf klassische Autoren, wie Richard von St. Viktor. Diese Modelle sind vorteilhaft, wenn es darum geht, den trinitarischen Gott als Lebens- und Liebeswirklichkeit zu begreifen; Leben und Liebe sind Zuschreibungen, die nachdrücklich eine Beziehung zwischen mehreren Beziehungspartnern verlangen. Ohne die Annahme einer solchen intersubjektiven Beziehung ließe sich die Beschreibung, dass Gott die Liebe ist (vgl. 1 Joh 4,8), nur mehr als eine bloße Selbstliebe verstehen.

Das zentrale Problem dieser Modellbildungen liegt in der Beschreibung der Einheit Gottes begründet. Sie offenbaren dort ihre offene Schlagseite, wo sie einen Monotheismus nicht mehr hinreichend formulieren können und der Annahme Vorschub leisten, der trinitarische Gott sei eine bloße Verbindung von drei getrennten Freiheiten bzw. drei eigenständigen Personen.

**(2) Ein monosubjektives Trinitätsmodell**

Diesen Entwürfen ist gemein, dass sie versuchen, die Rede von der drei-Personalität Gottes möglichst zu umgehen und daher Modelle formulieren, welche die Dreiheit aus der Einheit ableiten. *Der* Gewährsmann für einen derartigen Angang ist natürlich Augustin mit seiner ‚psychologischen' Trinitätskonzeption, die ausgehend von einer Dreiheit des menschlichen Geistes auf den trinitarischen Gott schließt. Neuzeitlich wurde diese Art, Trinitätstheologie zu denken, besonders von Karl Barth rezipiert, der den trinitarischen Gott als Offenbarer, Offenbarung und Offenbarsein versteht und darin seine Einheit beschreiben kann. Auch Karl Rahner, dessen Axiom der reziproken Entsprechung von ökonomischer und immanenter Trinität aus theologischen Diskursen nicht mehr wegzudenken ist, versucht mithilfe der doppelten Selbstmitteilung Gottes in Sohn und Geist die Einheit des trinitarischen Gottes zu bewahren, ohne dabei der Gefahr eines möglichen Tritheismus zu erliegen.

In der jüngsten Trinitätstheologie ist hier auch der Ansatz von Thomas Schärtl anzuführen, der im Rückgriff auf sprachphilosophische Diskurse versucht, die Trinität semiotisch zu rekonstruieren. Da Schärtl von drei Bewusstseinsebenen innerhalb des einen Gottes ausgeht, kann er – ähnlich wie schon bei Augustin – von drei Instanzen sprechen, die sich intrapersonal bedingen.

Die Stärke dieser Modellbildung liegt darin, die Einheit des trinitarischen Gottes so zu formulieren, dass jegliche Gefahr eines Tritheismus, das heißt, einer Annahme von drei Göttern oder von drei gesonderten Freiheiten in Gott, vermieden werden kann. Wird der trinitarische Gott aber rein ‚monosubjektiv' gedacht, stellt sich besonders die Frage, wie dieser Gott als ein Gott, der Liebe ist, verstanden werden kann. Liebe setzt, da sie ein interpersonales Geschehen ist, die Möglichkeit voraus, mit Anderen eine reziproke Beziehung einzugehen. Wo es diese anderen potentiellen Beziehungspartner nicht gibt, weil Gott als *ein* Subjekt gedacht wird, lässt sich nur schwerlich nachvollziehen, wie wirkliche Liebe zu denken ist, die keine bloße Selbstliebe ist. Die Schwäche dieser Modelle zeigt sich darin, dass sie aufgrund ihres Festhaltens an einer Monosubjektivität nicht überzeugend darstellen können, dass der trinitarische Gott in sich eine echte Liebes- und Lebenswirklichkeit ist, die einen Anderen liebt bzw. mit Anderen zusammen lebt.

Wichtige dogmengeschichtliche Schritte auf dem Weg zum Bekenntnis des dreieinen Gottes waren vor allem die beiden Konzile von Nikaia (325) und Konstantinopel (381). Hier wurde eine Trinitätslehre herausgearbeitet, die bis heute die Basis für den Glauben an den trinitarischen Gott bildet.

**Zum Weiterlesen:**

Klaus von Stosch: Trinität, Paderborn 2017.

Jürgen Werbick: Gott verbindlich. Eine theologische Gotteslehre, Freiburg i.Br. u.a. 2007.

Gisbert Greshake: Hinführung zum Glauben an den drei-einen Gott, Freiburg i.Br. u.a. [7]2022.

# Wie hat Gott die Welt erschaffen?

Gott schafft im Uranfang die Welt und richtet sie als Lebensraum für alle Geschöpfe ein. Das ist die Grundaussage, die in den beiden Schöpfungserzählungen des Alten Testaments auf unterschiedliche Weise entfaltet wird. Leitend ist dabei der Gedanke, dass die Schöpfung sich ganz allein Gottes freier Initiative verdankt, dass er seiner Schöpfung zugewandt bleibt, auch wenn der Mensch vor seinem Schöpfer schuldig wird.

## 1. Der erste Schöpfungsbericht (Gen 1,1–2,4a)

Der erste Schöpfungsbericht (Gen 1,1–2,4a) wird der sogenannten „Priesterschrift" zugeordnet, die sich wohl um das Ende des 6. Jahrhunderts datieren lässt. Da P einige sehr markante Kennzeichen besitzt, lässt sich die erste Schöpfungserzählung relativ gut dieser Schicht zuweisen (z.B. Vorliebe für Formeln und stereotype Formulierungen [Und Gott sprach: Es werde Licht! Und es wurde Licht.]; Vorliebe für Zweiergruppen; Schema Auftrag-Ausführung [Gott sprach ... Und es wurde ...]; theologische Fachsprache). Welche Teile P umfasst, ist umstritten. Sicher ist der Beginn von P in Gen 1,1. Unsicher ist dagegen, ob P mit Dtn 34 (also dem Tod des Mose) endet oder gar schon mit Ex 40 (der Errichtung des Heiligtums), wie Jan Christian Gertz vermutet (vgl. Tora und vordere Propheten, 237). Auch die Datierung ist nur ungefähr bestimmbar und lässt sich vermutlich spätexilisch bzw. frühnachexilisch ansetzen.

### Am Anfang der Schöpfung

Der erste Schöpfungsbericht katapultiert den Leser an den Anfang, besser gesagt an den Uranfang von allem: „Im Anfang erschuf Gott Himmel und Erde. Die Erde aber war wüst und wirr und Finsternis lag über der Urflut" (Gen 1,1f). So, wie die Genesis einsetzt, lässt sie noch nichts von einer wohlgeordneten Schöpfung erahnen. Anstelle einer Ordnung ist ein Chaos vorzufinden; „Irrsal und Wirrsal" beherrschen die Welt, wie Martin Buber und Franz Rosenzweig das Hebräische „tohuwabohu" übersetzen. Die Erde ist unheilvoll. Sie wird beherrscht von ewiger, nie endender Finsternis und einer Wasserflut, die sich über alles ausbreitet.

### Gott als Chaosbändiger und die Frage nach der ‚creatio ex nihilo'

Das Vorhandensein dieses uranfänglichen Chaos, das schließlich von Gott gebändigt und geordnet wird, provoziert eine Frage: Lässt sich angesichts dessen verantwortet von einer ‚creatio ex nihilo' sprechen? Im Blickfeld des priesterschriftlichen Autors steht eine solche Frage nicht. Für den ersten Schöpfungsbericht entscheidend ist vielmehr: „Gott allein hat die Macht über Himmel und Erde und damit auch über das gott- und lebensfeindliche Chaos; seinem Wort muss es weichen." (Ansorge/Kehl, Gott sah, 138) Damit ist eine ‚creatio ex nihilo', die biblisch erstmals in 2 Makk 7,28 (also ungefähr im ersten Jahrhundert v. Chr.) auftaucht, zumindest intendiert. Die Aussagen, die Gen 1 trifft, lauten ja nicht anders als: Gott ist der absolute Ursprung und Schöpfer von allem, was in dieser Welt ist und auf unserer Erde lebt und west. Anders formuliert: Himmel und Erde sind von Gott erschaffen, die gesamte Schöpfung verdankt sich der Einrichtung durch Gott selbst. Damit lässt sich das einholen, was die ‚creatio ex nihilo' meint: Nämlich, dass es keinen anderen Ursprung dieser Schöpfung gibt als Gott selbst. Dass sich diese Schöpfung der freien und eigenen Initiative Gottes verdankt. Das jedenfalls ist der Kerngedanke, den Gen 1 formuliert und seine spätere Vertiefung im philosophischen Konzept der ‚creatio ex nihilo' erfährt.

**Biblische Schöpfung und Naturwissenschaft**

Wie lässt sich der biblische Schöpfungsbericht nun angesichts kritischer, naturwissenschaftlicher Anfragen verantworten? Erich Zenger hält hierzu fest: Die biblischen Schöpfungsberichte „sind keine naturwissenschaftlichen Beschreibungen und Erklärungen, in denen uns Gott als Autor ein naturwissenschaftliches Wissen vermitteln will, das wir mit naturwissenschaftlichen Mitteln niemals erreichen könnten." (Lebenshaus für alle, 327) Vielmehr zielen die biblischen Berichte, die etwas über die Schöpfung erzählen, auf etwas anderes ab; die Bibel „bezeugt uns die Liebe Gottes zur Erde als seiner Schöpfung und sie will uns aufmerksam machen auf das, was unsere Erde und unser Mensch-Sein bestimmt und auszeichnet." (Ebd.) Die Schöpfungsberichte sind daher auch nicht als nüchternes Protokoll zu verstehen, in dem Sinne, dass ein Autor exakt festgehalten hätte, was Gott zu einem bestimmten Zeitpunkt getan hat. Sie sind vielmehr Deutung der erfahrenen Wirklichkeit aus der Perspektive des Glaubens an den Gott, der die Menschen liebt und ihnen immer neuen Lebensraum eröffnet. Gen 1 und das Sieben-Tage-Werk sind daher keine Tatsachenberichte, sondern die Schöpfungserzählung ist „eine kunstvoll gestaltete Bildergeschichte, die faszinieren und begeistern will für das Geheimnis unserer Welt, dass sie in den Augen Gottes kostbar, schön und liebenswert ist." (Zenger, Lebenshaus für alle, 328) Die Sinnspitze biblischer Schöpfungsberichte ist daher nicht, ein historisches Ereignis in einem sachlich-nüchternen Stil zu beschreiben, sondern die erfahrene Weltwirklichkeit auf Gott hin transparent zu machen. Oder anders: In der Erfahrung des Exils und des Mitgehens Gottes in diese Extremsituation hinein, wächst für die Menschen der Glaube, dass Gott schon immer diese Welt gehalten und getragen hat, ja vielmehr, dass diese Schöpfung ganz und gar von Gott gewollt und geschaffen worden ist.

**Lebensraum Schöpfung**

Der priesterschriftliche Schöpfungsbericht gibt einen tiefen Einblick, wie dieser Lebensraum der Schöpfung von Gott hergestellt wird: Alles findet seinen Ursprung im Wort Gottes, der spricht, woraufhin die einzelnen Elemente der Schöpfung entstehen. „Gott sprach ... Und es wurde ...“ ist ein wesentliches Kompositionsprinzip von Gen 1. Die theologische Aussage, die dahintersteht, ist klar: Der gesamte Lebensraum der Schöpfung verdankt sich dem Gotteswort. Dieser Gedanke zieht sich durch die ganze Priesterschrift hindurch: „Alles bedeutsame Geschehen hat seinen Grund im gebietenden Wort Gottes – nicht nur die Schöpfung der Welt, sondern auch die Sendung des Mose zu Pharao als Anfang der Befreiung, das Überschreiten des Jordan und die Landnahme, der Bau des Offenbarungszeltes usw.“ (Ansorge/Kehl, Gott sah, 142). In all diesen Ereignissen entfaltet sich das ursprüngliche Wort des Schöpfers und macht deutlich, dass der Schöpfergott auch weiterhin seiner Schöpfung zugewandt bleibt und sie in Liebe erhält (‚creatio continua‘).

Gen 1 umschreibt in einer sehr strukturierten Art und Weise, wie der Lebensraum der Schöpfung eingerichtet wird: Dabei ist die grundlegende Kategorie, an der sich die Herstellung dieses Raumes orientiert, die Zeit, näherhin eine Unterteilung in sieben Tage. In dieser Zeit wird der Lebensraum mit allen nötigen Elementen versehen: Tag und Nacht, Land und Meer, Himmel und Erde, Pflanzen und Tiere, hell und dunkel. Schließlich schafft Gott den Menschen, dem er die Herrschaft über die Erde anvertraut. Schlusspunkt des Schöpfungswerkes ist der göttliche Ruhetag am siebten Tag (Gen 2,2f). Er ist Tag der Ruhe und Erholung, des Atemholens und der Gelassenheit, wie es bis heute im Gebet, das am Schabbat in der Synagoge gesprochen wird, heißt: „Um deine Größe zu verherrlichen und als Krönung des Heils hast du deinem Volk einen Tag der Ruhe und der Heiligung gegeben. Über diesen Tag der Ruhe jubelte bereits Abraham. Isaak jauchzte. Jakob und seine Kinder aber finden Ruhe durch ihn: eine Ruhe in Liebe und Weitherzigkeit, eine wahre Ruhe voll des Vertrauens, eine Ruhe, die Frieden und Gelassenheit, Unerschütterlichkeit und Zuversicht verleiht. Eine vollkommene Ruhe, an der du Gefallen hast.“

## 2. Der zweite Schöpfungsbericht (Gen 2,4b–3,24)

Der zweite Schöpfungsbericht (Gen 2,4b–3,24) bildet das Portal für das sogenannte „jahwistische Geschichtswerk“. Es wird dem „Jahwist“ zugeordnet, einer Autorengestalt, die ihre Bezeichnung dem von ihm verwendeten Gottesnamen (JHWH) verdankt. Das Material, das aus der Feder des Jahwisten stammt, reicht von der Schöpfung bis zur Landnahme, wobei vor allem die Urgeschichte, die Episoden um die Erzeltern und der Exodus aus Ägypten ausführlich geschildert werden. In Bezug auf die Sinaiperikope lässt sich allerdings nur ein geringer Anteil dem Jahwisten zuschreiben. Die Entstehungszeit des jahwistischen Geschichtswerkes wird meist im 10. Jahrhundert am Hof des Königs Salomo angesetzt, vermutlich basiert es auf mündlichen Überlieferungen, die aus der vorstaatlichen Zeit stammen.

**Der ältere Schöpfungsbericht**

Wenngleich der priesterschriftliche Schöpfungsbericht bereits in Gen 1 erzählt wird, ist der jahwistische Schöpfungsbericht der wesentlich ältere der beiden. Geht man davon aus, dass der Jahwist in seiner Erzählung bereits mündlich tradiertes Gut verarbeitet, kann man also eine sehr alte Überlieferung annehmen, die im zweiten Schöpfungsbericht zu einer kohärenten Perikope geformt wurde. Dabei sind mindestens zwei Erzählstränge auszumachen, die der Jahwist kombiniert: der Bericht über die Schöpfung des Menschen und die Beschreibung des Paradiesgartens. Besonders Gen 3 weitet dann den Blick auf die nachfolgende Geschichte, die bis Gen 50 entfaltet wird: Hier beginnt der Fall des Menschen und damit die Unheilsgeschichte, die sich in den Erzählungen über die Patriarchen auf immer neue Weise konkretisiert. Immer wieder stehen die Menschen dabei vor der Wahl, sich zwischen Gut und Böse (vgl. Gen 3,5), von Heil und Unheil, von Segen und Fluch, von Freiheit und Unfreiheit, von Glaube und Zweifel entscheiden zu müssen. Diese Binaritäten, die zu einer Entscheidung nötigen, sind programmatisch in die Sündenfall-Episode von Gen 3 eingeschrieben. Mit ihr setzt also eine Entwicklung ein, die in der ganzen Erzählung der Genesis weiter auf vielgestaltige Weise entfaltet wird.

**Der Mensch und seine Sterblichkeit im Mittelpunkt**

Im Gegensatz zu Gen 1 legt der zweite Schöpfungsbericht den Fokus auf den Menschen und die Begründung seiner Sterblichkeit. Programmatisch berichtet die jahwistische Schöpfungserzählung von der Erschaffung des Menschen, der aus „Staub vom Erdboden" geformt wird und schließlich den göttlichen Lebensatem eingehaucht bekommt (Gen 2,7). Damit ist etwas sehr Wichtiges angesprochen: Der Mensch ist ein Geschöpf aus Erdboden und unterscheidet sich daher nicht von seinen Mitgeschöpfen. Bereits am Anfang seiner Schöpfung schwingt hierbei also sein Ende mit. Bei allem Lebensatem, mit dem der Mensch belebt wird, weist sein Dasein aus dem Erdbodenstaub bereits auf seine Sterblichkeit hin. Gen 3,19 verdeutlicht diesen Gedanken: „Staub bist du und zum Staub kehrst du zurück." Das ist das Schicksal, das dem Menschen vom Uranfang seiner Existenz an in sein Wesen eingeschrieben ist. „Geborenwerden, Heranwachsen und Altern implizieren unvermeidlich, dass des Menschen Lebenskräfte zu- und abnehmen, dass sein Leben nicht in einer endlos geraden Linie verläuft, sondern in einem von der Zeit bestimmten Bogen, der aufsteigt und absteigt und sich dem Ende, dem Tod, zuneigt." (Ansorge/Kehl, Gott sah, 151) Damit zeichnet der zweite

Schöpfungsbericht ein sehr realistisches Menschenbild: Der Mensch ist derjenige, der seine Formgestalt und seinen Atem von Gott erhalten hat, aber er ist auch derjenige, dessen Leben nicht ewig währt, sondern der zurückkehrt zu jenem Staub, aus dem er gebildet ist.

**Und die Frage: Wie kam die Sünde in die Welt?**
Neben der Erschaffung des Menschen kreist der zweite Schöpfungsbericht noch um ein weiteres Thema: den Einbruch der Sünde in die gute Schöpfung. Gen 2,17 markiert ein ausdrückliches Verbot, welches den Menschen anhält, nicht vom Baum der Erkenntnis zu essen. Dieser Gehorsam gegenüber dem göttlichen Gebot wird vom Menschen jedoch gebrochen. Im Ungehorsam greift er nach der Frucht des Baumes und übertritt damit die göttlichen Weisungen. Der Jahwist beschreibt ein solches grenzüberschreitendes Verhalten mit einer Geschichte, die aufgrund ihrer Eingängigkeit einen allgemeingültigen Modellcharakter besitzt. Mit anderen Worten: Es geht dem Jahwisten nicht darum, theologisch das Fehlverhalten des Menschen aufzuarbeiten, sondern er will vielmehr aufzeigen, wie Menschen immer und immer wieder damit konfrontiert sind, sich nicht an Gottes Gebote zu halten und diese zu übertreten. Die Schlange, die in Gen 3 paradigmatisch für die Versuchung des Bösen steht, tritt in jedem Menschenleben auf und nimmt die unterschiedlichsten Gestalten an. Dabei ist die Zielrichtung immer dieselbe: Es geht darum, den Menschen dazu zu bringen, sich gegenüber Gott und den Gesetzen, die er erlassen hat, ungehorsam zu verhalten. Das Vertrauen auf den eigenen Willen steht über dem Vertrauen auf Gottes fürsorgende Nähe, das ist die Sünde, die nicht nur Gott trifft, sondern auch die gesamte Schöpfung.

## 3. Rezeption biblischer Schöpfungsspiritualität

### (1) Der Sonnengesang des heiligen Franziskus

Franziskus von Assisi (*1181/82 – 03.10.1226), der als Sohn in einer reichen Tuchhändlerfamilie geboren wurde, erhielt in Jugendjahren eine fundierte Ausbildung und trat später eine Stelle als Kaufmann im Unternehmen seines Vaters an. Nachdem er an einer kriegerischen Auseinandersetzung mit der Nachbarstadt Perugia teilgenommen hatte, zog sich Franziskus immer mehr in die Einsamkeit zurück. Im Sommer 1206 soll sich eine Szene ereignet haben, die sein Leben in neue Bahnen lenkte: Als er vor dem Kreuz von San Damiano betete, hörte er eine Stimme rufen: „Franziskus, geh und baue mein Haus wieder auf“. Franziskus folgte dem Auftrag und baute die Kirche von Portiuncula auf, später lebte er in völliger Armut und sorgte durch Betteln für seinen Lebensunterhalt.

Am Ende seines Lebens hat Franziskus ein Gebet gedichtet, das bis heute in unterschiedlichen Formen rezipiert wird: „Den Gesang von Bruder Sonne“. Franziskus preist in diesem Gebet die ganze Schöpfung, die ein einziger Ausdruck der göttlichen Ehre ist. Sonne, Mond und Sterne, Wind und Wasser, Feuer und Erde sind eine Einladung, Gott, den Herrn, zu loben und ihn zu preisen. Er hat alles ins Dasein gerufen, er trägt und erhält die Welt in Liebe. So kann Franziskus am Ende seines Gebetes gar „die Schwester, den leiblichen Tod" preisen, durch den jeder Mensch Eingang in Gottes ewiges Leben finden kann. Die gesamte Schöpfung ist für Franziskus ein Aufruf, Gott zu ehren und in zu preisen für seine große Güte, die er den Menschen immer wieder erweist.

**(2) Das vierte eucharistische Hochgebet**

Das vierte eucharistische Hochgebet ist eine Neuerfindung, die infolge des Zweiten Vatikanischen Konzils entstanden ist. Es knüpft jedoch an ältere Texte an, zum Beispiel an die ostkirchlichen Anaphoren, die bereits aus dem 4. Jahrhundert stammen. Das vierte Hochgebet ist besonders deshalb schöpfungstheologisch fundiert, weil es die gesamte Heilsgeschichte thematisiert und im Blick hat. Die Präfation hebt mit dem Lobpreis auf den „lebendigen und wahren Gott" an, der „vor den Zeiten" war und in Ewigkeit lebt. Dann folgt der Schwenk auf die Schöpfung: „Alles hast du erschaffen, denn du bist die Liebe und der Ursprung des Lebens. Du erfüllst deine Geschöpfe mit Segen und erfreust sie alle mit dem Glanz deines Lichtes." Gott, der von Ewigkeiten ist und lebt, ruft die Schöpfung ins Dasein, er gibt ihr Anteil an seinem Segen, er erfüllt alle Wesen mit Freude. Damit greift das Hochgebet vor allem die Perspektive des ersten Schöpfungsberichtes auf: Die ganze Schöpfung ist von Gott selbst ins Dasein gerufen, sie verdankt sich seiner Initiative. Deswegen ist die Schöpfung auch unablässig zum Lob Gottes aufgerufen, sie soll ihm danken, dem sie sich selbst ganz und gar verdankt.

Das Hochgebet weiß aber nicht nur um die Erschaffung des Menschen als sein Ebenbild, sondern auch um die Tiefpunkte, welche der Mensch immer wieder durchleben muss: „Als er im Ungehorsam deine Freundschaft verlor und der Macht des Todes verfiel, hast du ihn dennoch nicht verlassen, sondern voll Erbarmen allen geholfen, dich zu suchen und zu finden." Gott, der Schöpfer, ist treu, er steht zu seiner Schöpfung, auch dann, wenn sie sich von ihm lossagt und seine Gebote missachtet. Er wendet sich immer neu den Menschen zu, um ihnen selbst im größten Unheil die Möglichkeit zu einem heilvollen Leben zu eröffnen: „Immer wieder hast du den Menschen deinen Bund angeboten und sie durch die Propheten gelehrt, das Heil zu erwarten."

Gottes Schöpfungsliebe findet schließlich einen prägnanten Ausdruck in der Sendung des Sohnes, der in der Fülle der Zeit gekommen ist, um die gefallene Schöpfung wieder ihrem ursprünglichen Ziel zurückzuführen. Der verderbte Lebensraum der Schöpfung soll wieder jener Lebensraum werden, den Gott uranfänglich als sehr gut erschaffen hat. Das Leben Jesu zeichnet sich dadurch aus, dass er durch sein Handeln und Reden diesen uranfänglichen Schöpfungsraum reproduziert: „Den Armen verkündete er die Botschaft vom Heil, den Gefangenen Freiheit, den Trauernden Freude. Um deinen Ratschluss zu erfüllen, hat er sich dem Tod überliefert, durch seine Auferstehung den Tod bezwungen und das Leben neu geschaffen." In der Gabe des Heiligen Geistes bleibt Gottes Engagement für den Lebensraum der Schöpfung in dieser Welt präsent. Die Geistgabe befähigt Menschen immer neu, „das Werk des Sohnes auf Erden weiterzuführen und alle Heiligung zu vollenden."

**(3) Papst Franziskus und seine Enzyklika „Laudato Si'"**

Am 24. Mai 2015 hat Papst Franziskus mit „Laudato Si'" eine Enzyklika veröffentlicht, die sich in ausdrücklicher Weise mit der Verantwortung für die Schöpfung als „gemeinsames Haus" auseinandersetzt. Die Publikation der Enzyklika geschah dabei einige Monate, bevor in Paris die 21. Weltklima-Konferenz der Vereinten Nationen zusammentraf. Es war daher ein programmatisches Zeichen, dass der Papst sein Schreiben unmittelbar vor diesem Treffen vorlegte.

Franziskus fordert in seiner Enzyklika die Perspektive einer ‚ganzheitlichen Ökologie': „Wir sprechen von einer Haltung des Herzens, das alles mit gelassener Aufmerksamkeit erlebt; das versteht, jemandem gegenüber ganz da zu sein, ohne schon an das zu denken, was danach kommt; das sich jedem Moment widmet wie einem göttlichen Geschenk, das voll und ganz erlebt werden muss. Jesus lehrte uns diese Haltung, als er uns einlud, die Lilien des Feldes und die Vögel des Himmels zu betrachten, oder als er in der Gegenwart eines unruhigen Mannes diesen ansah und ihn liebte (vgl. Mk 10,21). Ja, er war jedem Menschen und jedem Geschöpf gegenüber ganz da, und so zeigte er uns einen Weg, die krankhafte Ängstlichkeit zu überwinden, die uns oberflächlich, aggressiv und zu hemmungslosen Konsumenten werden lässt." (Nr. 226) Diese ‚ganzheitliche Ökologie' nimmt dabei die ganze Schöpfung in den Blick und klammert keinen Bereich dieser Schöpfung aus.

Der Papst möchte mit seinem Schreiben ermahnen und nachdrücklich dazu aufrufen, sich neu auf die Schöpfung zu besinnen und für ihren Erhalt entschlossen einzutreten. So verwendet er in Nr. 2 sehr eindringliche Worte: „Diese Schwester [gemeint ist die Schwester Erde, fb] schreit auf wegen des Schadens, den wir ihr aufgrund des unverantwortlichen Gebrauchs und des Missbrauchs der Güter zufügen, die Gott in sie hineingelegt hat. Wir sind in dem Gedanken aufgewachsen, dass wir ihre Eigentümer und Herrscher seien, berechtigt, sie auszuplündern. Die Gewalt des von der Sünde verletzten menschlichen Herzens wird auch in den Krankheitssymptomen deutlich, die wir im Boden, im Wasser, in der Luft und in den Lebewesen bemerken. Darum befindet sich unter den am meisten verwahrlosten und misshandelten Armen diese unsere unterdrückte und verwüstete Erde, die ‚seufzt und in Geburtswehen liegt' (Röm 8,22). Wir vergessen, dass wir selber Erde sind (vgl. Gen 2,7). Unser eigener Körper ist aus den Elementen des Planeten gebildet; seine Luft ist es, die uns den Atem gibt, und sein Wasser belebt und erquickt uns."

**Zum Weiterlesen:**

Dirk Ansorge/Medard Kehl: Und Gott sah, dass es gut war. Eine Theologie der Schöpfung, Freiburg i.Br. u.a. [3]2018.

Gregor Predel: Schöpfungslehre, Paderborn 2015.

Hermann Stinglhammer: Einführung in die Schöpfungstheologie, Darmstadt 2011.

# Mit welchen Modellen lässt sich das Schöpfungshandeln Gottes beschreiben?

Es gibt mehrere Modelle, welche auf das Schöpfungshandeln Gottes abheben: Leitender Gedanke bei diesen Modellen ist, dass die Schöpfung auf Gottes ureigener Initiative fußt und dass Gott seiner Schöpfung bleibend in Liebe zugewandt ist.

## Creatio ex nihilo

Die Entwicklung der Vorstellung, Gott habe die Welt aus dem Nichts erschaffen, ist biblisch erst relativ spät fassbar. Sie entsteht erst zu einer Zeit, in der Israel mit hellenistischem Gedankengut konfrontiert wird. In 2 Makk 7,28 heißt es: „Ich bitte dich, mein Kind, schau dir den Himmel und die Erde an; sieh alles, was es da gibt, und erkenne: Gott hat das aus dem Nichts erschaffen und so entstehen auch die Menschen."

Die Lehre von der *creatio ex nihilo* wurde besonders deshalb wichtig, weil die hellenistische Philosophie von einem grundsätzlich anderen Konzept ausging: Hier kursierte die Vorstellung, die Welt sei von Ewigkeit her, der Kosmos habe gewissermaßen selbst einen göttlichen Charakter und sei nicht erst von Gott ins Dasein gerufen. Die Annahme von einer Erschaffung der Welt aus dem Nichts entzieht derartigem Gedankengut den Boden. *An die Stelle eines vergöttlichen Kosmos tritt der eine und einzige Gott Israels, der in vollkommener Souveränität alles, was ist, ins Dasein ruft.*

Damit setzt sich die jüdisch-christliche Schöpfungsvorstellung auch von anderen, außerbiblischen Gedanken ab, insbesondere von solchen, die davon ausgehen, die Welt sei das Produkt eines Götterkampfes. Schon der erste Clemensbrief lenkt den Blick auf „den Vater und Schöpfer der ganzen Welt" (19,2), der den ganzen Kosmos ins Dasein gerufen hat: „Dies alles besteht nach des großen Schöpfers und Herrn der Welt Befehl in Friede und Eintracht" (20,11). Hier geht es sehr ausdrücklich um eine Absetzung von Konzepten, welche die Entstehung der Welt einer vernünftigen Weltseele zuschreiben oder von einer Emanation der Welt ausgehen. Nicht ein Demiurg hat sich die Schöpfung gebaut, sondern der Gott Israels ist der Schöpfer aller Dinge, wie Irenäus von Lyon formuliert: Es ist das Beste „das erste und wichtigste Kapitel mit Gott dem Schöpfer zu beginnen, der Himmel und Erde gemacht hat und alles, was in ihnen ist (...). Wir wollen zeigen, dass weder über ihm etwas ist, noch nach ihm, dass er nicht von jemand angetrieben, sondern nach seinem Ratschluss und freien Willen alles gemacht hat, da er allein Gott ist, allein Herr, allein Schöpfer, allein Vater, allein in sich alles enthaltend und für alles die Ursache des Daseins." (Contra haereses II,1) Und weiter heißt es bei Irenäus: „Wir schreiben die Schöpfung der Weltenmaterie der Kraft und dem Willen des allerhöchsten Gottes zu. Das ist glaublich, annehmbar, verständig. Mit Recht heißt es in Bezug hierauf: ‚Was bei den Menschen unmöglich ist, das ist möglich bei Gott' (Lk 18,27). Menschen vermögen nicht, aus nichts etwas zu machen, sondern sie bedürfen der Materie als Unterlage. Gott aber ist darin den Menschen zuerst überlegen, dass er die Materie seiner Schöpfung, die vorher nicht war, selbst erfand." (Contra haereses II,10,4)

Damit ist die Lehre von der *creatio ex nihilo* vollends ausformuliert: Gott braucht keine Materie, aus der er die Schöpfung formen könnte. Er kann aus Nichts die Welt, mit allem, was ist, ins Dasein rufen. Er tut dies aus vollkommener Freiheit, absichtslos und souverän. Gegenüber hellenistisch-philosophischen Vorstellungen, die ein solches leugnen, setzt sich die jüdisch-christliche Schöpfungstheologie ausdrücklich ab.

## Creatio ex amore

Eine Frage, die sich immer wieder aufdrängt, hängt mit der Motivation zusammen, die Gott bewegte, die Welt zu erschaffen: *Warum hat Gott die Schöpfung ins Dasein gerufen?* Geht man davon aus, dass Gott völlige Freiheit besitzt und nicht gezwungen war, die Welt zu erschaffen, dann muss man zugestehen, dass Gott die Schöpfung auch nicht hätte erschaffen können. Mit anderen Worten: Es muss genauso als reale Möglichkeit annehmbar sein, dass Gott die Schöpfung nicht ins Dasein gerufen hätte.

*Gott musste die Welt nicht schaffen und sie ist auch nicht da, um einen Mangel aufzufüllen, den Gott verspürt hätte. Gott hat die Welt vielmehr aus reiner, unbedingter Liebe erschaffen, weil „Gottes Ehre ist der lebendige Mensch, das Leben der Menschen aber ist die Anschauung Gottes"* (Irenäus, Contra haereses IV,20,7). Die Lehre von der *creatio ex amore* besagt also: „Gott schafft die Welt vollkommen frei, aus purer, überschwänglicher Güte, um ihr an der Fülle seines Lebens, an der unerschöpflichen Liebe zwischen Vater und Sohn im Heiligen Geist Anteil zu geben", wie Medard Kehl formuliert (Gott sah, 43).

Weil Gott die Liebe ist (vgl. 1 Joh 4,16), deswegen ist sein Handeln absichtslos. Gott schafft die Welt nicht unter einer Bedingung oder weil er sie notwendig bräuchte. *Die Schöpfung ist in Gottes Wesen selbst verankert, sie ist Ausdruck seiner unendlichen Liebe, die sich in der Erschaffung der Welt ausdrückt.* Diese Liebe ist Gottes unbedingtes Ja zum Leben: zum Leben der Schöpfung insgesamt, zum Leben der Menschen und Tiere, zum Leben eines jeden Einzelnen. Alles, was in dieser Schöpfung lebt und west, ist in den Augen Gottes kostbar und wertvoll. Und es gibt nichts, was aus dieser Schöpferliebe herausfallen könnte. Gott bejaht die Schöpfung in ihrer Schönheit und Vielgestaltigkeit. Aber so, wie Gott liebt, so leidet er auch dann, wenn die geschöpfliche Kreatur seine Liebe missachtet, wenn die Schöpfung jene Liebe, die sie von Gott erhält, nicht widerspiegelt, sondern verderbt.

„Deus vult alios habere condiligentes", drückt der Franziskanertheologe Johannes Duns Scotus (um 1266–1308) diesen Gedanken aus, „Gott will Mitliebende". Das ist die Konsequenz einer *creatio ex amore*: Gott schafft die Welt aus Liebe und die geschöpfliche Kreatur soll diese Liebe aufnehmen und weiterschenken, in absichtsloser Freiheit.

## Creatio continua

"He's got the whole world in his hands", heißt es in einem Spiritual aus den 1920er Jahren. Darin drückt sich eine Einsicht aus, die auch schöpfungstheologische Relevanz besitzt: *Gott verlässt die Schöpfung nach dem Akt der Erschaffung der Welt nicht, er bleibt ihr beständig zugewandt.* Mehr noch: Das Schöpfungswerk endet nicht nach sieben Tagen, wie es Gen 1 beschreibt, sondern die Schöpfung dauert bis zum Ende aller Tage fort.

Dass Gott die Welt in seiner Hand hält, bedeutet: Das ursprüngliche Ja, das Gott am Uranfang zu seiner Schöpfung spricht, dauert fort. Gott bleibt seiner Schöpfung in Liebe zugewandt und zwar dergestalt, dass man von einer *creatio continua*, also einer fortwährenden Schöpfung, sprechen kann. Diese weitere Schöpfertätigkeit Gottes beeinträchtigt aber den Selbststand der Schöpfung und die Freiheit der Geschöpfe nicht. Sie kommt vielmehr dort zum Ausdruck, wo sich die Gutheit der Schöpfung entfaltet, wo Gott immer wieder „Gras wachsen lässt für das Vieh und Pflanzen für den Ackerbau des Menschen, damit er Brot gewinne von der Erde" (Ps 104,14).

## Providentia Dei

Die Schöpfung hat nicht nur einen Anfang, sondern auch ein Ziel: „Dann sah ich einen neuen Himmel und eine neue Erde; denn der erste Himmel und die erste Erde sind vergangen, auch das Meer ist nicht mehr. (...) Da hörte ich eine laute Stimme vom Thron her rufen: Seht, die Wohnung Gottes unter den Menschen! Er wird in ihrer Mitte wohnen und sie werden sein Volk sein; und er, Gott, wird bei ihnen sein." (Offb 21,1.3) Am Uranfang ins Dasein gerufen läuft die Schöpfung auf ihre Vollendung zu. Diese ist dann erreicht, wenn „Gott alles in allem" sein wird (1 Kor 15,28), wenn er auf ewig bleibend in der Mitte seiner Geschöpfe wohnt.

Es wäre also falsch, anzunehmen, die Schöpfung laufe planlos ihrer Zukunft entgegen. Das Ziel der Schöpfung ist vielmehr klar formuliert: Es ist die „neue Schöpfung", jene neue Welt, welche der Seher von Patmos beschreibt. Wenn aber Gottes Vorsehung, seine *providentia*, schon den Lauf der Schöpfung bestimmt hat, dann drängt sich die Frage nach der Freiheit der Schöpfung auf. Anders formuliert: Wenn es eine göttliche Vorsehung gibt, bei der alles, was geschieht, einem höheren Plan folgt, dann bleibt offen, inwieweit geschöpfliche Freiheit auch wirkliche Freiheit ist. Doch Gottes Vorsehung verwirklicht sich nicht am Menschen vorbei, sondern braucht die Zustimmung des Menschen, sein Mittun und seine Antwort auf den göttlichen Ruf. Hier besitzt bleibende Gültigkeit, was Augustin so formuliert hat: „Der dich ohne dich erschaffen hat, rechtfertigt dich nicht ohne dich." (Sermo 169,11,13)

Andererseits eröffnet die Annahme einer *providentia Dei* auch eine andere Wahrnehmung der Schöpfung, die Hoffnung weckt: Denn bei allem Leid, dass der geschöpflichen Kreatur immer wieder zugemutet wird, bei allem Missbrauch der Schöpfung, zeigt der Ausblick auf die „neue Schöpfung", dass Leiden und Gewalt nie und nimmer das letzte Wort haben. Es gibt eine Hoffnung, die gerade in der Erfahrung größter Ausbeutung der Schöpfung wachsen kann. Jene Hoffnung, dass Gott sein uranfängliches Ja, das er zu seiner Schöpfung gesprochen hat, in der Art und Weise erneuert, dass die Schöpfung geheilt und so erneuert wird. Dass am Ende der Zeiten Gott seine Schöpfung nicht in ewige Dunkelheit fallen lässt, sondern dass er sie neu schafft, damit sie neu leben kann. So, wie es die Johannesapokalypse verheißt: „Er wird alle Tränen von ihren Augen abwischen: Der Tod wird nicht mehr sein, keine Trauer, keine Klage, keine Mühsal. Denn was früher war, ist vergangen. Er, der auf dem Thron saß, sprach: Seht, ich mache alles neu." (Offb 21,4f)

**Zum Weiterlesen:**

Dirk Ansorge/Medard Kehl: Und Gott sah, dass es gut war. Eine Theologie der Schöpfung, Freiburg i.Br. u.a. [3]2018.

Gregor Predel: Schöpfungslehre, Paderborn 2015.

Hermann Stinglhammer: Einführung in die Schöpfungstheologie, Darmstadt 2011.

# Kann man die Existenz Gottes beweisen?

Im Laufe der Theologiegeschichte wurden mehrere Versuche unternommen, Gottes Existenz mit den Mitteln der Vernunft zu beweisen. Prominent sind dabei die Ansätze von Anselm von Canterbury und Thomas von Aquin. Da es sich hierbei nicht um Beweise im strengen Sinne handelt, ist es besser von Argumenten zu sprechen, mit denen die Existenz Gottes einsichtig gemacht werden kann. Leitend ist hierbei der Versuch, sich durchgehend auf rationale Beweisgänge zu stützen, die mit der Vernunft einsichtig und nachvollziehbar sind.

## Was ist eigentlich ein Beweis?

Zuerst gilt es eine ganz grundsätzliche Frage zu klären, nämlich was überhaupt unter einem Beweis zu verstehen ist. Allgemein lässt sich hierzu festhalten: Ein logischer Beweis besteht aus mehreren Prämissen und einer abschließenden Konklusion. Die Konklusion wird in genau den Fällen als wahr angenommen, wenn alle Prämissen wahr sind und die Folgerung formal korrekt ist. Besonders in der Mathematik sind dabei Beweisgänge anzutreffen, die auf einer rein rationalen Ebene angesiedelt sind und daher als Beweis in einem engeren Sinn bezeichnet werden können. Hierbei geht es darum, eine bestehende Behauptung mithilfe mehrerer logischer Beweisgänge als wahr oder falsch auszuweisen. Die Prämissen, die dabei entwickelt werden, sind rational nachvollziehbar und einsichtig.

Anders verhält es sich in der Theologie. Gottesbeweise sind keine Beweise im engeren Sinne, da sie sich auf einer metaphysischen Ebene bewegen. Sie beziehen sich dabei auf einen Gedanken, den das Erste Vaticanum formuliert hat: „Dieselbe heilige Mutter Kirche hält fest und lehrt, dass Gott, der Ursprung und das Ziel aller Dinge, mit dem natürlichen Licht der menschlichen Vernunft aus den geschaffenen Dingen gewiss erkannt werden kann" (DH 3004). Gottes Existenz lässt sich also aus der geschöpflichen Wirklichkeit erkennen bzw. ableiten. Freilich geschieht dies nicht in einem strengen Sinne (wie es auch noch der Antimodernisteneid einfordert, vgl. DH 3538), wie bei einem mathematischen Beweisgang. *Es ist daher besser, anstelle von Beweis von einem Argument oder einer Begründung für die Existenz Gottes zu sprechen.* Denn die Gottesbeweise sind durchaus nicht unstrittig. Sie sind Argumente und Hilfen, um mit den Mitteln der Vernunft Gottes Existenz aufzuweisen. Es handelt sich um eine rationale Rechtfertigung des Gottesglaubens. Wenn man hierbei die Rede von einem Beweis bewahren möchte, dann sollte sie in einem weiten Sinn gebraucht werden. Denn die Annahme der Wahrheit aller Prämissen sowie der abschließenden Konklusion, welche den

Nachweis der Existenz Gottes beinhaltet, lässt sich in solchen Beweisen allenfalls postulieren, nicht aber nachweisen.

## Anselm von Canterbury und sein ontologisches Argument

Anselm von Canterbury (um 1033–1109) wagt den Versuch, die Existenz Gottes mithilfe der Mittel der Vernunft nachzuweisen. Es geht ihm in seinem berühmten Argument darum, den Gottesglauben rational zu verantworten und zwar ohne sich dabei auf die Heilige Schrift oder andere Glaubenswahrheiten zu beziehen.

Anselm wählt dazu ein induktives Vorgehen: Sein Argument ist ein Schluss von Gott auf die Welt; *der Glaube ist für ihn die Voraussetzung, damit es überhaupt ein Verstehen geben kann.* So formuliert Anselm: „Ich suche ja auch nicht zu verstehen, um zu glauben, sondern glaube, um zu verstehen (Neque enim quaero intelligere ut credam, sed credo ut intelligam)" (Proslogion, I). Der Glaube muss sich einer kritischen Selbstprüfung mit den Mitteln der Vernunft unterziehen. Es geht Anselm gewissermaßen um eine Rechtfertigung des eigenen Gottesglaubens angesichts der Vernunft.

Um Anselms *unum argumentum* logisch nachzuvollziehen, ist es hilfreich, seinem Gedankengang Schritt für Schritt zu folgen:

(1) Zuerst setzt Anselm zwei Gottesdefinitionen, die er einmal negativ und einmal positiv formuliert:

> Et quidem credimus te esse *aliquid quo nihil maius cogitari possit* (Proslogion II)
> Sed es *quiddam maius quam cogitari possit* (Proslogion XV)

Gemäß Anselm wird Gott als dasjenige definiert, „über das hinaus nichts Größeres gedacht werden kann" bzw. als *„das Größte, das gedacht werden kann"*. Damit wird Gott aufgrund seiner Größe als ein Grenzbegriff markiert.

(2) Unabdingbare Voraussetzung für Anselms Argument ist die Annahme, dass etwas, was in Wirklichkeit existiert, vollkommener ist, als etwas, das nur in Gedanken vorhanden ist.

> „Eines nämlich ist, wenn eine Sache im Verstande ist, etwas anderes, wenn man versteht, dass eine Sache ist. Wenn nämlich ein Maler zuvor denkt, was er ausführen wird, hat er [es] zwar im Verstande, aber er versteht noch nicht, dass das, was er noch nicht geschaffen hat, sei. Hat er es aber bereits gemalt, so hat er es sowohl im Verstande als auch versteht er, dass das, was er bereits geschaffen hat, ist." (Proslogion II)

(3) Weiter postuliert Anselm, dass Gottes Existenz wenigstens im Verstand vorhanden ist:

> „Oder ist etwa ein solches Wesen nicht, weil der Tor in seinem Herzen gesprochen hat: Es ist kein Gott? Wenn aber eben derselbe Tor eben das hört, was ich sage, nämlich etwas, über das hinaus nichts Größeres gedacht werden kann, so versteht er ganz gewiss, was er hört, und was er versteht, ist in seinem Verstande, auch wenn er nicht versteht, dass dies ist." (Proslogion II)

(4) Wenn der Gottesgedanke also im Verstand existiert, dann muss es ihn auch real geben. Denn sonst wäre das real Existierende größer als Gott, Gott wäre also nicht mehr derjenige „über den hinaus nichts Größeres gedacht werden kann". Für Anselm ist damit gesagt, dass Gott nicht nur im Verstand existieren kann, sondern, dass ihm auch ein reales Sein zukommen muss, da er sonst einen Widerspruch zu seinem Gottesbegriff erzeugt hätte. Mit anderen Worten: Aus der Formulierung seines Gottesbegriffes und dem Vorhandensein Gottes im Verstand ergibt sich – damit Anselms Beweisgang widerspruchsfrei bleibt –, dass Gottes Sein angenommen werden muss.

Diesen Gedanken verstärkt Anselm im Blick auf den Atheismus: Denn eine atheistische Position markiert immer einen Selbstwiderspruch. Wenn der Gottesbegriff dem Atheisten einsichtig ist, dann muss ihm auch die Existenz Gottes einsichtig sein, denn sonst wäre derjenige, „über den hinaus nichts Größeres gedacht werden kann" nicht derjenige, wenn ihm ein reales Sein fehlen würde.

(5) Schließlich folgt daraus das Postulat der Existenz Gottes, wenn Anselm den Sprung vom Gedanken zum Sein wagt. Denn was im Verstand vorhanden ist, dass muss es Anselm gemäß auch in der Wirklichkeit geben:

> „Denn man kann denken, dass etwas sei, von dem man nicht denken kann, es sei nicht; das [jedoch] ist größer als dasjenige, von dem man denken kann, es sei nicht. Wenn man deshalb von dem, über das hinaus Größeres nicht gedacht werden kann, denken kann, es sei nicht, dann ist das, über das hinaus Größeres nicht gedacht werden kann, nicht das, über das hinaus Größeres nicht gedacht werden kann; das [aber] kann nicht zusammenstimmen. So also ist wahrhaft etwas, über das hinaus Größeres nicht gedacht werden kann, derart, dass man nicht einmal denken kann, es sei nicht. Und das bist Du, Herr, unser Gott." (Proslogion III)

## Kritik an Anselms Argument

Anselms *unum argumentum* ist nicht ohne kritischen Widerspruch geblieben. Schon ein Zeitgenosse Anselms, Gaunilo, ein Mönch aus dem Kloster Marmoutiers, hat seine Anfragen an das Argument gestellt. Seine Kritik zielt vor allem darauf ab, dass es sich zwar beim Argument Anselms um einen durchaus sinnvollen Beweisgang handele, dass damit aber noch nicht ausgesagt sei, dass etwas, das im Verstand existiert, auch in Wirklichkeit vorhanden ist. Gaunilo wirft Anselm einen Kurzschluss von der Idee auf die Realität vor und konkretisiert dies mit einem Beispiel: So könne man sich eine Insel vorstellen, die alle anderen Länder der Welt an Gütern und Reichtümern übertreffe, damit ist aber noch lange nicht deren reale Existenz bewiesen. Anselm hat diesem Vorwurf widersprochen, indem er darauf verwiesen hat, dass es sich bei Gott um einen Grenzbegriff des menschlichen Denkens handelt und sein *argumentum* daher nicht auf jedes x-beliebige andere Beispiel übertragen werden könne.

Schließlich hat sich vor allem Kant mit Anselms Gottesbegriff auseinandergesetzt: Nachdrücklich hat er Anselms Begriffsbildung kritisiert, die auf einem unmöglichen Sprung vom Denken in das Sein aufbaut. So hält Kant fest: „Der Begriff eines höchsten Wesens ist eine in mancher Absicht sehr nützliche Idee; sie ist aber eben darum, weil sie bloß Idee ist, ganz unfähig, um vermittelst ihrer allein unsere Erkenntnis in Ansehung dessen, was existiert, zu erweitern." (Kritik der reinen Vernunft, 535) Aus einer bloßen Idee folgt noch lange nicht deren Existenz in der Wirklichkeit, so Kant; aus der Begriffsbildung noch nicht die Existenz eines realen Sein. Diesen logischen Fehlschluss wirft Kant Anselm vor.

Trägt die platonische Ontologie, die als Grundvoraussetzung angenommen werden muss, damit das Argument nachvollziehbar ist? Anselm geht davon aus, dass ein *esse in intellectu* immer auch mit einem *esse in re* verbunden sei. Anders gesagt: Es handelt sich hierbei nur um den Übergang in eine andere Seinsweise, weil das Sein im Verstand immer auch ein Sein in der Wirklichkeit impliziert. Lässt sich daher aus der bloßen Begriffsbildung die reale Existenz eines Wesens schließen? Schon Thomas von Aquin bemerkt kritisch: „Daraus aber, dass das, was mit dem Wort ‚Gott' ausgesprochen wird, im Verstande begriffen wird, folgt lediglich, dass Gott im Verstande ist (...). Daraus folgt nicht, dass etwas [auch] in der Wirklichkeit sei (...). So ergibt sich keinerlei Unstimmigkeit für die, welche behaupten, dass Gott nicht sei" (Summa contra gentiles I, XI).

Anselms Gottesargument steht und fällt also mit der Frage, inwiefern man die platonische Grundannahme teilt oder nicht. Sie ist, um es zusammenfassend zu formulieren, das Grundproblem, um das *unum argumentum* Anselms logisch nachvollziehen zu können.

## Thomas von Aquin: Die *quinque viae*

Anders als Anselm, wählt Thomas für seine Argumentation eine andere Zugriffsweise: Ausgangspunkt für seine fünf Wege ist die konkret erfahrene Wirklichkeit, die aus kontingenten Dingen besteht. Am Anfang dieser Dinge, so postuliert er, muss dabei eine Ursache stehen, die reines Selbst und nicht kontingent ist. Von den kontingenten Dingen aber lässt sich auf diese Ursache schließen. Dabei führen ihn seine fünf Wege vom Bedingten zum Unbedingten, oder aus einer theistischen Perspektive: vom Geschöpf zum Schöpfer. Thomas will mit ihnen nicht die Existenz Gottes beweisen, sondern der Gottesglaube wird bereits vorausgesetzt. Die Wege enden daher auch nicht im Nachweis der Existenz Gottes. Die jeweiligen Prämissen führen zur Erkenntnis von etwas Unbedingtem, das „alle ‚Gott' nennen" oder worunter „alle ‚Gott' verstehen".

Die fünf Wege sind keine Neuerfindung des Thomas, sondern sie finden sich in Abwandlungen bei Platon, Aristoteles, Maimonides oder Averroes.

Die *viae* des Thomas folgen einem bestimmten Argumentationsschema:

Obersatz = 1. Prämisse: empirisch nachweisbare Tatsache
Untersatz = 2. Prämisse: metaphysische Feststellung (Axiom)
Schlusssatz = Conclusio: enthält den Verweis der Existenz von etwas, das wir als Gott bezeichnen

Beispielhaft sei hier der vierte *Weg von den Seinsstufen* vorgeführt (vgl. STh I q2 a4):

(1) „Es werden nämlich unter den Sachen etwas mehr oder weniger Gutes, Wahres und Edles gefunden, und so auch bei anderem dieser Art."

Den Einstieg in den Beweisgang bildet die Beobachtung des Thomas, dass es in der Natur bestimmte Abstufungen gibt. Nicht alles ist gleich, sondern es gibt Unterschiede, die mit den menschlichen Sinnen wahrnehmbar und nachvollziehbar sind. Die Trias des „Guten, Wahren und Edlen" ist uralt und bereits bei Sokrates und Platon überliefert.

(2) „‚Mehr' und ‚weniger' werden aber in Bezug auf jeweils Verschiedene verwendet, insofern diese auf verschiedene Weise etwas nahekommen, das in höchstem Grade ist; wie zum Beispiel dasjenige in höherem Grade warm ist, was in höherem Grade dem im höchsten Grade Warmen nahekommt."

Thomas legt fest, was für ihn die Abstufung bedeutet, die er mit den Begriffen „mehr" und „weniger" fasst: Es existiert etwas Höchstes, von dem her sich absteigende Grade ableiten. Je näher sich etwas der Höchstform annähert, ein umso größerer Grad kommt ihm zu.

(3) „Es gibt also etwas, das am wahrsten, besten und edelsten ist, und folglich ein im höchsten Grade Seiendes, denn dasjenige, was in höchstem Grade wahr ist, ist das in höchstem Maße Seiende, wie es im zweiten Buch der *Metaphysik* heißt."

Da Thomas in seinen Beweisgängen einen infiniten Regress ausschließt, muss die Kette der Abstufungen ein Ende besitzen. Es muss also etwas geben, das „in höchstem Grade" wahr, gut und edel ist. Thomas bezieht sich dabei auf einen Gedanken, den Aristoteles in seiner Metaphysik ausgearbeitet hat.

(4) „Was aber innerhalb einer bestimmten Gattung in Bezug auf die gemeinsame Eigenschaft als ‚in höchstem Grade so beschaffen' genannt wird, ist die Ursache von allem, was zu dieser Gattung gehört, so wie das Feuer, das in höchstem Grade warm ist, die Ursache von allem Warmem ist, wie es in demselben Buch heißt."

Dasjenige, was alle Eigenschaften einer bestimmten Art in höchstem Maß besitzt, versteht Thomas als Ursache. Er führt dies am Beispiel des Feuers vor: Das Feuer ist die Höchstform des Warmen. Überall, wo wir Menschen Wärme empfinden, ist dies nur eine Abstufung jener Wärme, die in ihrer Höchstform im Feuer verwirklicht ist. Alles, was wir in dieser Weltwirklichkeit vorfinden, hat somit eine Ursache, in der etwas in seiner höchsten Form verwirklicht ist.

(5) „Es gibt folglich etwas, das bei allem, was es gibt, die Ursache von dessen Sein und dessen Gutsein und von jeder seiner Vollkommenheiten ist, und das nennen wir ‚Gott'."

Das Ende der Argumentationskette bildet bei Thomas der Schlusssatz, in dem er die Existenz von etwas postuliert, „das wir Gott nennen". Im Fall der Abstufungen heißt dies: Es gibt eine Höchstform, welche die Ursache für alles Gute in der Welt ist. Und diese Ursache bezeichnen wir als Gott.

Die weiteren Wege des Thomas:

1. ex parte motus (»Bewegungsbeweis«)
2. ex ratione causa efficientis (»Kausalitätsbeweis«)
3. ex possibili et necessario (»Kontingenzbeweis«)
4. ex gradibus rerum (»Stufenbeweis«)
5. ex gubernatione rerum (»Finalitätsbeweis« oder »teleologischer Beweis«)

**Zum Weiterlesen:**

Joachim Bromand/Guido Kreis (Hgg.): Gottesbeweise. Von Anselm bis Gödel, Berlin [5]2016.

Klaus Müller: Gott erkennen. Das Abenteuer der Gottesbeweise, Regensburg 2001.

# Mit welchen Bildern kann man Gott beschreiben?

Es ist den Menschen nicht möglich, direkt auf Gott zuzugreifen. Vielmehr bleibt nur der Umweg über bestimmte Bilder, um etwas über das Wesen Gottes aussagen zu können. Solche Bilder finden sich in den biblischen Schriften: Sie beschreiben Gott als den Schöpfer, den Vater, den Liebenden etc. Doch Gottesbilder dürfen nicht einseitig verabsolutiert werden. Sie sind nur Hilfskonstruktionen. Es ist daher vonnöten, eine Pluralität in den Gottesbildern zu wahren und sie immer wieder von anderen Gottesbildern kritisieren zu lassen.

## Gott – eine prekäre Macht

Gott ist eine Macht, die sich jedem menschlichen Zugriff entzieht. Wenn menschliche Macht mit der göttlichen Macht in Berührung kommt, erfährt sie immer eine prekäre Relativierung. Denn auf Gott zuzugreifen oder ihn gar begreifen zu wollen, steht nicht in der Macht des Menschen. Gott ist eine Zumutung für jeden, der sich mit ihm auseinandersetzen muss. Er offenbart sich in der Schöpfung und bleibt doch der ganz Andere, der sich aller menschlichen Vorstellungskraft entzieht. Er schenkt Menschen seine Nähe und bleibt mitunter in unerreichbarer Ferne, wenn sie seinen Beistand erflehen. Gott mutet sich seiner Schöpfung zu, aber wer seine Präsenz entdecken will, der muss sich schon auf abklärende Überraschungen einlassen. Gottes Nähe ist immer Geschenk, aber man bekommt sie nicht geschenkt. Man muss sie schon aufspüren, um letztendlich doch von seiner Präsenz überwältigt zu werden. Darin liegt das wirkliche Relativierende: Wie mächtig man sich auch bei der Suche nach Gott fühlen mag, wo man mit seiner Gegenwart konfrontiert wird, ist man immer ohnmächtig. An den Orten, an denen sich seine Gegenwart einstellt, muss menschliche Macht immer scheitern. Sie kann Gott nicht erfassen, wie sehr sie sich auch abmüht. Seine Andersheit birgt ein größeres Überraschungspotential, als es sich Menschen mit ihrer Vorstellungskraft jemals ausmalen könnten.

## Die Versuchung des Menschen: Gott fassen können

Es ist eine Versuchung, diesem Gott, auf den Menschen nicht nach Belieben zugreifen können, ein sichtbares Antlitz zu geben. Diese Versuchung ist tief in die menschliche Natur eingetragen. Denn es ist leichter, sich ein eigenes Bild von Gott zu schaffen, als die ständigen Zumutungen auszuhalten, die seine Präsenz mit sich bringt. Es ist angenehmer, mit der eigenen Schaffensmacht das Bild eines Gottes zu entwerfen, der die eigene Macht und das eigene Wissen immer nur bestätigt und niemals infrage stellt. Den prekären Relativierungen, die mit der Erfahrung von Gottes Gegenwart verknüpft sind, entzieht man so den Boden.

## Das Kultbilderverbot des Dekalog

Um dieser Versuchung entgegenzuwirken, präsentiert der Dekalog an prominenter Stelle ein tiefgreifendes Verbot: „Du sollst dir kein Kultbild machen und keine Gestalt von irgendetwas am Himmel droben, auf der Erde unten oder im Wasser unter der Erde. Du sollst dich nicht vor ihnen niederwerfen und ihnen nicht dienen. Denn ich bin der HERR, dein Gott, ein eifersüchtiger Gott: Ich suche die Schuld der Väter an den Kindern heim, an der dritten und vierten Generation, bei denen, die mich hassen; doch ich erweise Tausenden meine Huld bei denen, die mich lieben und meine Gebote bewahren.“ (Ex 20,4–6)

Die Genese des Kultbilderverbotes wird kontrovers diskutiert. Im Großen finden sich zwei Thesen: (1) Der JHWH-Kult hat sich von Anfang an als anikonischer Kult verstanden. Frank-Lothar Hossfeld und Christoph Dohmen weisen darauf hin, dass sich der JHWH-Glaube gerade mit dieser radikalen Bildlosigkeit von seiner Umwelt (die reich an unterschiedlichen Kultbildern war) abheben wollte. (2) Das Bilderverbot gründet im Verlust des JHWH-Bildes, das bei der Zerstörung des Tempels 587 v. Chr. (Jer 12,7f; Ez 8,12) vernichtet worden war. Die von Matthias Köckert vertretene These macht deutlich, dass sich in der Krise des babylonischen Exils ein Wandel von der Konzentration auf ein Kultbild hin zu einem anikonischen Kult, der die Tora in die Mitte rückt, vollzogen hat (vgl. Die Entstehung des Bilderverbots).

## Die Ideologieanfälligkeit der Gottesbilder

Bilder und Gottesbilder im Besonderen sind stark ideologieanfällig. Vor allem dann, wenn sie in einem absoluten Sinn verwendet werden, können sie mehr Schaden bringen als Nutzen. Genau dem möchte das alttestamentarische Kultbilderverbot auch den Riegel vorschieben: Man soll sich kein Götzenbild des JHWH-Gottes schaffen, um nicht doppelte Gefahr zu laufen. Erstens soll eine Verengung auf ein einziges Bild vermieden werden. Die biblischen Schriften zeigen: Es gibt eine Pluralität von Gottesbildern, die sich gegenseitig ergänzen und kritisieren. Es gibt nicht das eine Gottesbild, sondern nur eine Vielzahl von Gottesbildern, die in ihrer Vielfalt bewahrt werden müssen, um nicht einseitig verabsolutiert zu werden. Diese Pluralität wahrt die Spannung zwischen Universalität und Partikularität, die sich dann einstellt, wenn sich Gott an unterschiedlichen Orten in dieser Welt offenbart. Die biblischen Gottesbilder mahnen daher auch vor einer einseitigen Verengung, indem sie darauf aufmerksam machen, dass Gott so ist, aber immer auch anders.

## Gott, mehr als ein Artefakt

Und zweitens: Das Kultbilderverbot will vor Einseitigkeiten bewahren, die dort handfest werden, wo sich ein Gottesbild in einem Artefakt manifestiert. Hier wird eine Spannung aufgelöst, die aber zentral für das Wesen Gottes ist: JHWH ist ein dynamischer Gott, ein Gott des Mitgehens und Begleitens. Das Changieren zwischen Nähe und Distanz, zwischen Offenbarung und Abwesenheit, zwischen Hören und Nichthören ist tief in das biblische Gottesbild eingeschrieben. Diese Spannung wird aber gerade dann aufgelöst, wenn Gottesbilder eine einseitige Verengung auf ein exklusives Gottesbild erfahren. Ein solches Bild dient dann nur mehr der Sicherung der eigenen Macht, in einem derartigen Bild ist nur das eigene Wissen zu finden, das nicht mehr von einer größeren Unähnlichkeit relativiert wird. Wo solche hausgemachten Gottesbilder im Raum stehen, werden sie oft dazu instrumentalisiert, Ausschließungen aufzubauen oder die eigene Macht zu stärken.

## Gott, der ewig Transzendente?

Gottesbilder sind immer der Versuch, das Transzendente in den Kategorien der Immanenz abzubilden, das Unsagbare in die Enge menschlicher Grammatik zu zwingen und es so aussprechbar zu machen. Solche Versuche sind aber immer dem Moment des Scheiterns verhaftet. – Weil die Zumutung der Präsenz Gottes wieder und wieder relativierend wirkt und damit in eine Sprachlosigkeit zurückwirft, in der Worte und Grammatiken leer werden. An Orten, an denen man mit Gottes Präsenz konfrontiert wird, zeigt sich erst, wie wenig man mit den eigenen Gottesbildern wirklich auszusagen vermag und wie viel man noch lernen muss, um wirklich über Gott sprachfähig zu werden.

## Aus der Spur Gottes lernen

Gottesbilder sind aber auch nie ganz falsch. Denn sie versuchen etwas vom Wesen Gottes zu erfassen, so, wie er sich den Menschen in dieser Welt offenbart. Als Mose den Wunsch äußert, Gottes Herrlichkeit zu schauen, wird er harsch zurückgewiesen, denn das Antlitz Gottes bleibt auf ewig ein Geheimnis. Und doch wird Mose ein Zugeständnis eingeräumt: „Ich will meine ganze Güte vor dir vorüberziehen lassen und den Namen des HERRN vor dir ausrufen. (...) Wenn meine Herrlichkeit vorüberzieht, stelle ich dich in den Felsspalt und halte meine Hand über dich, bis ich vorüber bin. Dann ziehe ich meine Hand zurück und du wirst meinen Rücken sehen. Mein Angesicht kann niemand schauen“ (Ex 33,19.22f).

Wie Mose stehen wir Menschen in der Spur Gottes und können ihm nur gebannt hinterherschauen. In dieser Spur stehend, versuchen wir „Fährtenleser“ zu sein und aus dieser Spur, die Gottes Präsenz in dieser Schöpfung hinterlässt, etwas über sein Wesen zu erfahren. Gottesbilder sind daher immer nur sekundäre Größen, die im Modus des Vergleichs angelegt sind: Gott ist *wie* ein Vater; Gott ist *wie* eine Mutter; Gott ist *wie* ein Hirte usw. Gottesbilder sind folglich auch immer reine Hilfskonstruktionen, um etwas darzustellen, was sich eigentlich dem eigenen Zugriff radikal entzieht. Gott darf deshalb auch nicht mit den Bildern verwechselt werden, die wir Menschen von ihm haben. Wir schöpfen aus seiner Spur und versuchen, etwas von ihm zu erahnen. Sein Antlitz aber ist uns fremd.

## Die Nachrangigkeit von Gottesbildern

Die Vergleichsgrößen, die für solche Gottesbilder herangezogen werden, stammen immer aus unserer geschöpflichen Erfahrungswelt. Sie sind deswegen auch immer anfällig für Perversionen: Das Vaterbild beispielsweise ist nie nur positiv konnotiert. Es gibt Kinder, die ihren Vater als strafend und ungerecht erfahren. Der Rückgriff auf solche Vergleichsgrößen hilft dann nicht, um etwas von Gottes Wesen sagbar zu machen. Das zeigt: Gottesbilder können den Zugang zu Gott auch verschließen, wenn sie sich ihres sekundären Charakters nicht immer neu bewusst werden. Wenn sie aus ihrer Nachrangigkeit in den Vordergrund gestoßen und absolut verwendet werden, tragen solche Gottesbilder dazu bei, Gott zu verschleiern. Sie können Enge erzeugen oder Angst hervorrufen und sie können zum Anlass werden, dass Menschen den Glauben an Gott verlieren.

„Bilder sind Wege“, schreibt Jürgen Werbick. Wir Menschen können auf Gottesbilder nicht verzichten, weil sie uns den Zugang zu einer Wirklichkeit eröffnen, die unserem Zugriff radikal entzogen ist. Gottesbilder sind Wege, um Menschen eine Ahnung davon zu verschaffen, wie Gott ist. Aber es gibt auch Irrwege und Wege, die zum Abgrund führen.

## Die Vielfalt von Gottesbildern

Es gilt, die Pluralität der Gottesbilder zu bewahren, die sich reziprok in Balance halten. Über allen Versuchen, mit Gottesbildern zu hantieren, steht das Kultbilderverbot, das mahnt, Gott nicht in die Immanenz zu zwingen und ihn zu einem Götzen der eigenen Macht und des eigenen Wissens zu degradieren. Wo dies geschieht, steht nicht mehr Gott im Raum, sondern das Spiegelbild eines Menschen, der sich selbst zum Gott erhöht. Das ist die Versuchung, der das Volk Israel erliegt, als es in der Wüste mit Gottes Abwesenheit konfrontiert wird. Es gießt sich selbst einen Götzen. Es macht sich selbst einen Gott und schreibt die Macht, aus dem Sklavenhaus Ägyptens zu befreien, eigenem Verhandlungsgeschick zu: „Das sind deine Götter, Israel, die dich aus dem Land Ägypten heraufgeführt haben“ (Ex 32,4).

## Gott, ein Abenteuer für den Menschen

Wo Gott sich den Menschen zumutet, lässt sich der Mensch auf ein Abenteuer ein, für das er viel Mut braucht und in dem es für ihn prekär werden kann. Es geht nicht, sich dieser Zumutung zu entziehen, da man Gottes Präsenz nicht nach Belieben ausweichen kann. Er drängt sich den Menschen förmlich auf, um ihnen neuen Lebensraum zu eröffnen. Menschen müssen eine Sprache finden für das, was ihnen an diesem Ort widerfährt. Aber diese Sprache ist immer nur brüchig und tastend, sie schöpft nur aus einer Spur, die der hinterlassen hat, über den sie zu reden versucht. Diese Gott-Rede erfährt immer dort eine herbe Relativierung, wo sie auf den trifft, von dem sie spricht. Deswegen sind Gottesbilder immer nur Versuche und im Modus des Experimentierens zu begreifen. Sie wollen helfen, Menschen die Begegnung mit Gottes heilbringender Gegenwart zu ermöglichen. An diesem Ziel müssen sich alle Gottesbilder messen lassen und bewähren.

## Biblische Gottesbilder

### (1) Der Name – haSchem

Gott ist ein kommunikativer Gott: Als die Israeliten, Knechte des ägyptischen Pharao, stöhnen und klagen, da stieg „ihr Hilferuf aus ihrem Sklavendasein zu Gott empor“ (Ex 2,23). Gott fühlt mit ihnen; er ist nicht wie die selbstgemachten Götzen der anderen Völker, aus deren Mund kein Laut dringt und deren Ohr nicht hört. Gott lässt sich auf einen Dialog mit den Menschen ein, als er dem Mose im Dornbusch begegnet (vgl. Ex 3).

Diese Gottesoffenbarung kreist um einen zentralen Problemkreis: „Da sagte Mose zu Gott: Gut, ich werde also zu den Israeliten kommen und ihnen sagen: Der Gott eurer Väter hat mich zu euch gesandt. Da werden sie mich Fragen: Wie heißt er? Was soll ich ihnen sagen?" (Ex 3,13) Die Frage „Wer bist du?" ist die Frage nach der Identität dessen, dem Mose hier begegnet. Der Einwand, den Mose vorträgt, bleibt nicht unerhört: „Da antwortete Gott dem Mose: Ich bin, der ich bin." (Ex 3,14a)

Das Hebräische *ehje ascher ehje* bietet im Deutschen verschiedene Übersetzungsmöglichkeiten: Es lässt sich präsentisch wiedergeben („Ich bin, der ich bin") oder futurisch („Ich bin, der ich sein werde"). Der Gottesname vom Dornbusch ist kein Name, der Klarheit schafft. Es ist vielmehr ein schwebender Name, der Gottes Unverfügbarkeit bewahrt. Sein Name ist ein „namenloser Name" (Kornelis Miskotte), er kommt einem „Bilderverbot für den Namen" gleich (Eckhart Nordhofen).

Dem Gottesnamen wohnt eine hohe Dynamik inne, denn er erfasst alle Zeitstufen. Der Name oszilliert, er ist rätselhaft und mehr als ein bloßer Eigenname. Er ist eine „polyvalente Chiffre" (Andreas Krebs), die etwas sehr zentrales über diesen Gott aussagt: Denn die Sprache kann Gottes Wesen nicht fassen, das Sein Gottes sprengt die Kategorien menschlicher Grammatiken und übersteigt das Begreifen der Schöpfung. Der Gottesname vom Dornbusch weist auf eine radikale Offenheit hin, da er sich definitorisch nicht eindeutig fassen lässt. Der Name sagt etwas über das Heute aus (Gott ist da, er geht mit, er begleitet das Leben seines Volkes) und zugleich eröffnet er Zukunft. Die Orte, an denen Gott sein Versprechen, da zu sein, einlösen wird, sind offen. Freilich: In Jerusalem erwählt sich Gott eine besondere Stätte, um inmitten seines Volkes gegenwärtig zu sein, „indem er dort seinen Namen wohnen lässt" (Dtn 12,11). Aber zugleich ist Gott auch derjenige, in dessen Namen die in Babylon Exilierten eine Heimat finden und dessen Gegenwart sich nicht in eine Gebäude einschließen lässt.

Auch im Neuen Testament kommt dem Namen eine hohe Bedeutung zu: Im *Vater unser* setzt Jesus an zentraler Stelle die Bitte „geheiligt werde dein Name" (Mt 6,9; Lk 11,2). Wo Gottes Name geheiligt wird, da ist Gott präsent, dort beginnt sein Reich zu wachsen.

### (2) Der Schöpfer

Das Bild Gottes, des Schöpfers, ist die Entdeckung einer Krisenerfahrung: Es ist die Zeit des babylonischen Exils, der Tempel liegt in Schutt und Asche, Teile der Bevölkerung sind deportiert. Inmitten dieser Not, die so aussichtslos erscheint, wächst für Israel eine Einsicht: Gott ist derjenige, der selbst im größten Chaos den Menschen einen neuen Lebensraum eröffnet. Dieser Gedanke manifestiert sich in den großen Schöpfungserzählungen, die heute prominent das Eingangstor zum Alten Testament bilden. „Im Anfang schuf Gott Himmel und Erde" (Gen 1,1), hebt der erste Schöpfungsbericht an. Gott ist der Bezwinger der Chaosmacht, der aus dem „Tohuwabohu“ (vgl. Gen 1,2) einen Raum schafft, in dem Menschen ihr Leben auf eine sehr gute Weise entfalten können.

In späteren Zeiten, gegen Ende des 2. Jahrhunderts v. Chr., wächst im hellenistischen Judentum noch eine andere Vorstellung, die das Schöpfersein Gottes noch mehr profiliert: „Ich bitte dich, mein Kind, schau dir den Himmel und die Erde an; sieh alles, was es da gibt, und erkenne: Gott hat das aus dem Nichts erschaffen (...)“ (2 Makk 7,28). Es ist die Vorstellung einer *creatio ex nihilo,* die noch einmal hervorhebt, dass Gott nicht nur Bezwinger chaotischer Mächte ist, die er nach seinem Plan ordnet. Die Initiative zur Welterschaffung liegt vielmehr ganz und gar aufseiten Gottes, der seine Schöpfung aus dem Nichts ins Dasein ruft. Das ist schließlich auch der Gedanke, der neutestamentlich rezipiert wird (vgl. Röm 4,17).

### (3) Der Vater

Prominent belegt ist die Vater-Anrede im Neuen Testament im „Herrengebet“, das Jesus seine Jünger zu beten lehrt: „Wenn ihr betet, so sprecht: Vater, geheiligt werde dein Name“ (Lk 11,2). Während „Vater“ als Anrede im Neuen Testament mehr als 260 Mal belegt ist, finden sich im Alten Testament nur rund 17 Belege. Jedenfalls ist es die Gottesanrede, die Jesus selbst verwendet (z.B. Mt 11,25; Mk 14,36 u.ö.); durch sie wird auch die Beziehung offenbar, die zwischen Jesus und Gott besteht: „Alles ist mir von meinem Vater übergeben worden; niemand erkennt, wer der Sohn ist, nur der Vater, und niemand erkennt, wer der Vater ist, nur der Sohn und der, dem es der Sohn offenbaren will“ (Lk 10,22). Jesus ist als der Sohn der Offenbarer des Vaters in Person. Wer sich zu Jesus bekennt, wer seinen Weg der Nachfolge wagt, dem steht auch die Tür zum himmlischen Vaterhaus offen. Im Bekenntnis zu Jesus wird sein Gott und Vater zum Gott und Vater aller, die an ihn glauben (vgl. Joh 20,17). Darum drückt sich für Paulus die Gotteskindschaft auch in der Vater-Anrede aus (vgl. Röm 8,15): Im Eintreten in die Nachfolge Jesu, durch den Empfang der Taufe, werden Menschen zu Söhnen und Töchtern Gottes. Sie erhalten den Geist, der sie befähigt, an der Beziehung zwischen Jesus und seinem himmlischen Vater zu partizipieren (vgl. Gal 6,4).

Die Schriften des Alten Testaments sind gegenüber der Vater-Anrede wesentlich zurückhaltender. Dies mag zwei Gründen geschuldet sein: Erstens ging es darum, Gottes Unverfügbarkeit zu bewahren, die gerade dort angetastet wird, wo man ihn durch bestimmte Anreden in die Kategorien menschlicher Vorstellungen eingrenzt. Zweitens stand die Vater-Metapher bei den altorientalischen Religionen, mit ihren familiär geprägten Götterkonstellationen, hoch im Kurs. Davon wollte sich Israel absetzen.

Während vorexilisch die Vater-Sohn-Beziehung alttestamentlich für das Verhältnis zwischen Gott und dem König nachweisbar ist (vgl. prominent die Nathans-

Weissagung in 2 Sam 7), wird in nachexilischen Texten Gott für den nachexilischen Gerechten zum Vater. So z.B. prominent Ps 103: „Wie ein Vater sich seiner Kinder erbarmt, so erbarmt sich der HERR über alle, die ihn fürchten" (V. 13). An diese Vorstellung konnte schließlich das Neue Testament gut anknüpfen.

### (4) Der Eine

Das Bekenntnis Israels zu einem Gott ist eine provozierende Aussage. Es fordert besonders deshalb heraus, weil die altorientalische Umwelt tief in einem Polytheismus verwurzelt war. Davon aber setzen sich die biblischen Schriften nach und nach sehr bewusst ab, um schließlich das monotheistische Bekenntnis zum einen und einzigen Gott Israels zu formulieren.

Der Weg dorthin ist lang. Er beginnt mit der Feststellung, dass JHWH durchaus mit anderen Göttern verbunden war: Er besitzt einen göttlichen Hofstaat (vgl. Ps 29; Ps 82); es gibt andere Götter, die verehrt werden, wie Aschera oder Baal (vgl. Ri 6,30; 1 Kön 15,13; 1 Kön 18,19 usw.) Doch zugleich entwickelt sich eine doppelte Bewegung: Man setzt sich polemisch gegen diese Götzen ab (vgl. Jes 2,8; Hab 2,18 usw.), um gleichzeitig die Einzigverehrung JHWHs hervorzuheben (vgl. Dtn 4,35; Dtn 32,39; 2 Kön 19,19 u.ö.). Vorexilisch ist sowohl für Israel wie auch für Juda eine Monolatrie feststellbar. Freilich: Es mag andere Götter geben, aber im Vergleich mit JHWH, dem Gott Israels, sind sie nurmehr „Nichtse" (vgl. 1 Chr 16,26).

Erst in exilischer und nachexilischer Zeit entwickelt sich ein expliziter Monotheismus. Deutlich formuliert ist er beispielweise bei Deuterojesaja: „Ich, ich bin der HERR und außer mir gibt es keinen Retter." (Jes 43,11) Aber auch Gen 1,1 oder Dtn 32,39 übersteigen eine bloße JHWH-Alleinverehrung inmitten eines Götterpantheons hin zu einem ausdrücklich monotheistischen Bekenntnis.

Das Neue Testament knüpft an diesen Monotheismus an: Das Bekenntnis zum einen Gott findet sich nicht nur im Mund Jesu (Mk 12,32), sondern wird auch in der paulinischen Briefliteratur explizit aufgegriffen (z.B. 1 Kor 8,4; Gal 3,20).

### (5) Der Liebende

Die wohl prägnanteste biblische Antwort auf die Frage, wer Gott ist, liefert der Autor des ersten Johannesbriefes: „Gott ist die Liebe" (1 Joh 4,8.16). Damit ist zugleich ausgesagt, wer dieser Gott ist, der sich in Jesus Christus offenbart hat: Er ist die Liebe, die in Christus ein menschliches Antlitz erhält. Im Frühchristentum erlangt das Liebesgebot daher auch eine zentrale Stellung. Nach dem wichtigsten Gebot gefragt, verweist Jesus auf die Gottes- und Nächstenliebe (vgl. Mk 12,28–34; Mt 22,35–40). Weil Gott selbst die Liebe ist, deshalb müssen auch die, die zu ihm gehören, sich mit dem Maßstab der wechselseitigen Liebe messen lassen. Das Liebesethos zählt daher zum Grundpfeiler der christlichen Gemeinschaft. In der Fußwaschung, die Jesus im Abendmahlssaal an den Jüngern vollzieht, drückt sich diese Liebe in einem solidarischen Dienst aneinander auf einmalige Weise aus (Joh

13,1–20). Solche Liebe aber endet nicht an den Grenzen einer Gemeinschaft, sondern wird gerade dort konkret, wo sie auch geübt wird, obwohl sie allem menschlichem Ermessen eigentlich widerspricht: „Doch ihr sollt eure Feinde lieben und Gutes tun und leihen, wo ihr nichts zurückerhoffen könnt" (Lk 6,35).

Dass Gott der Liebende ist, findet sich bereits im Alten Testament angelegt. Wer JHWH seinem Wesen nach ist, offenbart er dem Mose: „Der HERR ging vor seinem Angesicht vorüber und rief: Der HERR ist der HERR, ein barmherziger und gnädiger Gott, langmütig und reich an Huld und Treue" (Ex 34,6). Weil JHWH den Menschen gnädig ist und immer neu einen Anfang mit ihnen wagt, deswegen muss Israel seinen Gott mit ganzem Herzen lieben (Dtn 6,5). Die Beziehung zwischen JHWH und Israel gründet ja gerade nicht in menschlichen Leistungen oder einer besonderen Auszeichnung des Volkes aufgrund großer Verdienste: „Nicht weil ihr zahlreicher als die anderen Völker wäret, hat euch der HERR ins Herz geschlossen und ausgewählt; ihr seid das kleinste unter allen Völkern. Weil der HERR euch liebt (...), deshalb hat der HERR euch mit starker Hand herausgeführt und dich aus dem Sklavenhaus freigekauft, aus der Hand des Pharao, des Königs von Ägypten" (Dtn 7,7f). Aus Liebe erwählt ist Israel aufgefordert, diese Liebe zu erwidern und sie im alltäglichen Leben im solidarischen Miteinander mit dem Nächsten zu konkretisieren.

### (6) Der Allmächtige

Im Alten Testament nimmt die Vorstellung von Gottes Macht eine zentrale Rolle ein: Mit „großer Macht und starkem Arm" (Ex 32,11) befreit Gott sein Volk aus Ägypten, vor Israel offenbart er „seine Herrlichkeit und Macht" (Dtn 5,24). Besonders im Psalter wird immer neu Gottes Macht betont. Das ist nicht verwunderlich, denn wenn Menschen in Not und Leid zu Gott rufen, dann wohnt diesem Gebet zugleich die Bitte um Erhörung und Rettung durch Gottes Macht inne (vgl. Ps 21,14; 63,3; 86,16). Wird diese Rettung erfüllt, dann stimmt der Psalmbeter in den Lobpreis von Gottes Macht ein (vgl. Ps 28,8; 59,17 u.ö.). Der Psalter hebt auch auf Gottes universale Macht angesichts kosmischer Bedrohungen ab: „Mehr als das Tosen vieler Wasser, gewaltiger als die Brandung des Meeres ist gewaltig der HERR in der Höhe" (Ps 93,4). JHWH ist der mächtige Held, der sich im Kampf als gewaltig erweist und als König in Herrlichkeit thront (vgl. Ps 24). Das Prophetenbuch Amos fasst diese Vorstellung zusammen, wenn es in der fünften Vision des Amos JHWH als denjenigen beschreibt, der das Geschick der Welt in seinen Händen hält (vgl. Am 9,1–6). In der LXX taucht, wenn von JHWH geredet wird, ein besonderer Begriff auf: παντοκράτωρ *(pantokrator)*. Rund 120-mal wird im Alten Testament damit Gottes Allmacht umschrieben.

Es ist auffallend, dass das Neue Testament die Bezeichnung *Pantokrator* vermeidet (ausgenommen Apk und 2 Kor 6,18). Sie wird durch eine andere Vorstellung ersetzt, die durch die Vater-Metapher markiert wird. Insgesamt zeigt sich in den

Evangelien eine machtkritische Einstellung, die bereits in der Versuchungsgeschichte Jesu zum Ausdruck kommt: Macht über alle Reiche der Welt zu besitzen, ist eine teuflische Versuchung (vgl. Mt 4,8–10). Die Macht, die Jesus verliehen ist, ist göttlicher Qualität (vgl. Mt 28,18, auffallend ist hier die Passivkonstruktion: „Mir ist alle Vollmacht gegeben"). Der Sohn nimmt an der Macht des Vaters teil (Mt 11,27; Lk 10,22), aber es ist eben keine Macht, die ihren Ausdruck im Herrschen über andere findet, sondern die sich im Dienst *für den Nächsten* ausdrückt. Besonders markinisch ist die Figur des *Herrschens durch Dienen* nachdrücklich belegt (vgl. Mk 10,43ff). Göttliche Macht kommt dort zum Ausdruck, wo solidarische Liebe geübt und eine Haltung der Proexistenz gelebt wird (prominent: die johanneische Fußwaschung in Joh 13,1–20). Wahre Macht wird in der radikalen Ohnmacht offenbar. Deshalb ist die Passion auch die Stunde der Erhöhung (vgl. Joh 3,16).

Ein anderes Bild göttlicher Allmacht zeichnet dabei die Apk, indem sie zwei Machtformen kontrastiert: Da ist einerseits die Macht der „Hure Babylon" (Apk 17,5), die in einem Sog alles selbstbesessen an sich zieht, was sich ihr nähert. Auch für den Seher von Patmos besitzt solche Macht satanische Qualität. Demgegenüber setzt die Apk die Macht des Pantokrator (vgl. Apk 1,8), der als wirklicher Weltenherrscher die Geschicke des Kosmos regiert und die Vollmacht besitzt, den neuen Himmel und die neue Erde zu erschaffen (Apk 21,1).

## Queere Gottesbilder

Vor allem in der westlichen Welt hat sich im Lauf der Jahrhunderte immer mehr das Bild eines männlichen Gottes eingebürgert. Besonders die im Neuen Testament sehr häufig verwendete Vater-Metapher hat hierzu ihr Übriges beigetragen. Aber auch wenn die Trinität künstlerisch dargestellt wird, hat sich für die Abbildung von Gott-Vater eine bestimmte Form durchgesetzt: Es ist das Bild des Mannes im gesetzten Alter mit einem langen weißen Bart, das seit Jahrhunderten so und nicht anders reproduziert wird.

Schon der Prophet Hosea mahnt in eindringlichen Worten: „Denn ich bin Gott, nicht ein Mensch" (11,9). Und vonseiten des kirchlichen Lehramts formuliert das vierte Laterankonzil im Jahr 1215 mit Nachdruck: „Denn von Schöpfer und Geschöpf kann keine Ähnlichkeit ausgesagt werden, ohne dass sie eine größere Unähnlichkeit zwischen beiden einschlösse" (DH 806).

Queere Gottesbilder liegen zu unseren gängigen Gottesbildern quer. Sie durchkreuzen und kritisieren sie. Gerade das ist ihr Mehrwert: Sie zeigen uns, dass es nicht gut ist, sich an bestimmte Bilder zu hängen und diese zu verabsolutieren. Gott ist der ganz andere: Queere Gottesbilder provozieren diese Einsicht, indem sie uns etwas zumuten, was auf den ersten Blick unpassend erscheinen mag.

Marcella Althaus-Reid notiert dazu in ihrer ‚Indecent theology': „Then indecent theologians may say: 'God, the Faggot; God, the Drag Queen; God, the Lesbian. God, the heterosexual woman who does not accept the constructions of ideal heterosexuality; God, the ambivalent, not easily classified sexually'" (Indecent theology, 95). Solche queeren Gottesbilder regen zum Nachdenken an; sie provozieren eine Überprüfung, inwiefern unsere Gottesbilder wirklich mit dem Wesen Gottes vereinbar sind.

Wenn unser Gottesbild stark männliche Züge trägt, dann ist damit eine Ausschließung des Weiblichen verbunden. Gott selbst verweigert sich solcher Ausschließungen, wie der Prophet Hosea nachdrücklich betont: Er steht über einer jeden geschlechtlichen Differenzierung. Daher darf ein männliches Gottesbild auch nicht dazu genutzt werden, um Ausschließungen zu produzieren, die andere Geschlechter betreffen. Mit anderen Worten: Hier ist es nötig, ein queeres Gottesbild starkzumachen, welches einseitige Gottesbilder kritisiert und Gott aus einer menschlichen Kategorisierung befreit.

Schon die biblischen Schriften betonen immer wieder, dass Gott nicht nur als Mann zu denken ist. Er ist auch eine Mutter: „Wie einen Mann, den seine Mutter tröstet, so tröste ich euch", heißt es bei Jesaja (66,13). Oder im 131. Psalm: „Wie ein gestilltes Kind bei seiner Mutter, wie das gestillte Kind, so ist meine Seele in mir" (V. 2).

Gerade die MHG-Studie der Deutschen Bischofskonferenz aus dem Jahr 2018 hat offengelegt, wie stark bestimmte Gottesbilder missbraucht werden können, um dadurch sexualisierte Gewalt zu rechtfertigen. Das zeigt: Die Verabsolutierung eines Gottesbildes ist brandgefährlich. Es braucht eine große Sensibilität im Umgang mit Gottesbildern. Und es ist nötig, immer neu zu betonen, dass sie nur Hilfsmittel sind, dass sie nur im Plural existieren und dass sie nicht dazu gebraucht werden können, um Ausschließungen zu produzieren.

**Zum Weiterlesen:**

Reinhard Feldmeier/Hermann Spieckermann: Der Gott der Lebendigen. Eine biblische Gotteslehre, Tübingen 2011.

Bernd Janowski: Ein Gott, der straft und tötet? Zwölf Fragen zum Gottesbild des Alten Testaments, Göttingen $^{4}$2020.

Chris Greenough: Queer Theologies. The basics, London u.a. 2020.

Karlheinz Ruhstorfer: Gotteslehre, Paderborn u.a. 2010.

# Warum lässt Gott das Leid in der Welt zu?

Der christliche Glaube bekennt sich zu einem allmächtigen und gütigen Gott. Doch demgegenüber steht die Erfahrung von Leid und Übeln in dieser Welt. Die ‚Theodizee-Frage' verhandelt das Problem, wie man angesichts des Leids in der Welt noch an einen allmächtigen und gütigen Gott glauben kann. Es geht also im Rahmen der Theodizeeproblematik um nichts anderes als eine Verteidigung (defense) des Gottesglaubens, um seine Rechtfertigung im Anblick der Übel. Dabei werden mehrere Modelle entwickelt, die plausibilisieren wollen, wie Gott und Leid zusammengedacht werden können. Diese Argumente drehen an unterschiedlichen Stellschrauben, um damit den Widerspruch zwischen dem Gottesglauben und dem Leid in der Welt aufzulösen.

## Das Erdbeben von Lissabon

Allerheiligentag 1755: Mehrere Minuten erschüttert ein heftiges Erdbeben die portugiesische Hauptstadt Lissabon. Brände brechen im Stadtzentrum aus, die Einwohner flüchten sich an die Küste. Kurze Zeit nach den ersten Erdstößen überrollt eine riesige Flutwelle das Trümmerfeld, mehrere Nachbeben folgen. Es war ein schwarzer Tag für Lissabon: Beinahe 85 Prozent der Stadt werden zerstört, tausende Menschen finden den Tod, und was nicht bei den Erdstößen zum Einsturz gebracht wurde, fiel einer Feuersbrunst zum Opfer. Während die meisten Kirchen der Hauptstadt Schaden nahmen, blieb das Rotlichtviertel, die Alfama, von der Katastrophe weitgehend verschont.

Das Erdbeben von Lissabon provozierte nicht nur unter der streng katholischen Einwohnerschaft quälende Fragen: Warum kann Gott ein solches Übel zulassen? Warum ausgerechnet am Festtag Allerheiligen? Warum werden Gotteshäuser zerstört, während die Freudenhäuser das Unglück beinah unbeschadet überstehen? Für Philosophen wie Leibniz, Voltaire oder Pope wuchsen sich die Ereignisse von 1755 zum Prüfstein des Gottesglaubens aus.

## Leibniz und das Theodizeeproblem

Diese quälende Warum-Frage fasste Gottfried Wilhelm Leibniz bereits 1710 in seinen *Essais de Théodicée sur la bonté de dieu* mit dem Begriff der „Theodizee" (abgeleitet vom Griechischen θεος = Gott und δικη = Gerechtigkeit). *Dabei geht es nicht um die Rechtfertigung Gottes selbst, sondern darum, valide Begründungen zu liefern, wie angesichts des Leids und der Übel in der Welt noch der Glaube an einen Gott möglich ist. Und zwar an einen Gott, dem die Prädikate gut, allmächtig, barmherzig, gerecht, liebend usw. zugeschrieben werden.* Beides, der Glaube an einen solchen Gott und die reale Erfahrung von Leid, scheinen unvereinbar.

Eine klassische Formulierung des Theodizeeproblems stammt (angeblich) aus der Feder des griechischen Philosophen Epikur (um 341 v. Chr. – 271/270 v. Chr.) und findet sich bei Laktanz überliefert:

> *Entweder will Gott die Übel beseitigen und kann es nicht:*
> *Dann ist Gott schwach, was auf ihn nicht zutrifft,*
> *oder er kann es und will es nicht:*
> *Dann ist Gott missgünstig, was ihm fremd ist,*
> *oder er will es nicht und kann es nicht:*
> *Dann ist er schwach und missgünstig zugleich, also nicht Gott,*
> *oder er will es und kann es, was allein für Gott ziemt:*
> *Woher kommen dann die Übel und warum nimmt er sie nicht hinweg?*

## Kann ein allmächtiger Gott das Leid zulassen?

Was hier konzis zum Ausdruck kommt, ist ein prekärer Widerspruch, der sich dann einstellt, wenn der Glaube an einen Gott, der gut und allmächtig ist, mit dem Leid in dieser Welt konfrontiert wird. Die Aufgabe der Theodizee ist es nun, mit vernünftigen Argumenten den Glauben an einen guten und allmächtigen Gott im Angesicht des Leides zu rechtfertigen.

Freilich ist es gerade jener Widerspruch, der vor allem von atheistischer Seite vereinnahmt wurde. In *Datons Tod* bringt es Georg Büchner treffend auf den Punkt: „Warum leide ich? Das ist der Fels des Atheismus. Das leiseste Zucken des Schmerzes und rege es sich nur in einem Atom, macht einen Riss in der Schöpfung von oben bis unten“ (Büchner, Datons Tod, 53). Die Übel, die in der Welt unleugbar vorhanden sind, dienen dem Atheismus als Kardinalargument, um den Gottesglauben mit aller Schärfe und Kritik anzufragen. Und tatsächlich wird der Gottesglaube nirgends so heftig auf die Probe gestellt, wie angesichts von unsagbarem Leid, das mit dem Glauben an einen Gott, der die Liebe ist, auf den ersten Blick unvereinbar erscheint. Es ist daher die Aufgabe der Theologie, Gegenargumente zu liefern, die zeigen: Es ist vernünftig, auch angesichts des Leids an Gott zu glauben. Es geht also im Rahmen der Theodizeeproblematik um nichts anderes als eine Verteidigung (*defense*) des Gottesglaubens, um seine Rechtfertigung im Anblick der Übel.

## ‚Übel': Eine Begriffsbestimmung

Schon bei Leibniz findet sich eine dreifache Unterscheidung, die hilft, den Begriff des Übels näher zu bestimmen:

| malum metaphysicum | malum morale | malum physicum |
|---|---|---|
| die Endlichkeit bzw. Sterblichkeit | die Übel, die willentlich von Menschen verursacht werden | die Übel, die in der Natur vorhanden sind |
| es besteht eine Differenz zwischen Gott und Welt:<br>Weil Gott ewig ist, deshalb muss die Schöpfung vergänglich sein | zum Beispiel Terroranschläge, Kriege, Gewaltverbrechen, Unfälle usw. | zum Beispiel Erdbeben, Naturkatastrophen, Krankheiten usw. |
| diese Differenz eröffnet aber erst eine wirkliche Eigenständigkeit der Welt und ist daher nicht als Übel zu werten | Argument: Verteidigung der menschlichen Willensfreiheit | Argument: Verteidigung der Naturgesetze |

## Die Betonung der Geheimnishaftigkeit Gottes als Ausweg?

Eine Frage, die im Zuge der Theodizeeproblematik immer wieder gestellt wird, lautet: Gibt es überhaupt eine Möglichkeit, aufgrund der Größe und Geheimnishaftigkeit Gottes, hinreichende Argumente für eine Rechtfertigung des Gottesglaubens aufgrund der Übel in der Welt zu finden? Oder muss man nicht am Ende resignierend mit Karl Rahner schlicht und ergreifend festhalten: „Die Unbegreiflichkeit des Leides ist ein Stück der Unbegreiflichkeit Gottes" (Warum lässt Gott uns leiden, 463). Mit biblischen Worten: „Meine Gedanken sind nicht eure Gedanken und eure Wege sind nicht meine Wege – Spruch des HERRN. So hoch der Himmel über der Erde ist, so hoch erhaben sind meine Wege über eure Wege und meine Gedanken über eure Gedanken." (Jes 55,8f)

Die These der *reductio in mysterium* scheint auf den ersten Blick doch recht überzeugend: Es ist eben unmöglich, die Warum-Frage zu klären, weil es einen radikalen Unterschied zwischen Schöpfer und Geschöpf gibt und es den Menschen eben nicht zusteht, Einblick in die göttlichen Pläne und Gedanken zu erhalten (vgl. Röm 11,33–35). Gott ist ein Geheimnis und wir Menschen können aufgrund seiner erhabenen Größe nur verstummen und versuchen, das, was uns zustößt, in irgendeiner Weise als Gottes Plan zu interpretieren. Eine Lösung der Theodizeeproblematik ist also von vornherein ausgeschlossen.

Doch schlussendlich drängt sich mit größter Unnachgiebigkeit die Frage auf, ob eine solche These wirklich weiterhilft. Ist das Argument der *reductio in mysterium* überzeugend? Wohl kaum, denn es liefert ja keine Lösungsvorschläge, sondern entzieht sich einer Auseinandersetzung und weicht den Fragen, die sich aufdrängen, aus. Der Verweis auf Gottes unsagbare Größe mag zwar biblisch gut begründet sein, der Komplexität, die mit der Theodizee im Raum steht, wird eine solche Argumentation aber nicht gerecht.

## Lösungsvorschläge für das Theodizeeproblem

Jenseits der *reductio in mysterium* gibt es mehrere Lösungsvorschläge, die versuchen den Gottesglauben angesichts der in der Welt vorhandenen Übel zu rechtfertigen. Diese Argumente drehen gewissermaßen an unterschiedlichen Stellschrauben, um damit den Widerspruch zwischen dem Gottesglauben und dem Leid in der Welt aufzulösen.

### (1) Bonisierung des Leids

Generell gehen wir Menschen erst einmal davon aus, dass alles Leid, das geschieht, schlecht ist und einen Fremdkörper in der als sehr gut intendierten Schöpfung darstellt. Daher ist Leid auch mit einem guten Gott unvereinbar. Das Argument der Bonisierung dreht die Perspektive und besagt, dass alles Leid mit einem positiven Effekt einhergeht, da damit Entwicklungsprozesse angestoßen werden, die dazu führen, dass neue und wichtige Erkenntnisse generiert werden. Es wird versucht, das Leid zu funktionalisieren und es damit in ein besseres Licht zu rücken. Prominent für diese These steht der Ansatz von Richard Swinburne, der in diesem Zusammenhang von einem *need-for-knowledge* gesprochen hat.

An der Corona-Pandemie festgemacht würde dies bedeuten: Die Krankheit Covid-19 ist mit dem Glauben an einen gütigen Gott vereinbar, da es das Virus ermöglicht hat, neue Erkenntnisse über Aerosole und den Umgang mit einer Pandemie zu gewinnen. Die Menschheit hat durch diesen Prozess gelernt, sich in einer Pandemie zu verhalten, was für künftige Krankheitswellen von Vorteil sein kann.

Die Kritik an dieser These lässt sich doch sehr knapp zusammenfassen: Es klingt doch zynisch, angesichts der zahlreichen Todesopfer und Schwersterkrankten das Covid-Virus im positiven Licht zu betrachten. Außerdem entbinden diese Lernprozesse, die es sicher auch gibt, nicht von der Frage, ob diese Entwicklungen nicht auch anders (z.B. ohne Todesopfer) möglich gewesen wären. Sicher hat schon Plotin recht, wenn er (sinngemäß) formuliert, dass das Licht viel heller erscheint, wo es auch das Dunkel gibt. Aber taugt eine solche Kontrastsetzung wirklich, um den Glauben an einen guten Gott zu rechtfertigen? Nimmt der gütige Gott den Tod von ungezählten Menschen in Kauf, um dadurch Fortschritte in Medizin oder im Blick auf das gesellschaftliche Zusammenleben zu provozieren? Dies scheint doch wohl kaum mit dem Prädikat ‚gut' in Einklang zu stehen.

**(2) Verharmlosung des Leids**

Für Augustin sind Übel durch Mangelsituationen gekennzeichnet: „Malum est nihil nisi privatio boni" (De civitate Dei XI, 22). Das Übel besitzt also kein eigenständiges Sein (es ist nicht substantiell), dieses kommt allein dem Guten zu. Leiden entstehen vielmehr dort, wo es an Gutem mangelt (es ist also nur akzidentiell). Damit argumentiert Augustin mit der klassischen neuplatonischen Ontologie: Weil das Übel kein Sein besitzt, daher kann es auch nicht von Gott erschaffen sein. Alles, was Gott schafft, besitzt ein Sein und da das Übel im Verständnis Augustins nicht existiert, kann es kein Sein besitzen. Diese Argumentationsfigur beschreibt eine *Depotenzierung* des Übels, dem Augustin schlicht seine Macht abspricht. Ps.-Dionysius Areopagita fasst den Gedankengang so zusammen: „Um es kurz zu sagen, es ist vielmehr alles Seiende, soweit es ist, gut und aus dem Guten; soweit es aber des Guten beraubt ist, ist es weder gut, noch hat es ein Sein." (De divinis nominibus IV, 20)

Die These besagt also: Gott hat die Übel in der Welt nicht geschaffen, diese sind allein durch das Fehlverhalten der Geschöpfe verursacht. Damit lässt sich Gott für das Leid der Welt auch nicht verantwortlich machen. Das Leid, so könnte man formulieren, ist gar nicht so schlimm, wie man meinen möchte: Es ist ja nur durch einen Mangel an Gutem verursacht und dieser ließe sich durch das Verhalten der Menschen wieder beheben.

Wendet man die These Augustins auf konkrete Beispiele an, zeigt sich erst, wie wenig sie überzeugt. Körperliche Krankheiten, die mit hohem Schmerzempfinden einhergehen, lassen sich doch nicht bloß als Mangel von Gesundsein kennzeichnen. Vor allem dann nicht, wenn man Krankheiten als nicht wirklich seiend begreift, wie das ja Augustin nahelegt. Faktisch ist Schmerz genauso eine Realität, wie Glück oder Freude. Und das Leid, das eine Krankheit mit sich bringt, wird nicht weniger, nur weil man es ontologisch depotenziert.

Besonders Übel, die willentlich intendiert sind, lassen sich mit der *Privationsthese* nicht erklären. Sie müssten – folgt man Augustin – immer auf ein gutes Ziel ausgerichtet sein, dass allerdings durch einen Ausfall nicht erreicht wird, sondern sich in sein Gegenteil verkehrt. Lässt sich damit aber das Leid erklären, das durch den Betrieb von Konzentrationslagern angerichtet wurde? Oder ist sexualisierte Gewalt an Kindern dann wirklich nur eine Perversion des menschlichen Sexualtriebes? Das scheint doch allzu weit hergeholt und klingt eher nach einer Entschuldigung für Übel, die durch und durch schlecht sind und an denen kein Funken Gutes (auch nicht in irgendeiner Intention der Täter) zu entdecken ist.

### (3) Soul-making-theodicee

Der Kirchenvater Irenäus von Lyon (um 135 – um 200) hat den Gedanken geprägt, die Übel seien Bestandteil eines Seelenbildungsprozesses, welcher sich nach dem Tod fortsetzt. Irenäus schreibt: „Wir (die Menschen, fb) werfen ihm (Gott, fb) nämlich vor, dass wir nicht von Anfang an Götter geworden sind, sondern zunächst Menschen und dann erst Götter. (...) Denn gemäß seiner Güte gab er uns gütig das Gute und machte die Menschen sich ähnlich durch den freien Willen, gemäß seiner Vorsehung aber kannte er die Schwäche der Menschen, und was daraus folgen würde. Gemäß seiner Liebe und Kraft jedoch wird er das Wesen der erschaffenen Natur überwinden. Zuerst aber musste die Natur erscheinen, dann das Sterbliche von dem Unsterblichen besiegt und verschlungen werden und das Vergängliche von dem Unvergänglichen, und der Mensch nach dem Bild und Gleichnis Gottes werden, nachdem er die Kenntnis des Guten und Bösen erlangt hatte." (Contra Haereses, IV, 38, 4)

Gemäß Irenäus befindet sich der Mensch in einem stetigen Entwicklungsprozess, der den Menschen von einer Gott*ebenbildlichkeit* zu einer Gott*ähnlichkeit* führt. Solange der Mensch lebt, ist er im Begriff, sich zu verändern und zwar dann, wenn er sich auf Gottes Willen einlässt.

Diesen Gedanken hat John Hick (1922–2012) übernommen und ihn in sein Konzept einer *soul-making-theodicee* integriert. Auch hierbei geht es um eine schlichte Funktionalisierung des Leids. Die Übel in dieser Welt sind dazu da, um den Charakter des Menschen auszubilden, so Hick. Oder um mit Irenäus zu sprechen: Sie dienen einzig dem Zweck, dem Menschen den Zugang zu seiner Gottähnlichkeit zu eröffnen. Übel sind daher sinnvoll: Sie ebnen dem Menschen den Weg, wichtige Entscheidungen zu treffen, um dadurch moralisch und charakterlich zu reifen. Sie bewahren Menschen davor, eine bloße Laissez-faire-Haltung einzunehmen, in der sie niemals mit wirklich schwerwiegenden Problemen konfrontiert werden und um eine Lösung ringen müssen.

Moralisch ist eine derartige Funktionalisierung von Leid freilich höchst fragwürdig. Einerseits kennen wir auch in unserer Gesellschaft Menschen, die (scheinbar) immer auf der Sonnenseite des Lebens stehen und denen die Erfahrung von Übeln fremd scheint. Sind solche Menschen dann von einem Reifeprozess ausgeschlossen? Andererseits drängt sich die Frage auf, ob Menschen, denen

Leid zustößt, nicht zu bloßen Objekten für die Charakterbildung von anderen degradiert werden. Mit anderen Worten: Gibt es nicht auch Leid, an dem ein Mensch zerbrechen kann und das somit keinen moralischen Mehrwert besitzt?

**(4) Mitleiden Gottes**

Der klassische Theismus versteht Gott als *actus purus*, in dem jegliche Potentialität schon immer als Aktualität verwirklicht ist. Dieser Gott ist deshalb auch nicht leidensfähig. Glauben wir Christen an einen solchen Gott? Jürgen Moltmann verneint dies: „Als Kreuzestheologie ist christliche Theologie die Kritik und Befreiung vom philosophischen und politischen Monotheismus. Gott kann nicht leiden, Gott kann nicht sterben, sagt der Theismus, um das leidende, sterbliche Sein in seinen Schutz zu bringen. Gott litt in Jesu Leiden, Gott starb im Kreuz Christi, sagt der christliche Glaube, damit wir leben und in seine Zukunft auferstehen." (Der gekreuzigte Gott, 201)

Die Perspektive, die Moltmann eröffnet, ist die eines mitleidenden Gottes, eines Gottes, der dem menschlichen Leiden nicht fern ist, sondern unser Schicksal bis hinein in die Nacht des Todes und durch diese Finsternis hindurch teilt. Vom Kreuz her reißt ein neuer Horizont auf: Gott solidarisiert sich mit den Leidenden dieser Welt, um sie durch die Erfahrung von Gewalt und Katastrophen in den Lichtglanz des Ostermorgens zu führen. Gott ist „der große Begleiter – der Leidensgefährte, der versteht", wie Alfred N. Whitehead formuliert (Prozeß und Realität, 626).

Es ist trostvoll, zu wissen, dass Menschen im Leid nicht alleine sind, sondern dass Gott in allem Elend zu seiner Schöpfung steht und mit ihr leidet. Doch im Blick auf die Theodizee-Problematik löst dieser Gedanke nicht wirklich etwas. Ein Mitleiden Gottes ist zwar ein durchaus tröstlicher Gedanke, der möglicherweise hilft, Leiden durchzustehen und auszuhalten. Aber die Frage, warum Gott überhaupt Übel in dieser Welt zulässt, bleibt dadurch unbeantwortet. Karl Rahner bringt das Problem so auf den Punkt: „Um – einmal primitiv gesagt – aus meinem Dreck und Schlammassel und meiner Verzweiflung herauszukommen, nützt es mir doch nichts, wenn es Gott – um es einmal grob zu sagen – genauso dreckig geht." (Imhof/Biallowons, Karl Rahner im Gespräch, 246) Ob es etwas *nützt*, sei freilich einmal dahingestellt, denn tröstlich ist es ja allemal. Aber es bringt keine wirkliche Lösung im Hinblick auf die Frage nach der Theodizee.

**(5) Modifikation der Eigenschaften Gottes**

Um die Frage nach dem Leid zu beantworten, ist es mitunter hilfreich, über das Gottesbild und die Gottesprädikate nachzudenken. Es scheint eindeutig: Ein Gott, der *per definitionem* gütig, allmächtig und allwissend ist kann nicht willentlich Leid in der Schöpfung zulassen, ohne nicht dadurch selbst zum Schuldigen für dieses Leid zu werden.

Was aber, wenn die Eigenschaften Gottes in einem anderen Sinn zu verstehen sind oder gar nicht existieren? Vielleicht ist Gott nicht durch und durch gütig, sondern handelt manchmal auch ungut? Die biblischen Schriften liefern hierfür gute Beispiele: Gott ist enttäuscht von der Menschheit und will sie durch die Flut vernichten (vgl. Gen 6,17); auf Sodom und Gomorra lässt er Schwefel und Feuer regnen (Gen 19,23); Gottes Zorn erwacht über die Nationen (vgl. Jes 34,2).

Auch das Prädikat der Allmacht lässt sich in entsprechender Weise modifizieren. Gerade der Philosoph Hans Jonas (1903–1993) hat entschieden dafür plädiert, dass man nach Auschwitz nicht mehr von einem allmächtigen Gott sprechen könne. Das ist auch die Perspektive der Prozesstheologie: „Gottes Rolle liegt nicht in der Bekämpfung produktiver Kraft mit produktiver Kraft, von destruktiver Kraft mit destruktiver Kraft (...). Er ist der Poet der Welt, er leitet sie mit zärtlicher Geduld (...).“ (Whitehead, Prozeß und Realität, 618) Gott besitzt nicht die Macht, um in die Geschicke der Schöpfung einzugreifen. Er kann die Geschöpfe nur überreden und locken, auf die Liebe, die er der Welt schenkt, in angemessener Weise zu reagieren.

Bleibt die Allwissenheit: Diese ist besonders im Gottesbegriff des Boethius (um 480/85–524/26) angelegt, der mithilfe des Neuplatonismus die Unveränderlichkeit und Zeitlosigkeit Gottes postuliert. Boethius schreibt: „Denn das ist die Form der göttlichen Substanz, dass sie weder in die Außenwelt zerfließt, noch in sich selbst etwas von der Außenwelt aufnimmt (...).“ (Philosophiae consolatio, 3, XII) Dementsprechend muss angenommen werden, dass Gott bereits bei der Erschaffung der Welt um alles Leid weiß, das sich in ihr jemals ereignen wird. Eine solche Annahme wirft allerdings zwei Problemüberhänge auf: Zunächst stellt es die Willensfreiheit des Menschen infrage, die es ja gerade dann nicht mehr zu geben scheint, wenn Gott schon weiß, wie sich ein Geschöpf zwischen mehreren Alternativen entscheiden wird. Und zweitens lässt sich fragen, ob dann noch von einem „lebendigen“ Gott gesprochen werden kann, der den Dialog mit den Menschen sucht, wenn dieser Gott doch eher statisch und als höchste Substanz reichlich unbeweglich erscheint. Es ist jedenfalls durchaus hilfreich, nicht nur im Blick auf das Theodizeeproblem die Eigenschaft der Allwissenheit so zu modifizieren, dass die Gottesbeziehung eine echte und offene Zukunft ermöglicht.

**(6) Natural law defense**

Die Verteidigung der Naturgesetze arbeitet mit einer grundlegenden Prämisse: Die Naturgesetze besitzen einen so großen Wert, dass sie von Gott nicht tangiert werden dürfen. Ein direktes interventionistisches Eingreifen Gottes in die Schöpfung würde die Naturgesetze allerdings außer Kraft setzen, weshalb ein solches Handeln Gottes ausgeschlossen wird.

Der hohe Wert der Naturgesetze gründet darin, dass sie ein menschliches Leben in Freiheit eröffnen und einem solchen Leben Stabilität und Sicherheit gewähren.

Erst aufgrund einer solch stabilen Ordnung ist es möglich, menschliches Leben zu gestalten.

**(7) Free will defense**

Die *free will defense* spricht der menschlichen Willensfreiheit einen größeren Wert zu als einem bloßen Determinismus. Die Argumentation läuft so: Es wird vorausgesetzt, dass es echte Freiheit gibt und dass Menschen aufgrund dieser Freiheit die Möglichkeit besitzen, zwischen echten Alternativen zu wählen. Menschen können sich daher auch für ein moralisch falsches Handeln entscheiden.

Das Postulat des freien Willens entbindet Gott daher von einer Verantwortung für das Leid, das in der Welt geschieht. Es geht ganz und gar auf das Konto derer, die sich für ein Handeln entscheiden, das Leid produziert, obwohl sie potentiell die Möglichkeit gehabt hätten, anders zu wählen und dadurch Übel zu vermeiden. Ein göttliches Handeln wird damit ausgeschlossen, da es den freien Willen, zwischen echten Alternativen zu wählen, untergraben würde.

Letztlich liegt den beiden *defenses* eine wichtige Annahme zugrunde: Nämlich, dass der Gott, der Liebe ist (vgl. 1 Joh 4,16), die Schöpfung in die Freiheit entlässt. Dass er die Geschöpfe nicht gewaltsam an sich bindet oder versucht, sie derart zu manipulieren, dass sie gar nicht anders könnten, als seinen göttlichen Willen umzusetzen.

Als seine Ebenbilder (vgl. Gen 1,26) entlässt Gott die Menschen in eine Freiheit, in der sie selbstbestimmt die Wahl haben, sich für oder gegen die Freundschaft mit ihm zu entscheiden. Gott umwirbt die Menschen mit seiner Liebe, wie es die klassische Prozesstheologie formuliert. Er bietet sich ihnen als Freund und Bundespartner an. Aber er überlässt ihnen die freie Entscheidung, wie sie mit diesem Angebot umgehen möchten. Der liebende Gott umwirbt die Schöpfung, damit sie die Freundschaft mit ihm eingeht.

Thomas Pröpper fasst diesen Gedanken brillant zusammen: „Freundschaft mit Gott. Ich wüsste keinen Gedanken, der den Glauben verlässlicher tragen und ihm größere Freude sein kann. Dass er, der alles uns gibt, uns die Würde eigener Zustimmung lässt. Unsere Freude, dass er uns wählte, und seine Freude, wenn er zu uns gelangt. Dass unser Denken, unsere Rede vor ihm freimütig sein soll und er auf uns achtet, selber uns anspricht. Und seine Nähe uns freigibt, aber nicht fallen lässt. Gewiss auch eine mühsame Freundschaft. Ganz sicher für ihn, denn er kann leiden durch uns. Doch ebenso wir: wenn wir ihn nicht mehr verstehen, uns wie Abgeschriebene fühlen. Nie aber zu vergessen, was er getan hat, um sich verständlich zu machen und uns zu gewinnen. Der Erweis seiner Freundschaft, die alles vollbrachte – wie sollte auf sie nicht Verlass sein für immer? Erfüllte Zeit, da wir seiner gewiss sind. Und ein entschiedenes Einverständnis mit ihm, die Angst, den Schmerz und die Kosten der Freiheit, damit Liebe sein kann, zu übernehmen. Dieses teure Geschenk unserer Freiheit: erhöhend, gefährdet, beglückend für uns – doch ein Gewinn auch für ihn." (Theologische Anthropologie, 655)

**Zum Weiterlesen:**

Armin Kreiner: Gott im Leid. Zur Stichhaltigkeit der Theodizee-Argumente, Freiburg i.Br. u.a. 2005.

Klaus von Stosch: Theodizee, Paderborn 2018.

# III. Jesus Christus, Gottes eingeborener Sohn, unser Herr

# Was bedeutet die Auferstehung Jesu?

Auferstehung bedeutet, dass Christus als der Erste der Entschlafenen ganz und gar in Gottes Herrlichkeit lebt. Darin bestätigt sich Gottes Treue zu seiner Schöpfung, aber auch der Selbstanspruch Jesu, der bevollmächtigte Sohn Gottes zu sein. Die Auferstehung Jesu ist leiblich, nicht körperlich. Damit ist keine bloße Revitalisierung des Körpers Jesu gemeint, sondern eine völlige Neuverwandlung, die in Gottes alleiniger Initiative fußt.

Das Bekenntnis zu Jesu Auferstehung von den Toten ist der Dreh- und Angelpunkt des ganzen christlichen Glaubens. So bringt es schon Paulus auf einen Nenner: „Ist aber Christus nicht auferweckt worden, dann ist unsere Verkündigung leer, leer auch euer Glaube" (1 Kor 15,14). Was für ihn dagegen zählt, ist allein die Tatsache der Auferstehung, von der her sich seine gesamte Verkündigungstätigkeit als sinnvoll erweist: „Nun aber ist Christus auferweckt worden als der Erste der Entschlafenen" (1 Kor 15,20). Vom *ist* der Auferstehung her geschieht ein Perspektivwechsel: Der Glaube an den Menschen Jesus aus Nazareth wird mit einem Gehalt erfüllt, der es ermöglicht, denjenigen, der am Kreuz gestorben ist, als den auferstandenen Christus zu bekennen. Oder anders gesagt: Von Ostern her betrachtet zeigt sich, dass die Lebensgeschichte des Mannes aus Nazareth wirklich und wahrhaftig „Erweis der unbedingt für die Menschen entschiedenen Liebe Gottes" ist (Pröpper, Theologische Anthropologie, 1305, → *Osterbrille*).

## Christus, der Erste der Entschlafenen

Dass Christus „der Erste der Entschlafenen ist", kann Paulus aber nur formulieren, „weil der Gott der Lebendigen, durch den alle leben, ihm an seinem ewigen Leben Anteil gegeben hat und dies durch ihn bei allen Glaubenden tut. Der Gott, der in der Apostelgeschichte geradezu formelhaft als der Gott bezeichnet wird, der Jesus von den Toten auferweckt hat, erweist sich so als der ‚Löser der Todesschmerzen' (Apg 2,24), der in Jesus ‚Wege des Lebens' kundgetan hat (Apg 2,28 = Ps 15,11 LXX)." (Feldmeier/Spieckermann, Der Gott der Lebendigen, 532) Auferstehung bedeutet also, „dass Gott weiterhin an Jesus und dessen Anspruch festhält, dass sich in dem Menschensohn Gottes Herrschaft gegen die Mächte des Todes durchsetzt." (Feldmeier/Spieckermann, Menschwerdung, 211) In der Auferstehung Jesu drückt sich, wie Gisbert Greshake formuliert, die „für alle Zukunft zugesagt Treue Gottes zu seiner Schöpfung" auf einmalige Weise aus (Art. Auferstehung, 1202).

## Perspektivwechsel: Das Leben Jesu von Ostern gesehen

Betrachten wir das Leben Jesu vom Ereignis der Auferstehung aus, so ist sie die prägnante Bestätigung dessen, was Jesus in seinem irdischen Leben gewirkt und verkündet hat. Die Botschaft der βασιλεία τοῦ θεοῦ ist keine leere Rede, kein bloßes Geschwätz von einer besseren Welt. Sie ist mit dem Tod Jesu am Kreuz nicht gescheitert oder gar an ein Ende gekommen. Im Augenblick der Auferstehung Jesu von den Toten wird vielmehr bezeugt, dass Jesus tatsächlich bevollmächtigter Verkünder der βασιλεία ist, dass er auf ewig der geliebte Sohn des himmlischen Vaters ist, wie es die Stimme bei der Taufe im Jordan ausruft (vgl. Mk 1,11).

Das Leben des irdischen Jesus ohne Ostern zu betrachten, ist durchaus stimmig: Jesus ist einer, der die Botschaft von einer besseren Welt nicht nur mit Worten verkündet, sondern sie auch mit Taten vorlebt. Er ist ein Charismatiker, der den Anspruch erhebt, im Namen und Auftrag Gottes inmitten dieser Schöpfung die βασιλεία τοῦ θεοῦ anbrechen zu lassen. Doch am Ende dieses Lebens steht ein radikaler Abbruch. Der Schatten des Kreuzes, der sich auf das Leben Jesu legt, lässt ihn als einen Gescheiterten erscheinen. Noch in der Stunde des Todes muss er sich den Spott der Umstehenden gefallen lassen, weil er in seinem Sterben ohnmächtig bleibt, weil Gott nicht eingreift, um ihn zu erretten (vgl. Mk 15,29–32).

Nimmt man Ostern nun wieder mit hinein, so dreht sich die Perspektive noch einmal radikal: Denn durch die Auferstehung von den Toten zeigt sich, dass das Leben Jesu nicht die Geschichte eines Gescheiterten ist, sondern dass sich in diesem Jesus aus Nazareth Gott auf einmalige Weise seiner Schöpfung selbst mitgeteilt hat. Ostern zeigt: Der Anspruch Jesu, *in persona* Anbruch der Königsherrschaft Gottes in dieser Welt zu sein, ist wahr. Durch die Auferstehung erhält er eine einmalige Bestätigung, die in verschiedenen Ereignissen im Leben Jesu schon punktuell erkennbar ist, die sich aber erst im Tod des Gekreuzigten und sein Eingehen in eine neue Lebensform vollends Bahn bricht. In aller Kürze: Ostern ist die göttliche Bestätigung, dass „Jesus (...) in allen Phasen seiner Existenz der geliebte Sohn" bleibt (Bachl, Der schwierige Jesus, 101). „Weder Tod noch Leben, weder Engel noch Mächte, weder Gegenwärtiges noch Zukünftiges noch Gewalten, weder Höhe noch Tiefe noch irgendeine andere Kreatur" (Röm 8,38f) kann ihn von der Liebe Gottes trennen, die in ihm selbst auf Erden sichtbar erschienen ist (vgl. Tit 3,4). Der irdische Jesus ist der Christus Glaubens – diese Aussage wird durch Ostern möglich.

## Leibliche und körperliche Auferstehung

Wenn von der Auferstehung Jesu gesprochen wird, dann ist damit immer ein bestimmtes Verständnis intendiert: Auferstehung ist leiblich, nicht körperlich. Was das bedeutet, wird dann klarer, wenn man sich des Unterschiedes zwischen

Leib und Körper bewusst wird. Einen Körper *hat* man, darunter versteht man etwas Materielles, nämlich das, was man anatomisch oder physiologisch untersuchen kann. Das Alter kann diesen Körper prägen, ebenso wie der Muskelkater nach einer Sportstunde oder die Zahnschmerzen vor dem Besuch beim Zahnarzt. Leib hingegen meint das Gegenteil: Nämlich die unsichtbare Dimension dessen, worin wir unser Menschsein verwirklichen. Das klingt zunächst reichlich unbestimmt, gewinnt aber an Klarheit, wenn wir uns bewusstwerden, was unser Menschsein eigentlich ausmacht: Wir leben in Beziehungen, wir haben Mitmenschen, denen wir nahestehen und jene, die wir nicht mögen. Wir haben Abneigungen und Vorlieben, Gewohnheiten und Empathie. All dies sind Dinge, die man nicht sehen kann, die uns aber ausmachen. Deswegen hat man auch keinen Leib, sondern *ist* Leib.

Leibliche Auferstehung meint nun eben keine reine Revitalisierung unseres sterblichen Körpers. Der Leichnam Jesu, der ins Grab gebettet wird, steht nach drei Tagen nicht einfach wieder aus eigener Kraft auf, wälzt den Stein vom Eingang weg und lebt so weiter, wie vor der Kreuzigung. Leibliche Auferstehung heißt vielmehr: Dieser Jesus, dessen Lebensinhalt die Verkündigung der βασιλεία war, der Menschen in seine Nachfolge berufen hat, der ein besonderes Charisma ausstrahlte, der sich um die Ausgegrenzten und Kranken kümmerte – dieser Jesus lebt! Aber er lebt eben nicht in seinem alten, von den Wunden der Kreuzigung gezeichneten Körper weiter, sondern er ist eingegangen in eine neue Form der Existenz. Die ‚auferstandene Lebensform' (Hans-Joachim Sander) knüpft an dieses irdische Leben an, aber unterzieht es dennoch in der Begegnung mit Gottes unbedingter Liebe einer radikalen Verwandlung. Die Narben der Kreuzigung bleiben auch nach der Auferstehung, aber sie strahlen im österlichen Licht, sie haben ihre Schmerzen endgültig verloren.

## Die Kamera im Grab Jesu

Um den Unterschied zwischen einer körperlichen und einer leiblichen Auferstehung deutlich zu machen, lässt sich folgende Frage formulieren: Was hätte eine Videokamera, die im Zuge der Beisetzung Jesu am Karfreitag im Grab angebracht worden wäre, an Ostern aufgezeichnet? Wer Auferstehung körperlich versteht, hätte wohl gesehen, wie sich zu einem bestimmten Zeitpunkt der Leichnam von selbst von der Grabbank erhebt und sich der Binden und Tücher entledigt. Wird Auferstehung jedoch leiblich gedacht, lässt sich nur festhalten: Auf dem Video wäre gar nichts zu sehen. Der Leichnam des toten Jesus liegt im Grab – und zwar bis in alle Ewigkeit! Und dennoch taugt dies nicht als Gegenargument zur Auferstehung Jesu. Denn leibliche Auferstehung meint, so Matthias Remenyi, „die von Gott wunderbar herbeigeführte, radikale Verwandlung der geschichtlich so und nicht anders gewordenen, leibseelisch realisierten, einen und einzigartigen Lebensgestalt einer menschlichen Person im Augenblick des Todes in die Gestalt eschatologischer Herrlichkeit.“ (Auferstehung denken, 617)

| **Körperliche Auferstehung** | **Leibliche Auferstehung** |
|---|---|
| bloße Revitalisierung des Leichnams (z.B. die Auferweckung des Lazarus, Joh 11,1–46)<br>→ Verlängerung des irdischen Lebens mit ebenjenem Körper, den man vor dem Tod besessen hat<br><br>→ Erlösung als reine Wiederbelebung | die irdische Gestalt ist verwandelt (Mk 16,12; Lk 24,16), aber wesentliche Identitätsmerkmale bleiben erhalten (Joh 20,20; 20,27)<br>→ nicht-Erkennen des Auferstandenen als typisches Motiv der Ostererzählungen<br>→ Identifizierung mittels Marker aus dem irdischen Leben (Wundmale, soziale Beziehungen)<br><br>→ Erlösung als radikale Verwandlung der menschlichen Person |

## Ein leeres Grab?

Wenn eine Videokamera im Grab Jesu nichts aufgezeichnet hätte, zieht das eine andere Frage nach sich: War das Grab Jesu am Ostermorgen wirklich leer, wie es die Osterberichte der Evangelien erzählen? Hier ist zunächst zu fragen, was ein leeres Grab für sich genommen überhaupt bewiesen hätte. Schon Mt führt an, die Soldaten sollten behaupten, die Jünger hätten den Leichnam gestohlen (28,13). Ein leeres Grab würde also nicht auf Anhieb den Glauben an die Auferstehung wecken, sondern an eine menschliche Einflussnahme denken lassen (so schon bei Hermann Samuel Reimarus). Man stelle sich nur einmal selbst die Frage: Wenn man heute auf einem Friedhof das Grab einer kürzlich verstorbenen Person leer vorfinden würde, was würde man wohl eher tun – die Polizei rufen, weil das Grab geschändet wurde, oder *stante pede* die Auferstehung dieser Person verkünden?

Doch lässt sich andererseits auch kritisch nachfragen, ob ein volles Grab nicht denjenigen in die Hände gespielt hätte, denen Jesus und seine Jünger sowieso ein Dorn im Aug waren. Wäre die Botschaft von seiner Auferstehung glaubhaft gewesen, während man gleichzeitig seinen toten Leichnam im Grab anschauen konnte?

Unterm Strich finden sich sowohl Argumente, die für ein leeres Grab sprechen, als auch solche, welche die Annahme bestätigen, dass der Leichnam Jesu auch nach der Auferstehung im Grab geblieben war. Zentral ist aber die Einsicht, dass die Möglichkeit des Auferstehungsglaubens das leere Grab nicht notwendig voraussetzt. „Der Gedanke einer gottgewirkten leiblichen Auferstehung aus dem Grab verlangt weder für damalige, noch für heutige Ohren ein göttliches Graböffnungswunder!" (Remenyi, Auferstehung denken, 282)

## „Er ließ sich sehen": Erscheinungen als Basis des Osterglaubens

Wie aber sind die Jüngerinnen und Jünger damals zur Erkenntnis gekommen, dass der Jesus, dessen Leichnam sie am Karfreitagabend ist das Grab gelegt haben, lebt? Die biblischen Schriften zeigen im Blick auf das Zeugnis der Auferstehung Jesu eine Entwicklung: Zunächst bilden sich kurze und prägnante Formeln heraus, die in einem Satz das Geheimnis von Ostern zusammenfassen: „Gott hat Jesus von den Toten auferweckt" (z.B. Röm 10,9; 1 Kor 6,14 u.ö.) oder „wir glauben, dass Jesus gestorben und auferstanden ist" (1 Thess 4,14 u.ö.).

Der älteste Bericht einer Erscheinung des auferstandenen Herrn findet sich bei Paulus in 1 Kor 15,3–8: In konziser Weise fasst Paulus das zusammen, was sich an Ostern ereignet hat. Prägnant bringt er in zwei parallel gebauten Reihen den christlichen Glauben auf den Punkt:

„(a) Christus ist für unsere Sünden gestorben,
(b) gemäß der Schrift,
(c) und ist begraben worden.
(a`) Er ist am dritten Tag auferweckt worden,
(b`) gemäß der Schrift,
(c`) und erschien (ωφθη, *ophte*) dem Kephas, dann den Zwölf" (15,3–5).

Auffallend ist, dass Paulus den Osterglauben nicht mit der Entdeckung eines leeren Grabes begründet, sondern mit der Erscheinung des Auferstanden. Das Entscheidende von Ostern gründet darin, dass sich der Auferstandene sehen ließ (ωφθη), dass er sich seinen Jüngern als der Lebende offenbarte. „Demnach hat (...) die historisch konstatierbare Wende im Jüngerverhalten ihre Ursache in einer neuen Erfahrung der Jünger (...). Diese aber führt sich auf die Begegnung eines bestimmten Anderen (ab extra) als ihre Ursache zurück: auf die (Selbst-)Bekundung des erhöhten Gekreuzigten, also auf eine neue – sich durch die auferweckte Menschheit Jesu vermittelnde – Gotteserfahrung." (Kessler, Sucht den Lebenden, 145)

Diese formelhaften Bekenntnisse werden in einem weiteren Schritt narrativ ausgebaut, zu den Grabes- und Erscheinungserzählungen, die wir in den kanonischen Evangelien vorfinden. Freilich sind diese Narrative nicht unhistorisch, in ihrem Kern beziehen sie sich auf die Erfahrung der Jünger, dass sie dem auferstandenen Herrn, der sich vor ihnen sehen ließ, begegnet sind. Im Hintergrund dieser Erzählungen steht die Erkenntnis, dass der Gekreuzigte lebt, dass er auferstanden ist. Diese Ereignisse wurden aber in einen neuen Erzählzusammenhang eingefügt, sodass die ursprünglichen Begegnungen mit dem Auferstandenen nicht mehr historisch aufgedeckt werden können.

## Eine folgenreiche Begegnung

Was aber haben die Jünger erlebt, als sie dem auferstandenen Herrn begegnet sind? „Oft halten Angst oder ‚Herzensträgheit' die Kraft einer Begegnung zunächst zurück, die mächtig genug ist, die eigene Existenz von Grund auf umzustürzen. Es kann dann Stunden, Tage, manchmal Jahre dauern, bis sich ein solches Ereignis schließlich doch in einem Erleben Bahn bricht, das wie der Einschlag eines Blitzes erfahren wird. Bei der Begegnung mit Jesus ging (und geht) es um den Entscheidungskampf mit der Sorge um uns selbst, die uns die Augen für das, was Gottes Leben bedeutet, verschließt. Der Vorgang, in dem jene Sorge durch die Evidenz besiegt wurde, dass Jesus ‚durch sein Sterben unseren Tod vernichtet' hat, ist dann durchaus nicht als eine österlich halluzinierte Fiktion zu verstehen, sondern als Durchbruch jener eschatologischen Wahrheit, die die Jünger in der Begegnung mit dem ‚irdischen' Jesus erfahren und doch nicht wahr-genommen hatten." (Verweyen, Gottes letztes Wort, 362)

Zunächst: Die Begegnung mit dem Auferstandenen ist kein Automatismus. Die Osternarrative berichten von Zweifeln (Mt 28,17), von Unglauben (Mk 16,14), vom Nichterkennen (Joh 20,14), vom Gehaltensein der Augen (Lk 24,16). Wer es mit dem auferstandenen Herrn zutun bekommt, der gelangt nicht sofort zum Osterglauben. Er wird vielmehr erst einmal mit etwas anderem konfrontiert: Mit sich selbst. So ergeht es den Emmaus-Jüngern, die dem Fremden ihr Herz ausschütten und ihre Trauer und enttäuschte Hoffnung ins Wort bringen (vgl. Lk 24,18–24). Hier geht es nicht zuerst um Ostern, sondern um die eigenen Verletzungen und um das eigene Versagen, weil man auf die falsche Karte gesetzt hat. Die Emmaus-Jünger verkriechen sich in ihrer Sorge um die eigene Zukunft: Denn wie soll das Leben jetzt weitergehen, nachdem Jesus elend am Kreuz hingerichtet wurde? Die Wende in diesem Dialog bringt der Fremde: Im Gespräch lockt er sie weg von dieser Selbstzentriertheit. Er versucht, ihre gehaltenen Augen zu lösen, und etwas in den Blick zu bekommen, was hinter und vor ihnen liegt. Er wendet ihre Augen zurück zum Damals und zu den Worten der Propheten. Und provokant stellt er die Frage, ob sich die die Messianität des Christus nicht gerade in seinem Leiden und Sterben offenbart (vgl. Lk 24,25f). Doch die Augen sind den Jüngern noch nicht vollends aufgetan. Sie brauchen noch einen weiteren Schritt: Erst, als sie miteinander Mahl halten, und damit das tun, was sie auch zusammen mit dem irdischen Jesus getan haben, fällt es ihnen wie Schuppen von den Augen. Mitten in ihr Leben drängt sich etwas, dem sie sich gar nicht verwehren können: Als ihnen das Herz in der Brust entbrennt, ist die Sorge um das, was dem eigenen Leben Hoffnung schenkt, völlig vergessen. Warum sollten sie auch noch trauern oder ihrer Enttäuschung nachhängen? Ihr Freund lebt, er ist auferstanden.

**Zum Weiterlesen:**

Matthias Reményi: Auferstehung denken. Anwege, Grenzen und Modelle personaleschatologischer Theoriebildung, Freiburg i.Br. 2016.

Hans Kessler: Sucht den Lebenden nicht bei den Toten. Die Auferstehung Jesu Christi, Würzburg [2]2011.

# Was ist der Kern der Botschaft Jesu?

Das Zentrum der Botschaft Jesu ist die Verkündigung der sich bereits realisierenden βασιλεία. Nicht das drohende Gericht bildet die Herzmitte jesuanischer Verkündigung, sondern die immer neue Zuwendung Gottes zu den Menschen. Das aber hat Konsequenzen für das eigene Leben: Wenn Gott immer neu den Menschen entgegenkommt und ihnen in Barmherzigkeit begegnen will, dann müssen auch die Menschen so miteinander umgehen, damit die Gottesherrschaft sich in dieser Welt durchsetzen kann.

## Johannes und Jesus – ungleiche Freunde?

Jesus und Johannes der Täufer stehen in einer engen Beziehung zueinander. Vieles mag Jesus selbst von Johannes übernommen haben, aber in einem wesentlichen Punkt haben sie sich auch unterschieden: Von Johannes heißt es, dass er am Jordan taufte und dass „ganz Judäa und alle Einwohner Jerusalems zu ihm hinauszogen" (Mk 1,5). Wenn sie sich von Johannes taufen lassen wollen, dann müssen die Menschen schon zu ihm kommen. Bei Jesus jedenfalls liegen die Dinge anders: Wenn er mit den Menschen in Kontakt treten will, dann sucht er sie auf, dann geht er zu ihnen, mitten hinein in ihre Lebensräume. Weil Jesus die Nähe des Volkes aktiv sucht und ihr Leben teilt, deshalb handelt er sich den Vorwurf ein, „ein Fresser und Säufer, ein Freund der Zöllner und Sünder" zu sein (Mt 11,19). Knut Backhaus spricht an dieser Stelle von einer „soteriologischen Rochade": „Für Johannes ist das Gericht die erste Aussicht und die Verschonung die geschenkte Ausnahme; für Jesus ist das Heil das zuerst Geschenkte und das Gericht die letzte Aussicht für die, die es verweigern." (Jesus-Handbuch, 251)

Doch welches Gottes- und Menschenbild steckt hinter einem solchen Verhalten? Jesus geht den Menschen nach, er sucht und besucht sie. Niemand ist vor ihm sicher, nicht einmal der Zöllner Zachäus, der sich auf einem Baum vor ihm versteckt (Lk 19,4f). Wie der barmherzige Vater aus dem Gleichnis vom verlorenen Sohn, so macht sich Jesus auf, um die Menschen mit offenen Armen zu empfangen und sie an seinen Tisch einzuladen. Martin Luther bringt ein solches Verhalten in seiner Heidelberger Disputation sinngemäß so ins Wort: „Gott liebt uns Menschen nicht, weil wir so schön sind. Sondern wir sind schön, weil wir von Gott geliebt sind." Jesus ist diese Zuwendung Gottes, er ist Gottes Liebe.

## Eine umstürzende Vision?

Wie Jesus zu diesem Gottesbild gekommen ist, lässt sich nicht mit aller Sicherheit klären. Möglich ist, dass er eine Berufungserfahrung hatte, die ihn zur Entdeckung der angebrochenen Königsherrschaft Gottes geführt hat: „Wenn ich aber die Dämonen durch den Finger Gottes austreibe, dann ist das Reich Gottes schon zu euch gekommen" (Lk 11,20). Gottes Reich bricht dort an, wo Menschen aus aller Unmenschlichkeit befreit werden, wo sie durch sein barmherziges Handeln eine Ahnung von der Liebe bekommen, die Gott selbst ist. Mit dieser Grundeinstellung unterscheidet sich Jesus auch von Johannes dem Täufer: *Gott ist nicht der Richtende, sondern der barmherzig Liebende.* Vielleicht ist es auch die Vision vom Satanssturz, die zum grundlegenden Ereignis für die Botschaft Jesu wurde: „Ich sah den Satan wie einen Blitz aus dem Himmel fallen" (Lk 10,18). Weil die Welt von der Macht des Bösen befreit ist, deshalb kann sich Gottes Reich durchsetzen. Die Herrschaft des Bösen wird nicht erst irgendwann in ferner Zukunft zerbrochen – sie *ist* es schon. Der Satan *ist* schon gefallen, die Dämonen *sind* schon ausgetrieben: Gott selbst setzt sein Heil immer mehr durch. Es geht um ein präsentisches Erfahren von Gottes Liebe und nicht um eine bloße Vertröstung auf ein fernes ‚irgendwann'.

## Der Kern der jesuanischen Botschaft: die βασιλεία τοῦ θεοῦ

Den Kern dessen, um was es in der Verkündigung Jesu geht, gibt Markus in aller Prägnanz so wieder: „Nachdem Johannes ausgeliefert worden war, ging Jesus nach Galiläa; er verkündete das Evangelium Gottes und sprach: Die Zeit ist erfüllt, das Reich Gott (βασιλεία τοῦ θεοῦ) ist nahe. Kehrt um und glaubt an das Evangelium!" (Mk 1,14f)

Joachim Gnilka notiert hierzu: „Es ist unbestritten, dass im Zentrum der Verkündigung Jesu die Herrschaft Gottes (βασιλεία τοῦ θεοῦ) stand. Er hat immer wieder von ihr gesprochen, er hat sie in Gleichnissen erläutert. Die Herrschaft Gottes kann buchstäblich als die Mitte seines Wirkens aufgefasst werden. Denn alles andere ordnet sich um diesen zentralen Punkt herum an, nicht nur seine Botschaft, sondern auch seine Heiler- und Wundertätigkeit, sein ethischer Imperativ." (Jesus von Nazaret, 87)

Was aber ist die βασιλεία τοῦ θεοῦ, die zum Kristallisationspunkt der Botschaft Jesu wird? Im Deutschen wird der Begriff häufig in einem sehr statischen Sinn als „Gottesreich" übersetzt. Es ist aber besser, von der „Gottesherrschaft" oder der „Königsherrschaft Gottes" zu sprechen. Damit wird eine dynamische Komponente gewahrt, die deutlich macht, dass der Anbruch der βασιλεία ein Beziehungsgeschehen ist; sie bricht sich dort Bahn, wo sich Menschen auf den barmherzigen Gott einlassen und aus der Erfahrung seiner Liebe ihr eigenes Leben gestalten.

## Der alttestamentliche Bedeutungshorizont...

Im Alten Testament ist das Königtum Gottes ein zentrales Motiv: „Der HERR ist König“ (Ps 93,1; 97,1; 99,1) wird im Psalter betont; er ist „ein großer König über die ganze Erde“ (Ps 47,3). Gott ist König von Israel – das ist die Grundüberzeugung, die das gesamte Alte Testament wie ein roter Faden durchzieht. Freilich gibt es auch menschliche Könige, wie David oder Salomo; aber diese sind nur von Gott eingesetzt, sie sind seine Platzhalter hier auf Erden. Besonders in der prophetischen Literatur rückt das Königtum Gottes wieder ins Zentrum: Erwartet wird ein endzeitliches Reich des Friedens, der Gerechtigkeit, der Liebe und der Versöhnung (vgl. Jes 11,1–9). Israels Gott ist „der König der Völker“ (Jer 10,7), in seinem Reich, das er eschatologisch aufrichten wird, wird er alles in allem sein: „Sein Reich ist ein ewiges Reich und alle Mächte werden ihm dienen und gehorchen“ (Dan 7,27b).

## ...und die Rezeption durch Jesus

Die Verkündigung Jesu bezieht sich auf diese alttestamentliche Vorstellung vom Reich Gottes – aber mit einer ganz besonderen Pointe: Seine Botschaft ist kein Ausblick auf eine eschatologische Zukunft, sondern ist mit der Gegenwart verbunden: Die Königsherrschaft Gottes *ist* nahe. Sie berührt punktuell schon das Leben der Menschen hier und heute, sie ist fragmentarisch schon gegenwärtig. Um es mit Jesu Worten zu sagen: „Denn siehe, das Reich Gottes ist mitten unter euch“ (Lk 17,21b). Mit Jesu Botschaft, mit seinem Leben und Wirken ist ein Anfang gesetzt. Und doch: Die Vollendung der Königsherrschaft Gottes steht noch aus. Es ist die Spannung zwischen dem ‚schon‘ und ‚noch nicht‘, in dem wir unser Leben gestalten. Die βασιλεία ist ‚schon‘ angebrochen, aber sie ist ‚noch nicht‘ vollendet. Man könnte sagen, wir leben in einer ‚Eschatologie im Prozess‘. Die Vollendung der Welt hat mit der Verkündigung und Lebenspraxis Jesu einen Anfang genommen, aber ihr Ende steht noch bevor. In dieser dynamischen Bewegung hin zur vollendeten Königsherrschaft Gottes leben wir.

## Größer denken, weil Gott gegenwärtig ist

Das trägt die Botschaft Jesu von der βασιλεία aber nun konkret für das menschliche Leben aus? Kehren wir noch einmal zurück zu Mk 1,15. Dort ist mit dem Anbrechen der Gottesherrschaft die Umkehr verbunden, eine Bewegung, die im Griechischen als ‚Metanoia‘ bezeichnet wird. Reinhard Körner übersetzt den Begriff mit „denkt größer!“ und fordert auf, das eigene Leben auf eine Meta-Ebene hin zu weiten und von dort aus größer von sich selbst, vom anderen und von Gott zu denken. Die βασιλεία kann dort anbrechen, wo Menschen aufhören, nicht dem anderen penibel seine Schulden vorzurechnen, sondern großzügig verzeihen und sich miteinander versöhnen. Wenn Menschen größer voneinander denken, sich nicht mehr in vorgefertigte Schubladen oder Kategorien stecken, sondern sich auf die überraschende Andersheit des anderen einlassen, dort kann die Gottesherrschaft anfanghaft erfahrbar werden.

Gott liebt uns, weil er gut ist: Diese Erfahrung wird dort konkret, wo wir uns Menschen gegenseitig unbedingt annehmen und im größer voneinander denken unsere eigenen Erwartungshorizonte radikal zerbrechen. Wie das gehen kann, lässt sich exemplarisch am Leben des Jesus aus Nazareth ablesen: Er wendet sich den Sündern zu, mit den abgeschriebenen der Gesellschaft sitzt er zu Tisch, Kranken wendet er sich zu, um sie zu heilen, er hat ein offenes Ohr für die Sorgen und Nöte aller Menschen. Dort, wo wir nach menschlicher Logik kleinlich nachzählen würden, ist er radikal großzügig. Wo wir nach Erklärungen suchen, warum Dinge so sind, wie sie sind, beschenkt er Menschen mit seiner heilbringenden Nähe. Wo wir uns mit Zuschreibungen und Ausschließungen belegen, gibt er jedem eine unvoreingenommene Chance. An Jesu Leben können wir ablesen, wie es funktioniert, größer zu denken. Und wo wir es im eigenen Leben umsetzen, dort können wir etwas erfahren von der Nähe der Königsherrschaft Gottes, dort bricht sie heute schon an.

**Zum Weiterlesen:**

Jürgen Becker: Jesus von Nazareth, Berlin u.a. 1996.

Joachim Gnilka: Jesus von Nazareth. Botschaft und Geschichte, Freiburg i.Br. u.a. [4]1995.

Martin Ebner: Jesus von Nazareth. Was wir von ihm wissen können, Stuttgart 2016.

# Wie hat sich die Christologie in den ersten Jahrhunderten entwickelt?

In den frühen Jahrhunderten werden Fragen virulent, welche die Person Jesu Christi betreffen. Leitend ist hierbei der Gedanke, wie Gott sich im Menschen Jesus von Nazareth wirklich inkarnieren kann. Es geht also vor allem um das Verhältnis von göttlicher und menschlicher Natur im einen Menschen Jesus. Auf mehreren Konzilen werden hier verschiedene Aspekte behandelt. Eine wegweisende christologische Lösung bietet das Konzil von Chalkedon (451) an, welches in seinem Horos die beiden Naturen als „unvermischt, unveränderlich, ungetrennt und unteilbar" bestimmt.

Bereits in den ersten nachchristlichen Jahrhunderten finden sich bei unterschiedlichen Theologen erste Reflexionen über die Frage, wer dieser Jesus ist und wie sich Göttliches und Menschliches in seiner Person zueinander verhalten.

## Erste Anfänge bei Ignatius von Antiochien

Einen ersten Ansatzpunkt bietet hierfür Ignatius, der am Anfang des 2. Jahrhunderts als *episkopos* in der antiken Großstadt Antiochia wirkt. Unter dem römischen Kaiser Trajan (98–117) wird Ignatius in Antiochia festgenommen und erleidet schließlich in Rom den Martertod. Auf seiner letzten Reise verfasste Ignatius einige Briefe, in denen sich erste christologische Gedanken finden. Im Brief an die Trallianer schreibt Ignatius: „Verstopfet daher eure Ohren, sobald euch einer Lehren bringt ohne Jesus Christus, der aus dem Geschlechte Davids, der aus Maria stammt, der wahrhaft geboren wurde, aß und trank, wahrhaft verfolgt wurde unter Pontius Pilatus, wahrhaft gekreuzigt wurde und starb vor den Augen derer, die im Himmel, auf der Erde und unter der Erde sind, der auch wahrhaft auferweckt wurde von den Toten, da ihn sein Vater auferweckte; denn nach diesem Vorbild wird uns, die wir ihm glauben, sein Vater auch so auferwecken in Christus Jesus, ohne den wir das wahre Leben nicht haben." (9. Kapitel) In dieser kurzen Passage wird deutlich, auf welchem Fundament die Christologie des Ignatius aufgebaut ist: Da ein Gott nicht geboren werden und nicht sterben kann, muss Jesus alles Irdische nur vorgespielt haben (ein Motiv, das in der hellenistischen Mythologie häufig begegnet). Für Ignatius gilt es nun, diesen irdischen Menschen zu bekämpfen, indem er nachdrücklich bekräftigt, „Christus ist wahrhaft" geboren worden, er isst und trinkt, er hat alle menschlichen Bedürfnisse (auch dies ist ein Seitenhieb gegen hellenistisches Gedankengut: ein griechischer Gott war keiner Sache bedürftig und musste daher auch nicht essen oder trinken). *Die Stoßrichtung des Ignatius ist klar: Es geht ihm darum, hervorzuheben, dass Christus nicht nur das menschliche Leben vorgespielt hat, sondern dass er „wahrhaft" Mensch und Gott war.* In seinem Brief an die Epheser packt Ignatius dies in eine griffige Formel: „Einer ist der Arzt, fleischlich sowohl als geistig, geboren und ungeboren, im Fleische wandelnd ein Gott, im Tode wahrhaftiges Leben, sowohl aus Maria als aus Gott, zuerst leidensfähig, dann leidensunfähig, Jesus Christus unser Herr" (Eph. 7,2). Unterschied und Einheit werden in diesem Abschnitt ausdrücklich betont, wobei Ignatius die Menschheit und Gottheit nebeneinanderstellt. Beides wird jedoch mit „und" verbunden: Menschliche und göttliche Wirklichkeit gehören im einen Christus zusammen.

## Und eine Fortführung bei Origenes

Ein anderer, der sich schon früh mit dem Problem der Christologie auseinandergesetzt hat, ist Origenes (185–253/54). Sein Leben teilt sich in zwei Hälften: Er stammte ursprünglich aus Alexandria, der zentralen Bildungsmetropole der antiken Welt, dort überwirft er sich jedoch mit dem Ortsbischof und siedelt nach Caesarea Maritima in Palästina über. Dort wird er Presbyter, gründet eine Privatuniversität und predigt regelmäßig in einer Kirche am Hafen. Für Origenes ist Christus ein Sonderfall von allen Menschen: Alle Menschen sind eine Seele, die zu irgendeiner Zeit einen Leib bekommen hat. Die Besonderheit Christi besteht darin, dass er ganz und gar auf Gott konzentriert ist und seine Seele in engster Verbindung mit Gott steht. Origenes schreibt: „Indem nun dieses Seelenwesen die Vermittlung abgibt zwischen Gott und dem Fleische (denn dass Gott sich unmittelbar mit dem Fleische verbinde, ist unmöglich), entsteht der Gottmensch. Jener vermittelnden Seele war es ganz naturgemäß, sich mit einem Körper zu verbinden. Aber auch die Aufnahme der Gottheit war ihrer Natur als eines vernünftigen Wesens nicht entgegen, in welche sie sich wie gesagt schon ganz verloren hatte. Daher wird sie mit Recht auch, sei es darum, weil sie ganz in dem Gottessohne webte, oder weil sie ihn ganz in sich aufnahm, nebst dem angenommenen Sinnenleibe, Sohn Gottes, Gotteskraft, Weisheit Christi und Gottes genannt: und umgekehrt heißt der Sohn Gottes, durch den Alles geschaffen ist, Jesus Christus und des Menschen Sohn." (De princ. II 6,3) Origenes legt dabei einen besonderen Schwerpunkt auf die Seele Christi. Diese unterscheidet sich von anderen menschlichen Seelen graduell, nicht aber kategorial. Kein Mensch kann Christus erreichen, keine menschliche Seele steht in einer so engen Verbindung mit Gott, wie die Seele Christi. Diese ist so eng mit Gott vereinigt, wie ein Stück Eisen, das vom Feuer durchglüht wird (vgl. De princ. II 6,6).

## Zwei Kontrahenten: Arius vs. Athanasius

Eine erste Auseinandersetzung um die Christologie entstand mit dem Auftreten des Arius (um 256 oder 260 bis 336), der als Presbyter in Alexandrien tätig war. Dort übte Arius in der Gemeinde von Baukalis sein Predigeramt aus, das ihm wohl auch zum Verhängnis wurde: Aufgrund seiner Schriftauslegungen wurde er von einem seiner Gegner beim zuständigen Bischof Athanasius (um 300 bis 02.05.373) angezeigt.

*Was war an der Lehre des Arius anstößig?* Athanasius bringt die Gedanken der Arianer in einer seiner Reden so auf den Punkt: Es geht ihnen letztendlich darum, zu zeigen, dass Vater und Sohn nicht von Natur aus wesensgleich sind. Dazu bemühen die Anhänger des Arius verschiedene Bibelstellen, zum Beispiel „Mir ist alle Vollmacht gegeben im Himmel und auf Erden“ (Mt 28,18) oder „Auch richtet der Vater niemand, sondern er hat das Gericht ganz dem Sohn übertragen“ (Joh 5,22). Alle diese Perikopen weisen Arius gemäß darauf hin, dass der Sohn nicht eines Wesen mit dem Vater sein kann. Denn: „Wenn er, wie ihr behauptet, Sohn von Natur war, dann hatte er nicht nötig, zu empfangen, sondern er hatte dies von Natur aus.“ (or. III, 26) Und mit dem Verweis auf Mk 13,32 („Doch jenen Tag und jene Stunde kennt niemand, auch nicht die Engel im Himmel, nicht einmal der Sohn, sondern nur der Vater“) erreicht die arianische Lehre ihr Fazit: „Doch, weil eben ein Geschöpf und eines von den entstandenen Wesen, darum redete er so und erflehte, was er nicht hatte. Denn den Geschöpfen ist es eigen, bedürftig zu sein und zu erbitten, was sie nicht besitzen.“ (or. III, 26)

*Zusammengefasst lässt sich also im Blick auf Arius festhalten: Sein Anliegen war es, mithilfe von geeigneten Bibelstellen, aufzuzeigen, dass der Sohn nicht dem Vater wesensgleich sein kann, sondern eben nur ein Geschöpf ist. Damit ist also eine Unterordnung des Sohnes unter den Vater ausgesagt, die den Sohn auf eine Stufe mit allen anderen Geschöpfen stellt.*

Athanasius fasst die vermeintliche Position, die Arius vertritt, so zusammen: „Die abstoßenden und von Gottlosigkeit strotzenden Possen aber, die er in ihr reißt, sind etwa folgende: ‚Nicht immer war Gott Vater, sondern es war, da Gott allein war und noch nicht Vater war; später aber kam der Vater dazu. Nicht immer war der Sohn; denn als alles aus dem Nichtseienden entstand, und alle geschöpflichen und gemachten Wesen wurden, da ist auch das Wort Gottes aus Nichtseiendem geworden, und es war einmal, da es nicht war, und war nicht, bevor es wurde, sondern es hatte selbst auch einen Anfang der Schöpfung. Denn es war, sagt er, Gott allein, und noch nicht war das Wort und die Weisheit. Als er dann uns erschaffen wollte, da machte er irgendeinen und nannte ihn Wort und Weisheit und Sohn, um durch ihn uns zu schaffen. Zwei Weisheiten nun, sagt er, gebe es: eine, welche die eigentliche ist und mit Gott existiert, und in dieser Weisheit sei der Sohn entstanden und wegen der Teilnahme an ihr Weisheit und Wort bloß genannt worden. Denn die Weisheit, sagt er, wurde durch die Weisheit nach dem

Willen des weisen Gottes. So, sagt er, gebe es auch ein zweites Wort in Gott neben dem Sohn, und nur wegen der Teilnahme an ihm sei hinwiederum der Sohn selbst aus Gnade Wort und Sohn genannt worden." (Or. Contra Arianos I,5)

Wie hat nun Athanasius auf diese Vorwürfe reagiert? Zunächst verweist er auf den Prolog des Johannesevangeliums sowie auf den Philipperhymnus (2,6–11) und bringt damit zwei biblische Belegstellen, die mit der Lehre des Arius nur schwer vereinbar sind. Gerade Joh 1,1 verweist darauf, dass der *logos* im Anfang bei Gott war und dass der *logos* selbst Gott war. Athanasius stellt dahingehend auch unverrückbar die ewige Einheit des Vaters mit dem Sohn heraus, wenn er notiert: „Er ist also nicht, da er Mensch war, später Gott geworden, sondern da er Gott war, später Mensch geworden, um vielmehr uns zu Göttern zu machen. (...) Und wenn alle, die auf Erden und im Himmel Söhne genannt wurden, zu Söhnen und Göttern wurden durch das Wort, der Sohn selbst aber das Wort ist, so sind es offenbar alle durch ihn, er aber ist vor allen, oder vielmehr er allein nur ist wahrer Sohn, und er allein ist wahrer Gott vom wahren Gott, und er empfing dies nicht als Lohn für die Tugend noch auch ist er von diesem verschieden, sondern er ist es der Substanz nach von Natur. Denn er ist eine Zeugung aus dem Wesen des Vaters (...)" (Or. Contra Arianos I,39).

## Das Konzil von Nikaia 325

Der Konflikt um den Presbyter Arius spitzt sich dabei im Lauf der Zeit immer mehr zu: Arius wurde exkommuniziert, dann wieder rehabilitiert. Schließlich kam die Auseinandersetzung bis nach Rom, wo Kaiser Konstantin die Einberufung des Konzils von Nikaia im Jahr 325 veranlasste. Dabei ging es dem Kaiser vorderhand gar nicht um dogmatische Fragen, sondern darum, die Einheit im Reich zu wahren, welche durch die Querelen um Arius gefährdet schien.

Das am 19. Juni 325 verabschiedete Symbolon von Nikaia positioniert sich dabei im Blick auf die christologischen Fragestellungen eindeutig. Es hält fest:

> [Wir glauben] an den einen Herrn Jesus Christus, den Sohn Gottes,
> als Einziggeborener aus dem Vater gezeugt,
> das heißt aus dem Wesen des Vaters,
> Gott aus Gott, Licht aus Licht, wahrer Gott aus wahrem Gott,
> gezeugt, nicht geschaffen,
> wesensgleich dem Vater,
> durch den alles geworden ist,
> was im Himmel und was auf der Erde ist (...). (DH 125)

Damit verdeutlichen die Konzilsväter folgende Grundaussagen: (1) Der Sohn ist kein Geschöpf, wie Arius behauptet hat, er besitzt keinen zeitlichen Anfang in der

Schöpfung. (2) Der Hervorgang des Sohnes aus dem Vater geschieht durch Zeugung und nicht durch ein schöpferisches Handeln, wie dies im Blick auf die Schöpfung der Fall ist. (3) Der Sohn ist vom Vater unterschieden, aber beide sind im Wesen (*ousia*) geeint; der Sohn ist dem Vater wesensgleich (*homoousios to patri*).

Damit nimmt das Konzil von Nikaia vor allem die Lehre des Arius zum Anlass, um sich in aller Deutlichkeit gegen sie zu positionieren. *Was Nikaia dabei aussagen will, lässt sich gut auf den Punkt bringen: Der Logos ist ebenso wie der Vater Gott von Ewigkeit her und zwar dergestalt, dass eine Wesensgleichheit von Vater und Sohn ausgesagt werden kann. Jeglichem zeitlichen Nacheinander und jeder graduellen Unterschiedenheit schiebt das Symbolon von Nikaia damit den Riegel vor.*

Dies halten auch die Anathematismen fest, die zusammen mit dem Bekenntnis beschlossen wurden: „Die aber sagen: ‚Es gab einmal eine Zeit, als er nicht war', und ‚Bevor er gezeugt wurde, war er nicht', und ‚Er ist aus nichts geworden', oder die sagen, der Sohn Gottes sei aus einer anderen Hypostase oder Wesenheit, oder er sei *geschaffen oder* [!] wandelbar oder veränderlich, diese belegt die katholische Kirche mit dem Anathema." (DH 126)

## Keine Lösung nach Nikaia?

Die Zeit nach dem Konzil von Nikaia ist von einer großen Krise geprägt. Diese findet zunächst ihre Ursache darin, dass der Kaiser versucht, die Arianer wieder in die Gesamtkirche zu integrieren. Während Konstantin Arius, der mittlerweile ein neues Glaubensbekenntnis ohne Extrempositionen vorgelegt hat, entgegenkommt, beharrt Athanasius auf dessen Exkommunikation. Das erregt wiederum den Zorn des Kaisers, dem nicht an einer dogmatischen Klärung des Problems gelegen ist, sondern daran, die Einheit der Kirche herzustellen.

Theologisch nehmen vor allem einige Bischöfe aus dem Osten Anstoß am Symbolon von Nikaia, besonders an der Formulierung des *homoousios*. Sie lehnen den Begriff ab, da er unbiblisch ist, Anlass zu monarchianischen bzw. modalistischen Missverständnissen bietet und auch im Sinn einer Identität von Vater und Sohn interpretiert werden kann, wie beispielhaft Markell von Ankyra aufzeigt. Während die Bischöfe des Ostens vor allem die Dreiheit in Gott betonen, also einem Subordinatianismus Vorschub leisten (und sich damit gegen Athanasius positionieren), heben die Bischöfe des Westens die Einheit in Gott hervor, womit sie mit einem Monarchianismus im Sinne des Athanasius sympathisieren.

Alles in allem ist die Lage nach Nikaia verworren. Das gründet vor allem auch darin, dass es zu politischen Querelen kommt, die sich auf die Kirche auswirken: Zwischen den Söhnen Konstantins kommt es zu einer Rivalität, die in der Trennung von Osten und Westen ihren Ausdruck findet. Fortan gehen somit auch die Kirchen getrennte Wege: Es wird zu unterschiedlichen Synoden geladen, die sich wechselseitig Häresien vorwerfen. Der theologische Graben zwischen Osten und Westen vertieft sich dadurch immer weiter.

## Und immer neue Fraktionen

In der Folge dieser Distanzierung bilden sich auch unterschiedliche Fraktionen aus, die jeweils bestimmte Lehrmeinungen radikalisieren. Die sog. „Anhomöer" (Neo-Arianer) berufen sich auf die Gedanken des Arius und unterscheiden zwischen dem Wesen des Vaters, das sich im Ungezeugtsein ausdrückt, und dem Wesen des Sohnes, welches im Gezeugtsein besteht. Vater und Sohn sind demnach verschiedenen Wesens (heterousios) und einander unähnlich (anhomoios). Dem leisten die sog. „Homoiusianer" Widerspruch, die behaupten, die Metapher der Zeugung würde eine wesenhafte Übereinstimmung von Vater und Sohn hinweisen; beide seien demnach in ihrem Wesen ähnlich (*homoiusios*). Eine Mittelposition beziehen hingegen die sog. „Homöer", welche die Frage nach dem Wesen ganz ausklammern und festhalten, dass sich Vater und Sohn ähnlich sind (*homoios*).

Neben diesen Parteien, die sich in der Interpretation des *homoousios* unterscheiden, gewinnt noch ein anderes Problem an Relevanz, das sich am Heiligen Geist entzündet. Die sog. „Pneumatomachen" („Geistbekämpfer") bestreiten in ihrer Lehre die Gottheit des Geistes und behaupten, dieser sei nur ein Zwischenwesen zwischen dem Sohn und den Engeln. Während das Symbolon von Nikaia nur knapp den Glauben an den Heiligen Geist bekannt hat, betont schon Athanasius, das *homoousios* müsse auch auf den Geist bezogen werden. Dem allerdings widerspricht Basilius von Cäsarea, der betont, es gebe zwar keine Wesensgleichheit zwischen Vater, Sohn und Geist, alle drei wären aber in der gleichen Ehre geeint (*Homotimie*).

## Das Konzil von Konstantinopel 381

Um die entstandene Ausdifferenzierung der Lehrmeinungen wieder einigermaßen unter einen Hut zu bringen, kam es zur Einberufung eines Konzils nach Konstantinopel, die vom römischen Kaiser Theodosius I. ausging. Theodosius, der selbst aus Spanien stammte und daher durch die Westkirche geprägt war, machte die Beschlüsse von Nikaia zur Grundlage des Konzils, das im Jahr 381 in der östlichen Reichshälfte eröffnet wurde. 150 Konzilsväter hatten sich unter der Leitung des Bischofs Meletius von Antiochien versammelt; die Konzilsbeschlüsse, die nicht erhalten sind und sich nur rekonstruieren lassen, erhielten rechtsverbindliche Kraft durch ein kaiserliches Edikt.

Insgesamt bekräftigt Konstantinopel das Symbolon von Nikaia, erweitert es aber um einige pneumatologische Aussagen:

> [Wir glauben] an den Heiligen Geist,
> den Herrn und Lebensspender,
> der aus dem Vater hervorgeht,
> der mit dem Vater und dem Sohne mitangebetet und verherrlicht wird,
> der durch die Propheten gesprochen hat. (DH 150)

Wenngleich die Konzilsväter nicht ausdrücklich den Begriff „Homoousios" auch für den Geist verwenden, wird die Gottheit des Geistes doch zumindest indirekt sehr deutlich ausgesagt. *Damit ist Konstantinopel vor allem auch trinitätstheologisch bedeutsam: Es markiert die Göttlichkeit aller drei Personen Vater, Sohn und Geist, die ein göttliches Wesen besitzen.* Folglich widerspricht Konstantinopel nicht nur den Pneumatomachen entschieden, es ist auch wegweisend für die gesamte weitere Christologie bzw. Trinitätstheologie. Dementsprechend verurteilen die Konzilsväter auch ausdrücklich alle Positionen, die dem Bekenntnis von Nikaia-Konstantinopel entgegenstehen: Jede Häresie soll „mit dem Anathema belegt werden, insbesondere die der (...) Anomöer, der der Arianer (...), der der (...) Pneumatomachen (...)" (DH 151).

## Alles wieder auf Anfang? Oder: Nestorius und die Gottesmutter

Klar ist jedenfalls: Das Konzil von Konstantinopel setzt keinen Schlusspunkt unter die vielfältigen christologischen Auseinandersetzungen. Diese blühen im Nachgang des Konzils erst richtig auf und vertiefen sich im Blick auf mehrere Fragestellungen, die das Verhältnis von Gottheit und Menschheit in Christus betreffen.

Eine neuralgische Person, die den Auslöser für das nächste ökumenische Konzil bildet, ist der Presbyter Nestorius (um 381–451/53). Er wurde wohl in Syrien geboren, lebte in einem Mönchskloster in der Nähe von Antiochien, wo er auch als Diakon und Presbyter wirkte. 428 kam Nestorius als Bischof nach Konstantinopel, wo er sich besonders durch sein rhetorisches Talent auszeichnete. Für Nestorius beginnt die Zeit als Bischof mit einem Konflikt, der in Konstantinopel schwelt: Es gibt dort eine Gruppe von Mönchen, die Maria als *theotokos* (Gottesgebärerin) bezeichneten. Eine andere Fraktion plädiert dahingegen für den Titel *anthropotokos* (Menschengebärerin), da Maria ja nur den Menschen Jesus gebären konnte, nicht aber einen Gott. Nestorius versucht zwischen den beiden Parteien zu vermitteln und schlägt daher auf der Linie der antiochenischen Christologie eine Kompromisslösung vor: *christotokos* (Christusgebärerin), da der Titel „Christus" sowohl für die menschliche als auch für die göttliche Natur Verwendung finden könne. Allerdings konnte der Bischof mit seiner Lösung nicht wirklich überzeugen, da sich im Volk bereits *theotokos* durchgesetzt hatte und sich dort auch großer Beliebtheit erfreute.

## Kyrill, der Problemlöser?

An Problematik gewann die ganze Situation, als Bischof Kyrill von Alexandrien von der Sache Wind bekam und sich gedrängt sah, mit einem Machtwort einzugreifen. Dieses wurde von ihm in einem Osterfestbrief im Jahr 429 ausgesprochen, in welchem er vor einer neuen Häresie mahnt und in einem Brief an Nestorius ausdrücklich von einem „ökumenischen Skandal" spricht. Die ganze Angelegenheit ist vor allem deshalb höchst problematisch, weil es hier längst nicht mehr nur um dogmatische Inhalte ging als vielmehr um ein Kräftemessen zwischen den beiden Patriarchaten und dem Bemühen darum, die Gunst von Papst Coelestin I. zu umwerben. Dies gelingt Kyrill, der in der Folge versucht, weiter Stimmung gegen Nestorius zu machen; 430 droht eine römische Synode Nestorius gar mit der Exkommunikation. Kyrill versucht Nestorius dabei zum Umdenken zu bewegen: Er möchte ihn davon überzeugen, von der antiochenischen Unterscheidungschristologie abzulassen und die alexandrinische Einungschristologie zu akzeptieren. Der springende Punkt ist für Kyrill: Maria kann mit Fug und Recht als *theotokos* bezeichnet werden, weil göttliche und menschliche Natur im einen Herrn Jesus Christus so geeint sind, dass keine Unterscheidung zwischen der Person Jesus und dem göttlichen Logos mehr möglich ist. Eine solche Trennung vorzunehmen, wirft er allerdings Nestorius vor, der ja scheinbar Vorbehalte gegenüber dem *theotokos*-Titel hegt.

## Das Konzil von Ephesus 431

In der Folgezeit gelingt es Nestorius, gegen Kyrill Stimmung zu machen und Kaiser Theodosius II. zur Einberufung eines Konzils nach Ephesus im Jahr 431 zu bewegen. Der Kaiser selbst verhält sich in der Angelegenheit neutral; während Kyrill mit einer großen Anhängerschaft und Sympathisanten anreist, kommt Nestorius nur mit einem überschaubaren Gefolge nach Ephesus. Das Konzil ist von allerhand Missgeschicken überschattet, die Kyrill geschickt für sich zu nutzen weiß: Eigenmächtig eröffnet er das Konzil und verurteilt die Lehren des Nestorius, woraufhin dieser abgesetzt wird. Als die orientalischen Bischöfe, die sich verspätet hatten, in Ephesus eintrafen, fanden sich diese zu einem Gegenkonzil zusammen. Das Ergebnis: Sie verurteilten Kyrill und die alexandrinische Einungschristologie, Kyrill wurde abgesetzt. Insgesamt bietet Ephesus doch einiges an Dramatik, die letztlich dazu führt, dass Kyrill und Nestorius vom Kaiser in Haft genommen werden.

Man kann daher auch eigentlich nicht von einem ökumenischen Konzil in Ephesus sprechen; es handelte sich vielmehr um zwei getrennte Parteisynoden, von denen die Synode des Kyrill in der Folgezeit rezipiert worden ist und deshalb als ökumenisches Konzil gewertet wurde. Das Ergebnis des Konzils ist die sog. „Unionsformel" von 432/433, die Bischof Johannes von Antiochien formuliert hat. Sie stellt fest: „Wir bekennen also, dass unser Herr Jesus Christus (...) vollkommener Gott und vollkommener Mensch [ist] (...), dass derselbe wesensgleich uns der Menschheit nach [ist]. Denn es geschah die Einung zweier Naturen *(duo gar physeon henosis)*", weshalb es auch möglich ist, von Maria als Gottesgebärerin (*theotokos*) zu sprechen (DH 272). Damit bestätigt die Unionsformel auch die Idiomenkommunikation und bestimmt Jesus Christus in einer doppelten Homoousie mit Gott und mit den Menschen. Dabei kam es zu einer Einung (*henosis*) zweier Naturen im einen Christus und einem Sohn, wonach eine unvermischte Einung ausgesagt werden kann.

Ephesus aber markiert keine Lösung des christologischen Streits: Nestorius wird abgesetzt, bleibt bis zu seinem Lebensende in der Verbannung in Petra und wird in den späteren Jahrhunderten als Häretiker schlechthin stilisiert. Was bleibt, ist eine Unionsformel auf dem Papier. Die Konflikte zwischen beiden Parteien schwelen weiter, auf beiden Seiten erwacht Widerstand gegen die Unionsformel. Die Folge des Konzils von Ephesus ist auch kirchenpolitisch tragisch: Es kommt zur ersten dauerhaften Kirchenspaltung.

## Ein nächster Akt im christologischen Streit: Eutyches vs. Flavian

Wieder einmal wechseln die Protagonisten, während der Streit weiterschwelt: 446 wird Flavian († 11.08.449) zum Patriarchen von Konstantinopel, der es bald mit Archimandrit Eutyches (um 378 – nach 454) zu tun bekommt. Eutyches selbst favorisiert als Anhänger des Kyrill einen Monophysitismus, weshalb er die Unionsformel von 432/33 kritisiert. Seines Erachtens darf nur von der göttlichen Natur des Christus gesprochen werden, da die menschliche Natur völlig in der Göttlichen aufgeht; eine Wesensgleichheit mit den Menschen könne dahingehend keinesfalls ausgesagt werden. Eutyches formuliert: „Ich bekenne, dass der Herr ‚aus zwei Naturen' vor der Einigung bestand, nach der Einigung bekenne ich nur ‚eine Natur'" (Grillmeier, Jesus der Christus, 732).

Mit der Lehre des Eutyches beschäftigt sich eine Synode, die am 08. November 448 in Konstantinopel zusammenfindet. An diese schließt sich ein Prozess gegen Eutyches an, auf dem Bischof Flavian ein wichtiges Symbolon vorlegt: „Wir bekennen, dass Christus aus zwei Naturen nach der Menschwerdung besteht, in einer

Hypostase, in einer Person bekennen wir einen Christus, einen Sohn, einen Herrn." (Grillmeier, Jesus der Christus, 731) Damit bietet Flavian eigentlich einen guten Kompromiss an: Seine christologische Darlegung bewegt sich zwischen antiochenischer und alexandrinischer Schule. Eutyches jedenfalls wird auf der Synode verurteilt.

Doch Eutyches wehrte sich gegen sein Urteil und versuchte mit allen Mitteln, Druck auf Flavian und seine Anhänger aufzubauen. Mit vielfältiger Propaganda wollte Eutyches auf sein Schicksal aufmerksam machen und auf eine Wiederaufnahme seines Verfahrens drängen. Dies gelingt ihm schließlich auch und der Kaiser ordnet eine Überprüfung der Synode von 448 an.

## Papst Leo und die Lösung auf einer ‚Räubersynode'?

Auf einer Reichssynode, die der Kaiser für das Jahr 449 einberief, sollte unter Vorsitz von Dioskur von Alexandrien der Fall erneut aufgerollt und Eutyches rehabilitiert werden.

Flavian, der vom Handeln des Kaisers in die Enge getrieben war, sah nur noch einen Ausweg: Er appellierte an Papst Leo, in dieser Angelegenheit einzugreifen. Leo, der den Ernst der Lage schnell erkannt, schickte bereits im Juni 449 eine erste Delegation nach Konstantinopel. Mithilfe einer Synode, die in Ephesus am 08. August 449 zusammentraf, suchte der Papst den Konflikt um Eutyches zu klären. Doch die Synode wurde ein Desaster: Eutyches und sein Verbündeter Dioskur rückten mit zahlreichen Anhängern an und diktierten das Vorgehen der Versammlung. Die römischen Legaten wurden missachtet, das Schreiben des Papstes durfte nicht verlesen werden, stattdessen wurde Eutyches rehabilitiert und Flavian aus seinem Amt gedrängt. Als ein Synodaler versuchte, Widerstand gegen die Partei des Eutyches zu leisten, rief Dioskur seine Soldaten und ließ die Synode militärisch überwachen. Sie endet schließlich in einem großen Durcheinander, weshalb Papst Leo in einem Brief schreibt: „in illo Ephesino non iudicio sed latrocinio" (Grillmeier, Jesus der Christus, 737). Daher hat sich für die Synode von 449 auch der Begriff „Räubersynode" eingebürgert.

Für die Christologie wesentlich ertragreicher als die Synode an sich, war das Schreiben, das Leo an die Bischofsversammlung gerichtet hatte. In seinem berühmten *Tomus Leonis ad Flavianum* versucht der Papst, eine Einigung in der christologischen Frage zu erzielen, wobei er nicht nur die Idiomenkommunikation hervorhebt, sondern auch die Weiterexistenz beider Naturen Christi in der Einheit der Person.

## Ein markanter Wendepunkt: Das Konzil von Chalkedon 451

Der neue Kaiser Markian beruft schließlich für das Jahr 451 erneut ein Konzil ein, das in Chalkedon stattfinden soll. Dabei sehen sich die Konzilsväter nicht nur mit dem Auftrag konfrontiert, eine christologische Formel zu entwerfen, die an Nikaia und Konstantinopel anschlussfähig ist, sondern sie sind auch gezwungen, sich zwischen den Positionen von Dioskur und Leo zu entscheiden.

Die Konzilsväter schaffen es tatsächlich, sich auf eine formelhafte Definition zu einigen, welche die christologischen Fragen zu klären versucht. Der *Horos* von Chalkedon, der am 22. Oktober 451 von den Vätern verabschiedet wird, lautet:

> „In der Nachfolge der heiligen Väter also lehren wir alle übereinstimmend, unseren Herrn Jesus Christus als ein und denselben Sohn zu bekennen: derselbe ist vollkommen in der Gottheit und derselbe ist vollkommen in der Menschheit; derselbe ist wahrhaft Gott und wahrhaft Mensch aus vernunftbegabter Seele und Leib; derselbe ist der Gottheit nach dem Vater wesensgleich und der Menschheit nach uns wesensgleich, in allem uns gleich, außer der Sünde; derselbe wurde einerseits der Gottheit nach vor den Zeiten aus dem Vater gezeugt, andererseits der Menschheit nach in den letzten Tagen unsertwegen und um unseres Heiles willen aus Maria, der Jungfrau (und) Gottesgebärerin, geboren; ein und derselbe ist Christus, der einziggeborene Sohn und Herr, der in zwei Naturen unvermischt, unveränderlich, ungetrennt und unteilbar erkannt wird, wobei nirgends wegen der Einung der Unterschied der Naturen aufgehoben ist, vielmehr die Eigentümlichkeit jeder der beiden Naturen gewahrt bleibt und sich in *einer* Person und *einer* Hypostase vereinigt; der einziggeborene Sohn, Gott, das Wort, der Herr Jesus Christus, ist nicht in zwei Personen geteilt oder getrennt, sondern ist ein und derselbe, wie es früher die Propheten über ihn und Jesus Christus selbst es uns gelehrt und das Bekenntnis der Väter es uns überliefert hat." (DH 301f)

## Christus: Gott und Mensch – Der Horos von Chalkedon

Grundlage für den Horos von Chalkedon sind die Symbola von Nikaia und Konstantinopel, sie bilden die unhintergehbare Basis, auf der die Väter von Chalkedon ihre christologische Formel definieren. Ebenso kommen die Unionsformel von 432/433 zum Tragen sowie der Tomus Leonis. Die Formel von Chalkedon ist eine durchdachte Zusammenführung von alexandrinischer und antiochenischer Christologie und bildet daher das Fundament für einen tragfähigen Kompromiss zwischen den unterschiedlichen, widerstreitenden Parteiungen.

*Der Horos von Chalkedon bestimmt im Blick auf Christus seine doppelte Homoousie: Der eine Christus hat eine doppelte Natur, er ist wesensgleich dem Vater der göttlichen*

*Natur nach und wesensgleich den Menschen der menschlichen Natur nach. Beide Naturen werden in einer Einheit gedacht, aber diese Einheit geschieht nicht als Vermischung.* Damit wird die monophysitische Position ausgeschlossen, die von einer Auflösung der Menschheit in der göttlichen Natur ausging. Andererseits bestimmt das Konzil aber auch, dass die beiden Naturen ungetrennt und ungesondert zueinanderstehen: Man darf hierbei nicht an eine zufällige Einung denken, die nur für einen bestimmten Zeitraum Bestand hätte (so, wie Nestorius sich das vorstellte). Es geht um eine echte Einheit. Damit hat der Horos sowohl Anstöße aus der antiochenischen und alexandrinischen Schule aufgegriffen und in einer christologischen Formel zusammengeführt.

## Chalkedon und (k)ein Ende?

Mit Chalkedon ist ein wichtiger Schritt getan, aber es ist auch einer, den längst nicht alle mitgehen können. Während die Beschlüsse des Konzils von Chalkedon im Westen sehr breit rezipiert werden, entwickelt sich besonders im Osten ein deutlicher Monophysitismus aus, der mit einer Forderung nach einer stärkeren Betonung der Einheit der beiden Naturen einhergeht. Insbesondere Ägypten wird zum Zentrum der Ablehnung von Chalkedon und einer mia-physis-Lehre. Um das Jahr 500 herum sind die meisten Patriarchate des Ostens mit Bischöfen besetzt, die Anhänger des Miaphysitismus sind. Diese Tendenz hat die nächste große Kirchenspaltung zur Folge.

### Überblick über die Christologie bis Chalkedon (451)

**Adoptianismus/dynamischer Monarchianismus**
Jesus ist ein bloßer Mensch, der von Gott eine besondere Berufung erhalten hat (also von Gott nur adoptiert wurde). Vertreter: z.B. Paul von Samosata, Theodot der Gerber.

**Modalismus**
Der Sohn ist nur eine bestimmte Erscheinungsform des Vaters; der Sohn *ist* also der Vater → führt zum *Patripassianismus* (der Vater erscheint als Sohn auf der Erde, der Vater leidet und stirbt am Kreuz).

**Doketismus**
Jesus hat nur einen Scheinleib, das wahre Menschsein Jesu wird geleugnet; der Erlöser gehört ganz und gar zur Transzendenz und hat mit der irdischen Materie überhaupt nichts zu tun (Bestreitung der Inkarnation und Passion).

### Sabellianismus

Eine Spielform des Modalismus, die davon ausgeht, dass Vater, Sohn und Geist drei unterschiedliche Erscheinungsweisen Gottes sind, die in der Heilsgeschichte nacheinander auftreten. Es gibt daher auch keinen realen Unterschied zwischen den göttlichen Personen. Wurde von Sabellius propagiert, einem Priester, der vom römischen Bischof Calixt I. um 220 aus der Gemeinde ausgeschlossen wurde.

### Arianismus

Arius vertritt einen Subordinatianismus (der Sohn ist dem Vater untergeordnet; der Sohn ist geschaffen und geworden; es gab eine Zeit, in der der Sohn nicht existierte → Sohn ist Geschöpf und bloßer Träger der göttlichen dynamis).

### Symbolon von Nikaia (325)

- der Sohn ist „Einziggeborener", und zwar „gezeugt"
- der Sohn ist „gezeugt aus dem Wesen des Vaters"
- der Sohn ist „wahrer Gott von wahrem Gott"
- der Sohn ist „wesensgleich dem Vater" (homousios)

### Monophysitismus (besser: Miaphysitismus)

Christus ist vollkommen göttlich und besitzt nur eine Natur, nämlich die Göttliche.

Apollinaris von Laodizaea: *„Dieser eine Sohn besteht nicht aus zwei Naturen, sondern ist die eine fleischgewordene Natur des Gott-Logos."*

→ Der Logos wird also nur in der einen göttlichen Natur Fleisch (mia physis)
→ Gedankliche Konstruktion eines Mischwesens
→ Verurteilung durch die Synode von Rom (382), Kanon 7: „Wir belegen mit dem Anathema die, welche sagen, das Wort Gottes habe anstelle der vernunft- und verstandesbegabten Seele des Menschen im menschlichen Fleisch geweilt, obwohl doch eben der Sohn und das Wort Gottes nicht anstelle der vernunft- und verstandesbegabten Seele in seinem Leib war, sondern unsere (d.h. die vernunft- und verstandesbegabte) Seele ohne Sünde angenommen und erlöst hat" (DH 159).
→ Vermischungschristologie: Gefahr eines unvollständigen Mensch-Seins Jesu

### Diophysitismus

Vertreter: Nestorius von Konstantinopel: Christus besitzt zwei getrennte Naturen: eine Göttliche und eine Menschliche.

Christus ist seiner göttlichen Natur nach leidensunfähig, seiner menschlichen Natur nach leidensfähig: *„Ich kann einen geborenen, gestorbenen und begrabenen Gott nicht anbeten."*

Synode von Alexandrien (November 430): Aus den 12 Anathematismen:

„1. Wer nicht bekennt, dass der Emmanuel wahrhaftig Gott und deshalb die heilige Jungfrau Gottesgebärerin ist (denn sie hat das Wort, das aus Gott ist und Fleisch wurde, dem Fleisch nach geboren), der sei mit dem Anathema belegt.

2. Wer nicht bekennt, dass das Wort, das aus Gott, dem Vater, ist, mit dem Fleisch der Hypostase nach geeint ist und dass Christus mit seinem eigenen Fleisch einer ist, nämlich als derselbe zugleich Gott und Mensch, der sei mit dem Anathema belegt.

3. Wer bei dem einen Christus die Hypostasen nach der Einung zertrennt, indem er sie nur in einer Verbindung der Würde bzw. Macht oder Herrschaft nach verbindet und nicht vielmehr in einem Zusammenkommen im Sinne einer natürlichen Einung, der sei mit dem Anathema belegt." (DH 252–254)
→ Trennungschristologie: Gefährdung der Person-Einheit Jesu

**Alexandrinische Schule: Einungschristologie**
Athanasius: das Wort wurde Mensch und ist nicht in einen Menschen gekommen (Logos-Sarx-Theologie)

Logos und Sarx vermischen sich nicht; beide behalten ihre Eigenart, auch wenn sie zu einer Lebenseinheit zusammengeschlossen sind → Betonung der Einheit

der Logos zieht die Menschennatur an, geht ins Fleisch, hüllt sich ein, nimmt Fleisch an → Einwohnungsformel

→ klare Herausstellung der „Einheit des Subjekts" in Christus; das Menschliche in Christus ist getragen vom Logos und der Herr ist „fleischtragender Logos", aber nicht „Gott tragender Mensch"

**Antiochenische Schule: Unterscheidungschristologie**
Theodor von Mopsuestia: der Logos lässt die menschliche Natur Christi teilhaben an der göttlichen Verehrung; durch sie nimmt der „angenommene Mensch" auch teil an den anderen göttlichen Personen, dem Vater und dem Geist, denn der Logos ist wesenseins mit ihnen → die Menschheit Jesu ist absolut heilsnotwenig
Ziel: keine Vermischung der Gottheit Jesu mit der Schöpfung → Verbindung von Gott und Mensch in Christus scheint gelockert.

**Homoousios**
Sagt eine Selbigkeit aus: Eine Ousia und eine Ousia sind dieselben, damit wird eine Identität behauptet.

**Idiomenkommunikation**
„Wie nämlich Gott sich durch sein Erbarmen nicht verändert, so wird der Mensch durch die Würde nicht aufgezehrt. Denn jede der beiden Gestalten

wirkt in Gemeinschaft mit der anderen, was ihr eigen ist: Dabei wirkt das Wort nämlich, was des Wortes ist, das Fleisch aber vollbringt, was des Fleisches ist." (Tomus Leonis, DH 294)

Aus der hypostatischen Union ergibt sich die Notwendigkeit eines Miteinander der Eigentümlichkeiten (*Idiomata*) der menschlichen Natur mit den Eigentümlichkeiten der göttlichen Natur. Dies wird mit dem Begriff der Idiomenkommunikation gefasst.

**Hypostase**

Der Begriff Hypostase (Wesenheit, Existenz) wird ursprünglich bei Origenes verwendet und fließt schließlich in die Christologie bzw. Trinitätstheologie ein. Das Konzil von Konstantinopel bestimmt dahingehend: Gott ist eine *ousia*, aber in drei *Hypostasen* (mia ousia, treis hypostaseis); diese drei Hypostasen sind *homoousios*.

**Zum Weiterlesen:**

Alois Grillmeier: Jesus der Christus im Glauben der Kirche. Band I: Von der Apostolischen Zeit bis zum Konzil von Chalkedon (451), Freiburg i.Br. u.a. 1990.

Franz Dünzl: Geschichte des christologischen Dogmas in der Alten Kirche, Freiburg i.Br. u.a. 2019.

# Was wissen wir über den historischen Jesus?

Weil Gott in Jesus ein Teil der menschlichen Geschichte wird, gibt es ein historisches Wissen über die Person Jesu aus Nazareth. Gott lässt sich auf die Partikularität seiner Schöpfung ein, er unterwirft sich auch den Bedingungen der Geschichte. Deswegen können auch Historiker Spuren über das Leben Jesu freilegen.

Gott ist unverfügbar, aufgrund seiner Universalität entzieht er sich jeglicher Festlegung. Sein Name changiert zwischen Nähe und Distanz, zwischen der Erfahrung des Daseins und der radikalen Abwesenheit. Das zeichnet das alttestamentliche Gottesbild aus. Umso erstaunlicher erscheint das, was uns das Neue Testament erzählt: Gott gibt sich ganz in die Partikularität eines Menschenlebens hinein, indem er selbst Mensch wird. Er wird ein Teil der menschlichen Geschichte und macht sie zu seiner Geschichte. Die Augenblicke, die wir erleben, teilt er und gerade deshalb werden sie heilig. Die Unverfügbarkeit des geheimnisvollen Gottes begibt sich hinein in das Leben eines einzigen Menschen. Im „winzigen Jesus“ (Gottfried Bachl) offenbart sich die ganze Größe Gottes.

## Gott macht sich berührbar

In seiner Menschwerdung macht sich Gott berührbar für unser menschliches Schicksal. Er kommt uns entgegen, damit wir ihm auf Augenhöhe begegnen können. Er, der über Zeit und Ewigkeit steht, wird in einem Menschenleben selbst ein Teil der menschlichen Geschichte. Gott wird dort auffindbar, wo er sich im Leben des Menschen Jesus aus Nazareth offenbart. Im partikularen Ereignis eines einzigen Menschenlebens teilt Gott die Dimensionen von Zeit und Raum. Weil Gott so in die Geschichte eingeht, wird er auch geschichtlich erforschbar: Nicht nur unter der Prämisse des christlichen Glaubens lässt sich Gott in dieser Welt entdecken. In Jesus ist Gott eine geschichtliche Persönlichkeit geworden und deshalb kann man vom ‚historischen Jesus‘ sprechen, der als Mensch unter Menschen die Bedingungen eines jeden menschlichen Lebens geteilt hat.

## „Das Göttliche an unserem Gott ist seine Menschlichkeit" (K. Backhaus)

Dass sich der Gott, dessen Göttlichkeit sich gerade in seiner Menschlichkeit erweist (Knut Backhaus), trotz seines Entgegenkommens in einer menschlichen Person, immer wieder als der Fremde erweist, zeigt ein uraltes Zeugnis: Die wohl älteste Abbildung Jesu ist eine Karikatur, die 1857 am sogenannten Paedagogium auf dem römischen Palatin gefunden wurde. Sie stammt vermutlich aus der ersten Hälfte des dritten Jahrhunderts, vielleicht von einem heidnischen Schüler, zur Verspottung eines christlichen Mitschülers. Die Skizze zeigt eine Figur, die einen Gekreuzigten mit einem Eselskopf anbetet. Darunter stehen in griechischer Sprache die Worte: „Alexamenos verehrt [seinen] Gott".

Hier klingen die Worte des Paulus durch, wenn er in seinem Brief an die Gemeinde von Korinth schreibt: „Wir dagegen verkündigen Christus als den Gekreuzigten: für Juden ein Ärgernis, für Heiden eine Torheit" (1 Kor 1,23). Der Gott, der sich in der Person Jesu offenbart, ist eine Herausforderung! Die absolute Nähe, die er uns Menschen so zeigt, wird immer wieder von seiner verstörenden Entfernung eingeholt. Gott trägt in Jesus ein menschliches Antlitz und doch bleibt er uns manchmal fremd.

**Zum Weiterlesen:**

Gerd Theißen/Annette Merz: Der historische Jesus. Ein Lehrbuch, Göttingen [4]2011.

John P. Meier: A marginal Jew. Rethinking the historical Jesus [bisher sind fünf Bände erschienen], New York 1991/1994/2001/2009/2016.

Jens Schröter: Jesus. Leben und Wirkung, München 2020.

Jens Schröter: Jesus Handbuch, Tübingen 2017.

# Welche außerbiblischen Zeugnisse über den historischen Jesus gibt es?

Es gibt mehrere außerbiblische Quellen, aus denen sich etwas über das Leben Jesu ablesen lässt. Allerdings sind diese Zeugnisse nur marginal: Sie erwähnen Jesus nur beiläufig oder sie sind von einer gewissen Polemik durchzogen, um sich vom christlichen Glauben abzugrenzen.

## Jesus als Bruder des Jakobus

Der römisch-jüdische Geschichtsschreiber Flavius Josephus (37/38-um 100 n. Chr.) schreibt über einen vom Hohen Rat durchgeführten Prozess, der im Jahr 62 stattgefunden hat. Dabei wurde ein gewisser Jakobus zum Tod durch Steinigung verurteilt:

> „Der jüngere Ananus jedoch, dessen Ernennung zum Hohepriester ich soeben erwähnt habe, war von heftiger und verwegener Gemütsart und gehörte zur Sekte der Sadduzäer, die, wie ich schon früher bemerkt, im Gerichte härter und liebloser sind als alle anderen Juden. Zur Befriedigung dieser seiner Hartherzigkeit glaubt Ananus auch jetzt, da Festus gestorben, Albinus aber noch nicht angekommen war, eine günstige Gelegenheit gefunden zu haben. Er versammelte daher den hohen Rat zum Gericht und stellte vor dasselbe den Bruder des Jesus, der Christus genannt wird, mit Namen Jakobus, sowie noch einige andere, die er der Gesetzesübertretung anklagte (...)“ (Ant. 20, 199–201).

- Josephus hat kein direktes Interesse an Jesus, dieser wird nur beiläufig, nämlich zur näheren Charakterisierung des angeklagten Jakobus erwähnt.
- Eine christliche Interpolation ist wohl auszuschließen, da die Formulierung „Jesus, der Christus genannt wird“ eher an einen jüdischen Sprachgebrauch erinnert.

## Testimonium Flavianum

Ein wesentlich interessanteres Zeugnis findet sich außerdem bei Josephus. Seit dem 16. Jahrhundert haben sich an diesem Abschnitt aus den „Antiquitates Iudaicae“ allerdings heftige Kontroversen entzündet, bei denen die Originalität der Textstelle bestritten wird.

„Um diese Zeit lebte Jesus, ein weiser Mensch, wenn man ihn überhaupt einen Menschen nennen darf. Er war nämlich der Vollbringer ganz unglaublicher Taten und der Lehrer aller Menschen, die mit Freuden die Wahrheit aufnahmen. So zog er viele Juden und auch viele Heiden an sich. Er war der Christus. Und obgleich ihn Pilatus auf Betreiben der Vornehmsten unseres Volkes zum Kreuzestod verurteilte, wurden doch seien früheren Anhänger ihm nicht untreu. Denn er erschienen ihnen am dritten Tage wieder lebend, wie gottgesandte Propheten dies und tausend andere wunderbare Dinge von ihm vorherverkündigt hatten. Und noch bis auf den heutigen Tag besteht das Volk der Christen, die sich nach ihm nennen, fort." (Ant. 18, 63f)

- Kann es sich bei diesem Abschnitt, in dem Jesus auf überschwängliche Weise gerühmt wird, wirklich um einen Text aus der Feder eines römischen Historikers handeln? Drei Thesen bieten sich zur Klärung der Frage an: (1) Das TestFlav stammt in dieser Form tatsächlich von Josephus (diese Vermutung wird heute allerdings nur noch selten vertreten). (2) Es handelt sich um eine christliche Interpolation aus späterer Zeit; ein christlicher Abschreiber hat den Text einfach um diese Zeilen ergänzt. (3) Das TestFlav geht im Kern auf Josephus zurück, wurde aber später von christlicher Hand ergänzt. Wie dieser ursprüngliche Abschnitt bei Josephus aussah, bleibt offen. Die Vermutungen reichen von einer jesusfeindlichen bis hin zu einer neutral gehaltenen Fassung.

## Jesus als Verführer – eine rabbinische Quelle

Ein anderes Jesusbild vermittelt ein Text aus rabbinischer Zeit. Er stammt vermutlich aus der Epoche der Tannaim (bis 220 n. Chr.) und ist eine explizit jüdische Stimme über Jesus.

„Am Vorabend des Pessahfestes hängte man Jeshu. Vierzig Tage vorher hatte der Herold ausgerufen: Er wird zur Steinigung hinausgeführt, weil er Zauberei getrieben und Jisraél verführt und abtrünnig gemacht hat; wer etwas zu seiner Verteidigung zu sagen hat, der komme und sage es. Da aber nichts zu seiner Verteidigung vorgebracht wurde, so hängte man ihn am Vorabend des Pessahfestes (...). Die Rabbanan lehrten: Fünf Jünger hatte Jeshu: Mathaj, Naqaj, Necer, Buni und Thoda. Als man den Mathaj vorführte, sprach er zu ihnen: Sollte Mathaj hingerichtet werden, es heißt ja: Wann [mathaj] werde ich kommen und vor dem Antlitz Gottes erscheinen!? [Ps 42,3] Sie erwiderten ihm: Jawohl, Mathaj soll hingerichtet werden, denn es heißt: Wann [mathaj] wird er getötet werden und sein Name untergehen. [Ps 41,6]" (bSanh 43a, zit. nach Theißen/Merz, Der historische Jesus, 83)

- Der Text stimmt mit der johanneischen Chronologie überein, wonach Jesus am Vorabend des Pessahfestes gestorben ist. Die Anklage und Vollstreckung des Urteils liegt ganz in der Hand der jüdischen Autorität, was historisch eher unwahrscheinlich ist. Das Todesurteil wird durch Steinigung und anschließendes Aufhängen vollstreckt. Als Urteilsbegründungen werden Zauberei und die Verführung des Volkes angeführt. Die Namen von fünf Jüngern werden genannt, auf christliche Quellen wurde hierbei jedenfalls nicht rekurriert.

## Mara bar Sarapion

Der heidnische Philosoph Mara bar Sarapion hat wahrscheinlich bald nach 73 n. Chr. einen Brief abgefasst, indem er unter anderem auf Jesus abhebt. Der Verfasser ist ein syrischer Stoiker, also weder Jude noch Christ.

> „(...) was hatten die Athener für einen Nutzen davon, dass sie Sokrates töteten, was ihnen mit Hungersnot und Pest vergolten wurde? Oder die Samier von der Verbrennung des Pythagoras, da ihr ganzes Land in einem Augenblick vom Sand verschüttet wurde? Oder die Juden von der Hinrichtung ihres weisen Königs, da ihnen von jener Zeit an das Reich weggenommen war?
> Denn gerechtermaßen nahm Gott Rache für jene drei Weisen: die Athener starben Hungers, die Samier wurden vom Meere bedeckt, die Juden umgebracht und aus ihrem Reiche vertrieben, leben allenthalben in der Zerstreuung. Sokrates ist nicht tot: wegen Platon, noch Pythagoras: wegen der Herastatue, noch der weise König: wegen der neuen Gesetze, die er gegeben hat." (zit. nach Theißen/Merz, Der historische Jesus, 84)

- Die Aussagen, die über Jesus getroffen werden, scheinen auf christliches Material zurückzugehen (z.B. der Königstitel [vgl. Mt 2,1ff] oder die Strafe für das jüdische Volk aufgrund der Hinrichtung Jesu [vgl. Mt 22,7]). Doch wird die christliche Perspektive nichts vollends geteilt, ist Jesus bei Mara doch nur eine herausragende Persönlichkeit, die in einer Reihe mit Sokrates oder Pythagoras steht. Besonders zeichnet er sich für Mara durch seine Gesetzgebung aus.

## Römische Quellen

Aus der Hand römischer Schriftsteller sind drei kurze Abschnitte überliefert, die jeweils nur knapp auf Jesus Bezug nehmen. Kontextuell finden sich die Stellen in Passagen, in denen ein (gewaltsames) Vorgehen gegen Christen beschrieben wird. Allzu positive Aussagen über Jesus wird man deshalb nicht erwarten dürfen.

**(1) Plinius der Jüngere (61 – ca. 120 n. Chr.)**
Der römische Adelige Plinius d.J. fungierte um 111 n. Chr. als Statthalter in der Provinz Bythinien und Pontus. Oftmals gelangten Anzeigen gegen Christen zu ihm, über die er als Richter zu entscheiden hatte. Die folgenden Zeilen finden sich in einem Brief an Kaiser Trajan, in dem sich Plinius erkundigt, wie er bei den Anzeigen gegen Christen zu urteilen habe.

> „(...) dass sie gewöhnlich an einem festgesetzten Tag vor Sonnenaufgang sich versammelt, Christus als ihrem Gott im Wechsel Lob gesungen und sich mit einem Eid verpflichtet hätten, nicht etwa zu irgendeinem Verbrechen, sondern zur Unterlassung von Diebstahl, Raub, Ehebruch, Treulosigkeit und Unterschlagung von anvertrautem Gut." (zit. nach Theißen/Merz, Der historische Jesus, 87)

- Eine direkte Aussage über Jesus findet sich nicht. Stattdessen schildert Plinius sehr vage die Lebenspraxis der Christen, die sich aufgrund ihres Bekenntnisses mancher Verhaltensweisen entsagen.

**(2) Tacitus (um 58 – ca. 120 n. Chr.)**
P. Cornelius Tacitus schlug schon früh die Laufbahn im römischen Staatsdienst ein und brachtes es bis zum Senator. Als Historiker schrieb er eine Biographie über den Kaiser Nero; im Zuge der Beschreibung vom Brand Roms im Jahr 64 n. Chr. kommt Tacitus auch auf die Christen zu sprechen. Ihnen hatte Nero die Verantwortung für die Katastrophe zugewiesen, um von seiner eigenen Schuld abzulenken.

> „Dieser Name [christiani] stammt von Christus, der unter Tiberius vom Prokurator Pontius Pilatus hingerichtet worden war. Dieser verderbliche Aberglaube war für den Augenblick unterdrückt worden, trat aber später wieder hervor und verbreitete sich nicht nur in Judäa, wo er aufgekommen war, sondern auch in Rom, wo alle Greuel und Abscheulichkeiten der ganzen Welt zusammenströmen und geübt werden." (zit. nach Theißen/Merz, Der historische Jesus, 89)

- Tacitus erkennt eine Schuld der Christen: den Hass gegenüber dem Menschengeschlecht (odium humani generis). Dieser Hass lässt sich auf den Stifter, Jesus, zurückführen, welcher die Verantwortung für diesen Aberglauben trägt. Insgesamt bleibt seine Schilderung eine Sammlung von Vorurteilen gegen Christen, in der sich nur wenig Historisches findet (Hinrichtung unter Pontius Pilatus; Stifter einer religiösen Bewegung, die seinen Namen trägt).

**(3) Sueton (um 70 – nach 122 n. Chr.)**
C. Suetonis Tranquillus, ein römischer Verwaltungsbeamter, machte sich vor allem als Schriftsteller einen Namen. Er schrieb die Biographien über zwölf Kaiser von Caesar bis Domitian. Im Zuge der Lebensbeschreibung des Kaisers Claudius kommt Sueton auch auf die Vertreibung der Christen aus Rom zu sprechen (vgl. Apg 18,2), die wohl 49 n. Chr. zu datieren ist.

> „Die Juden, die von Chrestus aufgehetzt, fortwährend Unruhe stifteten, vertrieb er aus Rom." (zit. nach Theißen/Merz, Der historische Jesus, 90)

- Worauf sich Sueton bei seiner knappen Notiz stützt, ist ungewiss. Vermutlich waren es wiederum sehr vage Gerüchte, die über Christen verbreitet waren. Dass Christus bereits Jahre zuvor gestorben war, scheint ihm nicht bekannt gewesen zu sein.

Die außerbiblischen Zeugnisse über das Leben Jesu sind spärlich. Sie passen, wie es Adolf von Harnack einmal formulierte, auf die Seite eines Kollegheftes. Um Einblicke in die Biographie des Mannes aus Nazareth zu erhalten, sind sie nicht ergiebig. Entweder haben sie einen polemischen Touch (wie die Zeugnisse aus jüdischer Quelle) oder basieren auf vagen Gerüchten (wie die Texte aus römischer Feder). Dennoch besitzen die außerbiblischen Zeugnisse einen hohen Stellenwert: Denn sie zeigen, dass sehr selbstverständlich über Jesus als eine historische Person geschrieben wurde. Die Frage, ob Jesus überhaupt gelebt hat, bewegt die Autoren der vorgehenden Texte nicht. Sie gehen von seinem Leben aus und davon, dass er unter dem römischen Statthalter Pontius Pilatus aufgrund eines Vergehens hingerichtet worden ist. Die Details, die über Jesus von den nicht-christlichen Autoren erzählt werden, variieren. Das ist in den christlichen Texten wie den Evangelien ja nicht anders.

**Zum Weiterlesen:**

Gerd Theißen/Annette Merz: Der historische Jesus. Ein Lehrbuch, Göttingen [4]2011.

John P. Meier: A marginal Jew. Rethinking the historical Jesus [bisher sind fünf Bände erschienen], New York 1991/1994/2001/2009/2016.

Jens Schröter: Jesus. Leben und Wirkung, München 2020.

Jens Schröter: Jesus Handbuch, Tübingen 2017.

# Wie sah das Lebensumfeld Jesu aus?

Jesus hat in einem winzigen Landstrich gelebt und einen Großteil seines Lebens in Galiläa, am Nordufer des See Genesareth verbracht. Die Chronologie seines Lebens lässt sich nur in Ansätzen nachvollziehen, besonders das Jahr seiner Geburt bleibt im Dunkeln. Jesus wuchs in einem Umfeld auf, das vom jüdischen Glauben und den damit verbundenen Traditionen geprägt war. All das bildet die Basis für seine spätere Verkündigungstätigkeit.

## Geographie

Jesus lebte in einem Raum, der sich am fruchtbaren Halbmond befindet, im Süden des syrischen Gebietes. Natürliche Grenzen bilden im Norden das Hermon-Gebirge und im Süden das Tote Meer. Von Norden nach Süden wird das Land vom Jordangraben durchzogen; der Fluss Jordan selbst entspringt im Gebiet des Hermon-Gebirges, fließt zuerst in den See Genesareth, um schließlich ins Tote Meer zu münden. Insgesamt legt der Jordan eine Strecke von rund 250 Kilometern zurück und überwindet dabei einen Höhenunterschied von beinahe 500 Metern. Bis heute ist der Jordan die wichtigste Süßwasserquelle und daher politisch umstritten.

Jesus war Galiläer. Die Zeit seines öffentlichen Wirkens verbrachte er am Nordufer des Sees Genesareth. Hier begann die Zeit der Verkündigung der Frohbotschaft (vgl. Mk 1,14), hier hat er seine ersten Jünger berufen (vgl. Mk 1,16), hier wurde er im Haus des Petrus in Kafarnaum aufgenommen (vgl. Mk 1,29). Jesus war zwar Wanderprediger und damit ständig unterwegs, doch die Orte, in denen er gewirkt hat, lassen sich allesamt am See von Galiläa finden: Kafarnaum, Magdala, Bethsaida, Chorazin. Oder sie liegen in unmittelbarer Nachbarschaft, wie Kana und Nain in Untergaliläa, oder Tyrus, Sidon und die Dekapolis.

Galiläa war dabei keineswegs eine beschauliche Landschaft: Es war eine Gegend, die von Konflikten geprägt war. Arm und Reich trafen hier aufeinander, Heiden und Juden, Herrscher und Beherrschte. Die Spannungen waren spürbar und Galiläa war von ihnen geprägt.

## Die Chronologie

73–4 v. Chr.<br>Herodes der Große<br>Jüdischer König<br>(Lk 1,5; Mt 2,1; 2,16)

20 v. Chr. – 39 n. Chr.<br>Herodes Antipas<br>Tetrarch von Galiläa<br>(Mt 14,1; Mk 6,14; Lk 3,1)

26–36 n. Chr.<br>Pontius Pilatus<br>als Statthalter von Judäa<br>(Lk 3,1; Passions-geschichten)

→

6–4 v. Chr.<br>Geburt Jesu<br>nach Lk und Mt in<br>Betlehem

27–28 n. Chr.<br>öffentliches<br>Auftreten in<br>Galiläa

14./15. Nisan 30<br>n. Chr.<br>Tod Jesu<br>durch Kreuzigung

Bezugnehmend auf die Geburt Jesu bietet das lukanische Weihnachtsnarrativ (2,1–21) zwar einige Hinweise, welche für die Ermittlung des Geburtsjahres wichtig wären, doch diese sind nicht einfach miteinander vereinbar. Die Geburt unter Herodes dem Großen (Lk 1,5) passt nicht zum reichsweiten Zensus unter Quirinius (Lk 2,1): Quirinius war erst ab 6 n. Chr. Statthalter in Syrien, Herodes starb aber bereits im Jahr 4 v. Chr. Hat Lukas einfach falsche Fakten miteinander verbunden, um daraus eine stimmige Erzählung zu formen? Oder gab es schon unter Herodes einen Zensus, an dem Quirinius teilgenommen hat?

Letztendlich lässt sich im Blick auf das Geburtsjahr nur eines festhalten: Es lässt sich aus den Daten der biblischen Schriften nicht einwandfrei ermitteln. Anzunehmen ist aber wohl eine Geburt in den letzten Regierungsjahren von Herodes dem Großen.

Nach Lk 3,1 beginnt das öffentliche Wirken Jesu im „fünfzehnten Jahr der Regierung des Kaisers Tiberius". Auch diese Angabe ist vage, da nicht mit Sicherheit bestimmt werden kann, welches Jahr Lukas als erstes Regierungsjahr annimmt. Als Jesus öffentlich auftritt, ist er „etwa dreißig Jahre alt" (Lk 3,23). Wahrscheinlich fällt Jesu öffentliches Wirken in einen Zeitraum zwischen Oktober 27 und Oktober 28 n. Chr.

Dass Jesus an einem Freitag gestorben ist, überliefern die Evangelien einstimmig. Unklar aber ist, ob dieser Freitag der Rüsttag für das Pessah-Fest war (wie bei Joh, also der 14. Nisan) oder der erste Festtag von Pessah selbst (wie bei den Synoptikern, also der 15. Nisan). Die synoptischen Evangelien berichten, dass der Gründonnerstag auf den „ersten Tag des Festes der Ungesäuerten Brote, an dem man das Paschalamm zu schlachten pflegte" (Mk 14,12), fiel. Das letzte Abendmahl Jesu wäre demnach ein Pessah-Mahl gewesen, der Karfreitag der erste Festtag von Pessah. In der johanneischen Chronologie wird das Abendmahl Jesu „vor dem Pessahfest" datiert (Joh 13,1), der Karfreitag fällt mit dem „Rüsttag des Pessahfestes" zusammen (Joh 19,14). Der erste Tag von Pessah wäre demnach auf den

Sabbat gefallen. Im Hintergrund stehen jeweils theologische Motive: Für Joh ist Jesus das neue Pessahlamm (vgl. 1 Kor 5,7), das zu dem Zeitpunkt stirbt, als im Tempel die Pessahlämmer geschlachtet werden. Bei den Synoptikern liegt der Fokus auf dem Abendmahl Jesu, das als Pessahmahl an den alten Bund erinnert. Welche Chronologie historisch zutrifft, lässt sich nicht mit Sicherheit klären. Wahrscheinlicher ist aber die johanneische Fassung, dass Jesus wirklich am ersten Festtag von Pessah hingerichtet wurde (wie die Synoptiker behaupten), ist doch nur schwer vorstellbar.

Zum Todesjahr Jesu lässt sich festhalten: In den Jahren 27 n. Chr. und 34 n. Chr. fiel der 15. Nisan auf einen Freitag, in den Jahren 30 n. Chr. und 33 n. Chr. fiel der 14. Nisan auf einen Freitag. Folgt man der johanneischen Chronologie (welche plausibler erscheint), so lässt sich als Todestag Jesu der 14. Nisan 30 n. Chr. annehmen. Nach unserem heutigen Kalender wäre das dann der 07. April 30 n. Chr. gewesen.

| **Synoptiker**<br>**Mk – Mt – Lk** | | **Joh** |
|---|---|---|
| 14. Nisan<br>Rüsttag zum Pessah-Fest<br>Nachmittag: Schlachtung der Pessah-Lämmer im Tempel<br>Abends: Pessah-Mahl | *Gründonnerstag*<br>Letztes Abendmahl<br>Ritus mit Brot und Wein<br>Gebet am Ölberg<br>Gefangennahme | 13. Nisan |
| 15. Nisan<br>1. Festtag von Pessah | *Karfreitag*<br>Prozess vor Pilatus<br>Verurteilung<br>Kreuzigung<br>Grablegung | 14. Nisan<br>Rüsttag zum Pessah-Fest<br>Nachmittag: Schlachtung der Pessah-Lämmer im Tempel<br>Abends: Pessah-Mahl |
| 16. Nisan<br>2. Festtag von Pessah | *Karsamstag*<br>Sabbat<br>Tag der Grabesruhe | 15. Nisan<br>1. Festtag von Pessah |
| Jesu Abendmahl = Pessah-Mahl<br>→ Geschichte von der Befreiung aus Ägypten als Hintergrundfolie für die Einsetzung des Neuen Bundes | | Hinrichtung Jesu findet zeitgleich mit der Schlachtung der Pessah-Lämmer statt<br>→ Jesus als das wahre Pessah-Lamm |

| **Synoptiker Mk – Mt – Lk** | | **Joh** |
|---|---|---|
| Problem: Kreuzigung am höchsten jüdischen Feiertag denkbar? | | Problem: Letztes Abendmahl als vorgezogenes Pessah-Mahl? |

## Jesu Geburtsort

Dass Jesus in Betlehem geboren worden ist, wie es die lukanische Weihnachtsgeschichte erzählt, ist in der Forschung weitgehend umstritten. Gewichtig ist hier vor allem, dass das Narrativ des Lukas eine Komposition ist, die unverkennbar theologischen Motiven folgt. Nach prophetischer Verheißung ist Betlehem, die Heimatstadt des König Davids, jener Ort, aus dem der davidische Messias kommen muss (vgl. Micha 5,1). Nazareth jedenfalls hätte diese Erwartung nicht erfüllen können. Die Verlegung des Geburtsortes nach Betlehem erscheint bei Lukas zumindest reichlich konstruiert: Dass man zu einem Zensus in die Heimatstadt reisen musste, um sich dort erfassen zu lassen, ist aus der römischen Praxis nicht bekannt. Auch erscheint Betlehem außerhalb der neutestamentlichen Kindheitsgeschichten nicht mehr. Wenn über Jesus gesprochen wird, dann wird er mit Nazareth als seiner Heimatstadt in Verbindung gebracht.

Freilich gibt es auch Gründe, die für Betlehem sprechen: Die unabhängige Überlieferung bei Mt und Lk zum Beispiel. Oder das hohe Alter der Betlehem-Tradition, die immerhin bis in die Mitte des ersten Jahrhunderts zurückreicht.

Letztendlich lässt sich über den Geburtsort Jesu mit Bestimmtheit nichts Genaues sagen. Historisch wahrscheinlicher ist klar Nazareth. Doch sollte auch Betlehem nicht ganz abgeschrieben werden, auszuschließen ist es jedenfalls nicht gänzlich.

## Jesu Heimat

Nazareth war seine Heimatstadt (vgl. Mk 1,9.24; Mt 21,11; Joh 1,45f u.a.), er selbst wird als „Nazarener" bezeichnet (z.B. Mk 1,24). Für Lukas, der Betlehem als Geburtsort etabliert, ist Nazareth die Stadt, „wo er aufgewachsen war" (Lk 4,16). Auch Joh weiß um die Herkunft aus diesem Ort, wenn er dem Natanael in den Mund legt: „Kann aus Nazareth etwas Gutes kommen?" (Joh 1,46).

Nazareth selbst war zu Jesu Zeiten wohl ein unbedeutendes Dorf, das fernab der großen Handelsstraßen im galiläischen Bergland lag. Die antiken Quellen schweigen zu Nazareth, archäologisch jedenfalls ist eine Besiedlung zur Zeitenwende belegt. Ganz in der Nähe und nur wenige Kilometer entfernt lag eine weit wichtigere Stadt: Sepphoris. Für Herodes Antipas war sie bis 19 n. Chr. die Hauptstadt Galiläas, bevor er mit Tiberias seinen neuen Metropolsitz am See Genesareth schuf.

## Jesu Familie

Der Name „Jesus" ist eine Kurzform von „Jehoschua", was ins Deutsche übertragen so viel bedeutet wie „JHWH ist Heil". Salopp könnte man sagen: Bei Jesus ist der Name Programm, er ist derjenige, der „sein Volk mit der Erfahrung des Heils beschenkt" (Lk 1,77).

Die Mutter Jesu heißt Maria (hebräisch Mirjam) und dürfe zur Zeit seiner Geburt wohl um die 15 bis 17 Jahre alt gewesen sein. Der Vater (richtigerweise: Adoptiv- bzw. Ziehvater) ist Josef, der vielleicht 20 oder 25 Jahre zählte. Von ihm erzählen nur die Kindheitsgeschichten, im Zuge des öffentlichen Wirkens Jesu kommt ihm keine Bedeutung zu. Die Tradition erzählt, dass Josef schon früh gestorben sei, weshalb er in den Evangelien nicht weiter auftaucht.

Josef übte den Beruf des Zimmermanns aus (vgl. Mk 6,3); im Griechischen wird hier ein Begriff verwendet, der weiter ist: τεκτων. Damit ist ein Bauhandwerker gemeint, also jemand, der alle Arbeiten verrichtet, die anfallen, wenn ein Haus errichtet wird. Nach den damals üblichen Sitten dürfte Jesus diesen Beruf von seinem Vater erlernt haben, er war also ein Handwerker.

Die Schulbildung Jesu hat sich wohl auf das Wesentliche beschränkt. Einen Zugang zu den biblischen Schriften erhielt er im Synagogengottesdienst, wobei er dort besonders mit den Texten des Propheten Jesaja in Berührung gekommen sein muss. Oftmals bilden sie die Hintergrundfolie für sein eigenes Wirken und Predigen.

Ob Jesus leibliche Geschwister hatte, ist eine diffizile Frage. So berichtet Mk 6,3 von den Brüdern Jakobus, Joses, Judas und Simon und von einigen Schwestern, die noch in Nazareth leben. Wie dies zu verstehen ist, darauf gibt es drei konfessionell unterschiedliche Antworten: Die orthodoxen Kirchen gehen davon aus, dass es sich hierbei um Kinder Josefs aus seiner ersten Ehe gehandelt hatte; die katholische Tradition sagt, es seien Verwandte im weiten Sinne gewesen (also Cousins und Cousinen); und in der protestantischen Exegese wird die Deutung vertreten, Maria und Josef hatten nach Jesus noch andere leibliche Kinder. Für welche Antwort man sich entscheidet, hängt daran, inwiefern es wichtig ist, dass Maria auch nach der Geburt Jesu noch Jungfrau war. Aus exegetischer Perspektive jedenfalls spricht nichts dagegen, dass es sich bei Mk 6,3 um leibliche Geschwister Jesu handelte; doch auch die Deutung einer Verwandtschaft im weiten Sinne kann nicht ausgeschlossen werden.

**Zum Weiterlesen:**

Gerd Theißen/Annette Merz: Der historische Jesus. Ein Lehrbuch, Göttingen [4]2011.

John P. Meier: A marginal Jew. Rethinking the historical Jesus [bisher sind fünf Bände erschienen], New York 1991/1994/2001/2009/2016.

Jens Schröter: Jesus. Leben und Wirkung, München 2020.

Jens Schröter: Jesus Handbuch, Tübingen 2017.

# Welche christologischen Hoheitstitel gibt es?

Im Neuen Testament werden mehrere Hoheitstitel für Jesus verwendet. Sie entstammen dem alttestamentlichen Kontext und wollen dadurch darauf aufmerksam machen, dass sich in Jesus die Verheißungen des Alten Bundes erfüllt haben. Die Person Jesu markiert deshalb keinen Bruch mit dem Alten Testament, sondern sie steht ganz und gar in Kontinuität zu den Erwartungen des Gottesvolkes Israel. Das wollen die Hoheitstitel deutlich machen.

## Sohn Davids

Immer wieder wird Jesus als „Sohn Davids" oder „Sohn Gottes" charakterisiert. Im Hintergrund steht dabei prominent die Natanweissagung (2 Sam 7,1–17), in welcher dem Haus David ewiger Bestand vorhergesagt wird. Das also bedeutet: In Jesus wird der dynastische Anspruch der Davididen aufgegriffen, er ist der eschatologische Messiaskönig aus dem Haus Davids, der in pharisäisch-rabbinischen Kreisen zur Zeitenwende erwartet wurde.

**Verwendung in den Evangelien**
In den Evangelien ist der Titel „Sohn Davids" dabei von unterschiedlicher Bedeutung: Für Mk ist Jesus der Sohn Davids, er gebraucht den Titel allerdings spärlich (10,47f u. 12,35); Mt bezeugt die Davidsohnschaft gar schon im ersten Vers seines Evangeliums (1,1) und rezipiert den Titel häufig (z.B. 9,27; 12,23; 15,22); auch Lk rekurriert in seiner Kindheitsgeschichte sehr eindeutig auf die Davidsohnschaft (z.B. die Geburt Jesu in der Stadt Davids, 2,4 u. 2,11), ist aber im Folgenden in seinem Evangelium dem Titel gegenüber sehr zurückhaltend (nur 18,38f u. 20,41). Joh kennt den Titel zwar, bezieht ihn aber nicht auf Jesus (nur 7,42). Paulus verwendet den Titel in Röm 1,3, um damit die Menschlichkeit des Gottessohnes zu unterstreichen. Schon bei den frühen Kirchenvätern verliert sich allerdings die Spur von „Sohn Davids", da sein eschatologisch-messianischer Bedeutungsrahmen nicht mehr wahrgenommen wird.

## Gottesknecht

„Gottesknecht" war zur Zeitenwende keiner der messianischen Titel. Wenn er für Jesus verwendet wird (wie in Mt 12,18; Apg 3,13.26; Apg 4,27.30), dann wird damit auf eine Vorstellung rekurriert, die sich bei Deuterojesaja findet. Dort und im gesamten AT werden unterschiedliche Personen aus der Geschichte Israels als „Knecht Gottes“ bezeichnet. So zum Beispiel Mose, David, einzelne Propheten oder ganz Israel, wie es bei Jesaja heißt: „Du aber, Israel, mein Knecht, Jakob, den ich erwählt habe (...)“ (41,8).

**Rezeption im Neuen Testament**
Neutestamentlich ist der Titel höchst zögerlich rezipiert worden. Lukas, der ihn zwar verwendet, behält seine ursprüngliche Weite bei: Als „Knecht Gottes“ versteht er Menschen, die von Gott als sein besonderes Werkzeug in Dienst genommen wurden, um damit seinen Heilsplan auf Erden zu verwirklichen. Das ist kein exklusiv für Jesus gebrauchter Titel, sondern er wird auch bei Lukas für viele andere Personen verwendet. Jesus ist der, der „zu den Gesetzlosen gerechnet wurde“ (Lk 22,37, vgl. Jes 53,4f), der „heilige Knecht“ (Apg 4,27.30), der jetzt erhöht ist. Auf dem Tempelplatz bekennt Petrus von ihm: „Der Gott Abrahams, Isaaks und Jakobs, der Gott unserer Väter, hat seinen Knecht Jesus verherrlicht (...)“ (Apg 3,13).

Mt, der sich immer wieder auf das AT bezieht, um dadurch die Stellung Jesu hervorzuheben, nutzt das jesajanische Gottesknechtlied, zum Nachweis, dass sich im heilenden Handeln Jesu die Schrift erfüllt hat (12,15–21; hier wird Jes 42 zitiert).

Obwohl der Titel noch in der Didache verwendet wird, gerät er bald schon außer Gebrauch. Ein Grund hierfür war, dass sich die Bezeichnung Jesu als „Sohn“ immer weiter durchsetzte und den „Knecht“-Titel in den Hintergrund drängte.

## Prophet

Alttestamentlich hat es für diesen Titel vor allem ein herausragendes Beispiel gegeben: Mose. Von ihm heißt es: „Einen Propheten wie mich wird dir der HERR, dein Gott, aus deiner Mitte, unter deinen Brüdern erstehen lassen. Auf ihn sollt ihr hören. Der HERR wird ihn als Erfüllung von allem erstehen lassen, worum du am Horeb (...) gebeten hast, als du sagtest: Ich kann die donnernde Stimme des HERRN, meines Gottes, nicht noch einmal hören (...). Damals sagte der HERR zu mir: (...) Einen Propheten wie dich will ich ihnen mitten unter ihren Brüdern erstehen lassen. Ich will ihm meine Worte in den Mund legen und er wird ihnen alles sagen, was ich ihm gebiete.“ (Dtn 18,15–18)

**Erwartung eines endzeitlichen Propheten**
Und im Blick auf die endzeitliche Wiederkunft des Propheten Elija heißt es im letzten Buch des AT (und damit unmittelbar an der Schwelle zum NT): „Seht, ich sende meinen Boten; er soll den Weg für mich bahnen (...). Bevor aber der Tag des HERRN kommt, der große und furchtbare Tag, seht, da sende ich zu euch den Propheten Elija (...).“ (Mal 3,1.23)

Das ganze AT ist also durchzogen von der Erwartung eines künftigen Propheten. Die Erfahrung von prophetischem Wirken ist Israel nicht fremd. Die Prophetenbücher des AT gewähren einen guten Einblick, wie Propheten in Israel aufgetreten sind und welche Botschaft sie den Menschen verkündet haben.

**Jesus als Prophet**

Auch Jesus kann man als Propheten verstehen: Er vollzieht Zeichenhandlungen, Droh- und Scheltworte kommen bei ihm ebenso vor, wie bei den alttestamentlichen Propheten, und schließlich ist es ja auch das Zeugnis, das die Menschen über ihn ablegen: „Er ist ein Prophet, wie einer der alten Propheten" (Mk 6,15). Doch bei Licht betrachtet, zeigt sich, dass Jesus durchaus mehr ist, als nur „ein Prophet, mächtig in Tat und Wort" (Lk 24,19). Wo die alttestamentlichen Propheten eine Aussage mit der Botenformel bekräftigen (z.B. „so hat JHWH gesprochen" oder „Spruch des Herrn"), setzt Jesus einen anderen Akzent: „Amen, *ich* sage euch ...". Jesus verkündet seine Botschaft nicht im Auftrag Gottes, sondern weil er selbst göttliche Autorität besitzt. Jesus überbietet den Anspruch der Propheten.

Auffallend ist, dass der Prophetentitel in den Evangelien in der vollen Breite vorkommt: Es sind nicht nur die anderen Menschen, die Jesus als Prophet ansehen (vgl. Mt 21,11; Mk 14,65; Lk 7,16 u.ö.), sondern es scheint, dass er auch sich selbst in der Reihe der Propheten des AT wahrgenommen hat. „Nirgends ist ein Prophet ohne Ansehen außer in seiner Heimat und seiner Familie", sagt Jesus, als er in Nazareth auf Widerstand stößt (Mt 13,57 parr).

**Keine Prophetenchristologie im NT?**

Letztlich ist festzuhalten, dass der Prophetentitel im NT einen breiten Raum einnimmt, was aber nicht reicht, um eine eigenständige Prophetenchristologie auszumachen. Jesus nur als Prophet zu bezeichnen, würde zu kurz greifen. Schon die Apostolischen Väter nehmen Abstand vom Prophetentitel. Dass es nicht reicht, Jesus als Prophet zu verstehen, zeigt ein Vergleich mit dem Zeugnis des Koran, der Jesus ausschließlich mit diesem Titel kennzeichnet.

## Menschensohn

Der Menschensohn-Titel ist schwierig, vor allem dann, wenn er in Beziehung zur Bezeichnung Jesu als „Gottessohn" gesetzt wird. Dabei sind mit dem Menschensohn eine ganze Reihe von Erlösungskonzepten verbunden, die sich seit vielen Jahrhunderten aufgebaut haben und zur Zeitenwende sehr komplex waren. Es ist schwierig zu sagen, ob mit dem Menschensohn schon immer auch eine messianische Erwartung verbunden war, oder ob diese Bedeutungsebene erst später hinzugewachsen ist.

In Q wird die Bezeichnung Menschensohn (aramäisch *bar nāshā*) elfmal verwendet. Es ist der einzige Hoheitstitel, den Q kennt.

**Ein weiter Bedeutungshorizont**

Um die Bedeutung des Menschensohn-Titels zu erschließen, ist zunächst zu fragen, was mit ‚Mensch' *(aenāsh)* eigentlich gemeint ist. Hier lassen sich nach A. Grillmeier vier Ebenen unterscheiden: (1) kollektiv: Gruppe von Menschen, die Menschen überhaupt; (2) singulär: irgendein Mensch (unbestimmt), dieser Mensch (bestimmt); (3) kategorial: der Mensch im Unterschied zu anderen Wesen; (4) als Titel: der Mensch als terminus technicus in apokalyptischen Texten (Jesus der Christus, 42). In diesem Sinne lässt sich ‚Menschensohn' im Zusammenhang mit dem apokalyptischen Text Dan 7,13f als Titel auffassen, welcher mit einem messianischen Bedeutungshorizont belegt zur Zeitenwende in Gebrauch war.

**‚Menschensohn' im Neuen Testament**

Die synoptische Tradition rezipiert den Menschensohn-Titel häufig; im ganzen NT kommt der Menschensohn-Titel nur im Mund Jesu vor – die einzige Ausnahme ist Apg 7,56. Während viele Menschensohn-Worte wohl sekundäre Ergänzungen sind, könnte es aufgrund der Häufigkeit dennoch ein Titel sein, den Jesus selbst verwendet hat. Walter Kasper bemerkt dazu: „Doch gilt die Tatsache, dass es immer Jesus selbst ist, der vom Menschensohn spricht, als starkes Argument dafür, dass hier eine historische Erinnerung vorliegt, dass Jesus also selbst vom Menschensohn gesprochen hat." (Jesus der Christus, 168)

Insgesamt lassen sich drei Gruppen von Menschensohn-Worten in den Evangelien ausmachen: (1) Worte, die von seinem gegenwärtigen Wirken sprechen (z.B. Mk 2,10; Lk 11,30; Mt 8,20); (2) Worte, die das Leiden des Menschensohnes thematisieren (z.B. Mk 8,31; Joh 3,14); (3) Worte, welche den Blick auf die endzeitliche Wiederkunft des Menschensohnes auf den Wolken des Himmels lenken (z.B. Mk 13,26; Mt 24,27; Lk 18,8).

Zusammenfassend lässt sich mit Walter Kasper konstatieren: „Das vielschichte und geheimnisvolle Wort vom Menschensohn bezeichnet Jesus als den eschatologischen Repräsentanten Gottes und seiner Herrschaft sowie als den Repräsentanten der Menschen. An ihm und durch ihn, in seiner Person und seinem Schicksal entscheidet sich die Sache Gottes und der Menschen. Er bringt und ist Gottes Gnade und Gottes Gericht. Vom Menschensohnwort her lassen sich die wesentlichen Entwicklungen der nachösterlichen Christologie verstehen und als legitim erweisen: die Leidens- und Erhöhungschristologie wie die Wiederkunftserwartung, die personale wie die universale Bedeutung Jesu." (Jesus der Christus, 170)

## Jesus Christus

Zunächst ist Jesus ein schlichter bürgerlicher Name, der zur Zeitenwende durchaus beliebt war. Eine herausragende Person in der Geschichte Israels, die den gleichen Namen trug, war Josua. Jesus Sirach deutet den Namen so: „Er wurde seinem Namen entsprechend groß aufgrund der Rettung seiner Erwählten (...)" (46,1). Erst infolge der Auferstehung und Erhöhung wurde der Name Jesus zum Kultnamen, der beim Gottesdienst angerufen wurde. Es ist der Name, „der größer ist als alle Namen, damit alle im Himmel, auf der Erde und unter der Erde ihre Knie beugen vor dem Namen Jesu" (Phil 2,9f). Es ist der Name, in den die Erlösung des Volkes eingeschrieben ist (vgl. Mt 1,21).

### Christus, der Gesalbte

Der Beiname Christus ist die griechische Übersetzung des hebräischen „Messias" (‚Gesalbter'). Der Begriff besitzt eine tiefe Verwurzelung im Alten Testament, wo die Salbung des Königs große Bedeutung besaß: „Samuel sagte zu Saul: Der HERR hat mich gesandt, um dich zum König seines Volkes Israel zu salben" (1 Sam 15,1). Erste messianische Verheißungen finden sich dann bei den Propheten Jesaja und Micha. Dort wird der Messias mit seinen Thronnamen vorgestellt (Jes 9,5), er ist derjenige, auf dem der Geist Gottes ruht (Jes 11,2) und der einen paradiesischen Urzustand wiederherstellt (Jes 11,6–9). Wie König David, so stammt auch der Messias aus Betlehem (Micha 5,1), von dort kommt der Herrscher Israels, der „in der Hoheit des Namens des HERRN" Hirt seines Volkes sein wird (Micha 5,3). In nachexilischer Zeit keimt die Messiashoffnung neu auf; der Prophet Sacharja zeichnet das Bild eines demütigen, frommen, gerechten Messias, der auf JHWH vertraut (vgl. 9,9f). Zusammenfassend lässt sich für das alttestamentliche Verständnis des Messias sagen: Der Messias wird als eine menschliche Gestalt verstanden, die als Nachfahre Davids ein politisches Königtum übernimmt. Die Aufgaben des Messias finden sich vorwiegend im irdischen Bereich.

### Ein Messias – aber kein politischer!

Das Neue Testament leitet einen Bruch mit diesem Konzept ein: Das politische Motiv wird zugunsten einer Konzentration auf den religiösen Aspekt völlig ausgeschlossen. Letztendlich ist es aber diese alte Messiasvorstellung, die zum Grund für die Kreuzigung Jesu wird: Die herrschenden Eliten sehen in seinem Anspruch eine Gefahr für jene Macht, die sie selbst für sich beanspruchen. Eben weil der Messias alttestamentlich als politischer Herrscher konturiert ist, stellt Jesus für die Tempelaristokratie ein Problem dar. Doch Jesus selbst wehrt sich gegen eine solche Vorstellung: Er will nicht als politischer Messias missverstanden werden, weil sein Reich nicht von dieser Welt ist (Joh 18,36). Deswegen befiehlt er auch den Jüngern, „niemandem zu sagen, dass er der Christus sei" (Mt 16,20). Sich selbst als Messias zu bezeichnen, war zur Zeitenwende höchst prekär; bereits mehrere Messiasprätendenten waren aufgetreten und haben vorderhand politisch revoltiert (zu ihnen zählt u.a. Simon bar Kochba, der von 132 bis 135 den Bar-Kochba-Aufstand gegen die Römer anführte). Jesus jedenfalls will sich einem solchen Verständnis entziehen. Als die Menschen kommen, um ihn zu ihrem König zu machen, flieht er in die Einsamkeit (vgl. Joh 6,15). Erst durch die Auferweckung von den Toten wird Jesus zum Vater erhöht zum Christus: „Gott hat ihn zum Herrn und Christus gemacht, diesen Jesus, den ihr gekreuzigt habt" (Apg 2,36). Die Stunde des Kreuzes ist die Stunde seiner Erhöhung zum Vater und damit der Offenbarung, wer dieser Jesus wirklich ist (vgl. Joh 3,14f).

**Gesalbt mit dem Heiligen Geist**
Der Grund, dass Jesus zum Christus wird, liegt in seiner Salbung mit dem Heiligen Geist. So, wie die alttestamentlichen Könige Israels mit Öl gesalbt wurden und dadurch den Geist empfingen (vgl. 1 Sam 10,1ff; 16,13), so wird auch Jesus als der Geistträger schlechthin geschildert. Bei seiner Taufe kommt der Geist auf ihn herab (vgl. Mk 1,10 parr) und bei seiner Antrittsrede in Nazareth bezieht er die Prophetie Jesajas auf seine eigene Person: „Der Geist des Herrn ruht auf mir; denn er hat mich gesalbt." (Lk 4,18) Gesalbt mit dem Heiligen Geist ist Jesus der Messias.

Als die Verkündigung des auferstandenen Gekreuzigten die Grenzen des jüdischen Kernlandes verlässt, erfährt der Christus-Titel eine radikale Wandlung. Im heidnischen Milieu ist der Hintergrund des Messiasverständnisses nicht bekannt. Der Christus-Titel verweist dort nicht mehr auf seine alttestamentarischen Wurzeln, sondern wird zu einem Eigennamen, der mit dem Namen Jesus verbunden wird (vgl. Röm 5,21; 6,23; 7,25; 8,39 usw.). Entscheidend ist hier nicht mehr die Verbindung zwischen David und Christus, sondern zwischen Adam und Christus (vgl. Röm 5,12–21). Transformiert in die Kategorien der paganen Umwelt verliert der Christus-Titel seine ursprünglichen Zuschreibungen und wird nur mehr zu einer Bezeichnung, bei der die uralten Erwartungen und Hoffnungen, die auf den Messias gesetzt wurden, nur noch latent mitschwingen. Oder mit anderen Worten: Aus dem Messias, der ein irdisch-politisches Königtum aufrichtet, ist ein Messias geworden, mit dessen Auftreten das Gottesreich in dieser Welt seinen Anfang genommen hat.

## Kyrios/Herr

In fast allen neutestamentlichen Schriften, ausgenommen die Johannesbriefe, ist der Titel „Herr" vertreten. Besonders in einem alten Gebetsruf, den u.a. Paulus rezipiert, kommt dieser Hoheitstitel zum Tragen: „Marana tha – Unser Herr, komm!" (1 Kor 16,22; auch Offb 22,20). Paulus denkt vom erhöhten Herrn her und ruft um dessen Wiederkommen in diese Welt; der Gebetsruf trägt also eindeutig eine eschatologische Färbung. Für Paulus ist klar: „Einer ist der Herr: Jesus Christus“ (1 Kor 8,6). Damit nimmt Paulus das alttestamentarische ‚Schema Jisrael‘ auf und unterzieht Dtn 6,4 einer christologischen Relecture: „Höre, Israel! Der HERR, unser Gott, der HERR ist einzig!“ Paulinisch bezieht sich dieses Bekenntnis zur Einzigkeit auf den einzigen Herrn Jesus Christus. Wer an ihn glaubt und ihn bekennt, dem wird Rettung zuteilwerden (Röm 10,9f).

Mit Dtn 6,4 ist auch der alttestamentliche Bedeutungshorizont dieses Hoheitstitels angerissen: ‚Kyrios‘ ist in der LXX die Übersetzung von JHWH. Doch Kyrios besitzt auch eine politische Dimension, war es doch einer jener Titel, den die römischen Kaiser für sich beanspruchten und daraus ihre göttliche Verehrung ableiteten. Der Kyrios-Titel ist daher doppelt konnotiert: religiös und politisch. Das zieht aber immer auch die prekäre Frage nach sich, zu welchem Kyrios man sich letztendlich bekennt. Mit Paulus gesprochen: Einer ist Kyrios: Jesus Christus. Wer sich zu Jesus bekennt, der duldet keine anderen Herren und zwar weder politisch, noch religiös. Dieser Herrschaftswechsel drückt sich dann vor allem in der paulinischen Tauftheologie aus: Wer auf den Herrn Jesus Christus getauft ist, der ist gestorben für die Sünde und der Macht des Todes entrissen, er lebt sein Leben für Christus und empfängt die Gabe Gottes, das ewige Leben (Röm 6).

**Zum Weiterlesen:**

Alois Grillmeier: Jesus der Christus im Glauben der Kirche. Band I: Von der Apostolischen Zeit bis zum Konzil von Chalkedon (451), Freiburg i.Br. u.a. 1990.

Ferdinand Hahn: Christologische Hoheitstitel. Ihre Geschichte im frühen Christentum, Göttingen [5]1995.

# Wie ist Jesus mit kranken Menschen umgegangen?

Die βασιλεία ist nicht nur das Thema von Jesu Verkündigung, sie wird in Jesu Leben und Handeln konkret erfahrbar. Deswegen ist auch die Beziehung Jesu zu seinen Mitmenschen ganz vom Evangelium der anbrechenden βασιλεία geprägt: Er wendet sich besonders denen zu, die sein Mitgehen und seine Nähe am meisten brauchen. Er schenkt den Menschen die Liebe Gottes, Jesus macht die Menschen, die zu ihm kommen, heil. Gerade in dieser Zugewandtheit zu den Kranken realisiert sich die βασιλεία schon heute.

## In Jesus bricht die βασιλεία an

Jesus ist der Anbruch der Gottesherrschaft *in persona*, sagt der Kirchenvater Origenes, wenn er Jesus als *autobasileia* bezeichnet. Jesus predigt den Beginn der Königsherrschaft Gottes nicht nur, er lebt ihn auch. Mit anderen Worten: Durch Jesu Leben wird die angebrochene Gottesherrschaft inmitten der Lebenswelt der Menschen erfahrbar. Das ist eine sehr entscheidende Einsicht, die Jesus auch von Johannes dem Täufer unterscheidet: Der Anbruch der βασιλεία wird nicht nur verkündet, er ist im Leben und Handeln dessen, der die βασιλεία proklamiert, bereits hier und heute erfahrbare Wirklichkeit. Man könnte auch sagen: Verkündigung und Leben bedingen sich gegenseitig und die Predigt Jesu bleibt so lange ohne wirkliche Bedeutung, solange sie nicht auch durch die ethische Lebenspraxis des Verkündigers eingeholt wird. Die Botschaft von der βασιλεία hat praktische Konsequenzen. Das war Jesus durchaus bewusst und sein Leben ist ein Zeugnis für diese neue Ethik, die sich aus der nahegekommenen Königsherrschaft Gottes ergibt.

## Gott und den Nächsten lieben

Mitte der Lebenspraxis ist das Doppelgebot von der Gottes- und Nächstenliebe, wie es bei Mk 12,28–34 bezeugt ist. Jesus kombiniert darin zwei Gebote aus der Tora und bindet sie untrennbar aneinander: Das *Schema Jisrael* (Dtn 6,4) und das Gebot der Nächstenliebe aus Lev 19,18 verschmelzen bei Jesus zu einer Einheit. Das zeigt etwas sehr Grundlegendes über das Liebes-Verständnis Jesu an: Die Gottesliebe kann nie isoliert sein von der Nächstenliebe. Oder anders: *Wer Gott liebt, der muss auch die Mitmenschen lieben.* Und wer den Mitmenschen etwas an Liebe schuldig geblieben ist, der muss erst dieses Vergehen wieder in Ordnung bringen, bevor er am Altar Gott in rechter Weise sein Opfer darbringen kann (vgl.

Mt 5,23f). Damit erhält die Ethik Jesu eine breite theologische Basis: Ein liebevoller und solidarischer Umgang mit den Mitmenschen erwächst nicht aus einer Ideologie oder irgendeiner Geisteshaltung. Weil Gott die Liebe ist, deswegen müssen auch wir einander lieben, führt der 1. Johannesbrief diese Grundhaltung Jesu fort. Die Nächstenliebe findet ihr Fundament in Gott selbst; die mit der Nächstenliebe verdrillte Gottesliebe ist für Jesus die unhintergehbare Mitte der Tora.

## Gott im Nächsten entdecken

Jesus selbst hat diese doppelt verankerte Liebe in seinem Umgang mit den Menschen mit Leben gefüllt: Was dieses Doppelgebot der Gottes- und Nächstenliebe konkret bedeutet, das macht er mit einem Gleichnis in aller Deutlichkeit erkennbar. Die Parabel vom „barmherzigen Samariter“ (Lk 10,25–37) lehrt nicht nur, dass der Nächste grundsätzlich jeder Mensch ist, auf den man trifft und der Hilfe benötigt, weil er um sein Leben ringt. Es zeigt auch, dass man Gottes Spuren nicht nur dort entdecken kann, wo man sicher ist, sie zu finden (das ist der Fehler, den der Priester und der Levit im Gleichnis begehen). Weil sich die Gottesliebe in der Nächstenliebe konkretisiert, deswegen ist es möglich, Gottes überraschende Präsenz auf einem öden Wüstenweg irgendwo im Nirgendwo des Wadi Quelt zwischen Jerusalem und Jericho zu erfahren. Diese Perspektive radikalisiert sich im matthäischen Weltgericht: Im Umgang mit dem Nächsten entscheidet sich, ob man zum Erben der himmlischen Herrlichkeit bestimmt ist oder sich auf Erden schon für das Gericht entscheidet (vgl. Mt 25,31–46).

## Eine radikale Verschärfung der Tora durch Jesus

Das Entscheidende am Leben Jesu ist nicht, dass er einfach das Liebesgebot der Tora übernimmt, sondern dass er es in einer radikalen Weise verschärft: „Ihr habt gehört, dass gesagt ward: Liebe deinen Nächsten! Und: Hasse deinen Feind! Ich aber sage euch: Liebt eure Feinde, und betet für die, die hinter euch her sind. So werdet ihr Söhne eures Vaters – dem in den Himmeln.“ (Mt 5,43f, Übers. F. Stier) Gottes Liebe ist ohne Schranken; sie ist so, wie der Regen, der auf alle Menschen herabfällt, egal, ob sie gut oder schlecht handeln (vgl. Mt 5,45). Das Leben Jesu ist ein Abglanz jener grenzenlosen Liebe Gottes! Sie macht nicht Halt vor denen, die einem Böses antun wollen. Sondern sie entscheidet sich gerade dort, wo man auch den Feind liebt und wo man „mit ganzem Herzen, mit ganzer Seele und mit ganzer Kraft“ (Dtn 6,5) jenen in Liebe begegnet, die nach menschlichem Ermessen gar keinen liebenden Umgang verdient hätten.

## Das Engagement Jesu für die Outcasts

Jesus wendet sich konsequent denen zu, die von der damaligen Gesellschaft nichts zu erwarten hatten. Nur marginal schildern die Evangelien Szenen, in denen davon berichtet wird, dass Jesus mit den Vornehmen und Reichen verkehrt hätte. Aber umso häufiger erzählen sie uns von Begegnung mit Kranken, mit Aussätzigen, mit Sündern, mit Zöllnern, mit den „Outcasts", die tagtäglich um ihr Leben ringen mussten. Markus berichtet in einer kurzen Passage über das Wirken Jesu in Kafarnaum: „Als es Abend geworden, die Sonne gesunken war, brachten sie zu ihm alle, die übel dran waren, und die vom Abergeist Besessenen. Und die ganze Stadt hatte sich am Tor zusammengedrängt. Und er machte viele heil, die mit mancherlei Gebrechen übel dran waren, und trieb viele Abergeister aus." (1,32–34a, Übers. Fridolin Stier)

Jesus macht die Menschen, die zu ihm kommen, heil. Gerade in dieser Zugewandtheit zu den Kranken realisiert sich die βασιλεία, deren Anbruch Jesus verkündet. Die Schöpfung, deren ursprüngliche Gutheit durch den Sündenfall zerbrochen ist, wird im Handeln Jesu wiederhergestellt. In seinem Leben bricht die neue Schöpfung an, welche die ursprüngliche Schöpfungsordnung wiederherstellt: Alles, was un-heil ist, alle Krankheit und alles Leid hat in dieser neuen Schöpfung keinen Platz mehr. Im solidarischen Umgang Jesu mit den Kranken und Leidenden wird diese neue Schöpfung konkret, über die der Seher von Patmos festhält: „Er wird in ihrer Mitte wohnen und sie werden sein Volk sein; und er, Gott, wird bei ihnen sein. Er wird alle Tränen von ihren Augen abwischen: Der Tod wird nicht mehr sein, keine Trauer, keine Klage, keine Mühsal." (Offb 21,3b-4)

## Die Ethik Jesu als Ethik der βασιλεία

Die Ethik Jesu, die seinen Umgang mit den Outcasts der Gesellschaft prägt, ist die Ethik der βασιλεία. Ihr Zentrum ist das Doppelgebot der Gottes- und Nächstenliebe, an ihm richtet sich das gesamte Leben Jesu aus. Daher wird auch deutlich, warum sich Jesus gerade zu den Menschen gesandt weiß, deren Leben auf dem Spiel steht: Sie sind es nicht nur, denen Gottes Zuwendung zuallererst gilt. Sie sind es auch, an denen der Anbruch der neuen Schöpfung am deutlichsten zum Vorschein kommt. Wo es keine Krankheit mehr gibt, wo Menschen einander unbedingt und bedingungslos annehmen – dort bricht die βασιλεία an, dort beginnt sie zu wachsen und sich durchzusetzen.

**Zum Weiterlesen:**

Gerhard Lohfink: Jesus von Nazaret. Was er wollte, wer er war, Freiburg i.Br. u.a. 2011.

Angelika Stromann: Der historische Jesus: eine Einführung, Paderborn 2012.

Joseph Ratzinger/Benedikt XVI.: Jesus von Nazareth (3 Bände), Freiburg i.Br. u.a. 2007–2012.

# Hat Jesus Wunder vollbracht?

Als Wunder sind Ereignisse qualifiziert, die mitunter auf unvorhergesehene Weise Menschen mit der heiligen und heilbringenden Gegenwart Gottes konfrontieren. Zu vielen Wundertätern, die es in der Antike wohl zuhauf gegeben hat, besteht für das wundertätige Handeln Jesu ein sehr bedeutender Unterschied: Jesus wirkt Wunder nicht um der Wunder willen (vgl. Lk 11,16), sie stehen im Dienst seiner Botschaft von der βασιλεία τοῦ θεοῦ. In diesem Sinn können wohl Exorzismen, Therapien und Normenwunder dem Leben des historischen Jesus zugeschrieben werden.

## Ein enger Wunderbegriff

Im allgemeinen Sprachgebrauch wird der Wunderbegriff heutzutage meist in einem sehr engen Sinn gebraucht: Wunder werden als das unerklärliche und plötzliche Durchbrechen von Naturgesetzen verstanden. Ob eine Spontanheilung von einer Krankheit, das Überleben einer Katze nach einem Hochhauseinsturz oder die Erfüllung eines lang gehegten Kinderwunsches: Solche und ähnliche Ereignisse qualifizieren wir als Wunder, weil sie mit den uns zur Verfügung stehenden Mitteln nicht zu erklären sind. Sie passen nicht in den durch die Naturgesetze definierten Rahmen.

## Wunder im antiken Verständnis

Nun darf man nicht der Versuchung erliegen, unseren heutigen Wunderbegriff in die biblischen Schriften einzutragen. Die Menschen in der Antike haben noch keine Naturgesetzlichkeiten gekannt, deswegen besaßen sie auch ein anderes Wunderverständnis. Wenn etwas geschah, dann nicht, weil es auf natürliche Kausalitäten zurückzuführen wäre, sondern weil es dem Wirken von göttlichen oder bösen Mächten zugeschrieben wurde. Wunder waren für den antiken Menschen Ereignisse, in denen sie die Nähe der göttlichen Mächte auf eine besondere Weise erlebten. Kriterium hierfür war aber nicht allein, dass es sich um außerordentliche Geschehnisse handelte. Auch natürliche Prozesse, wie die Heilung von einer Krankheit oder der ersehnte Regen nach der Dürreperiode konnten als Wunder verstanden werden. Ereignisse, in denen Menschen besonders die Nähe Gottes erleben und erfahren, wurden in der Antike als Wunder bezeichnet.

Das Wunderverständnis des antiken Menschen ließe sich folglich so zusammenfassen: Als Wunder sind Ereignisse qualifiziert, die mitunter auf unvorhergesehene Weise Menschen mit der heiligen und heilbringenden Gegenwart Gottes konfrontieren. Wunder sind daher immer auch relationale Geschehen: Sie drängen den Menschen, eine neue Beziehung zu Gott einzunehmen und von dorther ein anderes Verhalten zu den Mitmenschen an den Tag zu legen. Wo Gott rettet, wo er heilt, wo in einem verwandelnden Augenblick die ursprünglich intendierte Gutheit der Schöpfung zutage tritt: Dort ereignet sich Wunderbares.

## Heilungen im Zeichen der Gottesherrschaft

*In der Lebenspraxis Jesu stehen Heilungen im Zeichen der anbrechenden Gottesherrschaft.* An den Orten, an denen Jesus Menschen aus ihrer Krankheit und Not befreit, wird die βασιλεία τοῦ θεοῦ auf einmalige Weise inszeniert. Gott heilt den Menschen und führt ihn aus der Enge des durch Krankheit und Leiden eingeschränkten Lebensraumes in die Weite jenes Lebensraumes, der Gott selbst ist. Die Botschaft von der βασιλεία ist dabei nicht einfach nur Wortverkündigung. Sie wird für die Menschen, die Jesus begegnen, leibhaft erfahrbar, sie wird erlebbar. Wenn Jesus Dämonen austreibt, wenn er am Sabbat heilt, dann spüren die Menschen am eigenen Leib Gottes unendliche Gutheit, die das Leben in all seinen Dimensionen bejaht und will, dass es ist. Darin unterscheidet sich auch die Verkündigung Jesu von den Gerichtsworten des Täufers Johannes: Gott ist nicht derjenige, der die Axt in der Hand hält, um den Baum umzuschlagen (vgl. Lk 3,9), er ist vielmehr der, der mit offenen Armen auf die Menschen zugeht, um einen jeden mit seiner heilbringenden Nähe zu beschenken. In den Heilungen Jesu konkretisiert sich diese Erfahrung des Rettungshandelns Gottes zugunsten seiner Schöpfung punktuell auf einmalige Weise. Deswegen gehören Wunder auch zum Kernbestand der Jesusüberlieferung.

## Gefahr von Anachronismen

Dabei darf ein Fehler nicht begangen werden: Es wäre zutiefst anachronistisch, vom Standpunkt des 21. Jahrhunderts aus die Vorstellungswelt des 1. Jahrhunderts zu beurteilen. Die Menschen damals haben nicht nach wissenschaftlichen Erklärungen für Spontanheilungen oder Naturphänomene gesucht. Für sie lag das Wunderbare nicht in der Aushebelung von Naturkausalitäten (die sie nicht gekannt haben), sondern darin, dass Gott sich den Menschen als der Rettende und Heilende offenbart.

Wunder besitzen eine zentrale Stelle im Leben Jesu. Im Gegensatz zu manchen beliebten Perikopen (wie z.B. der lukanischen Weihnachtsgeschichte), sind sie durchgängig überall bezeugt und kohärent überliefert. Auffallend ist, dass die ursprünglichen Heilungstraditionen stetig fortgeschrieben, ausgeweitet und vertieft werden. Es entstehen neue Wundergeschichten, die das befreiende Handeln Gottes, das sich in den Heilungen manifestiert, in andere Kontexte übertragen.

## Gattungen von Wundergeschichten

Insgesamt lassen sich mehrere Gattungen von Wundergeschichten unterscheiden:

**(1) Exorzismen**
Jesus befreit Menschen von Dämonen (vgl. Mk 1,21–28); es geht um einen Kampf zwischen guten und bösen Mächten, wobei der Exorzist Jesus am Ende immer die Auseinandersetzung gewinnt. Im Kontext der βασιλεία-Verkündigung heißt das: Dort, wo die Schöpfung von allem Bösen und Dämonischen befreit ist, dort bricht die Gottesherrschaft an. Das Reich Satans ist zerbrochen, er ist aus dem Himmel gestürzt (Lk 10,18). Jetzt ist Gott alles in allem.

**(2) Therapien**
Jesus heilt Menschen von ihren Krankheiten. Von Jesus geht eine solche heilbringende Kraft aus, dass es manchmal schon reicht, ihn zu berühren, um vom Leiden geheilt zu werden (z.B. Mk 5,21–43). Doch solche Heilung geschieht nicht automatisch: „Dein Glaube hat dich gerettet" (vgl. Mk 5,34 u.ö.). Nicht an der Person Jesu hängt die Kraft, die Menschen heil macht, sondern an ihrem Glauben, dass Gott sich ihn ihm seiner Schöpfung auf einmalige Weise zuwendet.

**(3) Normenwunder**
Sie dienen dazu, um eine von Jesus aufgestellte Norm zu legitimieren (z.B. Mk 3,1–6). Dabei machen sie deutlich, dass Jesus nicht nur eine neue Interpretation der Tora verkündet, sondern dass sie sich auch wirklich in dieser Welt durchsetzt, weil Jesus hierzu die Vollmacht besitzt.

**(4) Geschenkwunder**
Jesus beschenkt die Menschen aus freien Stücken mit den Gaben der Schöpfung und macht so die Fülle des Lebens erfahrbar, die Gott selbst ist. Zu dieser Kategorie der Wunder zählen z.B. das Weinwunder bei der Hochzeit zu Kana (Joh 2,1–10) oder die wunderbare Brotvermehrung (Mk 6,35–42). In solchen Geschenkwundern verdichtet sich das größer Denken, zu dem Jesus auffordert (vgl. Mk 1,15),

auf einmalige Weise: Die βασιλεία τοῦ θεοῦ erschöpft sich nicht in einem knausrigen und berechnenden Verhalten, sie konfrontiert den Menschen mit einer Fülle und einem Überfluss von Leben, Liebe und Barmherzigkeit.

**(5) Rettungswunder**
Die Jesusüberlieferung kennt mit der Stillung des Seesturms (Mk 4,35–41) und dem Seewandel (Mk 6,45–52) nur zwei Rettungswunder. Eine rettende Epiphanie des Göttlichen schützt und befreit Menschen vor der Macht des Bösen. Wo die uranfängliche Chaosmacht Menschen zu verschlingen droht, greift Jesus ein, um sie in Gottes Lebensraum zurückzuholen.

**(6) Epiphanien**
Besonders nachösterlich sind Epiphanien bezeugt, in denen der Auferstandene den Seinen im Glanz der göttlichen Herrlichkeit begegnet (z.B. Joh 21,1–14). Auch die Verklärung Jesu auf dem Berg Tabor ist eine solche Epiphanie (Mk 9,2–8); sie projiziert die nachösterliche Herrlichkeit in das Leben Jesu zurück und ermöglicht den Jüngern so, einen Vorausblick auf das zu erlangen, was Jesus nach seinem Leiden und Sterben erwartet.

## Wunder im Leben des historischen Jesus

*Letztendlich lässt sich festhalten: Exorzismen, Therapien und Normenwunder können dem Leben des historischen Jesus zugeschrieben werden.* Mit großer Wahrscheinlichkeit lässt sich ein Ursprung beim historischen Jesus annehmen. Rettungswunder, Geschenkwunder und Epiphanien hingegen setzen den Osterglauben voraus, sie sind also erst nachösterlich entstanden und tragen die Erfahrung von Ostern rückwirkend in das Leben Jesu ein. Die unabdingbare Voraussetzung, um derartige Wunder zu vollbringen, sind übermenschliche Fähigkeiten. Dass Jesus aber als der erhöhte Kyrios zur Rechten Gottes sitzt, ist eine Erkenntnis, die den Jüngern erst nachösterlich aufgeht. Als die Jünger das Leben des historischen Jesus mit der Osterbrille betrachten, stoßen sie auf Erfahrungen, die sie schließlich zu Rettungs-, Geschenkwundern und Epiphanien ausbauen. Solche Wundergattungen sind also nicht völlig vom Leben des historischen Jesus losgelöst. Es sind Interpretationen von Erfahrungen mit diesem Jesus aus Nazareth, die vom Standpunkt von Ostern ausgedeutet und entfaltet werden.

## Wunder im Zusammenhang mit der Botschaft

Im Gegensatz zu vielen Wundertätern, die es in der Antike wohl zuhauf gegeben hat, ist für das wundertätige Handeln Jesu ein sehr bedeutender Unterschied festzumachen: *Jesus wirkt Wunder nicht um der Wunder willen (vgl. Lk 11,16), sie stehen im Dienst seiner Botschaft von der βασιλεία τοῦ θεοῦ*. Thomas Pröpper hält hierzu fest: „Es ist wesentlich, dass die ‚Machttaten' Jesu immer in Bezug auf diesen Sinnhorizont stehen. (...) Wird der Wunderbegriff dagegen ohne Blick auf den Gott Jesu abstrakt durch die Isolierung des Mächtigkeitsmerkmals entworfen, führt er leicht zur Dämonisierung des Gottesgedankens." (Thesen zum Wunderverständnis, 227) Manifest wird das im Vorwurf, den sich Jesus anhören muss: „Mit Hilfe von Beelzebul, dem Herrscher der Dämonen, treibt er die Dämonen aus" (Lk 11,15). Wo Menschen die Wunder Jesu als bloße Mirakel verstehen, dort missverstehen sie ihn und seine Botschaft. Die Wunder Jesu wollen nicht Begeisterung oder Bewunderung für den Wundertäter provozieren, sondern sie setzen den Glauben an Gottes liebender Zugewandtheit zur Schöpfung voraus und bekräftigen ihn zugleich.

**Zum Weiterlesen:**

Ruben Zimmermann u.a. (Hgg.): Kompendium der frühchristlichen Wundererzählungen. Band 1: Die Wunder Jesu, Gütersloh 2013.

Kurt Erlemann: Wunder. Theorie, Auslegung, Didaktik, Tübingen 2021.

# IV. Bibel, Gottes Wort im Menschenwort

## Was ist der Dekalog?

Der Dekalog ist eine Kurzformel des ganzen Gesetzes der Tora. In zehn Geboten und Verboten werden wesentliche Konturen festgelegt, an denen sich das Volk Israel orientieren muss, wenn es sich als Volk Gottes realisieren will. Im Blick steht dabei einerseits die Beziehung des Volkes zu Gott, andererseits die Beziehung der Volksgenossen untereinander.

Das Alte Testament überliefert den Dekalog (= „Zehnwort") gleich an zweifacher Stelle, nämlich in Ex 20 und Dtn 5. Dabei gibt es in beiden Texten sowohl große Übereinstimmungen als auch Unterschiede. Vermutlich ist Dtn 5 älter und man hat bei der Endredaktion des Pentateuch den Dekalog, als zentralen Gesetzestext, noch einmal an den Anfang der Gebote vom Sinai in Ex 20 gesetzt.

Ein Vergleich der beiden Dekalog-Fassungen zeigt Folgendes:

| **Exodus 20,2–17** | **Deuteronomium 5,6–21** |
|---|---|
| Präambel (2) | Präambel (6) |
| (1) Fremdgötterverbot (3) | (1) Fremdgötterverbot (7) |
| (2) Bilderverbot (4–6) | (1) Bilderverbot (8–10) |
| (3) Namensmissbrauchsverbot (7) | (2) Namensmissbrauchsverbot (11) |
| (4) Sabbatgebot (8–11) | (3) Sabbatgebot (12–15) |
| (5) Elterngebot (12) | (4) Elterngebot (16) |
| (6) Tötungsverbot (13) | (5) Tötungsverbot (17) |
| (7) Ehebruchverbot (14) | (6) Ehebruchverbot (18) |
| (8) Diebstahlverbot (15) | (7) Diebstahlverbot (19) |
| (9) Falschzeugnisverbot (16) | (8) Falschzeugnisverbot (20) |
| (10) Begehrensverbot (17) | (9) Begehrensverbot (Frau) (21a) |
| | (10) Begehrensverbot (Güter) (21b) |

### Zwei unterschiedliche Tafeleinteilungen

In der Tradition haben sich unterschiedliche Tafeleinteilungen etabliert: Die Orthodoxie unterteilt zwei Mal fünf Gebote (nach Philo von Alexandrien), Augustin hat in der Fassung des Dtn eine Zäsur nach dem Sabbatgebot vorgeschlagen, wodurch das Verhältnis drei zu sieben zustande kommt (katholische und lutherische Tradition). Dabei unterscheidet Augustin die ersten drei Gebote, welche die

Gottesliebe betreffen, von den restlichen Geboten, in denen die Liebe zum Nächsten im Fokus steht.

## Die Präambel als Lesehilfe

Betrachtet man den Dekalog (nach Dtn 5) im Einzelnen, so fällt auf: Maßgeblich für alle weitere Gesetzgebung ist die Präambel (auch: der Prolog), welche an die Befreiung des Volkes Israel aus Ägypten erinnert. Der Exodus ist die maßgebliche Befreiungstat Gottes, auf die das Volk immer wieder eingeschworen werden soll. Im Kontext der Gesetzgebung heißt das: Weil Gott sein Volk aus dem Sklavenhaus Ägypten in den Lebensraum des Gelobten Landes geführt hat, ist Israel aufgerufen, im gesellschaftlichen Zusammenleben einander Lebensräume zu eröffnen. Das gesamte göttliche Gebot, das im Dekalog in kondensierter Form vorliegt, ist hierfür eine wegweisende Richtlinie. Mit anderen Worten: Weil Israel selbst schon von Gott mit einem neuen Lebensraum beschenkt worden ist, deswegen ist es aufgerufen, diesen Lebensraum durch die Einhaltung bestimmter Gesetze zu bewahren. Den Anfang der Gesetzgebung bilden also nicht die Rechtsvorschriften, sondern die Erinnerung an Gottes heilvollem Handeln an seinem Volk.

## Das Verhältnis zwischen Gott und seinem Volk

Die ersten drei Gebote rücken das Verhältnis zwischen dem Volk und seinem Gott in den Mittelpunkt. Um die Bedeutung dieser Gebote zu umreißen, ist es entscheidend, einen Blick auf den Kontext zu werfen, in dem der Dekalog verortet ist. Denn das Volk Israel lebt in einer Welt, die maßgeblich polytheistisch geprägt ist. Auch JHWH, der Gott Israels, selbst war Teil eines Götterpantheons. Die Dekalog-Gebote sind aber noch nicht von einem strengen Monotheismus geprägt, sondern spiegeln die Monolatrie wider. JHWH ist nicht der einzige Gott, es gibt noch andere Götter (V. 7); aber Israel soll von diesen vielen Göttern nur einen verehren, nämlich jenen Gott, der das Volk aus Ägypten in die Freiheit geführt hat. Das Fremdgötterverbot zeigt: Es mag noch andere Götter geben, aber Israel soll von ihnen Abstand nehmen und sich ganz und gar auf die Verehrung JHWHs konzentrieren. Damit ist ein wesentlicher Schritt hin zu einem späteren Monotheismus getan.

Vermutlich zielen auch die beiden anderen Gebote, das Bilderverbot und das Namensmissbrauchsverbot, auf eine Abgrenzung von anderen altorientalischen Religionen. Alles in allem soll deutlich werden, dass JHWH, der eine und einzige Gott Israels, nicht auf einer Stufe mit anderen Religionen steht. JHWH ist der unverfügbare, der sich nicht in einer Götzenfigur gefangen halten lässt. Er selbst erwählt den Ort, an dem er seinen Namen wohnen lässt und es steht in seiner Freiheit, die Nähe seiner Schekhina den Menschen auch wieder zu entziehen. Sein Name ist unverfügbar heilig, deswegen darf er auch nicht in Zusammenhängen von Meineid oder Prophetie missbraucht werden.

## Das Sabbatgebot

Das Gebot, den Sabbat zu halten, wird in Dtn 5,12–15 geschichtstheologisch, mit einem Verweis auf das Leben im Land Ägypten und den Exodus, entfaltet. In Ex 20,8–11 dagegen folgt die Begründung der Sabbatheiligung mit Bezugnahme zur Schöpfung und dem Ruhen Gottes am letzten Schöpfungstag. Typisch für das Deuteronomium ist dabei die universale Ausweitung des Sabbatgebotes, das nicht nur für die Angehörigen Israels, sondern auch für Sklave und Sklavin, für das Vieh und für alle Fremden gilt. Alle – und das ist die Perspektive, die das Dtn aufreißt –, wirklich alle, sollen im gedenkenden Innehalten am Sabbat die befreiende Gegenwart Gottes erfahren, der alle aufatmen lässt, die seine Nähe suchen.

## Das Elterngebot

Das Elterngebot wird vermutlich hauptsächlich älteren Kindern anempfohlen. Wenn die Eltern alt geworden sind und nicht mehr für ihren eigenen Lebensstand sorgen können, sollen sie nicht hilflos bleiben. Die nachfolgende Generation soll für die vorangehende Sorge tragen und sie bis zum ihrem Ableben unterstützen.

## Das Tötungsverbot und das Verbot der Falschaussage

Das Tötungsverbot weist auf den unbedingten Schutz des Lebens hin und verbietet damit jegliche Auseinandersetzungen, bei denen das Leben eines anderen Menschen gefährdet werden könnte.

In engem Zusammenhang mit dem Tötungsverbot steht das Verbot der Falschaussage gegen den Nächsten. Auch hierbei geht es letztlich um den Schutz des Lebens: Niemand darf aufgrund einer Falschaussage angeklagt oder gar verurteilt werden. Es gilt, die Freiheit eines jeden Menschen zu bewahren und diese nicht vor Gericht in Gefahr zu bringen. Wer unschuldig ist, dessen Unschuld muss gewahrt bleiben.

## Das Ehebruchverbot und das Begehrensverbot der Frau

Das Ehebruchverbot und das Begehrensverbot der Frau korrespondieren miteinander. Wird einerseits der Geschlechtsverkehr mit einer verheirateten oder verlobten Frau verboten, steht andererseits die vollständige Zerstörung einer Ehe durch die willentliche Inbesitznahme der Frau eines anderen Mannes im Fokus des Gebotes.

## Das Diebstahlverbot und das Begehrensverbot von Haus und Hof

Ebenso parallel sind das Diebstahlverbot und das Begehrensverbot von Haus und Hof des Volksgenossen gebaut: Meint Diebstahl das Aneignen von etwas Partikularem, z.B. einer einzelnen Sache oder eines Menschen, zielt das Begehrensverbot auf das Universale, also den gesamten Grundbesitz des Nächsten. Beides ist verboten. Denn es würde einem Mitmenschen seinen Lebensraum entreißen oder ihn vollends eingrenzen.

**Zum Weiterlesen:**
Josef Wehrle: Der Dekalog. Text, Theologie und Ethik, Berlin u.a. 2015.

# Welche Bedeutung besitzt der Exodus?

Die Erzählung des Exodus ist für die biblische Theologie der Bezugstext schlechthin. In einer Vielzahl von biblischen Schriften finden sich Querverweise, die auf den Exodus Bezug nehmen. Im Glauben daran, dass JHWH, der eine und einzige Gott Israels, sich einmal als der Retter und Befreier seines Volkes erwiesen hat, wächst das Vertrauen, dass er es immer wieder tun wird, wenn Israel in Bedrängnis und Gefahr ist. Immer, wenn der Lebensraum des Volkes bedrängt und eingeengt wird, wächst der Glaube, dass JHWH seinem Volk einen neuen Lebensraum eröffnen wird. Die Exodus-Erzählung manifestiert sich daher auch zum Kern des JHWH-Glaubens: Gott ist ein Gott, der seinem Volk immer neuen Lebensraum schenkt. Diese Einsicht kann Israel aus der Betrachtung des Exodus gewinnen. Auch im Christentum ist der Exodus bedeutsam: Weil Gott derjenige ist, der sein Volk aus aller Unfreiheit rettet und in die Freiheit führt, ist er auch derjenige, der seinen Sohn Jesus Christus aus den Fesseln des Todes befreit und ihm einen neuen Lebensraum eröffnet, in dem es keinen Tod mehr gibt.

### Ein prominenter Text

Der zentrale Text, der den Auszug der Israeliten aus Ägypten und das Meerwunder schildert, findet sich in Ex 13,17–14,31. Er berichtet darüber, wie Gott das Herz des Pharao verhärtet, damit dieser die Verfolgung der Israeliten aufnimmt, wie die Israeliten trockenen Fußes durch das Meer ziehen, während das ägyptische Heer in den Wogen des Meeres umkommt und wie das Volk Israel aus der Sklaverei in die Freiheit des Gelobten Landes ziehen darf. Eine poetische Verarbeitung dieses Textes findet sich schließlich in Ex 15, dem Siegeslied, das Mose und Mirjam in den Mund gelegt ist und das Geschehen vom Schilfmeer noch einmal rekapituliert.

### Zahlreiche innerbiblische Querverweise

Wie wichtig diese Erzählung vom Exodus aus Ägypten für biblische Theologie ist, zeigen die zahlreichen Querverweise, die sich auf den Auszug beziehen (vgl. z.B. Ps 77,12–21; Ps 136,11–15; Jes 43,16–17; Dtn 11,3–4; Neh 9,9–12). Während alttestamentlich immer wieder auf den Exodus verwiesen wird, kommt die Erinnerung an den Auszug aus Ägypten im Neuen Testament nur sehr marginal vor (Apg 7,36; 1 Kor 10,1–2; Hebr 11,29). Alles in allem ist die Erinnerung an jenen Gott entscheidend, der in der größten Notsituation das Schreien seines Volkes hört und es „mit starker Hand und hoch erhobenem Arm“ (Dtn 26,8) in die Freiheit führt. Das Heilshandeln Gottes an den Israeliten, die in Ägypten Frondienste leisten, wird zum Paradigma für den Glauben an einen Gott, der sich immer wieder für sein Volk einsetzt und ihm neuen Lebensraum eröffnet: „Ich aber, ich bin der HERR, dein Gott, vom Land Ägypten her; einen Gott außer mir sollst du nicht kennen. Es gibt keinen anderen Retter als mich.“ (Hos 13,4)

## Ex 13–14: Kein Text aus einem Guss

Nimmt man die Meerwundererzählung aus Ex 13–14 genauer in den Blick, fällt auf, dass es sich keineswegs um einen komponierten Text handelt, sondern um eine Perikope, bei der sich mehrere redaktionelle Bearbeitungsschichten ausmachen lassen. Dadurch werden auch die zahlreichen Spannungen und Doppelungen erklärbar, die den Text durchziehen: In Ex 14,5 wird z.B. zunächst dem Pharao gemeldet, „das Volk sei geflohen“, woraufhin der König von Ägypten davon spricht, die Israeliten seien „aus unserem Dienst entlassen“ worden. Flucht und Entlassung stehen hier in einem Vers unverbunden nebeneinander und weisen auf eine redaktionelle Bearbeitungsschicht hin. Ebenso Ex 14,21f: Hier wird berichtet, das Meer sei „durch einen starken Ostwind“ fortgetrieben worden und die Israeliten konnten in das Meer hineinziehen, „während rechts und links von ihnen das Wasser wie eine Mauer stand“. Stellt man sich das Beschriebene bildlich vor, dann ist das kaum mit der Begründung durch den starken Ostwind vereinbar. Dieser hätte das Meer zwar zurücktreiben können, dabei wäre aber kein Weg entstanden, der zwischen dem Wasser hindurchführt.

## Mehrere Autoren und ein alter Kern

Einigermaßen sicher lassen sich so in Ex 13–14 Anteile ausmachen, welche einem priesterschriftlichen Autor zuzuweisen sind und solche, welche von einem nicht-priesterschriftlichen Redaktor verantwortet wurden. Die poetische Verarbeitung der Meerwundererzählung in Ex 15 ist ebenfalls jüngeren Datums. Man hat es hier nicht mit einem alten Lied zu tun, sondern eher mit einem Text, der vorgibt, alt zu sein. Besonders die Zionstheologie, die den Text prägt, könnte ein Indiz dafür sein, dass Ex 15 eine relativ junge Dichtung ist (z.B. „du führtest sie machtvoll zu deiner heiligen Wohnung“, 13b; „Du wirst sie hinbringen und auf den Berg deines Erbes einpflanzen, den du, HERR, zu deiner Wohnstätte gemacht hast“, 17).

## Der Exodus – ein historisches Ereignis?

Bleibt die Frage, inwiefern Ex 13–15 eine Begebenheit erzählt, die sich wirklich historisch zugetragen hat. Aufgrund eines Mangels an Quellen, lässt sich wohl mit einiger Sicherheit formulieren, dass es keinen Exodus gegeben hat, bei dem eine große Zahl an Israeliten aus Ägypten geflohen ist, so, wie das der biblische Text vermuten ließe. Es ist daher auch müßig, nach archäologischen Quellen zu suchen, die einen solchen Exodus belegen würden. Nimmt man jedoch an, dass es bei dem Ereignis, auf welches Ex 13–15 rekurriert, zumindest einen historischen Kern gibt, lässt sich dieser so umschreiben: Vielleicht gab es kleinere Gruppe von Israeliten, die einstmals im Machtbereich des ägyptischen Pharao lebten und diesen auf irgendeine Art und Weise verließen. Dieser Umstand jedenfalls, bei dem die Israeliten vielleicht von Streitkräften des Pharao verfolgt wurden und diese abschütteln konnten, wurde schon zu einem sehr frühen Zeitpunkt als rettende Befreiungstat des Gottes JHWH gedeutet. Was auch immer sich historisch wirklich zugetragen hat, entscheidend ist, dass man es bald theologisch verarbeitet hat. Nicht aus eigenem Geschick kann sich Israel aus der Macht des Fremdherrschers lösen, sondern allein im Vertrauen auf JHWHs rettenden Beistand können die Israeliten Ägypten verlassen und in die Freiheit ziehen. Das ist der Kerngedanke, von dem aus sich alles weitere, was in den biblischen Schriften erzählt wird, entfaltet.

## Rezeptionsgeschichte des Exodus

Wichtig ist daher auch die Rezeptionsgeschichte des Exodus-Ereignis: Im Glauben daran, dass JHWH, der eine und einzige Gott Israels, sich einmal als der Retter und Befreier seines Volkes erwiesen hat, wächst das Vertrauen, dass er es immer wieder tun wird, wenn Israel in Bedrängnis und Gefahr ist. Oder mit anderen Worten: Immer, wenn der Lebensraum des Volkes bedrängt und eingeengt wird (z.B. bei der Belagerung Jerusalems durch die Assyrer oder im babylonischen Exil), wächst der Glaube, dass JHWH seinem Volk einen neuen Lebensraum eröffnen wird. Die Exodus-Erzählung manifestiert sich daher auch zum Kern des JHWH-Glaubens: Gott ist ein Gott, der seinem Volk immer neuen Lebensraum schenkt. Diese Einsicht kann Israel aus der Betrachtung des Exodus gewinnen.

Bis heute nimmt daher die Erinnerung an den Auszug aus Ägypten eine zentrale Stellung im Judentum ein: Bei der Feier des Pessah-Festes gedenken die jüdischen Gläubigen bis heute jener Nacht, in der Gott sein Volk aus der Sklavschaft der Ägypter befreit hat. Im Begehen des Sedermahles am Vorabend von Pessah wird der Exodus so in die Gegenwart geholt, als seien die Gläubigen heute Weggenossen der Israeliten, die damals von Gott in die Freiheit geführt worden sind.

Aus der Erfahrung der Befreiungstat Gottes, die sich im Exodus manifestiert, lässt sich das Leben heute gestalten. Und wer darauf vertraut, dass Gott auch heute wieder rettend eingreift und den Menschen immer neuen Lebensraum eröffnet, dessen Leben gestaltet sich anders.

## Osternacht und Auszug

Auch im Christentum nimmt die Rezeption des Exodusgeschehens eine zentrale Stellung ein. So heißt es im Exsultet, dem Lob auf die Osterkerze, das in der Osternacht gesungen wird: „Dies ist die Nacht, in der unsere Väter, die Söhne Israels, aus Ägypten befreit und auf trockenem Pfad durch die Fluten des Roten Meeres geführt hat." Die Erzählung aus Ex 14 ist daher auch jene Lesung, die in der Osternacht nicht ausfallen darf und Jahr für Jahr wieder gelesen wird. Im Zuge der Feier des österlichen Triduums bildet der Auszug aus Ägypten die Folie, auf der sich erst das verstehen lässt, was die christliche Gemeinde in dieser Nacht feiert: Weil Gott derjenige ist, der sein Volk aus aller Unfreiheit rettet und in die Freiheit führt, ist er auch derjenige, der seinen Sohn aus den Fesseln des Todes befreit und ihm einen neuen Lebensraum eröffnet, in dem es keinen Tod mehr gibt. Jede Eucharistiefeier ist daher nicht nur Feier von Jesu Leiden, Tod und Auferstehung, sondern immer auch Erinnerung an den Gott des Exodus, jenen Retter und Befreier, der Partei für die Menschen ergreift, die sich zu ihm bekennen, und sie hineinführt in die Weite eines neuen Lebensraumes.

**Zum Weiterlesen:**

Gabriele Theuer: Gott und Gewalt. Die theologische Herausforderung der Exodus- und Landnahmetexte und ihre religionspädagogische Relevanz, Stuttgart 2020.

Carolin Neuber (Hg.): Der immer neue Exodus. Aneignungen und Transformationen des Exodusmotivs, Stuttgart 2018.

Matthias Ederer/Barbara Schmitz (Hgg.): Exodus. Interpretation durch Rezeption, Stuttgart 2017.

# Was geschah auf dem Apostelkonzil?

Das Apostelkonzil bildet einen markanten Punkt, der an der Schaltstelle zur Evangeliumsverkündigung in aller Welt steht. Die Frage, die verhandelt wird, lautet: Müssen Heiden erst Juden werden, um Christen zu sein? Die Antwort ist ein Kompromiss: Heiden müssen nicht das Gesamt des jüdischen Gesetzeskorpus einhalten, sondern nur die wesentlichen Reinheitsgesetze beachten.

## Die Kirche im Werden

Die Apostelgeschichte erzählt in vielfältigen Episoden, wie der Auftrag des auferstandenen und in den Himmel aufgefahrenen Herrn realisiert wird: Das Evangelium wird verkündet, zwar nicht bis an die Enden der Erde, aber in Apg 28 hat es immerhin das Zentrum des Imperium Romanum erreicht. Die Anfänge der Kirche werden dabei wesentlich vom Pfingstereignis bestimmt, das in Apg 2 erzählt wird: Weil die Apostel den Heiligen Geist empfangen haben, deswegen können sie hinausgehen in die Welt und allen Völkern das Evangelium verkünden. Wenn sich die Apostel plötzlich in fremden Sprachen reden hören (vgl. Apg 2,6), dann bedeutet das nichts anderes, als dass sie die Botschaft von der nahegekommenen Gottesherrschaft überall auf dieser Welt weitersagen können und von den Menschen verstanden werden. Aus einer kleinen Bewegung, die sich auf einen winzigen Fleck in Galiläa konzentriert hat, wird in der Apostelgeschichte die Kirche, die überall auf dem Erdkreis eine Heimat findet.

## Neue Probleme für die junge Kirche

Mit dieser Wachstumsbewegung sind erhebliche Probleme verbunden: Das Evangelium wird nicht mehr nur Menschen verkündet, die jüdischen Glaubens sind, sondern vornehmlich Menschen, die einem paganen Glauben anhängen. Und die zentrale Frage, die dabei wesentlich aufs Tableau rückt, lautet: *Müssen Menschen erst Juden werden, um Christen werden zu können? Das zieht natürlich weitere, tiefgreifendere Fragen nach sich, die vor allem das Verhältnis zwischen Judentum und Christentum betreffen. Müssen Heiden, wenn sie sich für den christlichen Glauben entscheiden, auch beschnitten werden? Müssen sie auch die jüdischen Speisegebote einhalten? Oder werden die jüdischen Gebote letztendlich obsolet, weil der christliche Glaube sich vom Judentum eben doch fundamental unterscheidet?*

## Das „Apostelkonzil"

Um diese Fragen, die mit der Missionstätigkeit verbunden sind, zu klären, treffen „die Apostel und die Ältesten" (Apg 15,6) in Jerusalem zusammen. Traditionell wird diese Versammlung als „Apostelkonzil" bezeichnet, wenngleich man heute eher den Begriff „Apostelkonvent" vorzieht.

Zunächst wird hier die grundsätzliche Frage thematisiert, die das Verhältnis von Juden und Heiden in den Blick nimmt (15,1–5): Auslöser ist hier vor allem die Missionstätigkeit des Paulus und Barnabas, die im Zuge ihrer Evangeliumsverkündigung zahlreiche Heiden zum christlichen Glauben bekehrt hatten. Die Position der Judenchristen wird dabei klar hervorgehoben: „Man muss sie beschneiden und von ihnen fordern, am Gesetz des Mose festzuhalten" (15,5). Um diese Streitfrage zu lösen, werden die Apostel in Jerusalem konsultiert.

## Muss man zuerst Jude werden, um Christ zu sein?

Vorderhand tritt Petrus auf, der sich grundsätzlich für die Heidenmission ausspricht (15,6–12). Als Zeugen für die Verkündigung des Evangeliums unter den Heiden werden Paulus und Barnabas von der Versammlung angehört, die von ihrer Missionstätigkeit berichten (15,12). Anschließend ergreift Jakobus das Wort, um eine Kompromisslösung vorzubereiten (15,13–21): Unter Rezeption eines Zitates aus dem Propheten Amos (9,11f) sieht er die Heidenmission grundsätzlich gerechtfertigt. Auch eine Einhaltung sämtlicher jüdischer Gebote scheint er für überzogen zu halten: „Darum halte ich es für richtig, den Heiden, die sich zu Gott bekehren, keine Lasten aufzubürden" (15,19). Jakobus regt dagegen an, Heidenchristen müssten lediglich die zentralen Speisevorschriften einhalten, nämlich „Verunreinigungen durch Götzenopferfleisch und Unzucht" vermeiden sowie „weder Ersticktes noch Blut essen" (15,20; vgl. Lev 17,6–14). Damit scheint eine einvernehmliche Lösung erreicht zu sein, welche Heidenchristen nicht gänzlich vom Judentum ausschließt, ihnen aber auch nicht die Gesamtheit des jüdischen Gesetzes auferlegt.

Mit 15,22–29 wird die von Jakobus angeregte Kompromissformel nun von den versammelten Aposteln ratifiziert. Sie stellen ein Dekret aus, in dem die in Jerusalem getroffene Vereinbarung nun auch den Heidenchristen in Antiochia, Syrien und Kilikien mitgeteilt wird. Über die Aufnahme der Entscheidung des Apostelkonventes berichtet schließlich 15,30–35: Die Gemeinde von Antiochia nimmt das Schreiben der Apostel entgegen, verliest es und stimmt den Beschlüssen zu.

## Wegweisende Entscheidung für die Kirche

Der Bericht über den Apostelkonvent in Apg 15 markiert eine wegweisende Entscheidung für die junge Kirche. Nicht nur, dass die Apostel hier erstmals ein grundlegendes Problem verhandeln müssen. Sie geben der Kirche auch eine fundamentale Orientierung mit auf den Weg, indem sie das Verhältnis zwischen Judenchristen und Heidenchristen in großer Deutlichkeit bestimmen. Mehr noch: *Sie machen darauf aufmerksam, dass es zwischen beiden Gruppierungen keinerlei Unterschied gibt.* Wenngleich die Heidenchristen auch nicht die Gesamtheit der jüdischen Gebote einhalten, sind sie dennoch gleichberechtigt. Damit trifft der Apostelkonvent eine Entscheidung, die fundamental ist für das Leben der jungen Kirche.

Wie die Verhandlungen in Jerusalem vonstattengegangen sind, davon berichtet auch ein Augenzeuge in einem persönlichen Bericht: Paulus. In Gal 2,1–14 legt er seine eigene Sicht auf die Dinge dar. Dabei hebt Paulus besonders seine eigene Stellung hervor: Während Petrus die Verkündigung des Evangeliums für die Beschnitten (also für die Juden) anvertraut ist, ist Paulus zu den Unbeschnittenen (also den Heiden) gesandt (2,7f). Ihnen soll, ebenso wie den Juden, das Evangelium verkündet werden.

**Zum Weiterlesen:**

Thomas Söding: Das Apostelkonzil als Paradebeispiel kirchlicher Konfliktlösung. Anspruch, Wirklichkeit und Wirkung, in: Joachim Wiemeyer (Hg.): Dialogprozesse in der Katholischen Kirche. Begründungen, Voraussetzungen, Formen, Paderborn 2013, 25–34.

Oda Wischmeyer/Eve-Marie Becker (Hgg.): Paulus. Leben, Umwelt, Werk, Briefe, Tübingen $^{3}$2021.

Michael Wolter: Paulus. Ein Grundriss seiner Theologie, Göttingen $^{3}$2021.

## Was sind die zentralen Inhalte der Bergpredigt?

In der Bergpredigt, die bei Mt 5,1–7,29 überliefert ist, fasst Jesus die gesamte Ethik der anbrechenden βασιλεία zusammen. Jesus hebt dabei nicht das Gesetz des Alten Bundes auf, er verschärft es vielmehr in seinen wesentlichen Teilen. Die Mitte der Bergpredigt bilden das Vaterunser und die Goldene Regel – zwei Texte, welche die Ethik der βασιλεία in Kurzform darlegen.

### Inszeniertes Evangelium

Was sich in Mt 5,1–7,29 finden lässt und als Bergpredigt bekannt ist, ist vor allem eines: nämlich eine Inszenierung. Weite Teile der matthäischen Bergpredigt finden sich auch bei Lukas in seiner „Feldrede" (6,20–49). Beide haben sich wahrscheinlich am selben Textmaterial aus Q bedient, aber Matthäus hatte bei der Konzeption dieses Redematerials eine klare Aussageabsicht: Er macht seine Bergpredigt zum zentralen Text in seinem Evangelium, in dem Jesus seine gesamte Lehre entfaltet. Daher erweitert er auch den Umfang des vorgefundenen Materials, mehr, als das Lukas für seine Feldrede tut.

### Das Programm Jesu in Kurzform

Für Matthäus trägt die Bergpredigt programmatische Züge. Die Frage, auf welchem Berg sie wohl gehalten wurde, ist eigentlich obsolet, denn sie ist eine literarische Inszenierung, die Matthäus sehr bewusst mit alttestamentlichen Motiven anreichert und an zentralen Texten des Alten Bundes orientiert. Schon das Setting ist hierfür wegweisend: „Als Jesus die vielen Menschen sah, stieg er auf einen Berg. Er setzte sich und seine Jünger traten zu ihm. Und er öffnete seinen Mund, er lehrte sie und sprach: (...)" (Mt 5,1f). Matthäus zeichnet Jesus als einen zweiten Mose, der nicht mehr am Horeb die von Gott erhaltenen Gesetze verkündet, sondern der auf dem neuen Berg aus eigener, göttlicher Autorität die Gesetze des Neuen Bundes dem Volk mitteilt. Jesus ist der souveräne Lehrer, der – wie einst die jüdischen Rabbinen – auf dem Lehrstuhl Platz nimmt, um dadurch seine Autorität deutlich zu machen. Schon die ersten beiden Verse der Bergpredigt sind daher wegweisend. Hier zeigt sich, welche Bedeutung Matthäus der nachfolgenden Lehre beimisst; es ist die Ethik, die das Zusammenleben des Gottesvolkes regelt, das zusammenzurufen die Sendung Jesu ist.

Die Bergpredigt folgt diesem Aufbau:

| | |
|---|---|
| 5,1f | Einleitung |
| 5,3–12 | Die Seligpreisungen |
| 5,13–16 | Das Doppelbildwort vom Salz und Licht |
| 5,17–20 | Über die Erfüllung der Weisheit Gottes |
| 5,21–48 | Die neuen Thesen |
| 6,1–4 | Vom Almosen |
| 6,5–15 | Vom Beten – Das Vaterunser |
| 6,16–18 | Vom Fasten |
| 6,19–34 | Von der rechten Sorge |
| 7,1–5 | Vom Richten |
| 7,6 | Von der Entweihung des Heiligen |
| 7,7–11 | Vom Vertrauen beim Beten |
| 7,12 | Zusammenfassung von Gesetz und Propheten: Die Goldene Regel |
| 7,13f | Von den zwei Wegen |
| 7,15–20 | Von den falschen Propheten |
| 7,21–23 | Vom Erfüllen des Willens des Vaters |
| 7,24–27 | Bildwort vom klugen und törichten Hausbau |
| 7,28f | Reaktion auf die Rede Jesu |

## Die Seligpreisungen

Nach der knappen Einleitung, in der Matthäus den äußeren Rahmen der Bergpredigt schildert, folgt mit den Seligpreisungen ein prägnanter Einstieg in die Rede. Die Armen, die Trauernden, die Sanftmütigen, die Hungernden und Dürstenden werden als Erben des Himmelreiches bestimmt. Damit greifen die Seligpreisungen ein Motiv auf, das sich schon bei Jesaja grundgelegt findet:

> „Der Geist Gottes, des Herrn, ruht auf mir. Denn der Herr hat mich gesalbt; er hat mich gesandt, um den Armen frohe Botschaft zu bringen, um die zu heilen, die gebrochenen Herzens sind, um den Gefangenen Freilassung auszurufen und den Gefesselten Befreiung, um ein Gnadenjahr des Herrn auszurufen, einen Tag der Vergeltung für unseren Gott, um alle Trauernden zu trösten, den Trauernden Zions Schmuck zu geben anstelle von Asche, Freudenöl statt Trauer, ein Gewand des Ruhms statt eines verzagten Geistes. Man wird sie Eichen der Gerechtigkeit nennen, Pflanzung des Herrn zum herrlichen Glanz." (Jes 61,1–3)

Die Sendung Jesu realisiert sich in seinem Umgang mit den Armen und Ausgestoßenen; die βασιλεία beginnt dort zu wachsen, wo gerade diese Menschen das Befreiende und Heilende der Botschaft Jesu am eigenen Leib erfahren. Das Evangelium gilt nicht zuerst denen, die jetzt schon lachen und getröstet sind, es ist nicht für die da, die jetzt schon in Gerechtigkeit und Frieden leben. Das Evangelium muss zuerst denen verkündet werden, die mit sich selbst und ihrem Schicksal hadern, die nicht wissen, ob sie morgen noch am Leben sein werden. Dort, wo das Elend und die Not übergroß sind, nur dort kann sich die Hoffnungsperspektive des Evangeliums wirklich entfalten. Die Menschen, die nicht auf der Sonnenseite des Lebens stehen, werden von Jesus seliggepriesen. Der Grund dieser Seligpreisung ist nicht ihre prekäre Lebenssituation, sondern weil sie die ersten Erben der sich bereits realisierenden βασιλεία sind. Oder mit den Worten Jesu: „Freut euch und jubelt: Denn euer Lohn im Himmel wird groß sein" (5,12).

## Hebt Jesus das Gesetz des Alten Bundes auf?

Immer wieder hat man Jesus vorgeworfen, mit seiner Predigt das Gesetz des Alten Bundes aufzuheben. Und tatsächlich lässt sich der Eindruck nicht verwehren, Jesus habe eigentlich eine andere Botschaft verkündet als jene, die vor allem in den mosaischen Geboten grundgelegt ist. Jesus selbst hat einen anderen Anspruch, den er auf den Punkt bringt: „Denkt nicht, ich sei gekommen, um das Gesetz und die Propheten aufzuheben! Ich bin nicht gekommen, um aufzuheben, sondern um zu erfüllen!" (5,17) Anders gesagt: Zwischen Mose und Jesus passt kein Blatt Papier. Die Bergpredigt als Ablösung des alttestamentlichen Bundesgesetzes zu lesen, verbietet sich daher auch. Freilich: Jesus verändert die Perspektive grundlegend, aber die Grundaussagen bleiben gleich. Hier wie dort geht es darum, die Liebe und Barmherzigkeit Gottes bereits im Umgang der Gesellschaft miteinander zu verwirklichen. In der Verkündigung Jesu aber erhält die Solidarität, die Menschen einander erweisen sollen, einen besonderen Nachdruck.

## Die Antithesen

Vor allem die sogenannten „Antithesen" (5,21–48) können als Absetzung Jesu vom mosaischen Gesetz missverstanden werden. Recht besehen weist das „Ihr habt gehört, das zu den Alten gesagt worden ist ... Ich aber sage euch" in eine ganz andere Richtung. Es geht nicht darum, die Gesetzesverkündigung des Mose an das Bundesvolk außer Kraft zu setzen oder durch ein fundamental neues Gesetz auszutauschen. Das liegt nicht im Ansinnen Jesu, wie er in den Versen zuvor deutlich gemacht hat. Auf der inhaltlichen Ebene wird vielmehr deutlich, was das wirklich Neue an den Thesen Jesu ist:

| Mosaisches Gesetz | Gesetz Jesu |
|---|---|
| Du sollst nicht töten; wer aber jemand tötet, soll dem Gericht verfallen sein. | Jeder, der seinem Bruder auch nur zürnt, soll dem Gericht verfallen sein. |
| Du sollst nicht die Ehe brechen. | Jeder, der eine Frau ansieht, um sie zu begehren, hat in seinem Herzen schon Ehebruch mit ihr begangen. |

Recht besehen sind die Thesen Jesu also keine „Anti-Thesen" im dem Sinne, dass Jesus etwas ganz Neues verkünden würde. Das Gesetz, das Jesus in der Bergpredigt formuliert, ist vielmehr eine Akzentuierung und Verschärfung der alttestamentlichen Gebote. Nicht nur die Tötung eines Menschen ist für Jesus ein Vergehen, das geahndet werden muss. Schon die Tötung eines Menschen in Gedanken, die sich im Zorn über den Bruder und die Schwester ausdrückt, muss sanktioniert werden. Die ethischen Forderungen Jesu gehen damit weit über das hinaus, was der Dekalog und das mosaische Gesetz bestimmen. Die Thesen Jesu stehen dabei ganz im Zusammenhang mit seiner βασιλεία-Botschaft: Denn wenn die βασιλεία bereits anbricht und wenn sie sich schon hier auf Erden verwirklicht, dann müssen Menschen auch so miteinander umgehen, wie es dem sich durchsetzenden Gottesreich entspricht. Von der βασιλεία her sind Jesu ethische Forderungen zu verstehen. Ein bloß halbherziges Miteinander, bei dem immer wieder Schlupflöcher gesucht werden, um sich den Vorgaben des Gesetzes zu entziehen, wird der βασιλεία jedenfalls nicht gerecht.

**Die Antithesen**

1. Vom Töten (V. 21–26)
2. Vom Ehebruch (V. 27–30)
3. Von der Ehescheidung (V. 5,31f)
4. Vom Schwören (V. 33–37)
5. Vom Verzicht auf Gegengewalt (V. 38–42)
6. Von der Feindesliebe (V. 43–48)

Strukturierung durch „Ihr habt gehört, dass zu den Alten gesagt worden ist (...). Ich aber sage euch (...)."

## Vaterunser als Mitte der Bergpredigt

Wer die anbrechende βασιλεία am eigenen Leib zu erfahren bekommt, der ist nicht nur zu einem anderen ethischen Handeln aufgerufen, der muss und kann auch anders beten. Das Vaterunser bildet gewissermaßen die Mitte und das Zentrum der matthäischen Bergpredigt: Wenn Gottes Königsherrschaft bereits angebrochen ist, dann muss man nicht mit vielen Worten plappern, dann genügt es vielmehr, sich im Vertrauen auf Gottes fürsorgende Güte das eigene Leben ganz und gar in die Hände des Abba zu legen, der in allen Situationen für die Menschen sorgt. Das Leben im Licht der sich realisierenden βασιλεία zu gestalten, heißt, sich ganz auf Gott zu verlassen und zu vertrauen, dass er in seiner für den Menschen unbedingt entschiedenen Liebe alles zum Guten führt. Oder, wie es die heilige Teresa von Ávila formuliert: „Nichts soll dich verwirren, nichts dich erschrecken, alles geht vorbei. Wer bei Gott ist, vermisst nichts. Gott allein genügt." Das ist die Grundhaltung, die im Vaterunser zum Ausdruck kommt.

## Gott als „Vater"

Die Anrede Gottes als „Vater" ist im Alten Testament eher ungebräuchlich (z.B. Dtn 32,6), in der Verkündigung Jesu aber durchweg belegt und später auch von der christlichen Gemeinde rezipiert worden (z.B. bei Paulus, Röm 8,15; Gal 4,6). Die Abba-Anrede Gottes kann als Spezifikum der Rede Jesu ausgemacht werden. Für Jesus, der Sohn Gottes ist, mag sie selbstverständlich sein; in der Weitung auf alle Beterinnen und Beter macht sie jedoch ein Doppeltes deutlich: In Christus sind alle Glieder der Gemeinde einander Schwestern und Brüder und somit aufeinander verwiesen. Und in ihr bricht sich die Heilszusage schlechthin Bahn, dass Gott nicht willkürlich handelt, sondern dass er so für die Schöpfung und die Menschen sorgt, wie sich ein guter Vater um seine Kinder kümmert.

## Sorglos leben, weil Gott sich um die Menschen kümmert

So können die Jüngerinnen und Jünger beten: Im Vertrauen darauf, dass Gottes Heil sich in dieser Welt immer mehr durchsetzt, dass er, dessen Name heilig ist, sich um die Menschen sorgt. Aus diesem Grundgebet der christlichen Gemeinde erwächst die Sorglosigkeit, die ganz im Primat des Handelns Gottes gründet. Gott wird die Menschen von ihren Sünden erlösen, er wird nicht in Versuchung führen, er schenkt uns täglich das, was wir zum Leben brauchen: Das ist die Zusage, die das Vaterunser-Gebet wie ein roter Faden durchzieht. Es ist die konzise Zusammenfassung des ganzen Evangeliums, das Jesus verkündet: Die βασιλεία ist so nahe, dass es für den Menschen gut ist, sich aller irdischen Sorgen zu entledigen und das ganze Leben in Gottes Hand zu legen, der den Menschen das verheißene Heil schenkt. Die Aufrichtung von Gottes Reich ist nicht Menschenwerk, sondern die Vollendung der βασιλεία liegt ganz in der Initiative Gottes begründet. Aber ohne menschliches Tun geht es letztendlich nicht: Erst, wo Menschen einander ihre

Schuld vergeben, kann auch die eigene Schuld von Gott vergeben werden. Und erst, wo sich Menschen für den Willen Gottes öffnen und ihn durch ihr Leben und Handeln realisieren, wird es möglich, eine Lebenshaltung einzuüben, in der das Vertrauen auf den Abba alle Sorgen und Mühen um die Durchsetzung des eigenen Willens übersteigt.

## Die Goldene Regel als Zentrumspunkt

Worin besteht nun das Zentrum dessen, was im mosaischen Gesetz grundgelegt ist und von Jesus in der Bergpredigt aktualisiert wird? Jesus bringt es in aller Prägnanz auf den Punkt: „Alles, was ihr wollt, dass euch die Menschen tun, das tut auch ihnen! Darin besteht das Gesetz und die Propheten.“ (7,12)

Diese Grundmaxime der Goldenen Regel hat man in der Rezeptionsgeschichte auch anders formuliert: „Was du nicht willst das man dir tut, das füg auch keinem andern zu!“ Und schließlich hat sie bei Immanuel Kant in seinem „Kategorischen Imperativ“ eine völlig neue Dimension erhalten, wenn er formuliert: „Handle nur nach derjenigen Maxime, durch die du zugleich wollen kannst, dass sie ein allgemeines Gesetz werde.“

Worin besteht nun die Sprengkraft der Goldenen Regel? Zunächst sicher in ihrer Prägnanz. Das, was im mosaischen Gesetz bis in alle Einzelheiten des menschlichen Zusammenlebens hinein detailliert ausformuliert ist, wird bei Jesus auf eine simple Faustformel gebracht. Eine Gesellschaft, in der das Reich Gottes anbrechen kann, braucht Regeln und Gebote. Aber für Jesus gibt es ein Gebot, aus dem sich alle anderen Gesetze und Vorschriften ableiten lassen: Das Gebot des liebevollen Umgangs miteinander, das dort konkret wird, wo man einander nichts antut, was man nicht auch selbst am eigenen Leib und Leben erleiden möchte. Das heißt ganz einfach: Wenn ich selbst geliebt werden möchte, muss ich auch den anderen in liebender Zuwendung begegnen. Wenn ich selbst nicht betrogen werden möchte, darf ich auch selbst nicht betrügen usw.

## Entschärfung oder Verschärfung?

Doch was auf den ersten Blick wie eine Vereinfachung des mosaischen Gesetzes aussieht, ist in Wirklichkeit seine radikale Verschärfung. Denn jetzt gibt es keine Schlupflöcher mehr, durch die man trotzdem ein falsches Verhalten rechtfertigen könnte. Jetzt gilt es, jede einzelne Handlung auf die Waage zu legen und zu überprüfen, ob sie dem Zusammenleben der Gesellschaft dienlich ist oder ob sie dazu missbraucht werden kann, ein inhumanes Verhalten zu rechtfertigen. Das ist ja schließlich auch die Perspektive, unter der sich Kant der Goldenen Regel bedient:

Gesetze für eine Gemeinschaft müssen sich zuallererst am Verhalten des Einzelnen messen lassen. Dort entscheidet sich, ob sie für eine größere Anwendung taugen oder nicht.

**Zum Weiterlesen:**

Dieter Bauer (Hg.): Die Bergpredigt entdecken. Lese- und Arbeitsbuch zur Bergpredigt, Stuttgart 2000.

Eberhard Schockenhoff: Die Bergpredigt. Aufruf zum Christsein, Freiburg i.Br. u.a. 2014.

Manfred Köhnlein: Die Bergpredigt, Stuttgart 2011.

Klaus Wengst: Das Regierungsprogramm des Himmelreichs. Eine Auslegung der Bergpredigt in ihrem jüdischen Kontext, Stuttgart 2010.

# War Maria Jungfrau?

Ob Maria zum Zeitpunkt der Geburt ihres Sohnes Jesus wirklich Jungfrau war, lässt sich natürlich nicht ermitteln. Im Lauf der Theologiegeschichte haben sich drei Stadien der Jungfräulichkeit entwickelt: Maria war Jungfrau bei der Empfängnis, sie war Jungfrau bei der Geburt und sie blieb ihr ganzes irdisches Leben lang jungfräulich. Auch wenn der Glaube an die Jungfräulichkeit Mariens schon sehr alt ist, wird er dennoch kritisch beäugt. Maßgeblich ist dabei vor allem die Frage, was es für den Christusglauben bedeutet, dass Maria zu allen Zeitpunkten ihres Lebens sexuell enthaltsam lebte.

## Maria – die unumstrittene Jungfrau?

In den ersten nachchristlichen Jahrhunderten wurde die Jungfräulichkeit Mariens nicht unbestritten hingenommen. Schon Origenes lässt in seiner Apologie einen Juden auftreten, der behauptet, Jesus habe sich „fälschlich als den Sohn einer Jungfrau ausgegeben", dabei stamme er „aus einem jüdischen Dorf und von einer einheimischen armen Handarbeiterin (...). Diese sei von ihrem Manne, der seines Zeichens ein Zimmermann gewesen, verstoßen worden, als des Ehebruchs schuldig" (Contra Celsum I, 28). Nicht die jungfräuliche Empfängnis sei demnach der Ursprung Jesu gewesen, sondern – salopp gesagt – ein Seitensprung Mariens.

In die gleiche Kerbe schlägt auch Justin, wenn er den Juden Tryphon sprechen lässt: „Übrigens ist in den Mythen der Griechen erzählt, dass Perseus von Danae, einer Jungfrau, geboren worden ist, nachdem Zeus sich auf sie in Gestalt von Gold herabgelassen hatte. Ihr sollt euch schämen, so etwas zu erzählen wie die Griechen. Besser wäre es, ihr würdet von diesem Jesus behaupten, dass er als Mensch von Menschen geboren wurde, und würdet, wenn ihr den Schriftbeweis für seine Messianität gebet, erklären, er sei wegen seines gesetzmäßigen und vollkommenen Lebenswandels zum Christus berufen worden." (Dialogus cum Tryphone 67)

## Konnte Christus von einer Frau geboren werden?

Beide Male steht das Gleiche im Hintergrund: Der christliche Glaube, Christus sei von der Jungfrau Maria geboren worden, wird vonseiten der jüdischen Gläubigen infrage gestellt und kritisiert. Natürlich sind die Kirchenväter vehement gegen solche Vorwürfe vorgegangen und schon Athanasius bemerkt konzise, die Geburt aus der Jungfrau sei der „nicht unwesentliche Beweis seiner Gottheit" (De incarnatione 18). Und für Tertullian ist es geradezu eine Notwendigkeit, dass der „auf eine neue Art geboren werden musste, welcher der Urheber einer neuen Geburt werden sollte" (De carne Christi 17). In der Lektüre der Väter setzt sich diese Lesart jedenfalls immer mehr durch und schon bei Epiphanius von Salamis scheint im 4. Jahrhundert das Bekenntnis zur Jungfräulichkeit Mariens allgemein durchgesetzt, wenn er fragt: „Wo wäre der Mann, wo das Geschlecht, von dem es gewagt worden wäre, den Namen der heiligen Maria auszusprechen, ohne auf Befragen sofort hinzuzufügen den Titel ‚Jungfrau'!" (Panarion Haer. 6)

**(1) Jungfräulichkeit bei der Geburt (virginitas in partu)**
Die Vorstellung, Maria sei auch beim Geburtsvorgang Jesu Jungfrau geblieben, wird prominent im apokryphen Protoevangelium des Jakobus entwickelt, welches um 150 bis 200 n. Chr. entstanden ist. Dort heißt es, dass die Hebamme, die Maria bei der Geburt unterstützte, eine vorbeikommende Frau hinzurief, um die Jungfräulichkeit Mariens zu überprüfen: „Da begegnete ihr Salome, und sie sagte zu ihr: ‚Salome, Salome! Ein neues Schauspiel habe ich dir zu erzählen: eine Jungfrau hat geboren, was doch ihre Natur gar nicht erlaubt!' Da sagte Salome: ‚So wahr der Herr, mein Gott, lebt, wenn ich meinen Finger nicht anlege und ihren Zustand untersuche, so glaube ich nicht, dass eine Jungfrau geboren hat.' (...) Und Salome untersuchte unter Anlegen ihres Fingers ihren Zustand."

### Fronstellung gegen den Doketismus

Freilich wurde durch diese Vorstellung noch einmal das Wunderbare der Geburt Jesu auf herausragende Weise betont. Andererseits aber baute sich dadurch auch ein gewaltiges Problem auf: Denn gegen doketistische Tendenzen, die behaupteten, Jesus habe nur einen Scheinleib besessen, hat die Kirche von Anfang das wahre Menschsein Jesu herausgestellt. Damit aber bricht die Frage auf, wie es sein kann, dass eine Frau nach der Geburt eines Kindes noch Jungfrau sein könne. Lange hat man das Problem einfach offengelassen, sodass noch Augustin an der Wende zum 5. Jahrhundert schreibt: „Wäre durch seine Geburt ihre Unversehrtheit verletzt worden, dann wäre er nicht von einer Jungfrau geboren worden und es würde sich (...) die gesamte Kirche mit ihrem Glaubensbekenntnis (...) im Irrtum befinden" (Enchiridion ad Laurentiom 10,34).

### Kann eine Jungfrau wirklich gebären?

Auch wenn die Lateransynode 649 lehramtlich die unversehrte Geburt aus der Jungfrau bestätigt (DH 503) – gelöst wird das Problem dadurch nicht, eher wird es sogar noch verschärft. Denn wenn Christus uns Menschen in allem gleich wurde, ausgenommen die Sünde (vgl. Hebr 4,15), und wenn die Väter von Chalkedon nachdrücklich bekennen, dass Christus wahrer Gott und wahrer Mensch war (vgl. DH 301), dann bleibt doch die Frage, ob er nicht so geboren werden musste, wie Menschen eben geboren werden. Und es drängt sich noch eine zweite Frage auf: Wie kann die Rede von Maria als ‚Mutter' gewahrt werden, wenn man nicht sagen kann, dass sie ihren Sohn wirklich geboren hat?

### (2) Jungfräulichkeit nach der Geburt (virginitas post partum)

„Nein, auf göttlicher Macht beruht es, dass eine Jungfrau empfing, eine Jungfrau gebar und dennoch immer Jungfrau blieb" (Sermo 22,2): So fasst Leo der Große in einer Predigt zum Weihnachtsfest die drei Phasen der Jungfrauschaft Mariens zusammen. Letztere, also die Jungfräulichkeit Mariens nach der Geburt, entzündet sich vor allem an Mk 6,3, wo von Brüdern und Schwestern Jesu die Rede ist (vgl. S. 126).

Letztendlich meint der Gedanke der *virginitas post partum* nichts anderes, als dass Maria Zeit ihres Lebens keinen Geschlechtsverkehr mit ihrem Ehegatten vollzogen hat. Daraus ergibt sich auch, dass Jesus Einzelkind war und keine leiblichen Geschwister haben konnte.

### (3) Welche Bedeutung hat die Rede von der Jungfräulichkeit Mariens?

Gibt es einen Grund, um für das Bekenntnis zu Jesus als dem Christus an der immerwährenden Jungfräulichkeit Mariens festzuhalten? Prominent hat Joseph Ratzinger Ende der 1960er Jahre diese Frage negativ beantwortet: „Die Gottessohnschaft beruht nach dem kirchlichen Glauben nicht darauf, dass Jesus keinen menschlichen Vater hatte; die Lehre vom Gottsein Jesu würde nicht angetastet, wenn Jesus aus einer normalen menschlichen Ehe hervorgegangen wäre." (Einführung in das Christentum, 222) Einer solchen Vorstellung hat sich vehement Hans Urs von Balthasar verwehrt, der dagegen argumentiert, Jesus könne nicht zwei Väter haben. Ratzinger hat sich später von seiner eigenen Position distanziert, doch lässt sich an ihr sehr gut festmachen, wo die Gräben verlaufen. Denn es geht um nichts anderes als die grundsätzliche Frage, ob die Gottessohnschaft von bestimmten biologischen Dispositionen abhängt oder eben nicht. Dabei sollte das Grundprinzip patristischer Soteriologie im Hinterkopf behalten werden: ‚Quod non est assumptum, non est sanatum – Was nicht angenommen ist, ist auch nicht erlöst'.

**Zum Weiterlesen:**

Gisbert Greshake: Maria – Ecclesia. Perspektiven einer marianisch grundierten Theologie und Kirchenpraxis, Regensburg 2014.

Wolfgang Beinert (Hg.): Handbuch der Marienkunde. Band 1: Theologische Grundlegung, geistliches Leben, Regensburg [2]1996.

# Was ist die ‚Osterbrille'?

Mit Ostern ereignet sich im Leben Jesu etwas Entscheidendes: Die Auferweckung und Erhöhung machen deutlich, dass Jesus wirklich der geliebte Sohn Gottes ist. Wenn man mit diesem Wissen auf das Leben Jesu zurückschaut, zeigt sich, dass dieser Anspruch schon in seinen Worten und Taten implizit zum Ausdruck gekommen ist. Die ‚Osterbrille' aufzusetzen, meint daher nichts anderes, als von Ostern aus auf das Leben Jesu zu schauen und zu erkennen, wie in seinem ganzen irdischen Leben schon seine Göttlichkeit durchgeschienen ist.

## Jesus – nur ein Mensch?

Wer ist Jesus? Diese Frage mag die Menschen damals bewegt haben, die ihn getroffen, die seiner Predigt gelauscht haben. „Wer ist denn dieser, dass ihm sogar der Wind und das Meer gehorchen", fragen die Umstehenden, nachdem Jesus den Seesturm gestillt hat (Mk 4,41b). Wer Jesus ist, das erschließt sich nicht auf den ersten Blick. Freilich: Jesus hat einen Anspruch an sich selbst, den er auch immer wieder offen darlegt: Er ist der Sohn des himmlischen Vaters, der bevollmächtige Verkünder der nahegekommenen Gottesherrschaft, der Anbruch der neuen Welt inmitten der gefallenen Schöpfung. Das zumindest behauptet er von sich selbst. Aber ist es wirklich glaubhaft? Kann man es diesem Menschen aus Nazareth wirklich abkaufen, was er über sich selbst sagt? Die Menschen damals haben gezweifelt. Sie sind mit Vorurteilen auf Jesus losgegangen, weil aus Nazareth doch sowieso nichts Gescheites kommen kann (vgl. Joh 1,46), oder weil sie doch wissen, aus welchem Elternhaus Jesus stammt (vgl. Mt 13,55). Und nicht wenige waren es, die sich seiner Bewegung nicht angeschlossen haben, die ihm nicht geglaubt haben.

Wer ist Jesus? Für seine Zeitgenossen war diese Frage nicht ohne Weiteres zu beantworten. Es mag Indizien gegeben haben, die darauf hinwiesen, dass sein Anspruch wirklich wahr ist. Aber letztendlich wissen wir nicht, inwiefern sich das Leben Jesu vom Leben eines jeden anderen Menschen unterschieden hat.

## Ostern als Bestätigung: Jesus ist der Christus

Einen Bruch bringen schließlich die Ostereignisse mit sich: Die Auferweckung Jesu von den Toten ist die einmalige Bestätigung Gottes, dass Jesus wirklich und wahrhaftig sein eingeborener Sohn ist. Was Jesus zu Lebzeiten behauptet hat, dass wird an Ostern durch göttliche Initiative ratifiziert. Ostern markiert daher auch einen radikalen Bruch: Wer das Leben Jesu von Ostern aus betrachtet, der sieht es mit anderen Augen.

## Mit der ‚Osterbrille' auf das Leben Jesu zurückschauen

Das ist auch mit der „Osterbrille" gemeint: Sie ist gewissermaßen ein Filter, mit dem man sich das Leben Jesu anschaut. Ohne diese Brille sieht man nur einen Menschen, der öffentlich mit einem besonderen Selbstanspruch auftritt. Ob dieser Anspruch allerdings wahr ist, bleibt hierbei offen. Mit der „Osterbrille" auf der Nase, ändert sich die Perspektive: Wer weiß, dass Jesus wirklich der Sohn Gottes ist, der entdeckt in seinem Leben Hinweise und Indizien, an denen sich ablesen lässt, dass Jesus nicht nur leere Worte verkündet, sondern dass seine Worte „Geist und Leben" sind (vgl. Joh 6,63). Wer um Ostern weiß, der erzählt auch die Biographie Jesu anders. Das lässt sich gut an unseren Evangelien ablesen: Sie sind nicht zeitgleich mit dem Leben Jesu verfasst worden, sondern erst nach Ostern entstanden. Das, was mit Ostern offenbar geworden ist, tragen die Evangelisten daher schon in das Leben Jesu vor Ostern ein. Sie wollen damit zeigen: Jesus ist nicht erst nach Ostern zum Sohn Gottes geworden, er war es schon Zeit seines irdischen Lebens. Und wer das Leben Jesu von Ostern aus betrachtet, der sieht in diesem Leben schon immer österliche Momente aufblitzen, in denen sich der Selbstanspruch Jesu als wahr bestätigt.

**Zum Weiterlesen:**

Jürgen Becker: Jesus von Nazareth, Berlin u.a. 1996.

Joachim Gnilka: Jesus von Nazareth. Botschaft und Geschichte, Freiburg i.Br. u.a. $^{4}$1995.

Jens Schröter: Jesus. Leben und Wirkung, München 2020.

# V. Der Mensch in der Schöpfung und seine Zukunft in Gott

# Was ist der Mensch?

Der Mensch ist von Gott geschaffen und mit seinem Atem belebt. Weil der Mensch ein Teil der Schöpfung ist, muss er sich mit allen Geschöpfen solidarisch verhalten. Der Mensch ist auch Gottes Ebenbild: Diese Gottebenbildlichkeit kann dort ihren Ausdruck finden, wo Menschen daran mitarbeiten, dass die Schöpfung ein Lebensraum für alle lebendigen Wesen wird.

## Der Mensch: Ein Wesen aus Staub

Eine erste Perspektive auf die Frage nach dem Menschen bietet der älteste, jahwistische Schöpfungsbericht. *Bei ihm heißt es, dass der Mensch ein Wesen aus Staub ist, dem Gott seinen Lebensatem eingehaucht hat (Gen 2,7).* Damit sind vorderhand zwei Dinge ausgesagt: Zum einen steht der Mensch in einer Abhängigkeit zu seinem Schöpfer, durch die Einhauchung des Lebensodems ist der Mensch bleibend auf Gott bezogen. Wo dem Menschen der göttliche Lebensatem versagt wird, hat er keinen Bestand mehr, sondern zerfällt zu jenem Staub, aus dem er uranfänglich gebildet worden ist (vgl. Ps 104,29f). *Andererseits begründet die Erschaffung des Menschen aus dem Staub der Erde auch seine Bezogenheit auf alle anderen Lebewesen: So, wie z.B. auch die Tiere aus Staub geschaffen sind, ist es auch der Mensch; der Mensch ist mit den Tieren verbunden, die aus demselben Material geformt sind, wie er selbst (vgl. Gen 2,19). Damit steht der Mensch in einer Wechselbeziehung zwischen seinem Schöpfer einerseits und allen Geschöpfen andererseits. Darin muss nicht nur eine Achtung gegenüber Gott gründen, sondern auch eine Solidarität mit allen Geschöpfen.* Das provoziert aber zugleich eine zutiefst realistische Lebenseinstellung, welche der 103. Psalm so formuliert: „Wie Gras sind die Tage des Menschen, er blüht wie eine Blume des Feldes. Fährt der Wind darüber, ist sie dahin; der Ort, wo sie stand, weiß nichts mehr von ihr." (V. 15f) Um das Wissen um die eigene Vergänglichkeit, die in seiner Rückkehr zum Staub der Erde begründet liegt, muss auch die Wertschätzung des eigenen Lebens in dieser Schöpfung wachsen: „Unsere Tage zu zählen, lehre uns! Dann gewinnen wir ein weises Herz." (Ps 90,12)

## Der priesterschriftliche Schöpfungsbericht

Der Blick auf den Menschen wandelt sich im priesterschriftlichen Schöpfungsbericht. Dort wird als Grundaussage in Gen 1,26f angeführt: „Dann sprach Gott: Lasst uns Menschen machen als unser Bild, uns ähnlich! Sie sollen walten über die Fische des Meeres, über die Vögel des Himmels, über das Vieh, über die ganze Erde und über alle Kriechtiere, die auf der Erde kriechen. Gott erschuf den Menschen als sein Bild, als Bild Gottes erschuf er ihn. Männlich und weiblich erschuf er sie." Damit trifft Gen 1 einen wesentlichen Kerngedanken, der das Menschsein näherbestimmt: *Der Mensch ist Ebenbild Gottes* (vgl. dazu auch Gen 5,1.3; Weish 2,23; Sir 17,3f; Ps 8,6).

*Der Mensch ist, so der priesterschriftliche Schöpfungsbericht, nicht nur in ein besonderes Verhältnis zu Gott gesetzt, er ist nicht nur von seinem Lebensodem belebt, sondern jeder Mensch ist die Vergegenwärtigung Gottes in dieser Schöpfung.* Thomas Pröpper schreibt dazu: „Für das Bildsein des Menschen aber heißt das, dass er nicht etwa bloß Repräsentant und Beauftragter Gottes auf Erden, sondern fundamentaler noch seine Erscheinung und Sichtbarkeit ist: ‚Erscheinung der Herrlichkeit Gottes' und ‚indirekte Offenbarung des göttlichen Wesens'." (Theologische Anthropologie, 145f) *Damit scheint im Antlitz des Geschöpfes das Antlitz des Schöpfers selbst auf.* Der Schöpfer wird im Geschöpf erkennbar und geht in ihm nicht auf. Das ist der zentrale Punkt der Anthropologie von Gen 1: *Die Gottebenbildlichkeit begründet eine fundamentale Bezogenheit des Menschen auf Gott, die dem Menschen nicht nachträglich mitgegeben wäre, sondern die ihm in sein Wesen eingeprägt ist. Das heißt aber auch, dass die Gottebenbildlichkeit nicht nur ein Geschenk ist, sie ist immer auch mit einer bleibenden Aufgabe verbunden: der Aufgabe des Geschöpfes, sein Leben und Wirken auf den Schöpfer hin transparent zu machen. Mit anderen Worten: Es ist dem Menschen aufgetragen, seine Gottebenbildlichkeit zu realisieren, durch Wort und Tat, ja sogar durch sein ganzes Leben.* Das ist sozusagen die vertikale Dimension, welche der Gottebenbildlichkeit innewohnt; sie kommt dort zum Ausdruck, wo der Mensch durch sein Leben Gott inmitten seiner Schöpfung präsent werden lässt.

Doch es gibt noch eine zweite Dimension, die sich aus Gen 1,26f ableiten lässt: Die Gottebenbildlichkeit besitzt einen horizontalen Charakter, weshalb sie Karl Barth mit dem Gedanken des sozialen Zusammenlebens einholt. Barth hält hierzu fest, dass die Erschaffung des Menschen auf den Gott rekurriert, der in sich selbst Beziehung ist: „In Entsprechung zu dieser Beziehung und Unterscheidung in Gott selber ist der Mensch von Gott geschaffen: als Gott anzuredendes Du, aber auch als Gott verantwortliches Ich, im Verhältnis von Mann und Frau, in welchem der Mensch des anderen Menschen Du und eben damit und in Verantwortung zu diesem Anspruch gegenüber selber Ich ist." (KD III/1, 222) *Das heißt, so wie Gott selbst Beziehung ist, so ist auch „die Analogie zwischen Gott und Mensch die Existenz im Gegenüber von Ich und Du.* Sie ist zuerst für Gott konstitutiv; sie ist es dann auch für den von Gott geschaffenen Menschen." (KD III/1, 207) Zusammengenommen heißt das: Karl Barth erkennt in der Gottebenbildlichkeit die Begründung dafür, dass der Mensch durch und durch ein Wesen ist, das in Beziehungen lebt. Der Mensch ist keine Monade, die sich selbst genügen würde, und kein Egoist, der allein auf den eigenen Vorteil bedacht wäre. Die Bestimmung des

Menschen als Gottes Ebenbild impliziert vielmehr, dass der Mensch auf ein Du ausgerichtet ist, dem er selbst immer wieder zum Du wird. *Der Mensch kann nicht in sich selbst zu sich selbst finden, sondern er findet sich dort, wo er aus sich herausgeht und sich auf den anderen Menschen hin öffnet. Damit ist Menschsein als Gemeinschaft und Communio definiert, als Sein, das sich erst in unterschiedlichen Beziehungen realisieren kann. Der priesterschriftliche Schöpfungsbericht benennt dabei exemplarisch die kleinste Form des gemeinsamen Lebens: Die Gemeinschaft von einem männlichen und weiblichen Menschen. Gemeint sind aber alle Formen des Zusammenlebens, in denen sich Menschen einander begegnen.* „Das Ebenbild Gottes existiert nur im Plural, als Ich eines Du und in der Gemeinschaft des Wir – und zwar so, dass Menschen gerade in ihrer Humanität einander bedürfen und sich zueinander vermitteln." (Pröpper, Theologische Anthropologie, 153)

## Herrschaftsauftrag

Was aber kann unter einer solchen Perspektive des Aufeinanderverwiesenseins dann der Herrschaftsauftrag bedeuten, den Gen 1 in die Bestimmung der Gottebenbildlichkeit einträgt? Zunächst ist dabei auf die altorientalische Umwelt zu verweisen, besonders auf Ägypten: Dort wurde der Pharao als Ebenbild Gottes verstanden, er war der Repräsentant des Schöpfergottes Re. Hier taucht auch der Begriff auf, der in Gen 1,26 verwendet wird: צֶלֶם *(saelem)*, was man mit „Statue" übersetzen kann. „Da das Abgebildete in dem *saelem* genannten Kunst- oder Bildwerk wirkmächtig präsent ist, lässt sich das Wort am besten mit ‚Repräsentationsbild' wiedergeben." (Janowski, Anthropologie des Alten Testaments, 409) Dahingehend taucht in diesem Vers aber noch eine andere Ähnlichkeitsbestimmung auf, die mit dem Wort דְּמוּת *(demut)* gefasst wird: „etwa unserer Ähnlichkeit". „Während also *saelem* den funktionalen Aspekt der Gottebenbildlichkeit im Sinn des *Repräsentationsgedankens* betont, präzisiert die *demut*-Aussage – um eine Identität von Bild (Mensch) und Abgebildetem (Gott) zu vermeiden – diesen Aspekt im Sinn einer *Entsprechung* des Menschen zu Gott, nicht aber im Sinn einer theomorphen Qualität des gottebenbildlichen Menschen." (Ebd., 410)

Nimmt man diese Bestimmung des Menschen als Repräsentant Gottes ernst, lässt sich auch der Herrschaftsauftrag näher konturieren: Herrschaft im Sinne der beiden zum Einsatz kommenden Worte *radah* (Gen 1,26b) und *kabasch* (Gen 1,28a) zeichnet sich zuerst durch ein „Unterwerfen" oder „Untertan machen" aus. Im Kontext, in dem dieser Herrschaftsauftrag aber formuliert wird, kann dies nur bedeuten: Es muss sich um eine Herrschaft handeln, an der sich ablesen lassen kann, dass der Herrschende ein Repräsentant des lebendigen Gottes ist! Eine solche Art Herrschaft kann deswegen kein Gewaltregime oder eine Tyrannei sein. Dies würde ja der Grundbestimmung des Menschen, Gottes Repräsentant in dieser Schöpfung zu sein, radikal widersprechen. *Wo Menschen sich die Erde untertan machen im Sinne einer Ausbeutung der Schöpfung oder eines sinnlosen Blutvergießens von Mensch und Tier, dort leugnet der Mensch seine Berufung zur Gottebenbildlichkeit.* Ihr wird der Mensch nur dort gerecht, wo sich seine Herrschaft durch den unbedingten Willen auszeichnet, Leben zu bejahen, Leben in all seiner Vielfalt zu befördern und die Schöpfung in ihrer Pluralität zu bewahren. *Wenn der Mensch Repräsentant Gottes in dieser Welt ist, dann bedeutet das zugleich, dass der Mensch auch so Handeln muss, wie es Gott tun würde. Und wenn Gott immer neu sein unbedingtes Ja zu dieser Schöpfung ausspricht, dann kann und darf der Mensch nicht durch ein willkürliches Herrschaftsgebaren die Schöpfung nach seinem eigenen Willen ausbeuten und missbrauchen.* „Die Unterwerfung der Welt darf nicht zur Gefährdung des Menschen führen, wie sie in der Umweltverschmutzung bedrohliche Ausmaße annimmt; Herrschaft des Menschen über Menschen verfälscht das Abbild Gottes." (Wolff, Anthropologie des Alten Testaments, 237)

## Gottebenbildlichkeit christologisch gewendet

Das Neue Testament greift den Gedanken der Gottebenbildlichkeit auf und weitet ihn mit einer christologischen Sinnspitze. So bezieht Paulus in Kol 1,15 die Gottebenbildlichkeit ausdrücklich auf Christus und schreibt: „Er ist Bild des unsichtbaren Gottes". Gottes Herrlichkeit ist sichtbar auf Erden erschienen; was den Blicken aller Menschen entzogen ist, bekommt in Jesus Christus ein menschliches Antlitz. Christus ist die Ikone des Vaters, an seinem Leben und Handeln lässt sich etwas von dem erkennen, wie Gott ist. Durch Christus strahlt etwas von der göttlichen Herrlichkeit in diese Welt hinein. Er ist daher für Paulus nicht nur die Offenbarung Gottes, sondern auch sein Repräsentant in der Welt. Er ist der Vermittler, über den Gott für die Menschen zugänglich wird. Oder, wie es der Hebräerbrief ausdrückt: Christus ist „Abglanz der Herrlichkeit und Abdruck seiner Gotteswirklichkeit" (1,3, Übers. fb).

Paulus weitet diesen Gedanken der Ikonizität aus und bezieht ihn auf alle Glaubenden. Nicht nur Christus spiegelt die Herrlichkeit des Vaters wider, alle sind dazu berufen, diese göttliche Herrlichkeit in ihrem Leben zu reflektieren. Nachdrücklich gilt es, vor allem eines zu betonen: Für Paulus ist diese Gleichgestaltung mit Christus nicht für einige Wenige reserviert. Sie gilt nicht etwa nur den Repräsentanten einer Gemeinde oder jenen, die in ihr einen besonderen Dienst als Apostel, Prophet oder Evangelist ausüben (vgl. Eph 4,11). Jeder, der den Geist Gottes empfangen hat, ist Tochter oder Sohn Gottes. Jeder Getaufte ist dazu auserwählt, Christus zum Bruder zu haben und ihm gleichgestaltet zu werden. „An den Gott Liebenden, die, von Gott gerufen, in Gottes Ruf stehen, wird es Ereignis, daß die Urdefinition des menschlichen Daseins die ist: es teilt durch

Christus und in Christus die Herrlichkeit der Seinsweise dieses erstgeborenen Bruders." (Schlier, Römerbrief, 272) *Für Paulus markiert der Gedanke der Gleichgestaltung keinen Unterschied, sondern radikale Gleichheit. Alle sind dazu ausersehen, Christus gleichförmig zu werden. Dadurch erst zeichnet sich ein Leben aus, das auf den Ruf Gottes Antwort gibt: Dass es im eigenen Tun und Handeln, im eigenen Reden und Denken den erkennen lässt, auf dessen Namen sie getauft sind. Dass man an der Lebenshaltung eines Menschen ablesen kann, dass er Christ ist.* Oder, wie Paulus selbst ausdrückt: „Nicht mehr ich lebe, sondern Christus lebt in mir" (Gal 2,20). Das meint die Gleichgestaltung mit Christus, zu der ein jeder Mensch berufen ist. Aber nicht im Sinne einer blanken Identität, als würde die eigene Person ganz von Christus aufgesogen, sondern so, dass in der endlichen Wirklichkeit des Menschseins die unendliche Lebensfülle Christi mehr und mehr aufscheint. Das ist ein prozessuales Geschehen, welches sich immer neu mit dem Scheitern an den eigenen Ansprüchen auseinandersetzen muss.

Die Pastoralkonstitution des Zweiten Vatikanischen Konzils greift diese Gedanken auf und weist darauf hin, dass Menschen dort zu Ikonen Christi werden, wo sie sich solidarisch zu den Ärmsten der Armen, zu den Notleidenden aller Art verhalten. Man könnte die Spur von *Gaudium et spes* weitergehen und konsequent formulieren: Die Gleichförmigkeit mit Christus konkretisiert sich auf der Straße und bei den Menschen, deren Leben auf dem Spiel steht. Dort werden Menschen zu lebendigen Ikonen des gekreuzigten und auferstandenen Christus. Dann gilt, was Paulus im Galaterbrief formuliert: „Es gibt nicht mehr Juden und Griechen, nicht Sklaven und Freie, nicht männlich und weiblich; denn ihr alle seid einer in Christus Jesus" (3,28). *Die Christusähnlichkeit hängt weder am Geschlecht noch an der Religion oder an einem sozialen Status. Sie wird einzig und alleine an den Orten konkret, an denen man unausweichlich mit der Not des Nächsten konfrontiert wird und genötigt ist, sich zu ihr zu verhalten. Dort offenbart sich, ob durch das eigene Reden und Handeln wirklich Christus in unserer Welt lebendig wird und ob man selbst als Instrument und Werkzeug taugt, um ihn in unserem Alltag gegenwärtig werden zu lassen. In Rückgriff auf Paulus hebt Gaudium et spes hervor, dass nicht das Geschlecht die Christusgleichförmigkeit erzeugt, sondern das Wirken des Geistes (vgl. GS 22). Im Geist und durch den Geist werden Menschen befähigt, „das neue Gesetz der Liebe zu erfüllen" (GS 22).* Im Geist und durch den Geist wird unser unvollkommenes und fragmentarisches Leben durchsichtig auf jenes Leben in Fülle, das wir glaubend erwarten. Im Geist und durch den Geist wird es möglich, dass die Gaben unserer Schöpfung zu Zeichen jener vollendeten Wirklichkeit werden, an der wir heute schon anfanghaft Anteil haben. Wird diese epikletische Dimension ernst genommen, dann weitet sich das Verständnis der Gottebenbildlichkeit trinitarisch aus. Wenn Menschen durch das Wirken des Geistes Christus gleichförmig geworden sind, ist egal, welchen Geschlechts sie sind. Das entscheidende ist, wie sie handeln und ob in ihrem Leben Christus, der auferstandene Herr, erkennbar wird.

## Sind Frau und Mann gleichberechtigt?

Fragt man nach den Geschlechterverhältnissen, bieten die beiden Schöpfungsberichte unterschiedliche Perspektiven an: Die Priesterschrift schreibt in Gen 1,27 von der Erschaffung des Menschen und bemerkt, „männlich und weiblich schuf er sie". Damit ist ausgesagt, dass der Mensch einer geschlechtlichen Differenzierung unterliegt, nämlich jener, die mit dem Begriffspaar männlich und weiblich umschrieben wird.

Anders dagegen das Bild des jahwistischen Schöpfungsberichtes: Er erzählt, dass aus einem einzigen noch nicht geschlechtlich unterschiedenen Menschen (Gen 2,7) das Paar von Mann und Frau gebildet wurde (Gen 2,22ff). Was dabei keineswegs im Fokus des Textes steht, ist eine Hierarchisierung oder Unterordnung der Frau unter den Mann. Vielmehr betont Bernd Janowski die Sinnspitze des Textes in der „hymnisch-poetischen Verwandtschaftsformel (V. 23), die bei *geschlechtlicher Differenz* von Mann und Frau ihre *somatische Gleichheit* betont" (Anthropologie des Alten Testaments, 97). Damit ist die Rolle der Frau wesentlich durch ihre Gleichrangigkeit mit dem Mann gekennzeichnet. Sie alleine ist die passende Gefährtin für den Mann, die es ihm ermöglicht, zu sich selbst und damit zur wesentlichen Grundbestimmung menschlichen Daseins als Sein in Gemeinschaft überhaupt zu finden. So notiert auch Jan Christian Gertz: „Die Tiere sind Mitgeschöpfe, gelten aber nicht als dem Menschen ebenbürtig. Ihre Geselligkeit reicht nicht aus, um das Alleinsein des Menschen zu beenden. Hierzu bedarf es eines tiefen und intimen, auf Gleichrangigkeit beruhenden und auf Gegenseitigkeit hin ausgerichteten Verhältnisses, wie es der weisheitliche Erzähler in der Beziehung zwischen Mann und Frau angelegt findet." (Gertz, Genesis 1–11, 125)

## Noch einmal Paulus

Am Ende müssen wir noch einmal einen letzten Schwenk zur neutestamentlichen Anthropologie machen und uns insbesondere Paulus zuwenden. Mag die Gleichheit zwischen Mann und Frau auch wesentlich in das Menschsein eingetragen sein, so ist es doch Paulus, der mit fragwürdigen Aussagen hier eine gänzlich andere Position bezieht. Prominent sticht hierbei 1 Kor 14,33b-35 heraus: „Wie es in allen Gemeinden der Heiligen üblich ist, sollen die Frauen in den Versammlungen schweigen; es ist ihnen nicht gestattet zu reden: Sie sollen sich unterordnen, wie auch das Gesetz sagt. Wenn sie etwas lernen wollen, dann sollen sie zu Hause ihre Männer fragen; denn es gehört sich nicht für eine Frau, in der Versammlung zu reden." Hebt Paulus damit die fundamentale Gleichheit der Geschlechter auf? Spricht er sich nicht für eine Unterordnung unter den Mann aus und stellt somit die alttestamentliche Anthropologie auf den Kopf?

Zwei Linien sollen hier kurz angedeutet werden, die versuchen, das Problem zu entschärfen: (1) Paulus ist sicher kein Frauenfeind per se. In Gal 4,4 hebt er die Geburt des Gottessohnes „von einer Frau“ hervor und in den Pastoralbriefen erinnert er sich an den Glauben, wie er schon in seiner eigenen Familie gelebt worden ist (2 Tim 1,3); besondere Erwähnung finden bei Paulus die Mutter und die Großmutter des Timotheus (2 Tim 1,5). Paulus tritt offen für Phoebe ein, die in der Gemeinde von Kenchraeae als Diakonin tätig ist (Röm 16,1f) und in Röm 16,7 grüßt er „Andronikus und Junia“, ein Paar, das Paulus aus einer gemeinsamen Gefangenschaft kennt. Kurzum: Paulus kann Frauen gegenüber sehr wertschätzend sein, er engagiert sich für ihren Dienst in den Gemeinden und ist selbst mit Frauen gut bekannt, die in der Verkündigung des Evangeliums tätig sind.

(2) Möglicherweise handelt es sich bei 1 Kor 14,33b-35 um eine spätere Interpolation. Insgesamt macht die Passage einen relativ unpaulinischen Eindruck, gerade, wenn man bedenkt, wie eindringlich sich Paulus für die Diakonin Phoebe einsetzt.

Michael Wolter fasst den Befund jedenfalls so zusammen: „Paulus nimmt (…) auch innerhalb des Gottesdienstes so etwas wie eine Unterscheidung zwischen *sex* und *gender* vor. Er konstruiert dabei ein präzise ausbalanciertes Ineinander von Aufhebung und Bewahrung des Unterschieds zwischen Männern und Frauen. Für aufgehoben erklärt er die Differenz der *sozialen* Rollen im Gottesdienst; darum dürfen Frauen in der Gottesdienstöffentlichkeit ohne Einschränkung reden. Demgegenüber hat der *anthropologische* Unterschied zwischen Mann und Frau, der in der Schöpfung begründet ist, auch innerhalb des Gottesdienstes weiterhin Bestand. Seinetwegen sollen die Frauen ihren Kopf bedecken.“ (Paulus, 266)

Letztendlich stützt ein solches Verständnis den Gedanken, den Paulus in Gal 3,28 entwickelt hat: Geschlechtsspezifische Rollenzuschreibungen sind aufgehoben, Männer und Frauen haben in der gottesdienstlichen Versammlung dieselben Rechte und stehen auf einer Stufe. Dennoch wird die in der Schöpfung grundgelegte Differenzierung des Menschen in unterschiedliche Geschlechter nicht aufgehoben; die Pluralität der Geschlechter erhält bei Paulus in der unterschiedlichen Haartracht ihren Ausdruck.

**Zum Weiterlesen:**

Thomas Pröpper: Theologische Anthropologie (2 Bände), Freiburg i.Br. [2]2012 (Kartonierte Studienausgabe 2015).

Hans Walter Wolff: Anthropologie des Alten Testaments, Darmstadt 2010.

Bernd Janwoski: Anthropologie des Alten Testaments. Grundfragen – Kontexte – Themenfelder, Tübingen 2019.

Aaron Langenfeld/Magnus Lerch: Theologische Anthropologie, Paderborn 2018.

# Was ist das Fegefeuer?

Unter dem Fegefeuer versteht man einen Ort der Reinigung von Sündenstrafen. Nach dem Tod kann ein Mensch nicht sofort zur seligmachenden Anschauung Gottes gelangen, er muss erst im Fegefeuer von seinen Sünden geläutert werden. Da man mit diesem Verständnis oft Angst geschürt hat, ist es besser, vom Purgatorium, also einem Reinigungsort zu sprechen. Damit ist jener Ort gemeint, der dort erzeugt wird, wo Menschen vor dem Angesicht Gottes stehen und mit ihrem eigenen Versagen konfrontiert werden.

## Läuterung und Reinigung von Sündenstrafen

Das Fegefeuer ist ein Ort, der durch eine Begegnung erzeugt wird, nämlich durch die Begegnung zwischen dem Menschen und Gott. In früheren Jahrhunderten wurde die Vorstellung des Fegefeuers als Ort des Gerichts über ein Menschenleben oft genutzt, um damit Angst zu erzeugen. Das Gebet für die armen Seelen im Fegefeuer hatte sich ebenso etabliert wie der Ablasshandel, mit dem die Seelen im Fegefeuer von ihrer Schuldenlast befreit und ihre Leiden verkürzt werden sollten. Noch Matthias Premm fasst in seiner Katholischen Glaubenskunde aus dem Jahr 1953 konzise zusammen: „Es gibt ein Fegfeuer, d.h. einen Läuterungszustand, durch den die abgeschiedenen gerechten Seelen, bevor sie in den Himmel eingehen können, von den noch nicht getilgten Sündenstrafen gereinigt werden." (Glaubenskunde, 599) Es geht also um den Gedanken der Läuterung, ohne die kein Mensch in den Himmel gelangen kann. Dieser Läuterungszustand konnte, so die Tradition, von außen, also von den noch Lebenden beeinflusst werden. Hierzu noch einmal Premm: „Den Hinterbliebenen bereitet es Trost zu wissen, den verstorbenen Angehörigen durch Gebet, Opfer und Almosen helfen zu können, und treibt sie zu diesen edlen Werken an." (Glaubenskunde, 608)

## Fegfeuer in der Schieflage

Diese Gemengelage erzeugte über viele Jahrhunderte hinweg eine eher unheilsame Schieflage: Nicht nur, dass man mit dem Fegfeuer Angst unter den Gläubigen schürte, der Ort der Läuterung wurde auch mehr und mehr mit dem Gedanken der Erlösung verbunden. Die armen Seelen, die sich im Fegfeuer befinden, sind noch nicht erlöst, sie befinden sich in einer Art Zwischenzustand zwischen Himmel und Hölle. Über ihr Schicksal ist noch nicht endgültig entschieden. Daher bedarf es nicht nur der Hilfe der Lebenden, um die armen Seelen zu befreien, es wuchs der Aberglaube, die Seelen der Verstorbenen kehren an bestimmten Tagen auf die Erde zurück, um hier ihr Unwesen zu treiben. Das Fegfeuer wurde im Lauf der Theologiegeschichte zu einem höchst unheilvollen Ort stilisiert.

## Das Prekäre an der Begegnung mit Gott

Sollte also die Vorstellung vom Fegefeuer nicht längst abgeschafft werden, da sie doch keineswegs mit der Grundintention des Evangeliums vom barmherzigen und gütigen Gott vereinbar scheint? Solchen Tendenzen kann letztendlich aber nur eine Absage erteilt werden. Es ist nicht möglich, jenen Ort, der in der Begegnung mit Gott erzeugt wird, zu umgehen. Jeder Mensch muss sich in seinem Tod unweigerlich diesem Ort aussetzen. Kein Mensch kann sich der Begegnung mit Gott im Tod entziehen, der Ort des Fegefeuers, der durch diese Begegnung markiert wird, ist das Schicksal jedes Geschöpfes. Und dieser Ort ist prekär für die eigene Existenz – und gerade darin ist das Furchteinflößende des Fegefeuers begründet.

## Ein durch Begegnung erzeugter Ort

Was aber geschieht in dieser Begegnung mit Gott? Zunächst werden Menschen an diesem Ort mit ihrer eigenen Lebensgeschichte konfrontiert. Die Perspektive jedoch ist nicht diejenige der Bestrafung; die Begegnung mit dem lebendigen Gott taugt nicht dazu, um für Fehler, die man zu Lebzeiten begangen hat, bestraft zu werden. Sie ist vielmehr dazu bestimmt, sich mit der eigenen Biographie auseinanderzusetzen und sich mit ihr zu versöhnen. Es handelt sich dabei um einen erkenntnisreichen Prozess, in dem den Menschen die Augen geöffnet werden: Wir werden mit all dem konfrontiert, was in unserem Leben geschehen ist und wir müssen es im Angesicht Gottes verantworten. Medard Kehl formuliert das so: „In dieser umfassenden ‚Krisis' wird genau das in die ‚Unverborgenheit' seiner Selbsterkenntnis gebracht, was er [also der Mensch, fb] in Wahrheit ist und wer er geworden ist. Es geht ihm unverdrängbar auf, was nur Schein an ihm ist, eben vertuschter Egoismus und abgelehnte Liebe; aber auch umgekehrt das, was von unbedingter Beständigkeit und Gültigkeit an ihm ist, weil es eben ‚wirklichkeitsgemäß', d.h. seiner Wirklichkeit als freies, zur Liebe berufenes Geschöpf Gottes entsprechend gelebt worden ist." (Eschatologie, 284)

Die Begegnung mit Gottes unendlicher Liebe im Tod fasst den Menschen an. Aber ihr Ziel ist es eben nicht, die menschliche Existenz abzuschreiben oder zu verurteilen, sondern ihm den Weg zu eröffnen sich mit der eigenen Lebensgeschichte bis hinein in die dunkelsten Stunden dieses Lebens im Scheitern und Versagen zu versöhnen. „Heilung in der Begegnung mit dem personalen Sinn des Ganzen, mit Gott, schließt ein den Schmerz der Krisis und der Reife; sie ist nicht bloßes Erleiden, sondern verantwortungsvolles Ereignis im Menschen, der als Person, nicht als ein Gegenstand vollendet wird." (Bachl, Über den Tod und das Leben danach, 258) In der Konfrontation mit dem eigenen Unvermögen und den Momenten, in denen der eigene Hass handfeste Formen angenommen hat, mag mancher vor sich selbst erschrecken. Aber gerade in diesem Schrecklichen liegt schließlich das Befreiende des Fegfeuers begründet (vgl. Martin Dürnberger).

### Maja, die kaputte Vase und das Befreien von Angst

Man kann diesen Gedanken mit einem lebensnahen Beispiel konkret nachvollziehen: Maja zerbricht zuhause eine kostbare Vase. Und weil sie sich vor der Bestrafung durch ihre Eltern fürchtet, versucht Maja, das Zerbrechen der Vase geheim zu halten. Mit etwas Kleber kann sie die einzelnen Teile wieder zusammenfügen, doch der angerichtete Schaden bleibt offensichtlich. Maja ist heilfroh, als ihre Mutter die Vase am Abend, als sie nach Hause kommt, nicht entdeckt. Auch am nächsten Tag wird Maja von den Eltern nicht zur Rede gestellt. Doch das Versteckspiel geht an Maja nicht spurlos vorbei: Immer wieder muss sie versuchen, die Mutter von der Vase abzulenken oder sie so zu verstecken, sodass man die Brüche nicht sieht. Jeden Tag, wenn Maja von der Schule nach Hause kommt, fürchtet sie, sich vor der Mutter verantworten zu müssen. Und eines Tages hat Majas Mutter die kaputte Vase tatsächlich entdeckt. Maja entschuldigt sich und die Mutter schlägt vor, gemeinsam eine neue Vase zu kaufen. Die Aufdeckung des Schadens, den Maja angerichtet hat, hat sie von der Furcht, entdeckt zu werden, befreit.

## Unausweichliche Begegnung mit Gott

Der Ort des Fegfeuers kann daher auch nicht abgeschafft oder geleugnet werden. Man muss sich der Begegnung mit Gott aussetzen, damit das eigene, fragmentarische Leben im Tod vollendet werden kann. Menschen erfahren im Augenblick dieser Begegnung eine massive Selbstrelativierung, aus der sie sich erst befreien müssen. Die Konfrontation mit dem, was im eigenen Leben bewusst oder unbewusst Wunden gerissen hat, ist nicht schön und allzu oft arbeiten wir daran, es zu vertuschen oder zu verdrängen. Am Ort des Fegfeuers müssen wir uns all dem aussetzen und verantworten. Doch all dies geschieht nicht, um einer Bestrafung willen, sondern unter dem Vorbehalt des endgültigen Heils. „Die überlieferte Idee" des Fegfeuers, so Gottfried Bachl, „ist ein Ausdruck der Hoffnung, der Mensch werde im Tod durch das Gericht hindurch geheilt und vollendet.“ (Bachl, Über den Tod, 258) Gott will nicht den Tod des Sünders, sondern dass er aufsteht und lebt, lautet der Grundtenor der Evangeliumsverkündigung Jesu (vgl. dazu schon Ez 33,11). Aber Gott will, dass der Mensch ein Leben führt, das frei ist von der Angst, die eigene Lebensgeschichte vor dem Angesicht des richtenden und rettenden Gottes verbergen zu müssen. Gott will dem Menschen im Tod teilhaben lassen an seinem Leben in Fülle, aber der Zugang zu diesem Leben eröffnet sich nur dort, wo sich Menschen mit ihrer Biographie, mit sich selbst und mit den anderen ein für alle Mal versöhnt haben.

**Zum Weiterlesen:**

Gottfried Bachl: Über den Tod und das Leben danach, Graz 1980.

Johanna Rahner: Einführung in die christliche Eschatologie, Freiburg u.a. 2010.

Medard Kehl: Eschatologie, Würzburg ²1988.

Benedikt XVI./Joseph Ratzinger: Eschatologie. Tod und ewiges Leben, Regensburg 2007.

# Was ist die Hölle?

Als Hölle kann man jenen Ort bezeichnen, der durch das endgültige Nein eines Menschen zum Beziehungsangebot Gottes hergestellt wird. Dieser Ort der Hölle ist gekennzeichnet durch die Ablehnung jener Liebe, die Gott im Tod einem jeden Menschen schenken will.

## Nein zur Beziehung mit Gott

Dieser Moment der Begegnung mit Gott, der sich am Ort des Fegfeuers lokalisieren lässt, besitzt einen doppelten Ausgang: Schon in der Verkündigung Jesu lässt sich dies ablesen. So spricht das matthäische Weltgericht (Mt 25,31–46) eindeutig von jenen, die zum ewigen Heil befreit werden, und jenen, deren Schicksal ein ewiger Unheilszustand ist. So, wie man sich in der Begegnung mit Gott für ein Leben in der Beziehung mit seiner unendlichen Liebe entscheiden kann, so kann man dieses Heilsangebot, das Gott im Tod einem jeden Menschen eröffnet, auch unwiderruflich ablehnen. *Hölle meint daher nichts anderes als jenen Ort, der durch das endgültige menschliche Nein zum Beziehungsangebot, das Gott jedem Menschen macht, erzeugt wird.*

## Hölle als ‚reale Möglichkeit'

Geht man davon aus, dass die menschliche Freiheit sich für oder gegen Gott zu entscheiden, auch durch den Tod hindurch Bestand hat, muss der Ort der Hölle als „reale Möglichkeit" (Karl Rahner) angenommen werden. Mit anderen Worten: Wir müssen davon ausgehen, dass es Menschen gibt, die sich im Moment ihres Todes der heilbringenden Gegenwart Gottes verschlossen haben und sein Angebot, im Angesicht seiner liebenden Versöhnung zu leben, ein für alle Mal ausgeschlagen haben. Die Annahme der Hölle ist letztendlich nichts anderes als der Preis einer konsequent dem Menschen zugestandenen Freiheit. Einer Freiheit, die es möglich macht, in allen Augenblicken der menschlichen Existenz Gottes Liebesangebot abzulehnen und sich seiner Nähe zu entziehen. Diese Freiheit gibt es auch am Ort des Fegefeuers. Diesen Gedanken macht schon Thomas stark, wenn er im Blick auf die Frage nach der Beschaffenheit der Leiber der Verdammten formuliert: „Nun haben die Seelen der Bösen zwar eine gute Natur, da diese ja von Gott geschaffen ist; doch werden sie einen ungeordneten und von seinem eigentlichen Ziel abweichenden Willen besitzen" (Summa contra Gentiles, Capitulum LXXXIX). Ihre Seele ist „in Bezug auf den Willen von Gott abgewandt" und sie sind „ihres eigentlichen Zieles beraubt". Diese Willensentscheidung gegen Gott führt Thomas gemäß dazu, dass sich diese Menschen in einem unerlösten Zustand befinden.

## Keine Freiheit ohne Hölle?

Aufgrund der Annahme einer solchen Freiheit lässt sich ein Zustand der Gottferne, den wir als Hölle bezeichnen, auch nicht leugnen oder ablehnen. Eine solche Leugnung wäre ein Angriff auf die menschliche Freiheit, da damit impliziert wäre, dass es am Ort des Fegfeuers nur einen Ausgang gibt: Nämlich das Annehmen des Beziehungsangebotes Gottes und die Erwiderung seiner Liebe. Doch wirkliche Freiheit legt auch das Gegenteil nahe, nämlich die Möglichkeit der Ablehnung dieses Angebotes. Mit Joseph Ratzinger gesprochen findet sich in der Annahme der Hölle sowohl eine Aussage über Gott, als auch über den Menschen: Sie „lässt uns einerseits den bedingungslosen Respekt Gottes vor der Freiheitsentscheidung des Menschen wissen: Gott bietet seine Liebe an, drängt sie aber nicht auf; es zeigt uns andererseits den irreversiblen Charakter der menschlichen Geschichtlichkeit, deren Gesamtentscheidung Endgültigkeitswert hat." (Art. Hölle, 449)

Ob es solche Menschen gibt, die ihr Nein zu Gott auch dann noch aussprechen, wenn sie sich mit seinem Angesicht konfrontiert sehen und unmittelbar von seiner Gegenwart umfangen werden, wissen wir nicht. Mit Rahner gesprochen: Wir müssen die Hölle als reale Möglichkeit denken (sonst gäbe es keine menschliche Willensfreiheit), aber wir dürfen hoffen, dass die Hölle leer ist. Oder, wie Gerhard Ludwig Müller formuliert: „Wer, wie viele und ob überhaupt Menschen bis in den Tod einen radikalen Widerstand gegen die Liebe durchgetragen haben, entzieht sich unserem Wissen nicht nur zufällig, sondern prinzipiell. Wir sollen aber hoffen und beten, dass der allgemeine, sich auf jeden Menschen erstreckende Heilswille Gottes bei allen zum Ziel kommt. (...) In Christus ist die Menschheit definitiv bei Gott angekommen als ihrem einzigen Ziel, mögen vielleicht auch einzelne im Widerspruch zu Gott verharren." (Katholische Dogmatik, 564f)

## Von der Angst, nicht mehr angeschaut zu werden

Wie sich ein Leben in der Hölle anfühlen mag, das kann man mitunter schon zu Lebzeiten erahnen: Wenn eine Beziehung zwischen zwei Menschen zerbricht und der Satz fällt „Ich möchte mit dir nie mehr etwas zu tun haben!" Man mag sich einander entfremdet haben, der Trennungsschmerz wird nachlassen, man denkt nur noch selten an den anderen. Doch bleibt ein geliebter Mensch immer Teil der eigenen Biographie. Und es kommt einem höllischen Zustand gleich, wenn dieser Mensch das Beziehungsangebot endgültig versagt und den Kontakt unwiderruflich abbricht.

Augustin hat diesen Gedanken in einer seiner Predigten so ausgedrückt: „Ein Mädchen sagt vielleicht zu ihrem Geliebten: ‚Trag doch nicht diesen Mantel.' Und er tut es nicht. Sagt sie ihm im Winter: ‚Ich mag dich am liebsten in der kurzen Tunika', so wird er lieber frieren, als sie kränken. Sicher hat sie doch keine Macht, ihn zu bestrafen? (...) Nein, er fürchtet nur eines: ‚Sonst werde ich dich nie wieder anschauen.'" (Zit. nach Ratzinger, Mein Glück ist es, in deiner Nähe zu sein, 467) Von einem geliebten Menschen nie mehr angeschaut zu werden – das ist wohl die prägnanteste Definition jenes Zustandes, den die kirchliche Tradition als Hölle beschreibt.

**Zum Weiterlesen:**

Gottfried Bachl: Über den Tod und das Leben danach, Graz 1980.

Johanna Rahner: Einführung in die christliche Eschatologie, Freiburg u.a. 2010.

Medard Kehl: Eschatologie, Würzburg [2]1988.

Benedikt XVI./Joseph Ratzinger: Eschatologie. Tod und ewiges Leben, Regensburg 2007.

# Was ist der Himmel?

Himmel meint das sich Einlassen auf jene Begegnung mit Gott, die sich im Tod dem Menschen eröffnet. Wenn Menschen Ja zu Gott sagen, sich auf die Beziehung mit ihm einlassen, sich in seine unendliche Liebe fallen lassen, dann sind sie im Himmel.

## Ganzwerden von Fragmenten

Was Himmel bedeutet, das haben wir bereits bei der Auferstehung Jesu angedacht (vgl. S. 89–95). Es meint die Vollendung der menschlichen Existenz, das Ganzwerden des fragmentarischen Lebens in der Liebe jenes Gottes, der uns im Tod entgegenkommt und mit seiner Gegenwart beschenkt.

Im Gegensatz zur Hölle ist der Himmel der positive Ausgang des Begegnungsgeschehens mit Gott am Ort des Fegfeuers: Es ist der Mensch, der Ja sagt zu Gottes Liebesangebot und der sich ganz und gar, mit seiner gesamten Existenz, von Gottes unendlicher Liebe umfangen lässt.

## Du wirst nicht sterben!

Dem auf die Spur zu kommen, was Himmel bedeuten kann, hilft ein Satz des französischen Philosophen Gabriel Marcel (1889–1973), der schreibt: „Einen Menschen lieben heißt, ihm sagen: du wirst nicht sterben" (Geheimnis des Seins, 472). Wer sich einlässt auf die Liebe, die Gott den Menschen im Tod entgegenbringt, der ist befreit aus der Finsternis der Todesnacht, der findet Zugang zu jenem Leben, zu dem uns Christus durch sein Kreuz und seine Auferstehung befreit hat. Sich in seinem Sterben umfangen zu lassen von Gottes Liebe, das meint eingehen dürfen in den Himmel. Oder anders: Sich beständig zusagen zu lassen, ich will, dass du bist, wie du bist, und dass du unbedingt so sein sollst – das sind Himmelsmomente, wie wir sie schon auf Erden erfahren dürfen. Hier freilich nur fragmentarisch und unter dem Vorbehalt, diese Zusage auch wieder zurücknehmen zu können, so, wie manche Liebesbeziehungen scheitern. Dort aber, in der Begegnung mit Gott, dürfen wir erfahren, was es heißt, unbedingt anerkannt zu sein (vgl. Pröpper, Erlösungsglaube und Freiheitsgeschichte, 105), und zwar in der Art und Weise, dass sein Ja, das er zu uns spricht, in alle Ewigkeit Bestand hat.

## Der Himmel ist eine Person

Folgt man dieser Spur, so wird vor allem deutlich, dass es sich bei diesem Verständnis von Himmel nicht um einen geographisch bestimmbaren Ort handelt, sondern um eine Begegnung. In der englischen Sprache kommt diese Differenzierung besser zum Ausdruck als im Deutschen: Hier unterscheidet man zwischen ‚sky', also dem geographischen Himmel, und ‚heaven', womit die religiöse Dimension des Himmels erfasst wird. Himmel „ist somit primär eine personale Wirklichkeit", hält Joseph Ratzinger fest (Art. Himmel, 355). Und weiter: „Himmel ist nicht ein Ort über den Sternen, er ist etwas viel Kühneres und Größeres: das Platzhaben des Menschen in Gott (...), der Himmel ist kein Raum, sondern eine Person, die Person dessen, in dem Gott und Mensch für immer trennungslos eins sind." (Christi Himmelfahrt, 359)

Die Begegnung mit einem Menschen, von dem man unbedingt geliebt wird – mit seiner eigenen, versöhnten Lebensgeschichte, mit allem, was einen auszeichnet und prägt, mit einer unermesslichen Gelassenheit, die das Einlassen auf diese Beziehung eröffnet und schenkt – das ist der Himmel.

**Zum Weiterlesen:**

Gottfried Bachl: Über den Tod und das Leben danach, Graz 1980.

Johanna Rahner: Einführung in die christliche Eschatologie, Freiburg u.a. 2010.

Medard Kehl: Eschatologie, Würzburg [2]1988.

Benedikt XVI./Joseph Ratzinger: Eschatologie. Tod und ewiges Leben, Regensburg 2007.

# Kommen Tiere in den Himmel?

Über das eschatologische Schicksal der Tiere lässt sich aus der Tradition und Theologiegeschichte vorderhand nichts aussagen. Dennoch machen die Schöpfungsaussagen der Bibel deutlich: Gottes Segen liegt auf der ganzen Schöpfung, er will die ganze Schöpfung zur Vollendung führen. Das umfasst nicht nur den Menschen, sondern auch alle Geschöpfe, mit denen sich der Mensch den Lebensraum der Schöpfung teilt. Dahingehend kann gehofft werden, dass Gottes Treue zu seiner Schöpfung auch durch den Tod hindurch Bestand hat und auch die Tiere in Gottes Liebe Vollendung finden.

Zunächst muss eine wichtige Feststellung vorausgeschickt werden: Über das eschatologische Schicksal von Tieren wissen wir direkt nichts. Kein Bibelwort erwähnt in irgendeiner Weise, dass der Himmel auch für Tiere offen ist. Und auch die kirchliche Tradition hat sich mit dieser Frage nie näher auseinandergesetzt. Trotzdem kann man eine Beantwortung versuchen, die das Pferd von Hinten aufzäumt.

## Der Schöpfungssegen für Mensch und Tier

Theologisch tragen vor allem die beiden Schöpfungsberichte hierbei einiges aus: Am fünften und sechsten Schöpfungstag liegt der Fokus auf den Tieren, wobei zunächst die Wassertiere und Vögel, anschließend alle anderen Tiere erschaffen werden (Gen 1,20–25). Zentral ist dabei die Aussage, die Gen 1,22 trifft: „Gott segnete sie". Damit macht der Schöpfungsbericht deutlich, dass auf allen Tieren der besondere Segen Gottes liegt; sie sind nicht nur von Gott selbst ins Dasein gerufen, sondern sie stehen vielmehr bleibend unter seinem Schutz. Die Verbindung zwischen den Tieren und Menschen wird in Gen 1,26 bereits angedeutet, wenn Landtiere und Menschen am selben Tag erschaffen werden. Gen 2,19 vertieft diesen Gedanken noch weiter: „Gott, der HERR, formte aus dem Erdboden alle Tiere des Feldes und alle Vögel des Himmels und führte sie dem Menschen zu". So, wie der Mensch aus Erdboden geformt und zu einem lebendigen Wesen geworden ist, sind auch die Tiere aus dem Erdboden entstanden. Das Material, aus dem Mensch und Tier gemacht sind ist dasselbe, ebenso haben beide Lebewesen ihre Gestalt von Gott selbst bekommen. Freilich sind sie nicht ebenbürtig, denn der Mensch hat die Fähigkeit, die Tiere zu benennen und Gen 2,20 bemerkt ausdrücklich: „Aber eine Hilfe, die dem Menschen ebenbürtig war, fand er nicht."

## Belebt mit dem Atem des Schöpfers

Die Schöpfungsberichte zeigen: Sowohl Mensch als auch Tier sind lebendige Wesen, die ihren Lebensodem von Gott, dem Schöpfer, erhalten haben. Doch nicht nur ihr Lebensbeginn ist identisch, sondern auch ihr Lebensende: Beide sind vom Staub der Erde genommen und kehren dorthin wieder zurück, wie der Prediger Kohelet feststellt: „Denn jeder Mensch unterliegt dem Geschick und auch die Tiere unterliegen dem Geschick. Sie haben ein und dasselbe Geschick. Wie diese sterben, so sterben jene. Beide haben ein und denselben Atem. Einen Vorteil des Menschen gegenüber dem Tier gibt es da nicht. Denn beide sind Windhauch." (Koh 3,19) Damit sagt Kohelet etwas sehr Entscheidendes aus: Wenngleich Mensch und Tier augenscheinlich nicht ebenbürtig sind, weil dem Menschen die Herrschaft über die Schöpfung anvertraut ist (Gen 1,28), laufen menschliches und tierisches Leben auf dasselbe Schicksal zu, dem sie sich nicht entziehen können. „Beide gehen an ein und denselben Ort. Beide sind aus Staub entstanden, beide kehren zum Staub zurück." (Koh 3,20)

## „Gott loben, das ist unser Amt"

Menschen und Tiere sind nicht nur in ihrem Ende vereint, sondern ihnen kommt auch eine gemeinsame Lebensaufgabe zu: Das Lob Gottes, des Schöpfers, nie verstummen zu lassen. „Die wilden Tiere werden mich preisen, die Schakale und Strauße, denn ich lasse in der Wüste Wasser fließen und Flüsse im Ödland, um mein Volk, mein erwähltes, zu tränken. Das Volk, das ich mir geformt habe, wird meinen Ruhm verkünden", heißt es bei Jesaja (43,20f). Und dass nicht nur der Mensch Gott erkennen kann, sondern auch Tiere aktiv Anteil am Heilsgeschehen haben können, macht die Eselin Bileams auf eindrückliche Weise deutlich (vgl. Num 22). Deswegen gilt Gottes Fürsorge nicht nur den Menschen, auch die Tiere dürfen darauf vertrauen, dass Gott sich um sie und ihr Wohlergehen sorgt (Ps 104, 10–30).

Im Blick auf die eschatologische Vollendung der Welt sind daher auch die Tiere miteinbezogen: Paulus notiert, dass die ganze Schöpfung „von der Knechtschaft der Vergänglichkeit befreit [wird] zur Freiheit und Herrlichkeit der Kinder Gottes" (Röm 8,21). Und bei Jesaja bekommen wir im Bild des Tierfriedens einen Eindruck dieser neuen, messianischen Welt (Jes 11,6–9), in der die Tiere selbstverständlich ihren Platz haben.

## Wider den Missbrauch von Tieren

Die biblische Schöpfungstheologie weist auf einen untrennbaren Zusammenhang zwischen den Menschen und den Tieren hin. Mensch und Tier sind einander zugeordnet, sie beleben gemeinsam die Schöpfung Gottes und stehen miteinander unter seiner Segenszusage. „Den Menschen und den Tieren zusammen ist die Erde als Lebensraum übereignet. Der Schöpfergott liebt nicht nur die Menschen, er liebt auch die Tiere, um ihrer selbst willen – und er leidet, wo sie gewaltsam umkommen, wie in Jona 4,10f. in ergreifender und bewegender Weise entfaltet." (Kessler, Das Stöhnen der Natur, 55) Damit ist etwas sehr Wichtiges ausgesagt: Tiere sind keine *Nutz*tiere, die geschaffen sind, um dem Menschen zu dienen oder ihn zu ernähren. Wie entscheidend bedeutsam der solidarische Umgang mit allen Mitgeschöpfen, besonders den Tieren ist, macht Dtn 5,14 deutlich: „Der siebte Tag ist ein Ruhetag, dem HERRN, deinem Gott, geweiht. An ihm darfst du keine Arbeit tun: du und dein Sohn und deine Tochter und dein Sklave und deine Sklavin und dein Rind und dein Esel und dein ganzes Vieh und dein Fremder in deinen Toren. Dein Sklave und deine Sklavin sollen sich ausruhen wie du." Das Sabbatgebot gilt nicht für Menschen, sondern auch für die Tiere! Keinem Lebewesen darf von menschlicher Seite aus etwas zugemutet werden, das über seine Kraft und Anstrengung hinausgehen könnte. Daher muss auch den Tieren ein Tag zugestanden werden, an dem sie zur Ruhe kommen und neuen Atem schöpfen können. In der Perspektive biblischer Schöpfungstheologie dürfen Tiere niemals für die Zwecke des Menschen missbraucht oder gar gequält werden. Jede Ausnutzung von Tieren verbietet sich ebenso, wie die Einbindung von Tieren in den Kreislauf einer ausschließlich auf Profit hin ausgerichteten Wirtschaft. „Das Eingebundensein des Menschen in die Solidarität mit allem Geschaffenen verwehrt ihm, sich über Gebühr breitzumachen. Es verwehrt ihm, sich auf Kosten anderer Geschöpfe durchzusetzen; denn sie haben Selbstwert, eigene Würde und eigenes Lebensrecht." (Kessler, Das Stöhnen der Natur, 58)

## Die Tiere im Bund mit Gott

Aus der Perspektive einer biblischen Schöpfungstheologie ergibt sich also eine doppelte Einsicht: Erstens sind Tiere nicht nur eine Beigabe für den Menschen, über welche dieser nach Lust und Laune verfügen könnte. Die Würde der Tiere ist vom Menschen zu achten, er muss sorgsam und hochachtungsvoll mit ihnen umgehen. Auch Tiere haben Rechte, z.B. das Recht, am Sabbat neuen Atem holen zu dürfen. Es gibt Schutzbestimmungen für die Tiere, die im göttlichen Gebot verankert sind.

Zum Zweiten sind die Tiere ausdrücklich in den Bund hineingenommen, den Gott mit seiner Schöpfung schließt. Bei der Aufrichtung des Noach-Bundes wird dies besonders vermerkt, wenn es dort heißt: „Siehe, ich richte meinen Bund auf mit euch und mit euren Nachkommen nach euch und mit allen Lebewesen bei euch, mit den Vögeln, dem Vieh und allen Wildtieren der Erde bei euch, mit allen, die aus der Arche gekommen sind, mit allen Wildtieren der Erde überhaupt." (Gen 9,9f) Die Tiere sind nicht ausgeschlossen aus der Liebesbeziehung zwischen Gott und seiner Schöpfung, sie sind vielmehr explizit einbezogen. „Dass Gott der Schöpfer des Himmels und der Erde ist, bedeutet, dass er sie zutiefst liebt – gegen alle ‚Vernunft' und ‚umsonst' (d.h. nicht vergebens, sondern aus reiner Gnade). (...) Mit einer feierlichen Erklärung stellt der Schöpfergott *alle* Lebewesen unter die Gnade seines Bundes" (Zenger, Lebenshaus für alle, 339). Damit ist auch etwas über die Sorge um die Tiere ausgesagt: So, wie Gott sich der ganzen Schöpfung liebevoll zuwendet und sie in Liebe erhält, so gilt seine Sorge auch für die Tiere, welche diese Welt bevölkern. Gerade daraus lässt sich auch eine eschatologische Hoffnung für die Tiere ableiten: Es ist ja gerade jene Zuversicht, dass Gott seine Schöpfung im Tod nicht in ein Nichts fallen lässt, die in den Bundesgedanken eingeschrieben ist. Wenn Gott mit der Schöpfung seinen Bund schließt, dann schwingt darin die Hoffnung mit, dass dieses Ja Gottes zu seiner Schöpfung auch im Tod nicht zerbricht. Sondern dass er sich gerade in diesem Augenblick als der Gott des Lebens erweist.

## Eine eschatologische Zukunft für Tiere?

Für die eschatologische Zukunft der Tiere bedeutet das: Wir dürfen glauben und hoffen, dass Gottes Treue zu seiner Schöpfung auch durch den Tod hindurch Bestand hat. Und dass ein Engagement für alles Leben in seiner Schöpfung gerade im Tod einen herausragenden Kulminationspunkt erfährt. Anders gesagt: Wenn wir uns zur Vollendung der ganzen Schöpfung in Gottes Liebeswirklichkeit bekennen, dann sind darin auch die Tiere ausdrücklich eingeschlossen. Wir dürfen hoffen, dass sie eine Zukunft in Gottes ureigenem Lebensraum haben. Freilich bleiben bei all dem weitere Überhangfragen offen, z.B. inwiefern auch Tiere einen Moment des Purgatoriums erleben, in dem sie sich mit ihrer eigenen Lebensgeschichte versöhnen können. Doch bei allen Detailfragen überwiegt letztlich der Glaube: Gott lässt seine Schöpfung im Tod nicht im Stich, er eröffnet ihr immer wieder einen neuen Lebensraum. Und so dürfen wir „begründet darauf vertrauen, dass Gott in seiner Treue und Güte auch die Tiere auf eine ihnen je entsprechende Weise zur Vollendung führt." (Amor, Ist der Himmel auch für Tiere offen?, 273)

**Zum Weiterlesen:**

Simone Horstmann: Was fehlt, wenn die Tiere fehlen? Eine theologische Spurensuche, Regensburg 2020.

Christoph Amor: Kommen Tiere in den Himmel? In: Martin M. Lintner (Hg.): Der Mensch und das liebe Vieh. Ethische Fragen im Umgang mit Tieren, Innsbruck 2017, 243–252.

Christoph Amor: Ist der Himmel auch für Tiere offen? In: Geist und Leben 89 (2016), 268–273.

# Welche Haltung nimmt die Kirche zur Todesstrafe ein?

Die Kirche hatte lange Zeit eine ambivalente Haltung zur Todesstrafe. Noch im Katechismus der Katholischen Kirche von 1997 wurde sie nicht ausdrücklich verurteilt oder abgelehnt. Erst Papst Franziskus lehnte die Todesstrafe im März 2015 mit Nachdruck ab. Folglich veranlasste der Papst eine Änderung des KKK, in dem die Haltung der Kirche zur Todesstrafe deutlich wird: Sie wird weder gebilligt noch als letztes Mittel hingenommen, sondern ausdrücklich negiert.

## Das Schweigen des Neuen Testaments

Das Neue Testament schweigt über eine Haltung zur Todesstrafe. Dabei ist Jesus selbst einer, der aufgrund einer fragwürdigen Urteilssprechung diese Strafe erleiden muss, er wird von den Römern zum Tode verurteilt. Eine grundsätzliche Beurteilung erfährt diese Praxis aber im NT nicht. Jesus selbst ruft vielmehr dazu auf, denen, die einem Gewalt antun, nicht mit Gegengewalt zu antworten, sondern sie freiwillig zu erdulden (vgl. Mt 5,39). Und Paulus merkt ausdrücklich an, dass der staatlichen Obrigkeit Folge zu leisten ist, weil sie im Dienst Gottes steht (vgl. Röm 13,4f). Aus diesem Grund wurde auch die Todesstrafe von den frühen Kirchenvätern nicht ausdrücklich kritisiert; sie gehörte eben zu jenen Methoden, mit denen die römische Herrschaftsmacht ihre Rechte beanspruchte. Clemens von Alexandrien (um 150 bis um 215) rezipiert dabei platonisches Gedankengut und bemerkt, es komme dem ganzen Leib zugute, wenn ein Glied, welches ungehorsam wurde, vom Leib abgetrennt wird: Das eine Glied müsse entfernt werden, „aus Fürsorge für die anderen, damit sie nicht von ihm ins Verderben gezogen werden“; daher sei es geboten, „einen solchen Menschen [zu töten, fb] zum größten Segen für die anderen“ (Stromata I, XXVII,171,4).

## Eine ambivalente Haltung in den frühen Jahrhunderten

Dennoch findet sich gerade bei Ambrosius von Mailand (339–04.04.397) auch das Gegenteil: Er betont zwar die Schuldlosigkeit dessen, der die Todesstrafe vollstreckt, bemerkt aber auch, dass es durchaus aller Ehren Wert sei, jemanden von der Durchführung dieser Strafe abzuhalten. Dahingehend beginnt auch eine doppeldeutige Praxis zu wachsen: Einerseits gesteht man dem Staat die Durchführung der Todesstrafe als Mittel der Vollstreckung zu, andererseits versuchen christliche Bischöfe aber zunehmend, die Mitglieder ihrer Kirche vor einer solchen Bestrafung zu bewahren. Dieser Umgang mit der Todesstrafe zieht sich bis ins Mittelalter hinein und noch Papst Innozenz III. (116–1216) schreibt in einem Brief aus dem Jahr 1208: „Was die weltliche Gewalt betrifft, so erklären wir, dass sie ohne Todsünde ein Bluturteil vollstrecken kann, solange sie zum Vollzug der Strafe nicht aufgrund von Hass, sondern aufgrund eines richterlichen Urteils, nicht unvorsichtig, sondern überlegt schreitet." (DH 795; bei dem Passus handelt es sich um eine Ergänzung des päpstlichen Briefes, die erst 1210 eingefügt wurde) Somit bleibt die Haltung der Kirche gegenüber der Todesstrafe über viele Jahrhunderte hinweg grundsätzlich ambivalent: Sie wird gebilligt, wenngleich man sich ihrer Problematik durchaus bewusst ist.

## Keine Ablehnung?

Ein großer zeitlicher Sprung führt schließlich ins Jahr 1995 und zur Enzyklika „Evangelium vitae" von Papst Johannes Paul II. In ihr verhandelt der Papst auch das Problem der Todesstrafe, wobei er festhält: „Um alle diese Ziele zu erreichen, müssen *Ausmaß und Art der Strafe* sorgfältig abgeschätzt und festgelegt werden und dürfen außer in schwerwiegendsten Fällen, das heißt wenn der Schutz der Gesellschaft nicht anders möglich sein sollte, nicht bis zum Äußersten, nämlich der Verhängung der Todesstrafe gegen den Schuldigen, gehen. Solche Fälle sind jedoch heutzutage infolge der immer angepassteren Organisation des Strafwesens schon sehr selten oder praktisch überhaupt nicht mehr gegeben." (Nr. 56) Damit hebt der Papst hervor, dass es zwar Vorbehalte gegenüber der Durchführung der Todesstrafe gebe und andere Strafen dieser vorzuziehen seien, weder lehnt er die Todesstrafe aber ausdrücklich ab noch wird sie von ihm als illegitim bezeichnet.

Das ist schließlich auch die Haltung der Kirche, die in den Katechismus der Katholischen Kirche (KKK) von 1997 Eingang findet. In Nr. 2267 heißt es: „Unter der Voraussetzung, dass die Identität und die Verantwortung des Schuldigen mit ganzer Sicherheit feststeht, schließt die überlieferte Lehre der Kirche den Rückgriff auf die Todesstrafe nicht aus, wenn dies der einzig gangbare Weg wäre, um das Leben von Menschen wirksam gegen einen ungerechten Angreifer zu verteidigen. Wenn aber unblutige Mittel hinreichen, um die Sicherheit der Personen gegen den Angreifer zu verteidigen und zu schützen, hat sich die Autorität an diese Mittel zu halten, denn sie entsprechen besser den konkreten Bedingungen des Gemeinwohls und sind der Menschenwürde angemessener." Auch der KKK nimmt also eine ambivalente Haltung ein: Die Kirche befürwortet die Todesstrafe nicht ausdrücklich, aber sie lehnt ebenso wenig mit entschiedener Haltung ab.

Vielmehr wird sie stillschweigend gebilligt, wenngleich der Katechismus auch deutlich macht, dass sie immer die *ultima ratio* sein sollte und andere Strafen ihr vorzuziehen seien.

## Verurteilung durch Papst Franziskus

Ein Wandel setzt mit Papst Franziskus ein: In einem Brief an die Bischöfe vom 01. August 2018 verfügt die Glaubenskongregation eine vom Papst gebilligte Änderung des Katechismus. Konkret geht es um die Nr. 2267 und die Haltung der Kirche zur Todesstrafe, die Franziskus schon 2015 sehr explizit verurteilt hat: „In der heutigen Zeit ist die Todesstrafe unzulässig, so schwer das Verbrechen des Verurteilten auch sein mag. Sie ist eine Verletzung der Unantastbarkeit des Lebens und der Würde der menschlichen Person, die dem Plan Gottes hinsichtlich des Menschen und der Gesellschaft sowie seiner barmherzigen Gerechtigkeit widerspricht und die Angleichung an jedes gerechte Ziel der Strafen verhindert. Sie schafft keine Gerechtigkeit für die Opfer, sondern schürt Rache." (Schreiben von Papst Franziskus an den Präsidenten der internationalen Kommission gegen die Todesstrafe, 20.03.2015)

## Die Änderung des KKK

Dahingehend setzte Franziskus die Abänderung der Nr. 2267 des KKK mit folgendem Wortlaut in Kraft: „Lange Zeit wurde der Rückgriff auf die Todesstrafe durch die rechtmäßige Autorität – nach einem ordentlichen Gerichtsverfahren – als eine angemessene Antwort auf die Schwere einiger Verbrechen und als ein annehmbares, wenn auch extremes Mittel zur Wahrung des Gemeinwohls angesehen. Heute gibt es ein wachsendes Bewusstsein dafür, dass die Würde der Person auch dann nicht verloren geht, wenn jemand schwerste Verbrechen begangen hat. Hinzu kommt, dass sich ein neues Verständnis vom Sinn der Strafsanktionen durch den Staat verbreitet hat. Schließlich wurden wirksamere Haftsysteme entwickelt, welche die pflichtgemäße Verteidigung der Bürger garantieren, zugleich aber dem Täter nicht endgültig die Möglichkeit der Besserung nehmen. Deshalb lehrt die Kirche im Licht des Evangeliums, dass ‚die Todesstrafe unzulässig ist, weil sie gegen die Unantastbarkeit und Würde der Person verstößt' (Papst Franziskus, Ansprache zum 25. Jahrestag der Veröffentlichung des KKK, 11.10.2017), und setzt sich mit Entschiedenheit für deren Abschaffung in der ganzen Welt ein."

Damit macht der Papst die Haltung der Kirche zur Todesstrafe deutlich: Sie wird weder gebilligt noch als letztes Mittel hingenommen, sondern ausdrücklich abgelehnt. Diese Haltung hat Franziskus auch in seiner Enzyklika *Fratelli tutti* aus dem Jahr 2020 noch einmal bekräftigt: „Die entschiedene Ablehnung der Todesstrafe zeigt, wie weit wir die unveräußerliche Würde jedes Menschen anerkennen und akzeptieren können, dass auch er seinen Platz in dieser Welt hat." (Nr. 269)

Die Änderung des Katechismus im Blick auf die Todesstrafe ist vor allem auch deshalb bedeutsam, weil sie zeigt, wie sich die Lehre der katholischen Kirche unter den Bedingungen der geschichtlichen Wirklichkeit ändern kann. Die Lehre der Kirche ist kein starres Sammelsurium von Sätzen, sondern sie muss sich immer von den ‚Zeichen der Zeit' her angehen lassen, sie muss das Evangelium inmitten der Geschichte entdecken.

**Zum Weiterlesen:**

Michael Seewald: Todesstrafe, Kirchenlehre und Dogmenentwicklung. Überlegungen zur von Papst Franziskus vorgenommenen Änderung des Katechismus, in: Concilium 55 (2019), 100–112.

Konrad Hilpert: Ethik der Menschenrechte. Zwischen Rhetorik und Verwirklichung, Paderborn 2019.

# Was versteht man unter Apokalyptik?

Apokalyptik meint das Anbrechen einer neuen Zeit. Im Gegensatz zur Gegenwart, welche als bedrückend und aussichtslos empfunden wird, ist die neue Hoffnungsvorstellung als Heilszeit qualifiziert. Das Verhältnis zwischen dieser Welt und der kommenden Welt ist dabei von einer Diskontinuität geprägt; das erwartete Heil setzt sich nicht mehr in dieser Welt durch, sondern ist mit dem Anbruch einer neuen Welt und Zeit verbunden.

## Gibt es Heil in dieser Welt?

Der ursprüngliche Glaube, der das Volk Israel lange Zeit begleitete, lässt sich so zusammenfassen: Das Heil ereignet sich in *dieser* Geschichte, das Heil, das von Gott her seinen Anfang nimmt, wird in *dieser* Zeit gegenwärtig erfahrbar. Israels Geschichtsverständnis war eng mit diesem Gedanken vom gegenwärtigen Heil verdrillt. Anders gesagt: Für das Volk Israel war selbstverständlich, dass Gottes Reich nicht in einer anderen Welt und Zeit geschieht als in derjenigen, die vom Gottesvolk bewohnt und erlebt wird.

## Die Entstehung der Apokalyptik

Dieses Verständnis ändert sich radikal als sich die Rahmenbedingungen für das Volk Israel ändern: Nicht nur einmal gerät Israel in prekäre Notlagen. Das babylonische Exil und die Besetzung Jerusalems durch die Seleukiden sind zwei sehr tiefgreifende Einschnitte in das Leben des Volkes. Besonders die Eroberung Jerusalems durch Antiochus IV. Epiphanes (um 215–164 v. Chr.) hat es in sich: Die *identity marker*, aufgrund derer sich Israel von den anderen Völkern abhob, werden aufgehoben. Der Tempelkult wird verboten, Israel ringt um seine Identität. Und gerade in dieser äußersten Notsituation ändert sich auch der Blick auf das Heil, das von Gott erwartet wird: Die Bedrängung durch die feindliche Übermacht ist so gewaltig, dass der Glaube, das göttliche Heil könnte sich noch in dieser Welt Bahn brechen, verblasst.

Die *neue Hoffnungsvorstellung*, die aufgrund dieser aussichtslosen Situation entsteht, ist die *Apokalyptik* (ἀποκαλύπτω = entschleiern, offenbaren). Ihren Grundgedanken fasst Medard Kehl so zusammen: „Für die Apokalyptik gibt es Heil von Gott her nicht mehr in dieser Geschichte und in dieser Welt, wie es die jahwistische und prophetische Hoffnung Israels noch erwartet hatte. Zwischen dieser

Geschichte und dem Heil Gottes gibt es einfach keine Beziehung mehr (...)." (Eschatologie, 120) Das Verhältnis zwischen dieser Welt und der kommenden Welt ist geprägt von Diskontinuität; diese Zeit bricht ab und eine neue Zeit beginnt. Damit wird ausgeschlossen, dass Gott in dieser Welt und Zeit sein Heil wirkt. Die heilvolle Zukunft, die Israel erwartet, ist mit einem Abbruch und einem Neubeginn verbunden.

Die Apokalyptik weiß um das Ende dieser Geschichte und den Anfang einer neuen Zeit. Das Buch Daniel benennt gar einen genauen Termin für den Beginn dieser neuen Welt: „Von der Zeit an, in der man das tägliche Opfer abschafft und unheilvollen Gräuel aufstellt, sind es zwölfhundertneunzig Tage. Wohl dem, der aushält und dreizehnhundertfünfunddreißig Tage erreicht!" (Dan 12,11f) Doch liegt die Bestimmung eines „Weltuntergangsdatums" nicht im Hauptblickfeld der Apokalyptik. Viel wichtiger ist es den Schriften, aufzuzeigen, warum diese Schöpfung sich immer weiter von ihrer uranfänglichen Gutheit entfernt hat. Die gerade erlebte Zeit wird so düster gezeichnet, dass es vollends unwahrscheinlich ist, es könne ein heilvolles Ereignis noch in dieser Welt geben. Vielmehr wird ein allein durch Gottes Initiative gesetztes Anfangsereignis der neuen Welt immer unausweichlicher.

## Ein neues Gottesbild

Das Gottesbild, das dadurch in den Fokus rückt, ist vor allem durch eine hohe Transzendenz konturiert. Geschichtsimmanent ist das Eingreifen Gottes nicht mehr zu erwarten. Da irdische und göttliche Wirklichkeit so voneinander geschieden werden, braucht es Verbindungsglieder, um dennoch eine Bezugnahme herzustellen. Deshalb entwickelt sich im Zuge der Apokalyptik auch die Vorstellung von Engeln immer weiter: Sie sind Mittler zwischen Gott und den Menschen, zwischen Immanenz und Transzendenz.

Apokalyptische Texte finden sich im Alten Testament in Jes 24–27 und Sach 9–14. Auch pseudepigraphische Schriften wie das äthiopische Henochbuch, das vierte Esrabuch oder der syrische Baruch tragen stark apokalyptische Züge. Im Neuen Testament findet sich apokalyptisches Gedankengut vor allem in Mk 13 und in der Offenbarung des Johannes.

## Das Buch Daniel als apokalyptischer Text

Ein prominenter apokalyptischer Text des Alten Testaments ist das Buch Daniel: Wahrscheinlich ist zumindest ein Teil des Buches im Umfeld der Ereignisse um die Besetzung Jerusalems durch Antiochus IV. Epiphanes entstanden. Mutmaßlich ist das Daniel-Buch also relativ nah an der Zeitenwende anzusetzen und damit eines der jüngsten Schriften des Alten Testaments. Das Buch ist zweigeteilt: Während sich in der ersten Hälfte (Kap. 2–7) Geschichten über die Person Daniel finden, schildern Kap. 8–12 Visionen Daniels über das Weltende und das Kommen des Menschensohnes. In Kap. 1 wird Daniel als Gefangener am babylonischen Königshof vorgestellt, wo sich der fromme Jude besonders aufgrund seiner Fähigkeit der Traumdeutung hervortut. Diese Kunst stellt Daniel beispielhaft in Kap. 2 unter Beweis, wo er einen Traum des Königs Nebukadnezzar deutet. Weithin Bekanntheit hat auch Kap. 6 erlangt, welches die Geschichte von Daniel in der Löwengrube erzählt.

Im Hinblick auf die apokalyptischen Tendenzen ist besonders die zweite Buchhälfte interessant: Noch in der babylonischen Gefangenschaft hat Daniel eine Vision, in welcher er folgendes erblickt: „Dann stiegen aus dem Meer vier große Tiere herauf; jede hatte eine andere Gestalt“ (7,3) Es folgt eine detaillierte Schilderung der einzelnen Tiere, welche sich in ihrem schrecklichen Aussehen und ihrer Grausamkeit jeweils übertreffen (7,4–8). Doch die schreckliche Schilderung wandelt sich: „Da kam mit den Wolken des Himmels / einer wie ein Menschensohn. (…) Ihm wurde Herrschaft, / Würde und Königtum gegeben. Alle Völker, Nationen und Sprachen / dienen ihm. Seine Herrschaft ist eine ewige, / unvergängliche Herrschaft. / Sein Reich geht niemals unter.“ (7,13f)

In der Auslegungsgeschichte von Dan hat man die vier Tiere mit den vier antiken Weltreichen identifiziert: Babylon, Medien, Persien, Griechenland. Dabei trägt das letzte Tier, welches auf die Herrschaft der Seleukiden anspielt, die furchterregendsten Züge; mit seinem Auftreten ist auch die Endzeit angebrochen. Auf sie folgt das Erscheinen einer eigentümlichen Gestalt, die Daniel als „Menschensohn“ identifiziert. Mit seinem Auftreten bricht eine neue Zeit der Herrschaft an.

**Zum Weiterlesen:**
Michael Tilly: Apokalyptik, Stuttgart 2012.

# Mit welchen Modellen lässt sich die Auferstehung von den Toten beschreiben?

Der Blick auf die eschatologische Vollendung des Menschen in der Auferstehung von den Toten hat es im vergangenen Jahrhundert drei wegweisende Modifikationen erfahren: Karl Barth gilt als prominenter Vertreter der ‚Ganztodhypothese', die davon ausgeht, dass der Mensch mit Leib und Seele stirbt. Gisbert Greshake und Gerhard Lohfink hingegen entwickelten das Modell der ‚Auferstehung im Tod', wonach der Mensch im Augenblick des Todes von Gott zum Leben auferweckt wird. Ladislaus Boros vertritt die ‚Endentscheidungshypothese' die von einem sehr positiven Verständnis des Todes ausgeht und ihn als jenen Augenblick beschreibt, in dem sich der Mensch selbst und seiner eigenen Freiheit bewusst wird. Alle drei Modelle besitzen Stärken, haben aber auch von unterschiedlicher Seite kritische Anfragen erhalten.

## 1. Ganztodhypothese

Während Auferstehung über viele Jahrhunderte so verstanden wurde, dass sich im Tod Leib und Seele voneinander scheiden und die Seele weiterlebt, während der Leib im Grab der Verwesung anheimfällt, hat sich im 20. Jahrhundert in der evangelischen Tradition ein anderes Verständnis entwickelt: Es handelt sich hierbei um die Hypothese, dass der Mensch ganz stirbt, also ganz tot ist (was sowohl den Leib als auch die Seele umfasst).

### Der Ganztod bei Karl Barth

Ein prominenter Vertreter dieser Theorie ist Karl Barth, der sich mit ihr in seiner Kirchlichen Dogmatik auseinandersetzt. Die Stoßrichtung dieser Hypothese lässt sich so zusammenfassen: Es geht ihr darum, deutlich zu machen, dass Auferstehung ein Geschehen meint, dass ganz und gar, einzig und allein von Gott verantwortet wird. Auferstehung ist ein Geschenk Gottes und nichts, was der Mensch selbst und aus eigener Kraft erlangen könnte. Gerade dies scheint aber die Vorstellung vom Weiterleben der Seele zu vermitteln. Es fehlt, so könnte man diese Position charakterisieren, das einschneidende Erlebnis, in welchem die Auferstehung als wirkliche von Gott gewirkte Neuschöpfung erkennbar wird. Es geht also darum, das Moment der Diskontinuität herauszustellen, damit Gottes Heilshandeln am Menschen umso deutlicher zum Ausdruck kommt.

Medard Kehl formuliert hierzu: „Gott schafft in der Auferweckung der Toten ein neues Geschöpf ohne einen sich durchhaltenden Identitätsträger im Menschen selbst. Der einzige Identitätsträger des Geschöpfes ist Gott und seine Treue zu diesem Geschöpf." (Eschatologie, 274) Damit freilich ist unausweichlich der Gedanke verbunden, dass der Mensch ganz tot sein muss, damit er durch Gott eschatologisch neu geschaffen werden kann. Der Mensch ist in diesem Geschehen ganz passiv und alles liegt allein an Gott, wie auch Barth konstatiert: „Von ihm, dem Menschen selbst, kann ja diese Beziehung und Gemeinschaft, da Gott sein Schöpfer, er sein Geschöpf ist, nicht ausgehen. Er selbst kann deren Prinzip nicht sein. (...) Es bezeichnet also den Menschen immer als den, der auf Gottes Initiative hin mit Gott in Beziehung und Gemeinschaft steht (...)" (KD III,2, 427f). Und damit ist auch die eschatologische Gemeinschaft impliziert.

**Widerspruch von katholischer Seite**

Katholischerseits hat die These vom Ganztod des Menschen heftigen Widerspruch erregt. Angriffspunkt der Kritik war vor allem die starke Betonung der Diskontinuität zwischen der irdischen Existenz des Menschen und seiner ‚auferweckten Lebensform'. Auch in der katholischen Eschatologie ist klar, dass Auferweckung ein Handeln Gottes meint, zu dem der Mensch aktiv nichts beitragen kann. Auferweckung ist ein Geschenk der Treue Gottes zu seiner Schöpfung und gründet in den Bünden, die er mit den Menschen aller Zeiten geschlossen hat.

Dennoch muss gerade die These, es würde sich dabei um eine völlige Neuschöpfung handeln, hinterfragt werden. Denn Gott bleibt ja seiner Schöpfung in Treue zugewandt; die Bundesschlüsse zeigen gerade: Gott hält zu seiner Schöpfung, auch und gerade dann, wenn das Scheitern seiner Geschöpfe unausweichlich ist. Immer neu spricht er sein Ja zur Schöpfung. In seinem Sohn Jesus Christus erfährt dies eine besondere Qualifizierung: Er sorgt sich gerade um jene Menschen, die krank sind und notleidend, die unter Sünde und Schuld leiden. Hier wird auf sehr eindrückliche Weise deutlich: Gott geht den Weg seiner Schöpfung mit und er bejaht diese Schöpfung, so, wie sie eben ist. Gerade darin gründet aber auch der Gedanke, dass Gottes Treue im Tod nicht abbricht, sondern dass sein Ja zu den Geschöpfen durch den Tod hindurch Bestand hat. Dann kann man aber der Frage nicht mehr ausweichen, ob die Annahme einer Neuschöpfung durch die Auferstehung nicht einen massiven Widerspruch zur Existenz Gottes darstellt. Mit anderen Worten: Die Treue Gottes wird doch gerade da manifest, wo sie den Menschen bejaht, auch wenn sich dieser immer wieder und immer neu gegen Gott und seine Schöpfung verfehlt. Eine Neuschöpfung des Menschen wäre doch gerade eine Negation dieser Treue.

## 2. Auferstehung im Tod

Dieses Modell spielt mit der Frage, wann eigentlich der Zeitpunkt der Auferweckung der Toten gekommen ist. Die klassisch katholische Modellbildung formuliert dies so: Ein Mensch stirbt; Leib und Seele werden getrennt und die Seele in einen Zwischenzustand versetzt (man spricht hier von der *anima separata*). Erst am Jüngsten Tag erfolgt das allgemeine Gericht, die Auferweckung der Toten und die Wiedervereinigung von Seele und Leib. Das heißt also: Die Seelen aller Menschen, die seit der Erschaffung der Welt gestorben sind, befinden sich in diesem Zwischenzustand und warten auf die Auferweckung der Toten am Jüngsten Tag. Anders gesagt: Die Auferstehung der Toten ist ein Ereignis, das noch aussteht.

### Greshake, Lohfink und ihre Modellbildung

Die beiden katholischen Theologen Gisbert Greshake (*1933) und Gerhard Lohfink (*1934) haben hingegen ein eschatologisches Modell entwickelt, welches die Auferstehung der Toten als etwas begreift, was *schon geschieht*. Auferstehung ist für Greshake/Lohfink nichts, was zu einem unbestimmten, in der Zukunft liegenden Zeitpunkt X geschieht, sondern was sich im Augenblick des Todes eines jeden einzelnen Menschen ereignet. Mit anderen Worten: Niemand muss nach seinem Tod auf die Auferstehung der Toten warten, weil sie bereits in seinem Sterben geschieht. Gerhard Lohfink schreibt dazu: „Für den einzelnen Menschen bedeutet das, dass er im Tod nicht nur sein eigenes Eschaton erfährt, sondern zugleich das Eschaton der Welt und der gesamten Geschichte. Er erfährt im Durchschreiten des Todes nicht nur, dass sich nun seine ganze *individuelle* Geschichte vor Gott versammelt, sondern zugleich (...) die Geschichte der Welt und aller Menschen." (Zur Möglichkeit christlicher Naherwartung, 72)

Wie lässt sich dieses Modell näher konturieren? Der Grundgedanke, der diese These prägt, liegt in der Annahme, dass die Ewigkeit die Zeitlosigkeit ist. Weil Gott außerhalb der Kategorien von Zeit und Raum existiert, gibt es in ihm keine Einteilung in Vergangenheit oder Zukunft. Klassisch scholastisch formuliert: Gott ist *actus purus*, in ihm gibt es keine Potentialität, sondern nur Aktualität. Diese Annahme zieht die Konsequenz nach sich, dass es in Gott auch keinen Wartezustand auf etwas anderes geben kann. Gott ist ja in diesem Augenblick schon alles, was jemals möglich wäre. Daher ist es auch nicht möglich, zeitliche Kategorien in ihn einzutragen. Das heißt: Wer stirbt und damit im Tod Gott begegnet, der erfährt in diesem Augenblick schon alles, was für Gott jemals möglich ist. Und konsequenterweise muss man dann auch sagen: Wer stirbt und damit Gott im Tod begegnet, der erfährt in diesem Augenblick *auch* das Gericht *und* die Auferweckung von den Toten. Ein zeitliches Nacheinander im Sinn einer temporalen Kategorisierung wird in der Argumentation von Greshake/Lohfink damit ausgeschlossen. Lohfink formuliert dahingehend: „Mit unserer eigenen persönlichen Welt ist die übrige Welt und die gesamte Geschichte untrennbar verknüpft. Im Tod tritt deshalb zusammen mit uns selbst die gesamte übrige Geschichte vor Gott hin." (Was kommt nach dem Tod, 219) *Aus der Perspektive unserer menschlichen Existenz gibt es ein zeitliches Nacheinander*, weshalb man zum Beispiel sagen kann, dass es Menschen gibt, die vor 2000 Jahren, vor 50 Jahren, vor drei Tagen gestorben sind. In der Perspektive Gottes wird daraus ein *zeitliches Ineinander*: Alle Menschen sterben zum gleichen Augenblick, da es ja keine zeitliche Abfolge gibt.

**Das Problem der leiblichen Auferstehung**

Doch kann man am Grab eines Menschen Abschied nehmen und zugleich dessen bereits erfolgte Auferstehung postulieren? Oder anders: Was geschieht mit dem Körper eines Toten bei der Auferstehung? Für Greshake/Lohfink ist das Problem nur mehr eine Marginalie, die sie durch den Verweis auf eine *leibliche* Auferstehung zu entkräften versuchen. Wie bei der Auferstehung Jesu von den Toten angedeutet, geht es auch bei der eschatologischen Hoffnung, die alle Menschen umfasst, nicht um die bloße Revitalisierung eines Körpers. Gisbert Greshake setzt bei dieser Differenzierung an und kann dahingehend festhalten: „Wenn somit Leiblichkeit und Welt des Menschen nicht einfach als physizistisch-sinnhafte Materie oder Körperlichkeit zu verstehen sind, sondern als das, was konstitutiv ermöglicht, dass ein endliches Subjekt sich in Raum und Zeit selbst auszeitigt, so bedeutet dies: Leib, und damit Welt und Geschichte, werden im Tod nicht einfach abgestreift; Tod bedeutet nicht auswandern einer unbetroffenen Seele in ein Jenseits, sondern im Tod kommen Leib, Welt und Geschichte gerade in ihrem eigentlichen ontologischen Sinn im Subjekt zur Vollendung: Materie ist dann für immer im Subjekt (nicht in der Seele!) eingeschrieben, auch wenn die als sinnenhafte Wirklichkeit oder als Körperhaftigkeit sich realisierende Raum-Zeit-Gebundenheit der Materie im Tod ein Ende findet." (Die Leib-Seele-Problematik, 171) Einfach gesprochen: Die Verwesung des Körpers ist kein Argument gegen die Auferstehung im Tod, weil diese streng als leibliche Auferstehung zu denken ist und weil Leib und Körper eben nicht identisch sind. Die körperliche Materie ist, so könnte man Greshakes Position zuspitzen, für die Auferstehung reichlich uninteressant.

**Die Kritik von Joseph Ratzinger**

Das Modell der Auferstehung im Tod, wie es Greshake/Lohfink ausarbeiten, ist nicht ohne Widerspruch geblieben. Vor allem Joseph Ratzinger hat sich sehr kritisch mit dieser Position auseinandergesetzt. Für Ratzinger ist es undenkbar, dass der Körper eines Menschen bei der Auferstehung keine Rolle spielt: Es wird „immer deutlicher, dass die eigentliche Funktion des Gedankens der Unsterblichkeit der Seele das Festhalten wirklicher Auferstehung des Fleisches ist. Denn die These von der Auferstehung im Tod entmaterialisiert die Auferstehung; sie schließt ein, dass die reale

Materie nicht am Vollendungsgeschehen teilhat." (Eschatologie, 194) Damit trifft Ratzinger einen neuralgischen Punkt in der Argumentation von Greshake/Lohfink. Denn wenn Gottes Schöpfung in Gott wirklich vollendet wird, dann stellt sich die Frage, wie solche Vollendung ohne die wirkliche Beteiligung der geschaffenen Dinge gedacht werden kann. Hierzu Matthias Remenyi: „Mit der Schöpfung im Anfang bindet sich der treue Gott an diese Welt und schenkt damit zugleich auch die Verheißung, dass dieser Anfang nicht irgendwann einmal im Nichts verpufft, sondern seiner Vollendung zugeführt werden wird." (Apokalyptischer Weltenbrand, 61) Anders gefragt: Negiert eine bloß leiblich gedachte Auferstehung, in der die Materie eines menschlichen Körpers keine Rolle mehr spielt, nicht zugleich die Wirklichkeit der Schöpfung? Freilich sollte man nicht allzu physizistisch denken, als würde leibliche Auferstehung mit einer körperlichen Auferstehung gleichzusetzen sein. Dennoch bleibt die Frage, inwiefern es auch bei der leiblichen Auferstehung einen bleibenden Materiebezug geben kann und vielleicht sogar geben muss, wenn man ernst macht mit der Vorstellung, dass die Schöpfung in der eschatologischen Zukunft vollendet wird. Dazu noch einmal Ratzinger: „Es gibt keine Vorstellbarkeit der neuen Welt. Es gibt auch keinerlei irgendwie konkretisierbaren und in die Vorstellung reichenden Aussagen über die Art des Materiebezugs der Menschen in der neuen Welt und über den ‚Auferstehungsleib'. Aber es gibt die Gewissheit, dass die Dynamik des Kosmos auf ein Ziel zuführt, auf eine Situation, in der Materie und Geist einander neu und endgültig zugeeignet sein werden." (Eschatologie, 156)

## 3. Endentscheidungshypothese

Ladislaus Boros (1927–1981) entwickelt in seinem Buch „mysterium mortis" (erschienen 1967) ein ganz eigenes Modell, mit dem er die eschatologische Hoffnung zu fassen versucht. Für Boros besitzt der Tod einen besonderen Wert, den er in der Realisation von echter Freiheit begründet sieht. Die These, die er entwickelt, lautet daher: „Im Tod eröffnet sich die Möglichkeit zum ersten vollpersonalen Akt des Menschen; somit ist er der seinsmäßig bevorzugte Ort des Bewusstwerdens, der Freiheit, der Gottesbegegnung und der Entscheidung über das ewige Schicksal." (mysterium mortis, 8)

**Der Tod nicht als Feind, sondern als Freund?**
In der Argumentation von Boros wird deutlich, dass er den Tod nicht als Feind des Menschen begreift, sondern dass der Tod eine positive Konnotation besitzt. Im Tod eröffnet sich für den Menschen die Möglichkeit einer endgültigen, nicht revidierbaren Entscheidung. Darin liegt auch der Unterschied zu allen anderen menschlichen Entscheidungsmöglichkeiten begründet: Sie sind immer revidierbar, solange der Mensch auf der Pilgerschaft durch diese Zeit ist, ist seine Einstel-

lung Gott gegenüber immer veränderbar. „Die Endentscheidungshypothese erlaubt uns, das Endgültigwerden des nach dem Tode erreichten Zustandes (...) als ein inneres Moment der Freiheit selbst zu verstehen. Die Endentscheidung, wie auch immer sie ausfallen mag, verwirklicht auf einmal die ganze Fülle des menschlichen Daseinsdynamismus und schöpft deshalb alle zukünftigen richtungsändernden Entscheidungsmöglichkeiten auf einmal aus." (mysterium mortis, 150) Erst im Tod kommt der Mensch endgültig zu sich selbst, weil ihm im Tod die Möglichkeit der Veränderung genommen wird.

**Letzte Meinungsänderung und eine Überbewertung des Todes**
Positiv anmerken lässt sich an dieser Modellbildung, dass Boros ernst macht mit der Möglichkeit für den Menschen, sich noch im Angesicht Gottes für oder gegen Gott zu entscheiden. Auch für einen Menschen, der Gott zu Lebzeiten abgelehnt hat, ist es somit noch denkbar, dass er sich im Angesicht Gottes umentscheidet. Es sind jene Menschen, um deren Glauben niemand weiß als Gott (vgl. IV. Hochgebet).

Kritisch anfragen lässt sich hingegen, inwiefern die Grundthese von Boros, der Tod sei der erste vollpersonale Akt des Menschen, in dieser Absolutheit wirklich tragfähig ist. Wird bei einer solchen Annahme letztendlich nicht das Leben eines Menschen negiert? Gisbert Greshake notiert dazu: „Der Tod wird zum privilegierten Ort menschlichen Daseins. Damit wird aber die Bedeutung des konkreten Lebens, der konkreten menschlichen Geschichte entwertet." (Bemerkungen zur Endentscheidungshypothese, 129) Liegt der Schwerpunkt zu stark auf dem Tod, stellt sich die Frage, inwiefern dann noch das Leben eines Menschen bedeutsam ist. Anders: Dann muss auch erklärt werden, warum ein Mensch seine Personalität in dieser Welt, in den Beziehungen, in denen er lebt, nicht realisieren kann. Das ist der Problemüberhang, der bei These von Boros bleibt.

**Zum Weiterlesen:**

Matthias Remenyi: Auferstehung denken. Anwege, Grenzen und Modelle personaleschatologischer Theoriebildung, Freiburg i.Br. u.a. 2016.

Medard Kehl: Eschatologie, Würzburg 1986.

Joseph Ratzinger/Benedikt XVI.: Eschatologie. Tod und ewiges Leben, Regensburg 2007.

Johanna Rahner: Einführung in die christliche Eschatologie, Freiburg i.Br. u.a. 2010.

# VI. Die eine, heilige, katholische und apostolische Kirche

# Wie wird ein Mensch in die Kirche eingegliedert?

Die ersten Sakramente, die ein Mensch empfängt, sind Taufe, Firmung und Eucharistie. Sie werden deshalb als „Initiationssakramente" bezeichnet, weil sie einen Menschen in die Kirche eingliedern und ihn mit den Gaben des Heiligen Geistes und der Teilhabe am eucharistischen Leib Christi beschenken. Man könnte es auch anders formulieren: Wer sich dazu entscheidet, Christ zu werden, empfängt am Beginn dieses neuen Lebens alles notwendige, was er dafür benötigt. Er wird vollständig in die Gemeinschaft der Gläubigen aufgenommen und darf fortan als vollwertiges Mitglied am Gottesdienst der Gemeinde teilnehmen.

## Vollständige Initiation in einer einzigen Feier

In der Alten Kirche war diese vollständige Initiation in *einer* Feier die Regel. Erwachsene wurden nach einer längeren Zeit des Katechumenats, das als Vorbereitung und Einführung in den christlichen Glauben diente, in einer Feier vollständig in die Kirche eingegliedert. Bis heute hat sich diese Initiation in einer einzigen Feier in den Kirchen der Orthodoxie erhalten. In der römisch-katholischen Kirche hat sich historisch eine Aufteilung entwickelt, die mit einer Aufgabe der vollen Initiation in einem Gottesdienst verbunden war. Die heute hierzulande gängige Praxis sieht eine Taufe im Säuglingsalter vor, dann folgt im Zuge der Erstkommunionvorbereitung der Empfang des Sakraments der Versöhnung, dann die Zulassung zur Eucharistie und schließlich im Jugendalter die Firmung.

## Aufsplittung in drei unterschiedliche Feiern

Bei dieser Aufteilung geht ein wichtiger Grundgedanke verloren, der die Initiationssakramente miteinander verknüpft: Wenn sich ein Mensch dazu entscheidet, Christ zu werden, dann wird er durch den Empfang der Taufe zum neuen Leben wiedergeboren. Im Untertauchen im Wasser wird der alte Adam ersäuft und im Auftauchen aus dem Wasser wird die Dynamik der Auferstehung nachvollzogen, an welcher der Täufling nun Anteil erhält. In der Firmung wird der Getaufte mit der Kraft des Heiligen Geistes erfüllt; sein ganzes Leben und Handeln schöpft fortan aus der Kraft des Geistes, die ihn zu einem lebendigen Wesen macht. Taufe und Geistsendung stehen in einer so engen Verbindung, dass sie eigentlich nicht voneinander getrennt werden dürfen. Erst im Geist wird die Neuschöpfung belebt und so ihrem eigentlichen Ziel zugeführt: Fortan Zeugnis für den lebensspenden Gott zu sein, der seiner Schöpfung in Liebe zugewandt ist und sie mit Leben erfüllt. In der Eucharistie verwirklicht sich schließlich das neue Leben, mit dem der Täufling beschenkt worden ist: Sie ist die Feier der Erlösten, jener Menschen, die im Wasser und im Geist zum neuen Leben wiedergeboren sind und die „Christus in seiner vollendeten Gestalt darstellen" (Eph 4,13). Hier, in der Feier der Eucharistie, verwirklicht sich jene Gemeinschaft der Kirche, in die Menschen durch die Taufe aufgenommen worden sind.

## Biblische Perspektiven auf die Taufe

Im Blick in die biblischen Schriften zeigt sich vor allem in Bezug auf die Taufe eine relativ breite Perspektive. Bereits im AT ist immer wieder die Rede vom Wasser: Bei der Schöpfung schwebt der Geist Gottes über dem Wasser (Gen 1,2), die Sintflut wird zur Ermöglichung des neuen Lebens (vgl. Gen 6,5–9,17), die Israeliten gelangen im Durchschreiten des Roten Meeres in die Freiheit (vgl. Ex 14,21–29), sie überqueren den Jordan, um in das Gelobte Land zu gelangen (vgl. Jos 1,2). Das Wasser aus dem Felsen stärkt das Volk Israel bei seiner Wanderung durch die Wüste (Ex 17,1–7) und in der Prophetie des Ezechiel ist es das aus der Tempelquelle strömende Wasser, das Heil und Heilung schenkt (vgl. Ez 47,1–12). Diese Bilder werden auch im Neuen Testament aufgegriffen: Nicht nur, dass Jesus selbst im Wasser des Jordan getauft wird, er selbst spricht davon, dass Menschen „im Wasser und dem Geist geboren" werden müssen, um in das Reich Gottes zu gelangen (vgl. Joh 3,5). Paulus entfaltet in Röm 6 seine Tauftheologie, in der er beschreibt, wie der Mensch in der Taufe aus der Sünde befreit und in das ewige Leben in Christus hineingeführt wird. Auch der Taufbefehl des auferstandenen Herrn (Mt 28,19) thematisiert ausdrücklich die Taufe als Möglichkeitsbedingung, um Anteil zu erhalten am Leben Gottes.

## Geschichtliche Entwicklung in der alten Kirche

In mehreren Episoden in der Apostelgeschichte wird darüber berichtet, wie sich in der Frühzeit der Kirche Menschen für den christlichen Glauben entscheiden und durch die Taufe in die Gemeinschaft aufgenommen werden: „Kehrt um und jeder von euch lasse sich auf den Namen Jesu Christi taufen zur Vergebung eurer Sünden; dann werdet ihr die Gabe des Heiligen Geistes empfangen" (2,38). Dass diese Taufen sehr unkompliziert stattfanden, zeigt das Beispiel des äthiopischen Schatzwesirs, der gewissermaßen *en passant* getauft wird (8,26–40).

Im Verlauf des 2. Jahrhunderts bricht in Bezug auf die Taufe eine Neuentwicklung an, die prägend ist: Wer sich dafür entscheidet, in die Kirche aufgenommen zu werden, muss fortan eine längere Vorbereitungszeit durchlaufen. Diese trägt den Namen Katechumenat. Die Katechumenen wurden in dieser Zeit besonders durch ihren Paten begleitet, der sie in den Glauben einführte und sie zu den Gottesdiensten begleitete. Jedoch wurden die Katechumenen dort zu Beginn der Eucharistiefeier weggeschickt, sie waren eben noch keine vollwertigen Mitglieder der Gemeinde und durften daher auch den Gottesdienst nicht in Gänze mitfeiern. In der Osternacht schließlich empfingen sie vom Bischof die Taufe, die Firmung und zum durften zum ersten Mal am Tisch des Herrn die Eucharistie empfangen.

## Taufe am Lebensende

Doch schon im 4. Jahrhundert setzen zwei Praktiken ein, die den Katechumenat immer weiter ablösen. Da ist zum einen die Tendenz, sich erst relativ spät, nämlich kurz vor dem Tod taufen zu lassen. Und zum anderen setzt eine Bewegung ein, die den Tauftermin immer mehr in Richtung Kleinkindalter verschiebt, bis hin zur Säuglingstaufe. Der Grund hierfür liegt in der aufkeimenden Erbsündenlehre des Augustin begründet: Bereits die Kleinsten sollten möglichst schnell von der Erbschuld des Adam befreit und dem Gnadenbereich Gottes überantwortet werden. Man ließ also möglichst keine Zeit mehr vergehen, um Kindern die Taufe zu spenden. Ein Katechumenat wurde hierbei allerdings obsolet.

## Aufsplittung der Initiation im Mittelalter

Noch verschärft wird diese Entwicklung im Mittelalter, zu einem Zeitpunkt, an dem die Säuglingstaufe der Regelfall geworden war. Auch die Zusammengehörigkeit von Taufe und Firmung fiel auseinander, was vor allem einem praktischen Umstand geschuldet war: Während jeder Priester taufen durfte, war die Spendung der Firmung dem Bischof vorbehalten. Dieser konnte natürlich nicht bei jeder Taufe anwesend sein, sodass die Firmung auf einen Zeitpunkt verschoben wurde, an dem der Bischof in der Gemeinde anwesend war. Hierbei spendete er dann auch mehreren Täuflingen die Firmung. Im 12./13. Jahrhundert, also in einer Epoche, in der die eucharistische Frömmigkeit sehr stark blühte, begann man auch damit, die Erstkommunion als gesonderte Feier zu begehen. Da man die Firmung in das Jugendalter verschoben hatte, entwickelte sich die bis heute praktizierte Reihenfolge der Sakramentenspendungen: Taufe, Eucharistie und Firmung.

## Und eine Wiederentdeckung durch Vaticanum II

Vor allem das Zweite Vatikanische Konzil hat dann die Zusammengehörigkeit der Initiationssakramente betont und gefordert, besonders den Ritus der Firmung dahingehend zu überarbeiten, dass die Verbindung mit Taufe und Eucharistie stärker zum Ausdruck kommt (vgl. SC 71). Letztendlich kommt die volle Initiation heutzutage nur noch bei Erwachsenentaufen zum Tragen: Der geltende Ritus sieht zunächst das Durchlaufen eines längeren Katechumenats mit mehreren Stationen vor. Schließlich soll, möglichst in der Osternacht als dem herausragenden Tauftermin, den Katechumenen die Taufe gespendet werden, bevor sie anschließend gefirmt werden und dann zum ersten Mal am Tisch des auferstandenen Herrn zusammen mit der Gemeinde den Leib und das Blut Christi empfangen.

Heute weckt die Praxis gleich mehrere Fragen: Zunächst wachsen die Tendenzen, die ein Entscheidungschristentum fordern, also konkret die Aufgabe der Säuglingstaufe und damit die Verschiebung der Aufnahme in die Kirche auf einen Zeitpunkt, an dem ein Mensch selbstständig bestimmen kann, ob er getauft werden möchte oder nicht. Das ist zugleich eine Kritik an der Säuglingstaufe, die bis heute noch den Regelfall darstellt. Sollte diese Praxis aufgegeben werden? Es scheint zumindest angebracht, kritisch über diesen Sachverhalt nachzudenken, denn gerade hierzulande gibt es viele Getaufte, die nicht aktiv am Leben einer Gemeinde teilnehmen. Oder mit anderen Worten: Sie wurden zwar getauft, weil es die Eltern so wollten, haben aber selbst mit dem christlichen Glauben nichts am Hut. Angesichts solcher Entwicklungen scheint es tatsächlich angebracht, mehr und mehr das Modell der Erwachseneninitiation in Betracht zu ziehen. Freilich: Die Zahl der Kirchenmitglieder würde wohl rapide absinken, doch diejenigen, die sich für die Taufe entscheiden, würden das nicht aus Schicklichkeitsgründen tun. Man könnte darin wirklich eine Entscheidung für den christlichen Glauben und für die Eingliederung in die christliche Gemeinschaft sehen.

## Ekklesiologischer Gehalt der Initiation

Zugleich ist derzeit eine andere Angewohnheit zu beobachten, die es erschwert, dass der ekklesiologische Gehalt der Taufe wirklich zum Tragen kommt. Wenn nämlich die Taufe, wie es in manchen Gemeinden üblich ist, am Samstagnachmittag im engsten Familienkreis gespendet wird, klammert man eine wesentliche Dimension dieses Sakraments aus: Durch die Taufe wird ein Mensch aufgenommen in die Gemeinschaft der Kirche, er ist fortan ein Glied am Leib Christi. Wie aber soll dieser Gedanke zum Tragen kommen, wenn die Gemeinde bei der Spendung der Taufe bewusst ausgeklammert wird?

Schließlich gilt es auch die heute geübte Reihenfolge der Sakramente wieder ins rechte Lot zu bringen. Das hängt vor allem auch damit zusammen, dass sich viele Jugendliche nicht mehr zur Firmung entscheiden und daher auch nicht vollständig initiiert sind. Wo die Firmung nur noch als Sakrament des mündigen Christseins verstanden wird, das man auch ablehnen kann, fällt ein wichtiger Bestandteil der Initiation einfach unter den Tisch.

## Liturgischer Ablauf der Firmung

Die Firmung wird innerhalb der Eucharistiefeier gespendet. Firmspender ist in der Regel der Diözesanbischof oder ein von ihm Beauftragter.

Nach der Predigt werden die Firmlinge eingeladen, ihr Taufversprechen zu erneuern. Dabei müssen sie zuerst dem Bösen absagen und sich dann zum katholischen Glauben bekennen. Daran kann sich das gemeinsame Sprechen des apostolischen bzw. großen Glaubensbekenntnisses anschließen.

Anschließend lädt der Firmspender zu einem Gebet ein, bei dem er die Hände über die Firmlinge ausbreitet. Der Gebetstext erinnert zunächst an die Taufe, in der die Firmlinge von der Schuld Adams befreit und im Wasser und Heiligen Geist zum neuen Leben wiedergeboren wurden. Danach bittet der Firmspender um die Sendung des Geistes, welche in den sieben Gaben des Heiligen Geistes entfaltet wird.

Danach treten die Kandidaten für die Firmung einzeln vor den Firmspender, sie werden dabei von ihrem Firmpaten begleitet. Der Pate legt die rechte Hand auf die Schulter des Firmlings. Der Firmspender zeichnet dem Firmling ein Kreuz mit Chrisamöl auf die Stirn und spricht dabei die Spendeworte: „[Name des Firmlings], sei besiegelt durch die Gabe Gottes, den Heiligen Geist." Dann spricht der Firmspender dem Firmling den Friedensgruß zu („Der Friede sei mit dir").

Es folgen die Fürbitten, in denen meist besondere Anliegen der Neugefirmten und ihrer Heimatpfarrei thematisiert werden. Danach setzt sich die Eucharistiefeier mit der Gabenbereitung fort.

**Zum Weiterlesen:**

Martin Stuflesser: Die Taufe. Riten und christliches Leben, Regensburg 2012.

Martin Stuflesser: Wiedergeboren aus Wasser und Geist. Die Feiern des Christwerdens, Regensburg 2004.

Andreas Wollbold: Taufe – Erstkommunion – Firmung – Trauung. Grundlagen und Gestaltung der Sakramentenpastoral, Regensburg 2020.

# Was ist ein Ablass?

Unter Ablass versteht man den Nachlass der Strafen, die sich aus einer begangenen Sünde ergeben. Der Erwerb eines Ablasses gewährt einen Anteil am Gnadenschatz der Kirche.

Der geltende Codex des kanonischen Rechts (CIC) bestimmt den Ablass folgendermaßen:

> Ablass ist der Nachlass zeitlicher Strafe vor Gott für Sünden, deren Schuld schon getilgt ist; ihn erlangt der entsprechend disponierte Gläubige unter bestimmten festgelegten Voraussetzungen durch die Hilfe der Kirche, die im Dienst an der Erlösung den Schatz der Sühneleistungen Christi und der Heiligen autoritativ verwaltet und zuwendet. (can. 992)

Damit wird der Ablass nicht als Nachlass der Sünde selbst definiert, wohl aber der Folgen, die sich aus der Sünde ergeben. Der Nachlass kann dabei für Verstorbene erworben werden, aber auch für die eigene Person.

## Kein Ablass in der Bibel?

Vonseiten der Bibel lässt sich keine Begründung für den Ablass ausmachen. Jedoch wurden infolge der Entwicklung des Ablasses mehrere Perikopen herangezogen, mit denen sich dieses Instrument der Vergebung biblisch rückbinden lässt.

Es erfolgte beispielsweise ein Hinweis auf 2 Sam 12,10–14: Darin prangert der Prophet Natan das Fehlverhalten König Davids an, der den Hetiter Urija erschlagen ließ, um sich dessen Witwe zur Frau zu nehmen. Gott aber hat David seine Sünde vergeben. Dennoch kommt David nicht ohne Strafe für dieses Vergehen davon: „Weil du aber durch diese Tat den HERRN verworfen hast, muss der Sohn, der dir geboren wird, sterben." (2 Sam 12,14) Mit dieser Episode wird deutlich: Auch wenn Gott einem Menschen seine Sünde vergibt, werden damit nicht zugleich die Folgen für das sündige Verhalten getilgt. Die Sünde ist zwar David vergeben, die Straffolgen aber bleiben: Der Sohn wird dem Tod preisgegeben werden.

Daneben lässt sich zum Beispiel aus 1 Kor 12,25f noch eine andere Einsicht biblisch begründen: Dass die Kirche eine solidarische Gemeinschaft ist, die dann füreinander einstehen muss, wenn einzelne Glieder schuldig geworden sind oder leiden. Die Sünde, die ein Einzelner auf sich geladen hat, belastet nicht nur den ganzen Leib Christi; vielmehr sind alle anderen Glieder des Leibes aufgerufen, diese Schuld mitzutragen und alles daran zu setzen, dass derjenige, der gesündigt hat, auch Gnade und Vergebung erfährt.

Zwar ist der Ablass erst im 11. Jahrhundert entstanden, dennoch greift er auf die Bußpraxis zurück, die sich bereits im ersten christlichen Jahrtausend herausbildet. „Hier ist es vor allem wieder die Überzeugung, dass die Tilgung einer Schuld vor Gott nicht deren Straffolgen verschwinden lässt, diese vielmehr durch Bußwerke mühsam aufgearbeitet werden müssen, dass dabei aber die Kirche dem Büßenden hilfreich zur Seite stehen könne." (Koch, Sakramentenlehre, 466)

*Für das Verständnis des Ablasses ist es unabdingbar, sich die Trennung zwischen der Vergebung der Sünde und der bleibenden Strafe vor Augen zu führen.*

Schon Thomas von Aquin schreibt hierzu: „Bisweilen beseitigt die Reue den Makel und die Schuldung ewiger Strafe (...), doch verbleibt die Verpflichtung zu einer zeitlichen Strafe, damit die Gerechtigkeit Gottes insofern gewahrt bleibt, als die Schuld durch Strafe ausgeglichen wird." (Summa contra Gentiles, Capitulum LXXII) Bei dieser Vergebung der zeitlichen Strafen greift das Instrument des Ablasses, mit dem eben ein Nachlass der kanonischen Bußwerke möglich wurde.

## Anteil am *Gnadenschatz der Kirche*

*Entscheidend für das Verständnis der Ablasspraxis ist die Lehre vom Gnadenschatz der Kirche, dem thesaurus ecclesiae.* Was darunter zu verstehen ist, lässt sich so erläutern: Christus und die Heiligen haben sich durch ihr heiligmäßiges Leben und der Orientierung an Gottes Geboten besondere Verdienste erworben. Es sind Verdienste, die weit über das hinausgehen, was für die Erlösung der Welt notwendig ist. Dieses Übermaß an einem gottgefälligen Leben geht nicht verloren, sondern ist für die ganze Gemeinschaft der Kirche bestimmt. Um in der Bildsprache zu bleiben: Wie in einer Schatztruhe sind die Verdienste der schon Vollendeten aufbewahrt, diese Verdienste können nun an unterschiedliche Menschen verteilt werden, deren Leben noch fragmentarisch, also unvollendet und schuldig ist. Den Schlüssel zu diesem Schatz besitzt der Papst; er bestimmt, auf welche Weise Menschen die im *thesaurus ecclesiae* angesammelte Gnade zuteilwird.

## Ablässe als Geldquelle und ein Luther, der Kritik übt

Das Privileg der Erteilung von Ablässen war daher zunächst den Päpsten vorbehalten. Im Lauf der Zeit entwickelte sich auch die Vorstellung, man könne mithilfe eines Ablasses die Leidenszeit der Verstorbenen im Fegefeuer verkürzen. Immerhin glaubte man, die Verstorbenen müssten dort für die irdisch begangenen Sünden büßen; diese Bußzeit konnte durch einen Ablass verringert werden. *Im Spätmittelalter etablierte sich dann der Ablasshandel, der zu einer willkommenen Geldquelle für die Päpste wurde: Der Ablass, der für die Verstorbenen erworben werden konnte, wurde nur gegen eine Geldsumme gewährt. Gleichzeitig schürten wortgewandte Prediger wie der Dominikaner Johann Tetzel die Angst vor dem Fegefeuer und den dort zu erleidenden Strafen. Die Einnahmen aus dem Ablasshandel, der von der römischen Kurie geschickt ausgebaut worden war, flossen zum Beispiel in den Neubau des Petersdomes, der dadurch finanziert werden konnte. Man hatte es hier schlicht und ergreifend mit einem Missbrauch zu tun, den vor allem Martin Luther öffentlich anprangerte.* Gleich in mehreren seiner 95 Thesen kritisiert Luther die Praxis des Ablasshandels; in der 21. These hält er fest: „Es irren daher diejenigen Ablassprediger, die da sagen, dass ein Mensch durch Ablässe des Papstes von jeder Strafe gelöst und errettet wird." Und in der 36. These schreibt Luther: „Jeder wahrhaft reumütige Christ erlangt vollkommenen Erlass von Strafe und Schuld; der ihm auch ohne Ablassbrief zukommt." Verständlicherweise zog Luther damit den Zorn der Kirchenoberen auf sich; Luther kritisierte ja eine willkommene Einnahmequelle, mit der sich nicht nur die Päpste und die römische Kurie, sondern auch so mancher Landesfürst (z.B. Albrecht von Brandenburg, der mithilfe dieser Einnahmen seine Schulden bei den Fuggern zurückzahlen konnte) finanzierte.

*Was Luther betonte, kann als ein Auslöser der Reformation benannt werden: Jeder Mensch kann direkt von Gott Vergebung seiner Schuld erlangen, es braucht nicht den Umweg über die Kirche und deren Ablasspraxis.* Vielmehr ist jeder reumütige Christ selbst imstande, bei Gott Gnade zu erlangen. Das ist ein Grundgedanke der Theologie Luthers, der freilich in direktem Widerspruch zur Praxis der Kirche stand, die sich mithilfe des Ablasshandels das Monopol der Sündenvergebung sichern wollte.

Lehramtlich hat bereits Papst Clemens VI. in seiner Bulle „Unigenitus Dei Filius" die wesentlichen Eckdaten des Ablasses bestimmt. Dabei hebt der Papst besonders auf den Gnadenschatz der Kirche ab, welcher die Grundlage für die kirchliche Lehre vom Ablass bildet (vgl. DH 1025–1027). Besonders in Auseinandersetzung mit der reformatorischen Kritik äußert sich das Lehramt immer wieder über den Ablass (z.B. auf dem Konzil von Konstanz 1418 bei der Verurteilung der Hussiten, vgl. DH 1266f). Das Tridentinum hebt die „heilsame" Wirkung der Ablässe hervor und verurteilt jene, „die entweder behaupten, sie seien unnütz, oder sagen, es steht nicht in der Macht der Kirche, sie zu gewähren" (DH 1835). Letztendlich bleiben die lehramtlichen Aussagen über den Ablass aber relativ vage und unklar; eine theologische Fundierung findet sich nicht.

## Ablass abgeschafft?!

Schon 1567 wurde der Handel mit Ablässen von Papst Pius V. abgeschafft, noch der Codex von 1917 verbot den Ablasshandel ausdrücklich unter der Strafe der Exkommunikation (c. 2327). Erst Paul VI. reformierte das Ablasswesens in seiner Apostolischen Konstitution „Indulgentiarum doctrina“ aus dem Jahr 1967. Teilablässe, mit einer Begrenzung auf bestimmte Tages- oder Jahreszahlen, werden abgeschafft; vollkommene Ablässe sollen vermindert werden. Ausdrücklich betont der Papst die „Freiheit der Kinder Gottes“, die es verbiete, jemanden zu drängen, einen Ablass in Anspruch zu nehmen. Weiter setzt er sich von der früheren Vorstellung des Kirchenschatzes ab, indem er betont, dass Christus, der Erlöser, selbst der Kirchenschatz ist.

*Noch heute kann man zu unterschiedlichen Gelegenheiten einen vollkommenen Ablass erwerben:* Dazu zählen zum Beispiel der Allerseelen-Ablass, der Portiunkula-Ablass (am Sonntag nach dem 02. August), der Ablass am Sonntag der göttlichen Barmherzigkeit (am 2. Sonntag der Osterzeit). *Zur Erlangung des Ablasses wird jeweils der Empfang des Bußsakramentes, der Empfang der heiligen Eucharistie sowie das Gebet nach Meinung des Heiligen Vaters vorausgesetzt. Auch durch den Empfang des Segens „Urbi et orbi“, der vom Papst gespendet wird, kann ein vollkommener Ablass erworben werden.*

*Weder die Ostkirchen noch die Kirchen der Reformation kennen das Instrument des Ablasses.*

**Zum Weiterlesen:**

Christiane Laudage: Das Geschäft mit der Sünde. Ablass und Ablasswesen im Mittelalter, Freiburg i.Br. 2016.

Günter Koch: Der Ablass, in: Wolfgang Beinert (Hg.): Glaubeszugänge. Lehrbuch der Dogmatik, Band 3, Paderborn u.a. 1995, 466–468.

Karl Rahner: Kleiner theologischer Traktat über den Ablaß, in: Karl Rahner: Schriften zur Theologie. Band VIII, Einsiedeln u.a. 1967, 472–487.

# Warum gibt es in der Kirche Ämter?

Ämter sind eingesetzt, um die Menschen mit Gott in Berührung zu bringen. Amtsträger wurden von den Gemeinden eingesetzt und gemäß ihres jeweiligen Charismas bestellt. Im Lauf der Zeit wurden die kirchlichen Ämter institutionalisiert und es bildete sich das dreifache Dienstamt aus, welches seinen Wurzelgrund im Volk Gottes hat. Das kirchliche Amt hat den Auftrag, die Getauften anzuleiten, ihr gemeinsames Priestertum auszuüben, es steht auch im Dienst der kirchlichen Communio.

## Mittler zwischen Gott und den Menschen

Der biblische Basistext, um der Einrichtung eines Amtes auf die Spur zu kommen, ist Ex 18,13–26. Hier wird erzählt, wie Mose als Vermittler zwischen Gott und den Menschen für die Anliegen des Volkes eintritt. „Die Leute mussten vor Mose vom Morgen bis zum Abend anstehen", heißt es (V. 13). Das ist eine Überforderung für jeden Menschen und das erkennt auch Jitro, der Schwiegervater des Mose. Sein Rat zielt auf eine Entlastung des Einzelnen durch eine Verteilung der Last auf mehrere Schultern: „Du aber sieh dich im ganzen Volk nach tüchtigen, gottesfürchtigen und zuverlässigen Männern um, die Bestechung ablehnen. Gib dem Volk Vorsteher" (V. 21). Damit ist eine wesentliche Dimension der späteren Amtstheologie benannt: *Weil einer alleine, so charismatisch und redegewandt er auch sein mag, in der Vermittlung zwischen Gott und den Menschen überfordert ist, muss diese Aufgabe auf mehrere Menschen verteilt werden. Sie sind verbunden im gemeinsamen Dienst:* nämlich Gott zu den Menschen zu bringen und umgekehrt.

## Einsetzung durch Handauflegung und Gebet

*Den Einsetzungsritus zu einem solchen Dienst beschreibt Num 27,12–23:* Hier wird die Berufung des Josua berichtet, welcher den von Mose ausgeübten Dienst übernehmen soll. Die Amtsübertragung wird mit einem eindrücklichen Ritus geschildert: „Nimm dir Josua, den Sohn Nuns, einen Mann, der mit Geist begabt ist, und leg ihm deine Hand auf!" (V. 18) *Durch die Handauflegung wird Josua in den Dienst zwischen Gott und dem Volk Israel gestellt, er erhält etwas von der Würde des Mose und tritt nun als Bevollmächtigter vor der ganzen Gemeinde auf.* Später, nach dem Tod des Mose, nimmt Josua seine Stelle im Volk ein, ohne dabei nur ein zweiter Mose zu sein – er hat Anteil am Amt des Mose, dies begründet die Autorität, die er fortan im Volk einnimmt (vgl. Dtn 34,9f).

Über die Einsetzung der Priester wird an gesonderter Stelle, nämlich in Ex 29,22–29 berichtet: Für den Dienst der Priester geeignet sind einzig Aaron und seine Söhne (V. 24), sie sind eingesetzt, um die Opfer für das Volk vor dem Herrn darzubringen (V. 28), gekennzeichnet sind sie durch das Tragen eines bestimmten Gewandes und durch die Salbung (V. 29). Dadurch werden sie zu Priestern für einen zentralen Dienst im Volk bestimmt.

## Berufung geht der Einsetzung voraus

Wie man in den Dienst Gottes genommen wird, das macht besonders die Berufung der Propheten deutlich. Jes 6,1–13 schildert zunächst eine himmlische Vision, im Zuge derer die Lippen des Propheten mit einer glühenden Kohle gereinigt werden. Auf die Frage Gottes, wer von ihm gesendet werden sollte, antwortet Jesaja: „Hier bin ich, sende mich!" (Jes 6,8) Eine ähnliche Episode findet sich in Jer 1,4–19: Betont wird zunächst die Auserwählung des Propheten bereits im Mutterschoß (Jer 1,5), sowie der Widerspruch, den der Berufene Gott gegenüber einlegt: „Ach, Herr und Gott, ich kann doch nicht reden, ich bin ja noch so jung" (Jer 1,6). Die Berührung der Lippen deutet ebenfalls eine Reinigung der menschlichen Sprache an, die fortan das Gotteswort verkünden soll.

## Das Amt im Neuen Testament

*Neutestamentlicher Basistext für die Amtstheologie ist die Einsetzung der Zwölf (Mk 3,13–19):* Dabei wird ihre Aufgabe doppelt bestimmt: „Und er setzte zwölf ein, damit sie mit ihm seien und damit er sie aussende, zu verkünden und mit Vollmacht Dämonen auszutreiben" (Mk 3,14f). Neben der Sendung gehört zum Aposteldienst auch das bei Jesus sein und seine Nähe immer wieder und immer neu zu suchen. Nachösterlich sind die Apostel Zeugen für die rechte Verkündigung des Evangeliums, sie gewähren die Kontinuität zwischen der vorösterlichen Jesusbewegung und der Gemeindebildung, die in der Zeit nach Ostern einsetzt. Kriterium für den Aposteldienst ist dabei die Nachfolge Jesu während seiner irdischen Zeit: „Es ist also nötig, dass einer von den Männern, die mit uns die ganze Zeit zusammen waren, als Jesus, der Herr, bei uns ein und aus ging, angefangen von der Taufe durch Johannes bis zu dem Tag, an dem er von uns ging und in den Himmel aufgenommen wurde – einer von diesen muss nun zusammen mit uns Zeuge seiner Auferstehung sein." (Apg 1,21f) Zwar üben die Apostel in der Jerusalemer Urgemeinde noch eine Leitungsfunktion aus, diese scheint jedoch im

Lauf der Zeit immer geringer zu werden. Apg 21,18–26 erwähnt nur noch die Presbyter, also die Ältesten, als Leitungsgremium der Gemeinde.

## Nicht ein Amt, sondern viele Ämter

Insgesamt lässt sich im NT eine hohe Pluralität an Ämtern feststellen: 1 Kor 12,28 nennt Apostel, Propheten und Lehrer; Eph 4,11 kennt außerdem noch Evangelisten und Hirten; und die Pastoralbriefe betonen vorrangig das Bischofsamt, dem Presbyter und Diakone zugeordnet sind (vgl. 1 Tim 3,2; Tit 1,7). *Es gibt also zu neutestamentlicher Zeit eine Vielzahl an Ämtern, die sich in den Gemeinden je nach ihren Bedürfnissen etabliert haben.* Diese Ämter können nicht von sich selbst heraus übernommen werden, sie werden Menschen von der Gemeinde übergeben, die sie einsetzt. *Sichtbares Zeichen dieser Amtsübertragung ist die Handauflegung und das Gebet um die Herabkunft des Heiligen Geistes auf die Kandidaten für ein Amt (Apg 1,24–28; 6,1–6).* Die Einsetzung in ein Amt ist also menschlicher Verfügungsgewalt entzogen. Es ist allein Gottes Initiative, einen Menschen für einen Dienst in der Gemeinschaft der Kirche zu berufen und ihn für dieses Amt einzusetzen.

## Die Entwicklung des Mon-Episkopats

Mit dem Ende des 1. Jahrhunderts lässt sich eine Beobachtung festhalten: Während sich in Gemeinden mit jüdischem Hintergrund eine Struktur einstellt, die vor allem am Amt des Presbyters orientiert ist, setzt sich in heidenchristlichen Gemeinden eine Episkopen-Diakone-Verfassung durch. Wichtig ist dabei die Einsicht, dass Gemeinden zu dieser Zeit nicht von Einzelpersonen geleitet werden, sondern von einem Gremium. Erst im Lauf des 2. Jahrhunderts verschmelzen die beiden Modelle miteinander und es entwickelt sich eine Hierarchie, die Presbyter und Diakone unter der Aufsicht eines Bischofs kennt (sog. „Mon-Episkopat“). Dem Bischofsamt kommen dabei umfassende Kompetenzen zu: Er leitet die Gemeinde, ist regulärer Vorsteher der Eucharistie, spendet die Sakramente und überwacht alle Vorgänge in einer Gemeinde. Die Presbyter beraten den Bischof in seiner Amtsausübung, sie assistieren ihm bei der Feier der Spendung der Sakramente und vertreten ihn dort, wo er nicht persönlich anwesend sein kann. Die Diakone sind schließlich Gehilfen des Bischofs und vor allem im caritativen Bereich tätig. Aufgrund steigender Bedürfnisse kommt es zu einer weiteren Ausdifferenzierung der Amtsstruktur nach unten: Es entstehen Dienste wie der Subdiakonat, der Lektor oder der Türhüter. Dabei sind die Ämter vorrangig funktional ausgerichtet.

## Zunehmende Sacerdotalisierung

Im Mittelalter setzte im Amtsverständnis eine radikale Wandlung ein: Man spricht von einer Sacerdotalisierung des priesterlichen Dienstes. Damit ist gemeint, dass man den ursprünglichen Dienst des Presbyters immer mehr in den Kategorien des paganen Sacerdos interpretierte. Der Priester wurde fortan von seinem Dienst am Opfer für die Gemeinde verstanden; seine Identität bildete sich am Altar aus, an dem er das Gedächtnis des Kreuzesopfers Christi zu vergegenwärtigen hatte. Unter dieser Neubestimmung litt vor allem das Bischofsamt: Da es sich in Bezug auf die Konsekrationsvollmacht in der Eucharistiefeier nicht vom Priesteramt unterschied, wurde es nur mehr unter der Perspektive einer anderen *potestas* begriffen. Mit anderen Worten: Die Sakramentalität der Bischofsweihe wurde mehr und mehr infrage gestellt, da der Bischof nur eine andere Jurisdiktionsvollmacht besaß, als der Priester. Damit war das ursprüngliche Amtsverständnis völlig aus dem Lot geraten.

## Verpflichtung zum Zölibat

Der Priester jedenfalls rückte immer mehr in die Sphäre des Heiligen hinein, was auch seine gesamte Lebensführung beeinflusste. Das I. Laterankonzil mahnt bereits 1123 nachdrücklich an, dass es Priestern, Diakonen und Subdiakonen verboten sei, mit einer Ehefrau zusammenzuleben (DH 711). Damit wurde die Praxis des Zölibats grundgelegt, womit eine sexuelle Enthaltsamkeit der Kleriker garantiert werden sollte. Hier hat sich vor allem eine alttestamentliche Gepflogenheit Bahn gebrochen: Priester, die ihren Opferdienst am Tempel versahen, sollten ganz rein sein, also auch Geschlechtsverkehr mit einer Frau meiden. Dieser Gedanke wurde schließlich christlicherseits rezipiert und mit der Zölibatsverpflichtung für die Gesamtkirche eingeführt. Freilich muss auch angemerkt werden, dass sich der Zölibat im Mittelalter beim niederen Klerus nie wirklich durchsetzen konnte. Erst im Zuge des Trienter Konzils wurde der Zölibat allen Klerikern nachdrücklich eingeschärft.

## Die Amtstheologie von Vaticanum II

Erst mit dem Zweiten Vatikanischen Konzil konnte die Amtstheologie aus ihrer mittelalterlichen Engführung befreit werden. Eine Wiederentdeckung der Sakramentalität des Bischofsamtes führte dazu, das kirchliche Amt vom Bischof her zu beschreiben, in dem die Fülle des Ordo gegeben ist. Vom Sacerdos kehrte man – zumindest teilweise – wieder zum Verständnis des Priesters als Presbyter zurück;

die Eingrenzung des Priesters auf die Feier des Messopfers wurde zugunsten einer weiten Aufgabenbeschreibung mit vielen Facetten aufgebrochen. Auch der Diakonat wurde aufgewertet und konnte sich durch die Einführung des ständigen Diakonats in vielen Gemeinden etablieren. Letztendlich wurde auch das Amt an sich neu bestimmt: Das gemeinsame Priestertum aller Gläubigen ist die Voraussetzung und die Bedingungen, dass es in der Kirche überhaupt ein hierarchisches Priestertum geben kann. *Anders ausgedrückt: Das Volk Gottes, also alle Getauften, ist der Wurzelgrund für das kirchliche Amt.*

**Zum Weiterlesen:**

Guido Bausenhart: Das Amt in der Kirche. Eine not-wendende Neubestimmung, Freiburg i.Br. u.a. 1999.

Sabine Demel: Frauen und kirchliches Amt. Grundlagen, Grenzen und Möglichkeiten, Freiburg i.Br. u.a. 2021.

# Was ist die Beichte?

Die Beichte ist eines der sieben Sakramente. In ihr wird konkret, dass Gott ein barmherziger Gott ist: Die Menschen dürfen vor ihm ihre Schuld bekennen, sie dürfen auf sein Erbarmen vertrauen. Auch wenn Menschen vor Gott gefehlt haben, seine Vergebung ist immer größer als alles menschliche Versagen. Im Sakrament der Versöhnung wird diese Erfahrung einem einzelnen Menschen immer neu zugesprochen.

## Sünde im Alten Testament

Schon im Alten Testament ist Sünde ein zentraler Topos, der das ganze Schicksal des Volkes Israel wie ein roter Faden durchzieht. Der Prophet Jeremia bemerkt hierzu: „Wenn unsre Sünden uns anklagen, / handle um deines Namens willen, o HERR! Ja, groß ist unsere Abtrünnigkeit; / gegen dich haben wir gesündigt." (14,7) Das Ereignis, das Jeremia unmittelbar vor Augen hat, ist das Babylonische Exil und die Zerstörung Jerusalems durch die Truppen Nebukadnezars. Angesichts dieser unglaublichen Katastrophe scheint für Israel alles aus und vorbei zu sein. Doch was noch schwerer wiegt: Die Tragödie ist selbst verschuldet. Was beim Einmarsch der fremdländischen Truppen geschieht, hat sich das Volk Israel selbst zuzuschreiben. Noch einmal Jeremia: „Wir erkennen, HERR, unser Unrecht, / die Schuld unsrer Väter: / Ja, wir haben gegen dich gesündigt. Um deines Namens willen verschmäh nicht, / verstoß nicht den Thron deiner Herrlichkeit! / Gedenke! Brich nicht deinen Bund mit uns!" (14,20f)

## Sünde, Vergebung und das Schicksal Israels

Es ist das sündhafte Leben des Volkes, welches zum Auslöser für die Katastrophe von 587 v. Chr. wird. Damit ist ein wichtiges, im AT immer wiederkehrendes Muster benannt: Das Volk sündigt im Ungehorsam gegenüber JHWH, seinem Gott, es wendet sich von ihm ab, es vernachlässigt die göttlichen Gebote. Dafür wird Israel eine Strafe zuteil, die dazu führt, dass das Volk seine Sünden einsieht und sie öffentlich vor JHWH bereut. Israel bittet um Vergebung für ein Leben, wie es sich nicht für das Privateigentum JHWHs ziemt. Es erinnert Gott an seinen Bund, den er mit Israel geschlossen hat und hofft, dass er sein rettendes und heilbringendes Antlitz dem Volk wieder zuwendet. Sünde und Vergebung sind damit zwei entscheidende Faktoren im Leben Israels.

Die Bitte um Erbarmen erwächst der Einsicht über die eigene Schuldhaftigkeit und die eigenen Vergehen. So hält auch der Bußpsalm 51 prägnant fest: „Denn ich erkenne meine bösen Taten, meine Sünde steht mir immer vor Augen. Gegen dich allein habe ich gesündigt, ich habe getan, was böse ist in deinen Augen." (51,5f)

Die Erkenntnis der eigenen Schuld, die Bitte um Erbarmen und Vergebung, der Erweis der Barmherzigkeit JHWHs kulminiert für Israel in der liturgischen Feier des Versöhnungstages (Jom Kippur). Einem Ziegenbock werden dabei die Sünden des ganzen Volkes aufgeladen und ein Sündopfer, dessen Blut auf die Sühneplatte des Heiligtums gespritzt wird, soll Versöhnung zwischen Gott und den Menschen schaffen (vgl. Lev 16). „Denn an diesem Tag erwirkt man für euch Versöhnung, um euch zu reinigen. Vor dem HERRN werdet ihr von allen euren Sünden wieder rein" (Lev 16,30).

## Jesus und die Barmherzigkeit Gottes

Die Verkündigung und Lebenspraxis Jesu greift dieses Wissen um die eigene Sündhaftigkeit und das Angewiesensein auf die Barmherzigkeit Gottes auf und stellt es in die Mitte der Reich-Gottes-Botschaft. Der Evangelist Markus fasst diese Verkündigung so zusammen: „Die Zeit ist erfüllt, das Reich Gottes ist nahe. Kehrt um und glaubt an das Evangelium!" (1,15) Umkehr ist ein zentraler Bestandteil, um Zugang zum Gottesreich zu erhalten. Aber sie ist auch möglich, weil Gott in seiner barmherzigen Liebe sich allen Menschen zuwendet und wie ein liebender Vater die Arme offenhält für alle, die zu ihm zurückkommen (vgl. Lk 15,11–32). Im Leben Jesu wird diese unbedingte Vergebungsbereitschaft Gottes für die Menschen spürbar: Seine Sorge gilt besonders jenen Menschen, die gegenüber Gott und den Mitmenschen schuldig geworden sind. Von den Außenstehenden wird Jesus daher als „Freund der Zöllner und Sünder" verunglimpft (Mt 11,19). Doch Jesus belehrt sie eines Besseren: „Nicht die Gesunden bedürfen des Arztes, sondern die Kranken. Ich bin nicht gekommen, um Gerechte, sondern Sünder zur Umkehr zur rufen" (Lk 5,31f).

Jesus ist die Barmherzigkeit Gottes in Person. Er ist die „barmherzige Liebe unseres Gottes" (Lk 1,78), in dem die „Güte und Menschenfreundlichkeit Gottes" unter den Menschen erschienen ist (Titus 3,4). Menschen, die schuldig geworden sind, werden von Jesus nicht verurteilt oder gar abgeschrieben. Dort, wo nach menschlichem Ermessen nur eine Bestrafung für ein Vergehen möglich ist, zeigt Jesus, dass die Vergebungsbereitschaft immer größer sein muss (vgl. Joh 8,1–11). Mit einem Aufrechnen ist es dabei aber nicht getan; Barmherzigkeit ist unerschöpflich und muss immer wieder erwiesen werden: „Da trat Petrus zu ihm und fragte: Herr, wie oft muss ich einem Bruder vergeben, wenn er gegen mich sündigt? Bis zu siebenmal? Jesus sagte zu ihm: Ich sage dir nicht: Bis zu siebenmal, sondern bis zu siebzigmal siebenmal." (Mt 18,21f) Barmherzigkeit und Vergebung lassen sich nicht zählen. Sie sind dort notwendig, wo immer Menschen schuldig geworden sind. Das ganze christliche Leben muss von einer solchen Grundhaltung geprägt sein.

Die „ganze Lebensführung" eines Christenmenschen soll heilig sein (1 Petr 1,15), betont Paulus. Denn Christus hat alle Menschen von der Knechtschaft der Sünde erlöst und sie mit Gott versöhnt, wie er im Römerbrief hervorhebt: „Alle haben ja gesündigt und die Herrlichkeit Gottes verloren. Umsonst werden sie gerecht, dank seiner Gnade, durch die Erlösung in Christus Jesus." (3,23f) Christus ist die Gerechtigkeit Gottes, durch die alle Menschen mit Gott versöhnt sind und den „Erweis seiner Gerechtigkeit durch die Vergebung der Sünden" erfahren haben (Röm 3,26).

## Exkommunikation und Rekonziliation

In der Geschichte der Entwicklung des Bußsakramentes wurde die Vergebung der Sünden zuerst ausschließlich mit der Taufe verbunden. Wer getauft wurde, von dem erwartete man, dass er ein Leben aus dem christlichen Glauben führte, also fortan nicht mehr sündigte. Weil das aber für viele Gläubige nicht durchzuhalten war, wurde schon bald eine „zweite Vergebung" eingeführt. Diese bestand aus einem dreigliedrigen Verfahren: Zunächst wurde ein Sünder aus der Gemeinschaft der Gläubigen ausgeschlossen (also im wahrsten Sinne des Wortes „exkommuniziert"). Öffentlich wurde ein Mensch als Sünder hingestellt und seine Vergehen bekanntgemacht. Weil er nicht mehr Teil der christlichen Gemeinschaft war, durfte er auch nicht mehr an der Feier der Eucharistie teilnehmen. Für den Sünder begann eine Bußzeit, die als Phase der Versöhnung mit sich und mit den Mitmenschen gedacht war. Je nach Schwere der Vergehen wurde die Länge der Bußzeit bestimmt. Sie diente auch dazu, um sich im Gebet und in der Meditation Gott neu zuzuwenden und um Vergebung für die begangenen Sünden zu bitten. Schließlich erfolgte in einem dritten Schritt die Wiedereingliederung in die Gemeinschaft der Gläubigen (die Rekonziliation). Dem Sünder wurden seine Sünden erlassen und er durfte wieder als vollwertiges Mitglied der Gemeinde am Gottesdienst und am Leben der Gemeinde teilnehmen.

Dieses Verfahren hatte allerdings einen Haken: Jeder Getaufte konnte es nur ein einziges Mal durchlaufen. Wenn also ein Christ nach einer solchen „zweiten Vergebung" ein weiteres Mal sündigte, gab es für ihn kein Zurück mehr in die Gemeinschaft der Kirche. Er blieb vielmehr fortan ausgeschlossen. Um das zu verhindern, schob man die Taufe immer mehr ans eigene Lebensende. Je weniger Zeit man als Christ zu leben hatte, umso besser standen die Chancen, dass man sich in dieser Zeit nichts zu Schulden kommen ließ. Die Taufe verkam daher in dieser Phase immer weiter zum Sterbesakrament, um das man erst unmittelbar auf dem Totenbett bat.

## Eine neue Form der Bußpraxis

Erst im 6. Jahrhundert setzte sich mit der Missionierung durch Mönche aus England, Irland und Schottland eine neue Form der Bußpraxis durch. Das klösterliche Leben war davon geprägt, dass Mönche vor ihrem Abt immer wieder ihre Sünden zu bekennen hatten und dafür die Lossprechung durch den Abt erhielten. In den Gebieten, die von iro-schottischen Mönchen missioniert wurden, setzte sich diese Art der Buße auch im christlichen Volk durch. Es war also fortan möglich, vor dem Priester die eigene Schuld zu bekennen und in Demut und Reue um Vergebung zu bitten. Der Priester sprach den Bekennenden daraufhin von seinen Sünden los und legte ihm als Bußleistung eine Frömmigkeitsübung auf. Damit war die Privatbeichte entstanden, die es den Christen nun ermöglichte, trotz eigener Sünden nicht von der Gemeinschaft ausgeschlossen zu werden, sondern immer neu Vergebung zu erhalten.

## Individualisierung des Sündenverständnisses

Das Sündenverständnis hat sich zu dieser Zeit vollständig geändert: War Sünde und Sündenvergebung bis dato ein Geschehen, in das die ganze kirchliche Communio eingebunden war, stand fortan ein persönliches, individuelles Einzelgeschehen im Vordergrund. Die eigenen Sünden werden einzig dem Priester gegenüber benannt, der anschließend die Absolution spricht. Die ekklesiologische Rückbindung, die in der Alten Kirche sehr stark durch den Ausschluss und die Wiederaufnahme in eine konkrete Eucharistiegemeinschaft präsent war, kommt im Zuge der Individualbeichte kaum mehr zum Tragen. Damit aber ist ein wesentlicher Aspekt des Sündenverständnisses verlorengegangen, der schon biblisch durchweg zum Tragen kommt: dass Sünde und Sündenvergebung eben Angelegenheiten des ganzen Volkes sind und dass es nicht nur einzelne Menschen sind, die sich ihrer eigenen Schuld und ihres eigenen Versagens bewusst sind. So, wie das Volk Israel gemeinsam seine Schuld bekennt und Gott um Erbarmen anfleht, so war auch die ganze christliche Gemeinde ursprünglich in das Verfahren der Rekonziliation eines Sünders eingebunden.

Im Mittelalter entwickelte sich auch die Praxis des Ablasshandels, gegen die vor allem Martin Luther mit seiner Kritik massiv vorgegangen war (→ s.S. 214–217).

## Jährliche Pflichtbeichte

Lehramtlich äußerte sich zur Bußpraxis das IV. Laterankonzil, das auch die jährliche Pflichtbeichte einführte (vgl. DH 812). Auch das Tridentinum verwies auf die Beichte, um sie gegenüber der reformatorischen Kritik zu profilieren (vgl. DH 1667–1693). Im 20. Jahrhundert legte Pius X. fest, dass die Kommunion nur nach vorheriger Beichte empfangen werden kann (vgl. DH 3383), daher erhielt das Bußsakrament einen erneuten Aufschwung. Dieser hielt allerdings nicht lange an und heutzutage führt die Beichte eher noch ein Schattendasein.

## Der Bußgottesdienst: Eine Neuerfindung?

Wenngleich auch das Zweite Vaticanum sich nicht ausdrücklich zur Bußpraxis äußerte, erfuhr das Bußsakrament im Umfeld des Konzils dennoch eine wesentliche Neubestimmung (vgl. SC 72: „Ritus und Formeln des Bußsakramentes sollen so revidiert werden, dass sie Natur und Wirkung des Sakramentes deutlicher ausdrücken."). Die ekklesiologische Dimension der Buße wurde wiederentdeckt und hat sich schließlich in der neuen liturgischen Feiergestalt des *Bußgottesdienstes* etabliert. Hierbei steht das gemeinschaftliche Bekenntnis der Schuld im Vordergrund und die gemeinsame Bitte um das Erbarmen Gottes. Wenngleich der Bußgottesdienst die Einzelbeichte nicht ersetzt, da die sakramentale Absolution nur bei der Einzelbeichte erteilt werden kann, bildet er doch eine wesentliche Ergänzung der Bußtheologie: Die Feier der Versöhnung ist ein Geschehen, das die ganze Kirche angeht, das innerhalb einer christlichen Gemeinde seinen Ort hat. Daher ist die gemeinschaftliche Feier ein wesentlicher und wichtiger Aspekt in der kirchlichen Bußpraxis.

Der Bußgottesdienst ist kein Ersatz für die Einzelbeichte, sondern deren notwendige Ergänzung. Während im Bußgottesdienst die Schuld aller, also einer größeren Gemeinschaft, benannt und bekannt werden kann, rückt die Beichte das individuelle und persönliche Versagen in den Vordergrund. Beides ist wechselseitig aufeinander verwiesen, hebt sich aber nicht auf. So, wie es das gemeinschaftliche Bitten um das Erbarmen Gottes Bedarf, so braucht es auch den Blick auf die eigene Unzulänglichkeit und das, was man im eigenen Leben falsch gemacht hat. Das Sakrament der Versöhnung lädt ein, das eigene Handeln, die eigene Lebenspraxis in den Blick zu nehmen und sich der eigenen Schuldhaftigkeit bewusst zu werden. Es ist eine Einladung, sich mit Gott, dem Nächsten und mit der eigenen Lebensgeschichte zu versöhnen und sich immer neu das zusagen zu lassen, was Jesus den Menschen damals zugesagt hat: „Deine Sünden sind dir vergeben" (Lk 7,48).

**Zum Weiterlesen:**

Sabine Demel/Michael Pfleger (Hgg.): Sakrament der Barmherzigkeit. Welche Chance hat die Beichte?, Freiburg i.Br. u.a. 2017.

# Was versteht die Kirche unter dem Sakrament der Ehe?

Die Ehe ist der Bund, den Mann und Frau miteinander schließen. Die Ehe ist dabei nicht nur ein Versprechen, das sich zwei Menschen zusagen, im Sinne einer bleibenden gegenseitigen Verbundenheit. Der Ehebund ist auch ein Zeichen dafür, dass Gott seinen Bund mit den Menschen geschlossen hat und dass dieser Bund bleibend und für alle Ewigkeit Bestand hat. Wenn Menschen den Ehebund schließen, werden sie hineingenommen in den Bund Gottes mit seiner Schöpfung, als Lebensgemeinschaft erhalten sie Anteil der Communio des dreifaltigen Gottes.

## Ehe im Alten Testament

Im Alten Testament hat sich bereits die Entwicklung der monogamen Ehe durchgesetzt, ihr theologisches Fundament findet sie dabei im Schöpfungsbericht von Gen 2: Dort wird nicht nur von der Erschaffung der Frau aus der Rippe des Mannes erzählt, sondern auch, dass beide als ebenbürtige Partner aufeinander verwiesen sind (vgl. Gen 2,22f). Die eheliche Beziehung zwischen einem Mann und einer Frau ist, so die jahwistische Schöpfungserzählung, im Schöpfungswillen Gottes selbst angelegt. Gott selbst setzt die Partnerschaft zwischen Mann und Frau ein; beide sind als sein Abbild dafür verantwortlich, den Lebensraum der Schöpfung zu bewahren und den Schöpfer in seiner Schöpfung präsent zu halten.

Eine vertiefte theologische Deutung des Ehebundes bildet sich schließlich bei den Propheten aus (z.B. Hos 1; Hos 3; Jer 2; Ez 16): Dort wird das Verhältnis zwischen Israel und seinem Gott in Form einer ehelichen Beziehung beschrieben. So, wie Gott seinen Bund Israel geschlossen hat, einen Bund, der durch unverbrüchliche Treue gekennzeichnet ist, so gehen Mann und Frau eine Verbindung ein, die auf diesen göttlichen Bund hinweist. Und das Vergehen Israels, den Bund mit Gott zu missachten und allein nach eigenen Gesetzen und Geboten zu leben, deuten die Propheten dahingehend als Ehebruch. Besonders scharf ist die Kritik bei Ezechiel, der Jerusalem gar vorwirft: „Doch dann hast du dich auf deine Schönheit verlassen, du hurtest in deinem Ruhm und hast mit deiner Hurerei jeden überschüttet, der vorbeiging, ihm wurde sie zuteil.“ (Ez 16,15) Der Vorwurf an die „Hure Jerusalem“ ist eindeutig: Sie hat sich „bunte Kulthöhen“ gemacht und „darauf Unzucht getrieben“ (Ez 16,16), sie hat sich vom HERRN abgewandt und sich betören lassen von den Götzen der Fremdvölker. In den

Augen Ezechiels ist das nichts anderes als Hurerei. Mit der Treue einer Braut zu ihrem Bräutigam hat das Verhalten Jerusalems JHWH gegenüber jedenfalls nicht mehr viel zu tun.

## Und eine neutestamentliche Perspektive

Auch Jesus äußert sich über die Ehe und die Verbindung, die ein Mann mit einer Frau eingeht. In der Bergpredigt ist ein Logion überliefert, das sich in ähnlicher Form bei allen Synoptikern findet: „Wer seine Frau entlässt, obwohl kein Fall von Unzucht vorliegt, liefert sie dem Ehebruch aus; und wer eine Frau heiratet, die aus der Ehe entlassen worden ist, begeht Ehebruch" (Mt 5,32; Mk 10,11; Lk 16,18). *Die Zielrichtung ist klar: Jesus geht es darum, dass Mann und Frau unbedingt aufeinander verwiesen sind. In seinen Augen sind die Ehepartner unauflöslich aneinandergebunden; damit ist auch ein Schutz der Frau intendiert, die nicht aus vorgeschobenen Gründen aus einer Ehe entlassen werden darf.*

Bei Markus findet sich das matthäische Logion in einem größeren Kontext: Es ist eingebettet in ein Streitgespräch über die Ehe und die Ehescheidung, welches Jesus mit den Pharisäern führt (Mk 10,2–12). Die Einheit, die Mann und Frau in der Ehe eingehen, wird von Jesus schöpfungstheologisch begründet und zwar mit Verweis auf den jahwistischen Schöpfungsbericht. *Weil der Wille Gottes, der in die Schöpfung eingeschrieben ist, nicht aufgehoben werden kann, ist auch eine Scheidung von Ehepartnern nicht möglich.* Der Lebensraum der Schöpfung soll auch für den Menschen zu einem Raum werden, in dem er Freiheit, Liebe und unbedingte Annahme erfährt: Dem Schöpfungsbericht gemäß verwirklicht sich dies in der Gemeinschaft der Menschen, die ihre kleinste und ursprünglichste Form in der Ehe findet. Die Ehe wird zum Lebensraum, der von zwei Partnern produziert wird, die in Liebe miteinander verbunden sind. Dieser Lebensraum der Ehe partizipiert am Lebensraum des dreifaltigen Gottes; Gottes ureigener Lebensraum wird in der Communio der Ehe schon hier auf Erden präsent.

## Paulus: Ein Eheverweigerer?

Paulus scheint der ehelichen Verbindung zwar persönlich nicht viel abgewinnen zu können („Ich wünschte, alle Menschen wären unverheiratet wie ich", 1 Kor 7,7), dennoch weiß auch er um eine heiligmachende Kraft, die von der Ehe ausgeht: „Denn der ungläubige Mann ist durch die Frau geheiligt" (1 Kor 7,14). Im Blick auf die eschatologische Vollendung der Welt erkennt Paulus allerdings einen klaren Vorrang des unverheirateten Lebens (1 Kor 7,25–38): Er macht deutlich, dass sich die Menschen ganz und gar für das bevorstehende Erscheinen Christi vorbereiten müssen. Für Paulus ist es die Sorge um das Gottesreich, das ein menschliches Leben erfüllen muss und nicht das Mühen, mit weltlichen Dingen einer Frau zu gefallen (vgl. 1 Kor 7,33). Trotzdem hält Paulus an der Unauflöslichkeit der Ehe fest, Mann und Frau sind lebenslang aneinandergebunden und sollen sich auch aufgrund der drängenden Nähe der Vollendung der Welt nicht voneinander trennen (vgl. 1 Kor 7,10f). Paulus weiß aber um eine Ausnahme: Wenn ein christlicher Partner mit einem ungläubigen Partner eine Ehe eingeht, kann diese eheliche Verbindung problemlos zugunsten des gläubigen Partners gelöst werden; denn die Menschen sind „zu einem Leben in Frieden" von Gott berufen (1 Kor 7,15). Dieses *Privilegium Paulinum* genannte Prinzip, hat sich bis heute im katholischen Eherecht erhalten.

In besonderer Weise hebt dann noch einmal der Epheser-Brief auf die christliche Ehe ab (Eph 5,22–33). Dabei zieht der Epheser-Brief eine Parallele zwischen der Ordnung im Leib Christi und der familiären Ordnung in jedem Haushalt. So, wie Christus als Haupt über den Gliedern seines Leibes steht, wird der Hausvater über die Ehefrau und die weiteren Hausangehörigen gestellt. Doch aus dieser Sonderstellung erwächst auch eine besondere Aufgabe: denn so, „wie auch Christus die Kirche geliebt und sich für sie hingegeben hat" müssen auch die Männer ihre Frauen lieben (V. 25). Auch der Epheser-Brief hebt dabei auf die schöpfungstheologische Fundierung der Ehe ab, weitet diese aber auch auf die Beziehung zwischen Christus und seiner Kirche. Folgt man der Lesart des Epheser-Briefes, ist die Ehe auch in einen ekklesiologischen Rahmen eingebunden, worin man lange Zeit die Begründung für die Sakramentalität der Ehe ableitete.

## Unterordnung, Patriarchat und Christus

*Doch die Deutung der Ehe im Epheser-Brief ist auch nicht unproblematisch. Eine Kostprobe offenbart die ganze Ambiguität, die in diesem Kapitel steckt: „Wie aber die Kirche sich Christus unterordnet, so sollen sich auch die Frauen in allem den Männern unterordnen." (V. 24) Damit sind wir freilich im Patriarchat angekommen, jenem sozialen System, das zur Zeit der Abfassung des Briefes die Gesellschaft prägte.* „Die zeitgenössische Ordnung der Geschlechter wird als solche nicht infrage gestellt, aber religiös motiviert und legitimiert und durch diese religiöse Imprägnierung zugleich in gewisser Weise befriedet und entschärft." (Knop, Beziehungsweise, 197) Der Text an sich birgt Verständnisschwierigkeiten und deswegen darf man ihn auch nicht so stehen lassen. Rudolf Schnackenburg mahnt in seiner Eph-Exegese: „Im Horizont unserer Zeit mit ihrer veränderten Sicht auf die Stellung der Frau und der Überzeugung von der gleichen Partnerschaft von Mann und Frau in der Ehe erhebt sich die Frage, ob das ‚Ehemodell Christus – Kirche' nicht überholt ist. Aber unter dem Aspekt des gegenseitigen Austausches, je nach der Art und Fähigkeit des ‚Partners', lässt sich auch heute die Grundintention der Paraklese festhalten: Liebe im Vollsinn der Agape zu empfangen und zu schenken." (Schnackenburg, Eph-Brief, 263) Mit anderen Worten: Wenngleich der Autor des Eph vor allem auf die Parallelisierung von Kirche und Ehe zielt, insbesondere das Verhältnis zwischen Christus und seiner Kirche mit jenem von Mann und Frau vergleicht, ist dieses Bild für heutige Verhältnisse nicht ungefährlich. Denn auch wenn über allem die Liebe steht, in der Christus sich für die Kirche hingegeben hat, „um sie zu heiligen" (V. 25f), und auch die Ehepartner zu solcher Liebe aufgerufen werden, schwingt doch immer auch der Gedanke der Unterordnung mit. Dieser ist ja ekklesiologisch gerade fundamental, da die Glieder des Leibes Christi unter dem einen Haupt stehen und auf dieses hingeordnet sind. In der Ehe jedenfalls sind beide Partner gleichberechtigt und stehen auf einer Stufe. Trotzdem bleibt ein Gedanke wichtig, den der Eph-Autor hervorhebt: Jede eheliche Verbindung muss getragen sein von der tiefgründigen Liebe; einer Liebe, die soweit geht, sich immer neu für den Partner hinzugeben und in dieser Erfahrung des sich Hinschenkens je neu zueinander zu finden.

## Ignatius, Tertullian und Thomas

Schon Ignatius von Antiochien (+ um 110) betont in seinem Brief an Polykarp, dass „Braut und Bräutigam mit Gutheißen des Bischofs die Verbindung eingehen". Dies ist für Ignatius die Gewährleistung, dass die Ehe „im Sinne Gottes und nicht nach sinnlicher Begierde" ist. Auch die Ehe ist für Ignatius zur Verherrlichung Gottes eingerichtet (vgl. Die sieben Briefe des Ignatius von Antiochien, Ignatius an Polykarp, Kap. 5).

Wenig später widmet sich auch Tertullian (nach 150 bis nach 220) der Frage, wie eine christliche Ehe aussehen soll. Grundlage für die Ehe ist für ihn der Segen, der von der Kirche erteilt wird; im gemeinsamen Gebet, in der gemeinsamen Feier der Eucharistie und im gegenseitigen Zusammenhalt in „Bedrängnissen, bei Verfolgungen und in guten Tagen" realisiert sich Tertullian gemäß die Ehe (Ad uxorem, 2. Buch IX).

Weitgehend einflussreicher für die spätere Theologie des Ehesakraments war Augustin. Seine Theorie des „triplex bonum", also des dreifachen Gutes, ist es, die in die lehramtlichen Aussagen über das Ehesakrament Eingang gefunden hat. *Schon Thomas fasst prägnant zusammen:* „So gibt es mithin drei Güter der Ehe im Hinblick darauf, dass sie ein Sakrament der Kirche ist, nämlich die Kinder, welche man zur Gottesverehrung bekommen und erziehen soll; die Treue, in der ein Mann einer Frau verbunden ist, und das Sakrament, demgemäß die eheliche Verbindung unauflöslich ist, sofern sie das Sakrament der Vereinigung Christi mit der Kirche darstellt." (Summa contra Gentilem, 79. Kapitel). *Ausdrücklich führt*

*Thomas dabei die Sakramentalität der Ehe auf Eph 5,22–33 zurück, wonach die Vereinigung von Mann und Frau in der ehelichen Partnerschaft die Vereinigung Christi mit seiner Kirche symbolisiert* (vgl. ebd.).

## Die Ehe in der lehramtlichen Entwicklung

Lehramtlich äußert sich dann das Dekret an die Armenier aus dem Jahr 1439: „Es wird aber ein dreifaches Gut der Ehe angeführt. Das erste ist, Nachkommenschaft zu empfangen und zur Verehrung Gottes zu erziehen. Das zweite ist die Treue, die der eine der Gatten dem anderen wahren muss. Das dritte ist die Untrennbarkeit der Ehe, deswegen, weil sie die untrennbare Verbindung Christi und der Kirche versinnbildlicht." (DH 1327)

Augustins Theologie vom dreifachen Ehegut findet schließlich noch Eingang in den CIC von 1917. Dieser bestimmt in can. 1013 nachdrücklich: „§ 1 Der erste Zweck der Ehe ist die Zeugung und Erziehung von Nachkommen; der zweite die wechselseitige Hilfe und das Heilmittel gegen die Begierde. § 2 Die wesentlichen Eigenschaften der Ehe sind Einheit und Unauflöslichkeit; diese erlangen in der christlichen Ehe durch den Sakramentscharakter ihre besondere Festigkeit."

Schon Leo XIII. hatte dabei in „Arcanum divinae sapientiae" vom 10. Februar 1880 die Zwecke der Ehe mit der Zeugung und Erziehung von Nachkommenschaft und der reziproken Hilfe der Ehegatten festgehalten (vgl. DH 3143). Und noch Pius XI. rekurriert in seiner Enzyklika „Casti connubii" aus dem Jahr 1930 ausdrücklich auf die Lehre Augustins vom dreifachen Ehegut (vgl. DH 3703). Für Pius XI. stellen sie eine Zusammenfassung der gesamten christlichen Ehetheologie dar; folglich wendet sich der Papst auch der Nachkommenschaft und Treue zu, führt aber als drittes Ehegut die Sakramentalität der Ehe an (vgl. DH 3710), womit er die Unauflöslichkeit der Ehe begründet.

Eine andere Entwicklung, die sich im Lauf der Zeit durchgesetzt hat, ist die Umschreibung der Ehe in juridischen Kategorien. Die Ehe wird als Vertrag verstanden (contractus), der infolge des gemeinsamen Ehekonsens zustande kommt. Noch in einem Dogmatik-Lehrbuch aus dem Jahr 1910 wird konzise festgestellt: „Der Ehevertrag steht zum Ehesakrament in einem solchen Wechselverhältnis, dass unter Christen jeder gültige Ehevertrag eo ipso Sakrament und jedes Sakrament eo ipso ein gültiger Ehevertrag ist." (Pohle, Lehrbuch der Dogmatik, 603) Dementsprechend musste auch genau geregelt werden, unter welchen Bedingungen ein solcher Ehevertrag gültig geschlossen wird.

## Ehe als Bund: Eine Neuentdeckung des Vaticanum II

Ein wesentlicher Neuanasatz innerhalb der Ehetheologie erfolgt erst mit dem Zweiten Vatikanischen Konzil. Dabei ordnet die Kirchenkonstitution Lumen gentium das Ehesakrament zunächst ekklesiologisch ein: Durch die gegenseitige Treue erhalten die Ehegatten Anteil an der Liebe Christi zu seiner Kirche, der Ehebund erfährt dadurch eine Heiligung (vgl. LG 11). In besonderer Weise hebt das Konzil den Wert der Familie hervor, die als „eine Art Hauskirche" der erste Ort ist, an dem das Evangelium den eigenen Kindern verkündet und so Menschen mit dem christlichen Glauben in Berührung gebracht werden (vgl. LG 11). Wesentlich umfangreicher beschäftigt sich die zweite Kirchenkonstitution, Gaudium et spes, mit der Ehetheologie, wobei die Konzilsväter eine fundamentale Neubestimmung der Ehe vornehmen: „Die innige Gemeinschaft des Lebens und der Liebe in der Ehe, vom Schöpfer begründet und mit eigenen Gesetzen geschützt, wird durch den Ehebund, d.h. durch ein unwiderrufliches personales Einverständnis, gestiftet. So entsteht durch den personal freien Akt, in dem sich die Eheleute gegenseitig schenken und annehmen, eine nach göttlicher Ordnung feste Institution, und zwar auch gegenüber der Gesellschaft." (GS 48)

Damit ist eine Kategorie als überkommen anzusehen, die vor allem seit dem Mittelalter das Eheverständnis bestimmt hat: Die Ehe ist kein juristischer Vertrag (*contractus*), sondern wird theologisch als Bund (*foedus*) verstanden. Dadurch wird die Ehe aus einer allzu engen Definition aus Rechten und Pflichten befreit und im Horizont der Bundestheologie von einem personalen Eheverständnis eingeholt. *Mit anderen Worten: Die Ehe wird nicht mehr nur von den augustinischen Ehegütern her bestimmt, sondern vom Gedanken der Communio, der menschlichen Gemeinschaft, die in der Lebensgemeinschaft des dreifaltigen Gottes gründet und an dieser teilhaftig wird.* Jener Lebensraum, der durch das Miteinander der Ehegatten produziert wird, ist nicht mehr durch vertraglich fixierte Pflichten und Zwecke abgegrenzt. Er stellt sich vielmehr dort ein, wo sich zwei Menschen unbedingt aufeinander einlassen, wo sie sich solidarisch zueinander verhalten und sich füreinander öffnen. Das ist kein statisches Eheverständnis mehr, wie man dies in einem Vertrag festhalten könnte. Wer die Bundeskategorie ernst nimmt, mit der das Konzil die Ehe umschreibt, muss auch von einer hohen Dynamik ausgehen und das Moment des Scheiterns einrechnen. Der Lebensraum, den man in der Ehe gemeinsam belebt, ist kein Container, kein steriler Raum, in den die beiden Eheleute hineingeschoben werden. „Diesen im solidarischen Miteinander produzierten Lebensräumen wohnt keine Erfolgsgarantie inne, sondern sie müssen immer neu und mit Anstrengung produziert werden. Der Andere zeigt sich immer wieder als der Fremde, zu dem man sich neu verhalten muss, mit dem man neu einen gemeinsamen Raum produzieren muss." (Brand, Gottes Lebensraum, 452)

## Ein Lebensraum für die Menschen und für Gott

Auffallend ist, dass GS diesen Lebensraum, der durch die Ehe hergestellt wird, vor allem als Liebesgemeinschaft begreift (vgl. GS 48). Damit stärken die Konzilsväter noch einmal das personale Moment der Ehetheologie: Liebe ist keine Kategorie, die sich in irgendeiner Art und Weise verrechtlichen oder in einen Vertrag packen ließe. Sie ist das unbedingte Aufeinanderzugehen von zwei Menschen, die in völliger Freiheit und Bedingungslosigkeit zueinander Ja sagen. Ein Ja, das bestenfalls das ganze Leben der beiden Partner über Bestand hat und durch die Wechselfälle der Zeit hindurch trägt. „Insofern bestimmt die Liebe die Beziehung der Eheleute; die Liebe wird nicht von ihrer Beziehung beherrscht." (Sander, Kommentar zu GS, 774) Damit stellt sich auch die weitreichende Frage, inwiefern eine Ehe noch sakramentalen Charakter besitzen kann, wenn keine Liebe zwischen den Eheleuten mehr besteht. Kann es eine christliche Ehe überhaupt noch geben, wenn sich die Partner so weit voneinander distanziert haben, dass ihr ursprünglich zueinander gesprochenes Ja in ein Nein gewendet wurde? „Wenn Menschen sich im Namen Gottes verheiraten wollen, dann ist es von entscheidender Bedeutung, über Kriterien zu verfügen, ob die Beziehung der künftigen Eheleute füreinander Liebe ist oder doch nur eine hohe Illusion darüber oder gar lediglich ein schöner Schein davon." (Sander, Kommentar zu GS, 774) Dass es hierbei nicht ausreicht, vor der kirchlichen Gemeinschaft einen Vertrag abzuschließen und sich einmal das Ja-Wort zuzusprechen, liegt wohl auf der Hand. Ein solches Eheverständnis liegt auch nicht im Horizont von GS. Die pastorale Bestimmung der Ehe, die GS vornimmt, überschreitet ein solch enges Denken als könne man das Gelingen einer Ehe an bestimmten objektiven Kriterien, wie Nachkommenschaft festmachen. Das schließt auch eine Neubestimmung ehelicher Sexualität mit ein: Geschlechtsverkehr wird nicht nur unter der Perspektive gebilligt, dass er offen für die Zeugung von Nachkommenschaft ist. Vielmehr bemerkt GS: „Jene Akte also, durch die die Eheleute innigst und lauter eins werden, sind von sittlicher Würde; sie bringen, wenn sie human vollzogen werden, jenes gegenseitige Übereignetsein zum Ausdruck und vertiefen es, durch das sich die Gatten gegenseitig in Freude und Dankbarkeit reich machen." (GS 48) Auch hier ist die Zielbestimmung in erster Linie die Liebe. „Gegenseitige und bedingungslose Liebe", in der sowohl „die gleiche personale Würde (...) der Frau wie des Mannes anerkannt wird" (GS 48) ist das Fundament der gelebten Sexualität in der Ehe. „Das Konzil anerkannte ohne Umschweife, dass die sexuelle Erfüllung der Eheleute auch unabhängig von der Aufgabe der Fortpflanzung eine wesentliche Bedingung für das Gelingen ihrer Liebe bedeutet." (Schockenhoff, Die Kunst zu lieben, 198)

## Impulse für eine neue Ehetheologie

Das Zweite Vaticanum hat der Kirche eine neue Ehetheologie ins Stammbuch geschrieben. Sie gibt die Hierarchie der Ehezwecke ein für alle Mal auf und versteht die Ehe von der personalen Kategorie des Bundes her. Persönliche Liebe, die ihren Grund in Gott hat, der selbst die Liebe ist, wird zur Basis, auf der das Konzil sein Eheverständnis entwickelt. „Die Freude der Liebe, die in den Familien gelebt wird, ist auch die Freude der Kirche", hebt Papst Franziskus 51 Jahre nach der Verabschiedung von GS in seinem Apostolischen Schreiben „Amoris laetitia" aus dem Jahr 2016 hervor. Die Gemeinschaft der Ehe ist immer an die Communio der Ekklesia rückgebunden, die Kirche findet in der ehelichen Gemeinschaft ihre kleinste Verwirklichung. Als „Hauskirche" ist die Familie dabei nicht nur Wurzelgrund für die Verkündigung des Evangeliums und ein gelebtes Glaubenszeugnis. Die Ehe selbst lässt sich auch christologisch begründen: Christus ist die unbedingt für den Menschen entschiedene Liebe Gottes, die sich in seiner Hingabe am Kreuz für das Leben der Welt realisiert. Die Eheleute partizipieren am „Liebesbund Christi und der Kirche" (GS 48), indem sie sich selbst in Liebe einander hinschenken. In ihrer liebenden Verbundenheit sind sie Zeichen für die Gegenwart des auferstandenen Herrn in dieser Welt. Sie werden zu Zeugen seiner Präsenz in den Lebensräumen menschlicher Geschichte.

Der niederländische Dichterpfarrer Huub Oosterhuis (*1933) fasst diesen christologischen Grundzug der Ehe in ein eindrückliches Bild. In einem Text zur Trauung schreibt er: „Gott, der nach seinem Bilde aus Staub den Menschen macht, hat uns seit je zur Freude einander zugedacht. Er fügt euch nun zusammen, lässt Mann und Frau euch sein, einander Wort und Treue, einander Brot und Wein."(GL 499, 1. Strophe) So, wie die eucharistischen Gaben von Brot und Wein Zeichen der hingebenden Liebe Christi und seiner Gegenwart sind, sind auch die Brautleute Repräsentanten des menschgewordenen Gottes. In ihrer Liebe wird Gott in dieser Welt präsent und erfahrbar. Wie Karl Rahner formuliert: „Die menschliche Liebe (...) ‚meint' also Gott nicht bloß als transzendentales (unthematisches) Woher und Woraufhin in seiner unendlichen Ferne, sondern erreicht Gott in jener absoluten Nähe, in der er sich selbst – und nicht in einer bloß kreatürlichen Gabe – als das innerste Geheimnis und Leben des Menschen mitteilt." (Rahner, Die Ehe als Sakrament, 526)

**Zum Weiterlesen:**

Julia Knop: Beziehungsweise. Theologie der Ehe, Partnerschaft und Familie, Regensburg 2019.

Eberhard Schockenhoff: Die Kunst zu lieben. Unterwegs zu einer neuen Sexualethik, Freiburg i.Br. u.a. 2021.

# Was ist die Eucharistie?

„Das ist mein Leib – Das ist mein Blut", sagt Jesus seinen Jüngern im Abendmahlsaal, als er ihnen Brot und Wein reicht. Und er trägt ihnen auf: „Tut dies zu meinem Gedächtnis!" In der Feier der Eucharistie wird das versammelte Gottesvolk mit hineingenommen in das Geheimnis von Jesu Leiden, Tod und Auferstehen. Und Christus selbst wird in der feiernden Gemeinde gegenwärtig. Die Eucharistie ist deshalb auch der Kulminationspunkt für die Kirche: Im Leib Christi, der auf dem Altar liegt, realisiert sich die Kirche als Leib Christi, der aus vielen Gliedern besteht und dennoch eins ist.

## Vier Versionen im NT

Das Neue Testament bietet insgesamt vier Versionen dessen, was sich beim letzten Abendmahl ereignet. Die synoptischen Evangelien (Mk 14,12–16; Mt 26,17–19; Lk 22,7–13) betten das Abendmahl in die Feier des Pessah-Festes ein, das Jesus mit seinen Jüngern in Jerusalem feiern will; dabei bildet es die Schwelle zur Festnahme Jesu und seiner Passion. Auffällig ist, dass die Synoptiker zwar ein Pessah-Mahl ankündigen, dieses dann aber von der Handlung Jesu, der Brot und Wein an die Jünger austeilt, dominiert wird. Das Essen des Pessah-Lammes als zentrales Element der Pessah-Feier fehlt in der Darstellung der synoptischen Evangelien. Ein vierter Bericht über das letzte Abendmahl findet sich bei Paulus in 1 Kor 11,23–25.

Allen Berichten gemein ist, dass sie schildern, wie Jesus beim gemeinsamen Mahl das Brot und den Kelch mit Wein nimmt, die Lobsprüche aufsagt und die Schöpfungsgaben schließlich auf sein eigenes Schicksal hin ausdeutet. Schließlich werden die Deutungsworte noch durch eine soteriologische Zielbestimmung ergänzt: Das Zerbrechen des Brotes, das Austeilen des Weines als Deutung des Schicksals Jesu geschieht „für euch". Außerdem wird die Handlung Jesu durch eine eschatologische Perspektive ergänzt: „Amen, ich sage euch: Ich werde nicht mehr von der Frucht des Weinstocks trinken bis zu dem Tag, an dem ich von Neuem davon trinke im Reich Gottes." (Mk 14,25)

Vergleicht man die neutestamentlichen Texte miteinander, zeigt sich eine Zusammengehörigkeit der Abendmahlsberichte von Paulus/Lukas und Markus/Matthäus. Auffallend ist die Knappheit, welche für die vier Perikopen charakteristisch ist: Es scheint, dass man eine bestehende Gemeindepraxis in Jesu Tun begründet hat und damit die Gedächtnisfeier von Jesu Leiden, Tod und Auferstehen in dessen ureigenem Handeln und Sprechen rückgebunden hat. Was sich in der

Liturgie der christlichen Gemeinde manifestiert hat, wird in die Zeit Jesu rückverlagert und findet dort seinen Ursprung.

Bei aller Gemeinsamkeit der Texte lassen sich auch Unterschiede festmachen: Bei Paulus/Lk ist das Kelchwort nach dem Mahl verortet; bei Mk/Mt folgt der Kelch sofort auf die Brothandlung. Das heißt, dass man bei Paulus/Lk diese Reihenfolge annehmen muss: Brotwort, Essen des Hauptgerichtes, Kelchwort. Vielleicht wurde dies auch in den frühen Gemeinden noch so praktiziert, bei Mk/Mt jedenfalls scheint sich schon eher eine liturgische Praxis manifestiert zu haben, bei der Brot und Kelch direkt aufeinander folgten. Auch das Kelchwort ist in den vier Überlieferungen verschieden: „Dieser Kelch ist der neue Bund in meinem Blut" (Paulus/Lk), „Das ist mein Blut des Bundes" (Mk/Mt). Schließlich variiert auch der Gedächtnisbefehl: Bei Paulus folgt er sowohl nach dem Brot als auch nach dem Kelch; bei Lk nur nach dem Brot, bei Mk/Mt fehlt er völlig.

Im Blick auf das Alter der Traditionen lässt sich wohl die Paulus/Lk-Version als die Älteste annehmen; wahrscheinlich kommt man mit Paulus sogar in die 40er Jahre, also zeitlich sehr nah an das Ursprungsgeschehen heran.

## Das Abendmahl Jesu

Wie lässt sich Jesu Abendmahl nun deuten? Hierzu ist es hilfreich, zunächst das ganze Leben und Wirken Jesu in den Blick zu nehmen. Dabei zeigt sich, dass die Mahlpraxis ein roter Faden ist, der Jesu öffentliches Auftreten durchzieht. Immer wieder berichten die Evangelien davon, dass Jesus mit Menschen aller Couleur zusammen zu Tisch saß; sehr alt scheint der Vorwurf zu sein, der gegen Jesus erhoben wird, er sei „ein Fresser und Weinsäufer" (Mt 11,19). Doch von einer solchen Mahlpraxis unterscheidet sich das letzte Abendmahl grundsätzlich: Es ist ein Mahl, zu dem ausschließlich der engste Kreis um Jesus geladen ist. Und es hat einen besonderen Charakter, denn über ihm liegt der Schatten des Abschieds und der bevorstehenden Passion Jesu. Was Jesus in dieser Abschiedsstunde vollzieht, ist in mehrfacher Hinsicht bedeutsam: Er fasst nicht nur sein ganzes Wirken prägnant in einer Handlung zusammen, er stiftet nicht nur ein Mahl, das Gemeinschaft mit ihm und untereinander schenkt, er weitet auch den Fokus auf die zukünftige Gemeinschaft mit ihm in der βασιλεία.

Inwiefern Jesu letztes Abendmahl ein Pessah-Mahl war, ist in der Forschung umstritten. Dies hängt nicht nur mit der Chronologie der Karwoche zusammen, sondern vor allem auch damit, dass wesentliche Elemente einer Pessah-Feier in der neutestamentlichen Überlieferung fehlen. An die Stelle des Lammes, das gemeinsam im Kreis der Familie gegessen wird, tritt die Brot-Wein-Handlung Jesu. Letztlich lässt sich aber festhalten, dass das jüdische Pessah der Wurzelgrund war, auf dem das letzte Abendmahl Jesu mit seinen rituellen Handlungen wachsen konnte.

## Eucharistie im Johannesevangelium

Anders als bei den Synoptikern und Paulus verzichtet das Johannesevangelium auf einen Einsetzungsbericht. An seine Stelle rückt bei Johannes die Erzählung von der Fußwaschung (13,1–20) und die anschließenden Abschiedsreden Jesu (13,21–16,33) mit dem hohepriesterlichen Gebet (17,1–26). Dennoch bleibt auch Johannes nicht ohne Hinweis auf die Eucharistie: Mit der Brotvermehrung beginnt im sechsten Kapitel die große Brotrede, in der Jesus explizit von jenem Brot spricht, das der Menschensohn geben wird und das „für das ewige Leben bleibt" (6,27). Dabei macht Jesus deutlich, dass er selbst „das Brot des Lebens ist" (6,35), „das vom Himmel herabgekommen ist" (6,41). Er ist das wahre Manna, dessen Genuss zum ewigen Leben führt (vgl. 6,50). Schließlich scheint der johanneische Jesus direkt auf die Eucharistie abzuheben, wenn er sagt: „Denn mein Fleisch ist wahrhaft eine Speise und mein Blut ist wirklich ein Trank" (6,55). Damit jedenfalls scheint auch bei Johannes das eingeholt zu sein, was die Synoptiker und Paulus in den Einsetzungsberichten wiedergeben: Dass sich Christus in den Gaben von Brot und Wein selbst hinschenkt, damit die Seinen, die sich zu ihm bekennen und ihn im Glauben erkennen (vgl. 6,67–69), das Leben haben „und es in Fülle haben" (10,10).

## Augustin und die Lehre von der Realpräsenz

Entscheidend für die spätere Eucharistie-Lehre ist vor allem Augustin, der von einer Realpräsenz in den eucharistischen Gestalten von Brot und Wein ausgeht: „Deshalb ja hat, wie es schon vor uns Männer Gottes verstanden haben, unser Herr Jesus Christus seinen Leib und sein Blut in jenen Dingen dargestellt, welche aus einer Vielheit von Dingen zur Einheit gebracht werden. Denn das eine wird aus vielen Körnern eins, das andere fließt aus vielen Beeren in eins zusammen." (Tractatus in Euangelium Iohannis 26,17) Noch deutlicher wird dieses Verständnis an anderer Stelle, wenn Augustin davon spricht, dass man im Brot der Eucharistie „jetzt einen Teil vom Leibe des unbefleckten Lammes genießt" und im Kelch „Blut empfängt." (Epistulae 36 X, 24) Christus kommt dabei eine doppelte Rolle in der Eucharistie zu: Er ist „Priester, selbst opfernd, und (...) zugleich selbst die Opfergabe." (De civitate Dei 10,20) Damit leistet Augustin einem Verständnis Vorschub, das in späteren Jahrhunderten noch weiter theologisch vertieft wird: *Dass nämlich Christus selber wirklich in den Gestalten von Brot und Wein in der versammelten Gemeinde gegenwärtig ist. Brot und Wein sind nicht nur bloße Erinnerungszeichen an Christus, sondern er selbst ist dort anwesend, wo über Brot und Wein die Konsekrationsworte gesprochen werden.*

Nachdrücklich betont Augustin den Zeichencharakter des Sakramentes: „Das sichtbare Opfer ist also das Sakrament, d. i. das heilige Zeichen eines unsichtbaren

Opfers." (De civitate Dei 10,5) Er rekurriert dabei auf die platonische Urbild-Abbild-Vorstellung, worin Augustin begründet sieht, dass es für jede geschichtliche Wirklichkeit (res) ein entsprechendes Zeichen (signum) gibt, welches auf diese Wirklichkeit verweist und sie vergegenwärtigt. Entscheidend ist dabei, dass die Zeichen eine Ähnlichkeit (similitudo) mit dem Bezeichneten aufweisen: „Denn wenn die Sakramente nicht eine Ähnlichkeit mit jenen Dingen hätten, deren Sakramente sie sind, so wären sie überhaupt keine Sakramente. Um dieser Ähnlichkeit willen erhalten sie meistens den Namen jener Dinge selbst. Denn wie in gewisser Weise das Sakrament des Leibes Christi der Leib Christi, das Sakrament des Blutes Christi das Blut Christi ist, so ist auch das Sakrament des Glaubens der Glaube." (Epistulae 98,9)

Damit bindet Augustin sein Eucharistieverständnis an platonisches Gedankengut: Die Zeichen als sichtbare und wahrnehmbare Phänomene verweisen auf eine nicht sichtbare Wirklichkeit. Die *signa* von Brot und Wein machen die *res* der Einsetzung der Eucharistie durch Christus im Abendmahlssaal gegenwärtig. Dahingehend kann Augustin auch eine Differenzierung innerhalb des sakramentalen Geschehens vornehmen: „Denn auch wir nehmen heute die sichtbare Speise, allein etwas anderes ist das Sakrament, etwas anderes die Kraft (Gnade) des Sakramentes." (Tracatus in Euangelium Iohannis 26,11) Augustin unterscheidet damit vom Sakrament an sich und der *virtus sacramenti*, die jedem Sakrament innewohnt. Damit kann er auch nachvollziehen, dass es Menschen gibt, die zwar das Sakrament empfangen, aber nicht der *virtus* des Sakraments teilhaftig werden. Ungläubige, Häretiker und Unwürdige empfangen zwar das Zeichen des Sakraments, erhalten jedoch keinen Zugang zur inneren Gnade, die das Sakrament beinhaltet: „Nur von dem also, der sich in der Einheit seines Leibes befindet, d. i. in dem Gefüge der Glieder Christi, eines Leibes, dessen Sakrament die Gläubigen in der Kommunion am Altare zu nehmen pflegen, kann man in Wahrheit sagen, dass er den Leib Christi esse und das Blut Christi trinke. Demnach können die Häretiker und Schismatiker, die sich getrennt haben von der Einheit mit diesem Leibe, zwar das nämliche Sakrament empfangen, aber nicht zu ihrem Nutzen, im Gegenteil zu ihrem Schaden: nicht gerettet werden sie, wenn auch erst spät, vielmehr werden sie strenger gerichtet. Sie sind eben nicht in die Friedensbande einbezogen, die in jenem Sakrament ihren Ausdruck finden." (De civitate Dei 21,25)

## Eucharistie und Ekklesiologie

Zentral ist für Augustin auch die ekklesiologische Dimension, die mit der Eucharistie verbunden ist. In der Feier der Eucharistie wird der Leib Christi aufgebaut, die Kirche erwächst aus der Eucharistie: „Die Gläubigen kennen den Leib Christi, wenn sie es nicht versäumen, der Leib Christi zu sein. Sie sollen der Leib Christi werden, wenn sie vom Geiste Christi leben wollen. Vom Geiste Christi lebt nur der Leib Christi. Verstehet, meine Brüder, was ich gesagt habe. Du bist ein Mensch, du hast einen Geist und hast einen Leib. Geist nenne ich das, was meine Seele heißt, durch diese existierst du ja als ein Mensch; du bestehst nämlich aus Seele und Leib. Du hast also einen unsichtbaren Geist, einen sichtbaren Leib. Sage mir, was von dem andern lebt; lebt dein Geist von deinem Leibe, oder dein Leib von deinem Geiste? Es antwortet jeder, der lebt – der aber darauf nicht antworten kann, von dem weiß ich nicht, ob er lebt –, was antwortet jeder, der lebt? Mein Leib lebt sicherlich von meinem Geiste. Willst also auch du leben vom Geiste Christi? Sei im Leibe Christi. Denn lebt etwa mein Leib von deinem Geiste? Mein Leib lebt von meinem Geiste, und der deinige von deinem Geiste. Der Leib Christi kann nur vom Geiste Christi leben. Darum sagt der Apostel Paulus, indem er uns dieses Brot erklärt: ‚Ein Brot, ein Leib sind wir viele'". (In Jo Tr 26,13) Für Augustin gibt es eine sehr enge Verbindung zwischen dem Leib Christi, der auf dem Altar liegt, und dem Leib Christi, welcher die Kirche ist. Beide sind aufeinander bezogen, und zwar so, dass die Eucharistie gewissermaßen der Geburtsort der Kirche ist: *ecclesia de eucharistia*. „Wenn ihr also Leib und Glieder Christi seid, dann liegt euer Geheimnis auf dem Tisch des Herrn: Euer Geheimnis empfangt ihr. Zu dem, was ihr seid, antwortet ihr Amen. Diese Antwort ist eure Unterschrift. Du hörst: Leib Christi, und antwortest: Amen. Sei ein Glied am Leib Christi, damit dein Amen wahr sei!" (Sermo 272) Die Eucharistie ist die Grundlage für die Existenz der Kirche, durch die Kraft des Heiligen Geistes wächst die Kirche, die vielen Menschen, die zur Kirche gehören, werden im Geist zum einen Leib Christi geeint. „Wenn ihr sie in rechter Weise empfangen habt, seid ihr es, was ihr empfangen habt. Sagt doch der Apostel: Ein Brot, ein Leib, sind wir die Vielen (1 Kor 10,17). So (nämlich) legte er das Sakrament des Tisches des Herrn aus: Ein Brot, ein Leib, sind wir die Vielen." (Sermo 227)

Dieser ekklesiologische Schwerpunkt, den Augustin nachdrücklich setzt, zeigt auch seine immer größere Abkehr vom Gedanken der Realpräsenz. Leib und Blut Christi auf dem Altar versteht er zunehmend ausschließlich in Wechselwirkung mit der Kirche. Die Kirche als Leib Christi findet sich auf dem Altar wieder. Damit geht Augustin aber einen ziemlich weitreichenden Schritt, wie Johannes Betz festhält: „Augustinus verlegt die Wirksamkeit und Wirkung der Sakramente von den Elementen weg einseitig in den Menschen." (Handbuch der Dogmengeschichte IV/4a, 153). Als einen der Gründe weist Betz auf die einseitige Ekklesiologie Augustins hin: Er geht nicht von einer objektiven Wirksamkeit der Sakramente aus, sondern verknüpft diese mit dem rechten katholischen Glauben. Häretiker beispielsweise können, wie oben bereits ausgeführt, nicht die *res sacramenti* empfangen. Der Platonismus, mit dem Augustin sympathisiert, wird ihm bei der Bestimmung der Realpräsenz zum Verhängnis.

## Der erste Abendmahlsstreit

Die Frage, die Augustin bereits angerissen, allerdings nicht näher bestimmt hat, lautet: Was bedeutet es, dass das Brot in der Feier der Eucharistie der Leib Christi *ist* und der Wein das Blut Christi *ist*? Diese Problematik kulminiert in den beiden Abendmahlsstreiten.

Die neuralgischen Figuren des ersten Abendmahlsstreites sind der Abt Paschasius Radbertus von Corbie (+ um 865) und der Mönch Ratramnus von Corbie (+ um 868). Beide gehörten der Benediktinerabtei Corbie im heutigen französischen Bistum Amiens an. Worum ging es bei diesem Streit? Radbertus hat sich in zwei Schriften der Eucharistie gewidmet und dabei die Frage behandelt, welche Beziehung zwischen dem historischen Leib Christi und dem sakramentalen Leib Christi besteht. Für Radbertus ist dabei klar: Beide stehen in einem *realen* Zusammenhang, es geht ihm um die Beschreibung einer objektiven Präsenz. Diese Einsicht gründet in einer Abkehr vom platonischen Urbild-Abbild-Schema. „Das germanische Wirklichkeitsverständnis aber setzt anders an: Real ist das dinglich Handhabbare, während das Geistige nur eine verminderte Wirklichkeitsdichte besitzt.“ (Müller, Katholische Dogmatik, 694) Das heißt, wenn Christus wirklich in den eucharistischen Gaben von Brot und Wein gegenwärtig ist, dann muss dies in einer realen, objektiven Art und Weise geschehen. Das ist aber auch der Knackpunkt am Konzept von Radbertus: Er geht von einem nur holzschnittartig beschriebenen Realismus aus, womit allerdings nur eine Gleichsetzung von historischem und sakramentalem Leib Christi beschrieben werden kann.

Kaiser Karl der Kahle erkennt die Problematik, die dieser Umschreibung innewohnt und wendet sich an Ratramnus mit der Bitte, um eine Klärung dieser theologischen Unsicherheit. Das Kardinalargument für Ratramnus lautet dabei: Weil wir an den eucharistischen Gaben keine objektive Verwandlung wahrnehmen, kann es sich bei der Präsenz Christi in der Eucharistie nur um ein geistiges Geschehen handeln. Mit den Begriffen *figura* und *mysterium* versucht Ratramnus deutlich zu machen, dass es sich bei der eucharistischen Wandlung nicht um einen Realismus handelt, sondern um ein geistiges Geschehen, das nur im Glauben zugänglich ist. Dabei wird klar, dass es um zwei unterschiedliche Gegenwartsweisen Christi geht: eine, die real fassbar ist in seinem historischen Leib, und eine, die *spiritualiter* ist, in seinem sakramentalen Leib. Der Identität der beiden Leiber, wie sie Radbertus bestimmt, setzt Ratramnus eine Differenzierung entgegen, die sich allerdings der Gefahr nicht entziehen kann, nicht über einen bloßen Symbolismus hinauszugehen.

## Der zweite Abendmahlsstreit

Diese Auseinandersetzung im Kloster Corbie findet ihre Fortsetzung nur einige Jahrhunderte später im sogenannten zweiten Abendmahlsstreit. Im 11. Jahrhundert kommt die Frage nach der Präsenz Christi in der Eucharistie bei Berengar von Tours (+ 1088), einem Schüler des Bischofs Fulbert, erneut aufs Tableau. Berengar verwendet zunächst den Begriff *figura* im Blick auf die eucharistischen Gaben, um damit einen Symbolismus stark zu machen: Er rekurriert dabei auf Augustin und versteht die Zeichen von Brot und Wein als Bild für den Leib Christi. Durch den Glauben wird durch den Empfang der Zeichen die *virtus* zugänglich, die den *signa* innewohnt. Mit anderen Worten: Berengar denkt streng augustinisch, setzt sich von einem Realismus ab und versteht die Gegenwart Christi in Brot und Wein symbolistisch und subjektiv. Er kommt vor allem aus zwei Gründen zu dieser Einsicht: Erstens scheint es für ihn unmöglich, den verklärten Leib des Herrn, der zur Rechten des Vaters thront, auf die Erde zu bringen. Zweitens ist Berengar mit Aristoteles vertraut, der von einer Einheit von Substanz und Akzidenzien ausgeht; demnach ist es unmöglich, dass Brot und Wein nach der Wandlung substanziell etwas anderes sind, da sich ihre Akzidentien nicht verändert haben. Damit ist Berengar genötigt, einem Realismus der Präsenz Christi in den Gaben von Brot und Wein eine Absage zu erteilen.

Berengar wird auf drei Synoden verurteilt, ehe er 1059 bei einer Synode im Lateran ein Glaubensbekenntnis unterschreiben muss, welches von Kardinal Humbert von Silva Candida abgefasst worden war. In diesem Bekenntnis wird Berengar folgende Lehre untergeschoben: „Sie wagt zu behaupten, das Brot und Wein, die auf den Altar gelegt werden, seien nach der Konsekration lediglich ein Sakrament und nicht der wahre Leib und das wahre Blut unseres Herrn Jesus Christus; auch können sie nicht sinnenhaft – es sei denn allein im Sakrament – mit den Händen der Priester berührt oder gebrochen oder mit den Zähnen der Gläubigen zerrieben werden." (DH 690) Berengar muss sich von diesen Annahmen distanzieren und sich zum Gegenteil bekennen, „dass nämlich das Brot und der Wein, die auf den Altar gelegt werden, nach der Konsekration nicht nur ein Sakrament, sondern auch der wahre Leib und das wahre Blut unseres Herrn Jesus Christus sind und sinnenhaft – nicht nur im Sakrament, sondern in Wahrheit – mit den Händen der Priester berührt und gebrochen und mit den Zähnen der Gläubigen zerrieben werden" (DH 690). Freilich muss dazu gesagt werden: Mit einer solchen Formulierung konnte *in the long run* nicht viel gewonnen werden, immerhin war sie von einem überzogenen Realismus geprägt. Diese Formel wird dann auch von Alexander III. gut hundert Jahre später massiv relativiert.

Berengar jedenfalls bleibt diesem Bekenntnis nicht lange treu, allerdings wird ihm vonseiten der Kirche bereits 1079 ein neues Glaubensbekenntnis vorgelegt.

## Zwei Abendmahlsstreite und keine Lösung?

Doch welches tragfähige Konzept kann man der Theologie des Berengar wirklich entgegensetzen? Mit Lanfrank von Bec (+ 1089) und Guitmund von Aversa (+ um 1095) treten zwei Theologen auf den Plan, die sich diesem Problem annehmen. Dabei ist es vor allem Lanfrank, der hierbei nach der Formulierung einer Lösung sucht, die er in einer Unterscheidung zwischen Wesen und Akzidentien findet. Für ihn betrifft die Konsekration der eucharistischen Gaben deren Substanz, weshalb man auch von der *Transsubstantiationslehre* spricht, deren Wegbereiter Lanfrank ist.

Auch Lanfrank rezipiert dabei Augustin: Das *signum* des Sakramentes sind für Lanfrank deren äußere Erscheinungsweise, sprich: ihre Akzidentien. Die *res* des Sakramentes ist deren Substanz, also deren inneres Wesen. Die Konsekration betrifft dabei, so hält er nachdrücklich fest, nicht das *signum*, sondern die *res*. Nicht die äußere Erscheinungsweise von Brot und Wein verändert sich in der Feier der Eucharistie, wohl aber deren innere Wesensbestimmung. Mit dieser Unterscheidung kann Lanfrank einem bloßen Symbolismus vorbeugen: Auch wenn sich am Geschmack des Brotes und des Weines nach der Konsekration nichts verändert, ist die Gegenwart Christi in den eucharistischen Gaben dennoch real und nicht nur symbolisch. Sie ist deshalb als real anzunehmen, weil sie die Substanz betrifft und nicht die Akzidentien. Mit anderen Worten: Durch die Konsekration bleiben die äußeren Erscheinungsweisen unberührt, aber es ändert sich das innere Wesen von Brot und Wein: In ihnen ist Christus selbst real inmitten der feiernden Gläubigen anwesend.

## Die lehramtliche Lehre von der Transsubstantiation

Diese Lehre wird dann auch lehramtlich aufgenommen und besonders auf dem IV. Laterankonzil (1215) ausdrücklich definiert: „Jesus Christus, dessen Leib und Blut im Sakrament des Altars unter den Gestalten von Brot und Wein wahrhaft enthalten sind, wenn durch göttliche Macht das Brot in den Leib und der Wein in das Blut wesenhaft verwandelt (*transsubstantiatis*) sind" (DH 802). Damit lässt sich die Lehre von der Transsubstantiation so zusammenfassen: „Gemäß dem Glauben findet eine ‚Wandlung' statt, d.h., die Substanz von Brot und Wein wird verwandelt in die Substanz von Leib und Blut; Brot und Wein sind also nach dieser Wandlung nicht mehr da, vielmehr nur ihre äußere Erscheinung (...)." (Neunheuser, Handbuch der Dogmengeschichte IV/4b, 26) Freilich ist damit kein Endpunkt unter diese Auseinandersetzung gesetzt. Vor allem die vielen verschiedene Begriffe, die von den Theologen unterschiedlich verwendet werden, oftmals aber dasselbe bezeichnen, erschweren es, die vielen theologischen Ansätze auf einen Nenner zu bringen. Allerdings ist mit der Definition der Transsubstantiationslehre auf dem IV. Lateranense ein wesentlicher Schritt getan, der nicht nur für die folgenden Jahrhunderte maßgeblich bleibt, sondern auch zu einer Förderung der eucharistischen Frömmigkeit beiträgt, die ihren Ausdruck u.a. in der Einführung des Fronleichnamsfestes (auf Bestreben der Ordensschwester Juliana von Lüttich in der ersten Hälfte des 13. Jahrhunderts) findet.

Zusammenfassend lässt sich mit Thomas festhalten: „Offensichtlich nämlich nehmen wir bei diesem Sakrament sogar nach der Konsekration alle Akzidentien von Brot und Wein wahr, wie etwa Farbe, Geschmack, Geruch, Gestalt, Quantität und Gewicht. (...) Wenn man Wein in großen Mengen trinkt, dann erhitzt er und macht betrunken, das Brot stärkt und ernährt. Bewahrt man sie lange und unvorsichtig auf, so werden sie offensichtlich faulig und von Mäusen verzehrt. Auch kann man sie dem Feuer übergeben und somit zu Asche oder Dampf werden lassen. All dies kann mit dem Leib Christi nicht geschehen, da der Glaube verkündet, er sei nicht in der Lage, eine Einwirkung zu erfahren." (Summa contra Gentiles, IV, 62) Die Unterscheidung in Akzidentien und Substanz auf der Grundlage von Aristoteles und die Annahme der Wandlung der Substanz bei gleichbleibenden Akzidentien macht dies denkmöglich. Allerdings bleibt diese Transsubstantiation ein *mysterium fidei*, wie Thomas selbst eingestehen muss, wenn er in seinem Hymnus „Adoro te devote" formuliert: „Visus, tastus, gustus in te fallitur, sed auditu solo tuto creditur".

## Die Transsubstantiation im Kreuzfeuer reformatorischer Kritik

Zu wesentlichen Auseinandersetzungen um das Verständnis der Realpräsenz Christi in der Eucharistie kam es dann in der Reformationszeit (→ s.S. 299–303).

Auf katholischer Seite sorgte in gegenreformatorischer Absicht das Trienter Konzil (1545–1563) für Klärungen im Blick auf die Lehre von der Eucharistie. In seinem Messopferdekret bestimmte das Konzil Folgendes: (1) Die Einsetzung des Messopfers geschah durch Christus, den ewigen Hohepriester, selbst (vgl. DH 1739), der „sich selbst ein für allemal auf dem Altar des Kreuzes durch den eintretenden Tod Gott, dem Vater, opfern" wollte, „um *für jene* ewige Erlösung zu wirken" (DH 1740). Die Feier der Eucharistie ist hierbei wesentlich vom Gedanken des *Opfers* bestimmt; die Priester des Neuen Bundes sind bestellt, um das einmalige Opfer Christi bis zum Ende der Welt zu vergegenwärtigen (vgl. DH 1740). (2) Das Konzil lehrt, dass im Sakrament der Eucharistie „nach der Konsekration von Brot und Wein unser Herr Jesus Christus als wahrer Gott und Mensch wahrhaft, wirklich und substanzhaft (*vere, realiter ac substantialiter*) unter der Gestalt jener sinnenfälligen Dinge enthalten ist" (DH 1636). Diese Wesensverwandlung wird „von der heiligen katholischen Kirche treffend und im eigentlichen Sinne Wesensverwandlung *(transsubstantiatio*) genannt" (DH 1642). (3) Trient bestätigt die Konkomitanzlehre, wonach auch in einer Gestalt der ganze Christus enthalten ist, wodurch die Darreichung nur einer Gestalt keinen Widerspruch zum Auftrag Christi darstelle (vgl. DH 1731f).

## Und eine Neuauflage im 20. Jahrhundert

Letztendlich hat es viele hunderte von Jahren gedauert, bis im 20. Jahrhundert das Thema der Gegenwart Christi in den Gestalten von Brot und Wein wiederum theologisch neu diskutiert wurde. Maßgeblich hierfür waren besonders zwei niederländische Theologen: Piet Schoonenberg SJ (1911–1999) und Edward Schillebeeckx OP (1914–2009).

Grund für die Neubesinnung auf die Frage der Gegenwart Christi in der Eucharistie war die zunehmende Kritik am Aristotelismus. Zunehmend wurde vor allem der Substanzbegriff kritisch gesehen und man begann zu überlegen, ob nicht auch mit anderen philosophischen Ansätzen eine Theologie der eucharistischen Präsenz Christi formuliert werden könne. Als zwei bedeutende Vorschläge etablierten sich dabei die Konzepte der *Transsignifikation* bzw. der *Transfinalisation.*

### Zwei Alternativmodelle

Die *Transsignifikation* geht davon aus, dass ein Zeichen (*signum)* einen Bedeutungswandel erfährt. Im Zusammenhang mit der Eucharistie heißt das konkret: Die Zeichen Brot und Wein haben zunächst eine ganz simple Bedeutung: Brot ist ein Nahrungsmittel, das dazu dient, den Hunger zu stillen; Wein ist ein Genussmittel, das zum Beispiel bei feierlichen Anlässen getrunken wird. Brot und Wein haben in den alltäglichen Lebenszusammenhängen ziemlich schlichte Bedeutungen. Eingebettet in die Feier der Eucharistie ändert sich nun die Bedeutung der beiden Zeichen: Sie weisen auf Christus hin, den auferstandenen Herrn, der in Brot und Wein gegenwärtig ist.

Das Konzept der *Transfinalisation* ist ziemlich ähnlich gelagert: Es ist dadurch bestimmt, dass sich in der Feier der Eucharistie das Ziel bzw. der Zweck (*finis*) der Gaben von Brot und Wein verändert. Im Alltag, könnte man hemdsärmlich formulieren, haben Brot und Wein ganz bestimmte Zwecke: Brot ist dazu da, um den Hunger zu vertreiben, Wein ist dazu da, um die Stimmung auf einer Party ein bisschen aufzulockern. Innerhalb der Feier der Eucharistie ändert sich jedoch dieser Bedeutungszusammenhang: Brot und Wein haben nun den Zweck, die Gegenwart des auferstandenen Herrn in der feiernden Gemeinde zu bezeichnen. Sie haben keinen alltäglichen Zweck mehr, sondern ihre Zielbestimmung ist es, den Gläubigen Anteil an Christus zu schenken, der in den Gaben von Brot und Wein wirklich gegenwärtig ist.

## Die Gegenwart Christi anders denken?

Von lehramtlicher Seite hat sich zu diesen neuen Entwürfen Paul VI. in seiner Enzyklika „Mysterium fidei" aus dem Jahr 1965 geäußert. Der Papst hält darin fest: „Nach der Wesensverwandlung erhalten die Gestalten des Brotes und Weines ohne Zweifel eine neue Bedeutung und einen neuen Zweck, da sie von da an nicht mehr gewöhnliches Brot und gewöhnlicher Trank sind, sondern Zeichen einer heiligen Sache und Zeichen geistiger Speise; aber sie erhalten deshalb eine neue Bedeutung und einen neuen Zweck, weil sie eine neue „Wirklichkeit" enthalten, die wir mit Recht *ontologisch* nennen. Denn unter den vorhin genannten Gestalten ist nicht mehr das, was vorher war, sondern etwas ganz Anderes; und zwar nicht nur in der Glaubensmeinung der Kirche, sondern in der Sache selbst, da nach der Wandlung der Substanz oder des Wesens des Brotes und Weines in den Leib und das Blut Christi von Brot und Wein nichts bleiben als die Gestalten, unter denen der ganze und unversehrte Christus in seiner physischen Wirklichkeit auch körperlich gegenwärtig ist, wenn auch nicht auf die Weise, in der Körper sich an ihrem Ort befinden." (Nr. 47)

Damit werden die Vorschläge von Schillebeeckx und Schoonenberg gebilligt, solange sie auf der Linie dessen bleiben, was die Kirche mit der Transsubstantiationslehre bezeichnet. Anders gesagt: Prüfstein für alle theologischen Entwürfe, welche die Präsenz Christi in der Eucharistie in den Gaben von Brot und Wein umschreiben wollen, ist die Wesensverwandlung. Ohne diese Ontologie ist, so Paul VI., keine hinreichende Umschreibung der Gegenwart Christi in den eucharistischen Gaben möglich.

**Zum Weiterlesen:**

Helmut Hoping: Mein Leib für euch gegeben. Geschichte und Theologie der Eucharistie, Freiburg i.Br. u.a. [3]2022.

Martin Stuflesser: Eucharistie. Liturgische Feier und theologische Erschließung, Regensburg 2013.

# Was sind die Grundvollzüge der Kirche?

Kirche ist eine Communio, nämlich die Gemeinschaft der Getauften, die das fortsetzen, was mit Jesus begonnen hat. Christus hat drei Dienste ausgeübt, nämlich den Dienst als Prophet, als Priester und als König. Die Kirche vollzieht sich dort, wo sie selbst lehrt, heiligt und leitet. Aus dieser dreifachen Aufgabe, die sich von den Ämtern Christi herleitet, haben sich die drei Grundfunktionen der Kirche abgeleitet, in denen sie sich selbst vollzieht und ihrer Sendung gerecht wird: Gottesdienst (liturgia), Verkündigung des Glaubens (martyria) und Dienst am Nächsten (diakonia). Diese Grundvollzüge haben ihre Basis in der Gemeinschaft der Glaubenden (koinonia).

## Fortsetzen, was Jesus begonnen hat

Die Kirche ist kein statisches Gebäude, sondern eine Gemeinschaft: Kirche, das sind jene Männer und Frauen, Jugendliche und Kinder, die sich vom auferstandenen Herrn Jesus Christus rufen lassen, das, was er getan hat, in dieser Welt fortzusetzen und zu aktualisieren. Eine prägnante Umschreibung von Kirche lautet daher auch: Die Kirche realisiert sich dort, wo das fortgesetzt wird, was mit Jesus begonnen hat. Wer also wissen will, wann und wo die Kirche ihre eigene Sendung vollzieht, der muss zuerst auf das Leben Jesu schauen.

## Jesus, der König, Priester und Prophet

Schon im NT findet sich eine prägnante Zusammenfassung des Wirkens Christi mithilfe der Tria-Munera-Formel: *Christus hat drei Dienste ausgeübt, nämlich den Dienst als Prophet, als Priester und als König*. Christus war *Prophet*: Auch wenn er sich nie selbst so bezeichnet hat, hat er doch zeit seines Lebens einen prophetischen Dienst ausgeübt, indem er die Menschen gerufen hat, sich Gott zuzuwenden und immer neu seine Gegenwart zu suchen. Christus war *Priester*: Auch diese Bezeichnung findet sich für Christus nur im Hebräerbrief. Dennoch hat er priesterliche Aufgaben wahrgenommen, da es dem Kern seiner Sendung entsprach, Menschen zu Gott hinzuführen und sie mit ihm zu versöhnen. Christus war *König*: Diese Titulierung klingt immer wieder durch, wenngleich er selbst betont, dass sein Königreich nicht von dieser Welt ist. König ist Christus, weil er derjenige ist, der zur Rechten des Vaters erhöht ist, weil er als Kyrios herrscht. Ludwig Schick fasst hierzu zusammen: „Die Tria-Munera als feststehendes Theologumenon, das die Ämter Prophet/Lehrer, Priester, König/Hirt oder die Tätigkeiten lehren, heiligen, leiten bezeichnet, findet man erst seit Anfang/Mitte des vorigen Jahrhunderts [gemeint ist das 19. Jahrhundert, fb] in der katholischen Theologie und in Aussagen des kirchlichen Lehramts. Sie werden heute verwendet, um entweder die Mission der gesamten Kirche oder die speziellen Aufgaben der Amtsträger und der Laien darzustellen." (Schick, 31)

## Drei Ämter Christi als Grundfunktionen der Kirche

Das heißt also: Wenn Jesus Christus die Aufgaben des Lehrens, Heiligens und Leitens wahrgenommen hat und sich seine gesamte Sendung in diesen tria munera konzentriert, dann ist es Aufgabe der Kirche, diese dreifache Aufgabe fortzuführen. Oder anders formuliert: Die Kirche vollzieht sich dort, wo sie selbst lehrt, heiligt und leitet. Aus dieser dreifachen Aufgabe, die sich von den Ämtern Christi herleitet, haben sich die drei Grundfunktionen der Kirche abgeleitet, in denen sie sich selbst vollzieht und ihrer Sendung gerecht wird: Gottesdienst (liturgia), Verkündigung des Glaubens (martyria) und Dienst am Nächsten (diakonia).

Nachdem Johannes ausgeliefert worden war, ging Jesus nach Galiläa;
er verkündete das Evangelium Gottes und sprach:
Die Zeit ist erfüllt, das Reich Gottes ist nahe.
Kehrt um und glaubt an das Evangelium!
(Mk 1,14f)

| Christus als König | Christus als Priester | Christus als Prophet |
|---|---|---|
| Leiten der Herde Gottes als Guter Hirte | Versöhnung der Menschen mit Gott | Verkündigung der Gottesherrschaft |
| Diakonia | Liturgia | Martyria |
| Dienst am Nächsten | Gottesdienst | Glaubensverkündigung |

in der Gemeinschaft der Kirche
(koinonia, communio)

## Caritas, Liturgie und Verkündigung

Wo Menschen sich in caritativen Aufgaben um ihre Mitmenschen kümmern, wo sie offen Zeugnis geben von ihrem Glauben und wo sie miteinander Gottesdienst feiern und dort dem auferstandenen Herrn begegnen, dort realisiert sich die Sendung der Kirche. Diese drei Grundvollzüge bilden die Grundpfeiler, auf denen die Kirche ruht: Sobald sie eine Dimension vernachlässigt oder gar aufgibt, wird sie ihrer eigenen Sendung nicht mehr gerecht. Dann setzt sie nicht mehr das fort, was mit Jesus begonnen hat und bis heute andauert, sondern dann wird sie zum reinen Selbstzweck. Kirche ist dazu da, so formuliert es das Zweite Vatikanische Konzil, damit auf ihrem Angesicht das Licht Christi widerscheint und den Menschen leuchtet (vgl. LG 1). Das aber ist mit einer großen Aufgabe verbunden: nämlich jener Aufgabe, so zu leben und zu handeln, wie es Jesus Christus selbst getan hat. Jeder einzelne Gläubige muss dem Mitmenschen, der in Not ist, so begegnen, wie Christus ihm begegnet wäre. Jeder Gläubige muss das Evangelium verkünden, ob es gelegen oder ungelegen ist und dadurch Zeugnis geben von seinem Glauben. Und jeder Gläubige muss in Gemeinschaft mit den anderen Getauften den Gottesdienst feiern als Ort der Begegnung zwischen Gott und den Menschen.

## *Koinonia* als Ausgangs- und Zielpunkt

Das Zweite Vatikanische Konzil betont dabei die Bezogenheit der drei Grundvollzüge auf die Gemeinschaft (*communio*) hin. Caritas, Liturgie und Verkündigung sind *communiale* Vollzüge, weil sie einerseits dazu beitragen, dass sich die Kirche als Gemeinschaft der Glaubenden aufbaut. Andererseits sind sie auch rückgebunden an die Gemeinschaft der Kirche, sie gründen in der Sendung der Kirche als Ganzer und sind daher wesentlich auf sie bezogen. Mit anderen Worten: Die Zusammenfassung von Diakonia, Liturgia und Martyria ist *Koinonia*, also Gemeinschaft.

Wenn die Kirche diese drei Aufgaben vollzieht, dann vollzieht sie dadurch ihre Sendung. Dann wird sie dem Auftrag gerecht, der ihr von Anbeginn an aufgegeben ist: Zu allen Zeiten und an allen Orten Menschen die Begegnung mit Christus, dem auferstandenen Herrn, zu ermöglichen und so zum Aufbruch des Gottesreiches hier auf Erden beizutragen.

**Zum Weiterlesen:**

Theodor Schneider: Die aufgegebene Reform. Vergessene Impulse und bleibender Auftrag des Zweiten Vatikanums, Ostfildern 2012.

Walter Kasper: Katholische Kirche. Wesen, Sendung, Wirklichkeit, Freiburg u.a. 2011.

# Warum verehren wir Heilige?

Menschen, die wir als heilig bezeichnen, sind Beispiele dafür, wie ein Leben aus dem Glauben gelingen kann. Sie zeigen uns exemplarisch, wie man sein Leben gestalten kann, wenn es ganz und gar im Vertrauen auf Gottes heilbringende Gegenwart gründet. In den Heiligen ehren wir Christus und durch ihn den Vater im Heiligen Geist. In dieser trinitarischen Grundstruktur stehen die Heiligen und verweisen daher auch von der eigenen Person auf Gott selbst.

## Heilige – Sterne Gottes

Eine Episode, die in unterschiedlichen Variationen überliefert ist, erzählt: Als im Religionsunterricht das Thema „Heilige" an der Reihe war, fragte der Lehrer, was denn überhaupt ein Heiliger ist. Ein Junge meldete sich und an die bunten Glasfenster in der Kirche denkend rief er: „Ein Heiliger ist ein Mensch, durch den die Sonne scheint."

Man könnte auch einen anderen Vergleich heranziehen: Heilige Menschen sind Sterne Gottes. Heilige leuchten nicht von sich aus, sondern weil sie das Licht und die Liebe reflektieren, die von Gott ausstrahlen. Am Leben und Wirken von heiligen Menschen können wir etwas darüber erfahren, wie Gott ist. Sie bringen sein Licht, seine Güte, seine Menschenfreundlichkeit in die Welt und Gesellschaft. Deswegen hat die Heiligenverehrung einen so hohen Stellenwert: Sie ist ein Beispiel dafür, wie durch das Leben von Menschen diese Welt auf Gott hin transparent werden kann. Wie sein Licht durch Menschen in die Schöpfung hineinscheint und dadurch hell und schön wird.

## Verehrung Gottes durch Menschen

Wenn Heilige verehrt werden, dann ist das kein Personenkult. Es geht nicht darum, Menschen zu bewundern oder zu staunen, weil sie aus eigener Kraft etwas Erstaunliches geschafft hätten. In der Verehrung der Heiligen ehren wir eigentlich Gott selbst, der ja der Grund ist, warum Menschen überhaupt zu leuchten beginnen. So hat es schon das Zweite Vatikanische Konzil in seiner Kirchenkonstitution festgehalten: „Jedes echte Zeugnis unserer Liebe zu den Heiligen zielt nämlich seiner Natur nach letztlich auf Christus, der ‚die Krone aller Heiligen' ist, und durch ihn auf Gott, der wunderbar in seinen Heiligen ist und in ihnen verherrlicht wird." (LG 50) In den Heiligen ehren wir Christus und durch ihn den Vater im

Heiligen Geist. In dieser trinitarischen Grundstruktur stehen die Heiligen und verweisen daher auch von der eigenen Person auf Gott selbst.

## Warum Heilige?

Dennoch tun sich viele Menschen mit der Heiligenverehrung schwer. Das mag mitunter auch an allerhand Kuriositäten liegen, die mit dieser Frömmigkeitsübung verbunden sind. Das Tridentinum jedenfalls hält fest, dass die Verehrung von Heiligen „gut und nützlich“ ist (DH 1821). Doch wozu brauchen wir eigentlich Heilige, wenn jedem einzelnen Menschen der Zugang zu Gott direkt und unvermittelt offensteht?

Menschen, die wir als heilig bezeichnen, sind Beispiele dafür, wie ein Leben aus dem Glauben gelingen kann. Sie zeigen uns exemplarisch, wie man sein Leben gestalten kann, wenn es ganz und gar im Vertrauen auf Gottes heilbringende Gegenwart gründet. Dazu schreibt das Zweite Vaticanum: „Im Leben derer, die, zwar Schicksalsgenossen unserer Menschlichkeit, dennoch vollkommener dem Bilde Christi gleichgestaltet werden (vgl. 2 Kor 3,18), zeigt Gott den Menschen in lebendiger Weise seine Gegenwart und sein Antlitz. In ihnen redet er selbst zu uns, gibt er uns ein Zeichen seines Reiches, zu dem wir, mit einer so großen Wolke von Zeugen umgeben und angesichts solcher Bezeugung der Wahrheit des Evangeliums, mächtig hingezogen werden.“ (LG 50) Heilige Menschen zeigen uns, wie das Evangelium in unserem Alltag und in unserer Welt konkret werden kann.

## Pluralität von Heiligen

Das Heiligenverzeichnis der Kirche kennt daher auch eine Vielzahl an Namen und Personen: junge und alte Menschen, Frauen und Männer, Priester und Ordensleute, Ehepaare und Kinder, Märtyrer und Apostel usw. In der Pluralität von heiligen Menschen finden sich zahlreiche Anregungen und Impulse, wie sich das eigene Leben am Evangelium orientieren kann. Nicht jeder muss ein zweiter Franziskus von Assisi werden und sich in ein Leben in Armut zurückziehen. Es gibt auch noch andere Beispiele, wie das Evangelium im Alltag auf dezente Art und Weise konkret werden kann: Martin von Tours zum Beispiel zeigt, dass es manchmal reicht, die Not des Nächsten wahrzunehmen und sich solidarisch mit ihm zu verhalten. Die Vielfalt der Heiligen gibt Anregungen, wie das Evangelium umgesetzt werden kann.

## Irdische Kirche und himmlische Kirche

Die Heiligen gehören zur Kirche, sie sind jene „verherrlichten Glieder der Kirche (...) die schon zur Vollendung gelangt sind" und Heimat gefunden haben in der himmlischen Stadt Jerusalem, zu dem die Gläubigen in dieser Welt pilgernd unterwegs sind (vgl. Präfation von Allerheiligen). Kirche, das sind nicht nur die Menschen hier auf Erden, sondern auch jene Menschen von denen wir glauben, dass sie bei Gott leben und ihn von Angesicht zu Angesicht schauen. Zur irdischen Kirche gehört auch die himmlische Kirche. Besonders in der Feier der Eucharistie öffnet sich die Gemeinschaft der irdischen Versammlung hin auf jene himmlische Dimension der Kirche. Das wird besonders im Hochgebet deutlich: Nicht nur die Heiligen werden dort erwähnt, sondern auch das Gebet für die Verstorbenen gehört zur Eucharistiefeier untrennbar dazu. So hält die Liturgiekonstitution des Zweiten Vatikanischen Konzils fest: „In der irdischen Liturgie singen wir dem Herrn mit der ganzen Schar des himmlischen Heeres den Lobgesang der Herrlichkeit. In ihr verehren wir das Gedächtnis der Heiligen und erhoffen Anteil und Gemeinschaft mit ihnen." (SC 8)

## Wie wird man ein Heiliger?

In der Frühzeit der Kirche wurden Menschen sehr einfach zu Heiligen: Heilig war, wer von den Menschen als Heiliger verehrt worden ist. In den ersten Jahrhunderten waren das vor allem Menschen, die aufgrund ihres Glaubens hingerichtet wurden, also den Märtyrertod gestorben sind. Dann aber auch lokale Heilige, wie die Gründer von Diözesen oder herausragende Gestalten im Bischofsamt. Erst relativ spät, nämlich an der Jahrtausendwende, setzt sich ein offizielles Heiligsprechungsverfahren durch, bei dem Menschen in das offizielle Verzeichnis der Heiligen aufgenommen wurden. Der Erste, der aufgrund eines solchen Verfahrens heiliggesprochen wurde, war der erste Bischof von Augsburg, der heilige Ulrich (um 890–973). Das Heiligsprechungsverfahren wird bis heute in Rom durchgeführt. Neben der Sichtung von vielen Unterlagen und Akten, welche das heiligmäßige Leben eines Menschen bekunden, gehört auch der Nachweis eines Wunders zur notwendigen Voraussetzung für die Heiligsprechung. Bevor ein Mensch heiliggesprochen wird, wird er eine bestimmte Zeit lang als Seliger verehrt. Damit keine Abstufung der Heiligkeit gemeint, in dem Sinne, dass ein Seliger weniger heilig ist als ein Heiliger. Während Heilige in der ganzen Kirche verehrt werden, sind Selige oft nur in einer bestimmten Region oder einem Land in den Heiligenkalender aufgenommen. Ein Beispiel hierfür ist Pater Rupert Mayer SJ (1876–1945): Er wurde 1987 von Johannes Paul II. seliggesprochen und wird vor allem in München verehrt, wo er in der Bürgersaalkirche beigesetzt ist.

## Heilige und die Ökumene

Im ökumenischen Dialog mit der Orthodoxie gibt es im Blick auf die Heiligenverehrung eine große Übereinstimmung. Wie sehr orthodoxe Christen auf die Fürsprache von Heiligen hoffen, das zeigt ein Besuch in einer orthodoxen Kirche: Zahlreiche Ikonen zeigen die Bilder von heiligen Männern und Frauen und machen so deutlich, dass in jeder göttlichen Liturgie auch die himmlische Kirche einbezogen ist.

Anders sieht das bei den evangelischen Kirchen aus: Die Zeit Luthers war geprägt von einer überbordenden Reliquienverehrung, die besonders in Albrecht von Brandenburg einen herausragenden Förderer und Unterstützer fand. Martin Luther selbst sprach sich vehement gegen solche Kulte aus, die sehr starke Züge des Magischen trugen. Das *sola Christus* wurde für ihn durch die Verehrung von Heiligen radikal infrage gestellt: Wenn alleine Christus den Menschen Gnade schenkt, warum braucht es dann noch die Heiligen, die als Fürsprecher in mancherlei Not angerufen werden? Gerade auch der fehlende Schriftbeweis für solche Frömmigkeitsübungen führte dazu, dass Luther jeder Art der Heiligenverehrung eine Absage erteilte. Bis heute gibt es daher in den evangelischen Kirchen auch keine Heiligenfiguren und keine Heiligenverehrung. Dennoch gibt es auch in der evangelischen Kirche Menschen, deren Lebensbeispiel in Ehren gehalten wird, zum Beispiel Dietrich Bonhoeffer, der als Mitglied der Bekennenden Kirche am Widerstand gegen das NS-Regime beteiligt war und im KZ Flossenbürg hingerichtet wurde.

**Zum Weiterlesen:**

Josef Imbach: Der Heiligen Schein. Heiligenverehrung zwischen Frömmigkeit und Folklore, Würzburg 1999.

Peter Brown: Die Heiligenverehrung. Ihre Entstehung und Funktion in der lateinischen Kirche, Leipzig 1991.

# Kann man aus der Kirche austreten?

Es gibt in Deutschland die Möglichkeit, auf dem Standesamt den Austritt aus der Kirche zu erklären. Damit wird man unter anderem von der Pflicht befreit, jährlich Kirchensteuer zu bezahlen. Dennoch trifft ein solcher Austritt vorderhand nicht die sakramentale Einbindung in die Kirche, die durch die Taufe erfolgt. Erst wenn ein solcher Austrittsakt als Schisma interpretiert wird, folgt aus dem Austritt auch der Ausschluss aus der kirchlichen Communio, also die Exkommunikation. Ob ein Kirchenaustritt allerdings immer als schismatischer Akt zu werten ist, ist umstritten.

Die Frage nach der Mitgliedschaft in der Kirche ist eine sakramentale: Ein Glied am Leib Christi wird man ja nicht durch das Ausfüllen einer Beitrittserklärung (wie das z.B. bei einem weltlichen Verein der Fall ist), sondern durch die Taufe. Sie ist, so formuliert es der Codex des kanonischen Rechts „die Eingangspforte zu den Sakramenten" (can. 849 CIC), wer sie empfängt, wird in die Gemeinschaft der Kirche eingegliedert. Dabei ist aus der Perspektive der Sakramententheologie ein Sachverhalt hervorzuheben: Durch die Taufe erhält ein Mensch „ein untilgbares Prägemal", durch das er Christus gleichgestaltet wird (vgl. can. 849 CIC). Dieser „character indelebilis", den die Taufe verleiht, ist die Begründung, weshalb man einmal getauft nie wieder ein Ungetaufter wird. Mit anderen Worten: *Die Taufe hat lebenslang Bestand, es gibt nichts und niemanden, der die Taufe rückgängig machen könnte. Dementsprechend bleibt man auch immer Mitglied der Kirche, in die man durch die Taufe aufgenommen worden ist.*

### Ist der Kirchenaustritt ein Schisma?

Der Kirchenaustritt, den man auf dem Standesamt erklärt, hat deshalb auch erst einmal überhaupt keine Folgen für die Mitgliedschaft in der Kirche. Wer getauft ist, ist und bleibt Teil der christlichen Gemeinschaft, da das durch die Taufe eingeprägte Mal unauslöschlich ist.

Dennoch bleibt ein Austritt aus der Kirche auch im kirchenrechtlichen Bereich nicht folgenlos. Die deutschen Bischöfe führen in ihrer „Erklärung zum Austritt aus der katholischen Kirche" aus dem Jahr 2006 folgende Argumentation an: Zunächst benennen sie, dass wer aus der Kirche austritt, eine öffentliche Trennung von der Kirche und somit einen Abfall von ihr bekundet. Daher greift hier der can. 751 CIC, welcher den Tatbestand des Schismas benennt. Folglich gilt die im kanonischen Recht festgelegte Strafe der Exkommunikation, das heißt, des Ausschlusses aus der Gemeinschaft der Gläubigen, also der Kirche.

Das bedeutet, der auf dem Standesamt bekundete Akt, aus der Kirche austreten zu wollen, wird in der von der Deutschen Bischofskonferenz vorgelegten Perspektive immer als Schisma verstanden und zieht daher die Tatstrafe der Exkommunikation nach sich. Wer aus der Kirche austritt, zeigt damit öffentlich, dass er mit dieser Gemeinschaft nichts mehr zu tun haben möchte und diese durch einen finanziellen Obolus in Form der Kirchensteuer nicht mehr unterstützt. In der Lesart der deutschen Bischöfe kommt dies der Tat des Schismas gleich. Der Ausschluss aus der Communio der Gläubigen ist daher unumgänglich.

## Rechtsfolgen des Kirchenaustritts

Ein neueres Schreiben der DBK aus dem Jahr 2012 benennt die Tatstrafe der Exkommunikation nicht mehr explizit, führt aber als Rechtsfolgen des Kirchenaustritts jene Konsequenzen an, die ihr gleichkommen. Wer aus der Kirche austritt, so die Bischöfe, „darf die Sakramente der Buße, Eucharistie, Firmung und Krankensalbung – außer in Todesgefahr – nicht empfangen, kann keine kirchlichen Ämter bekleiden und keine Funktionen in der Kirche wahrnehmen, kann nicht Taufpate und nicht Firmpate sein, kann nicht Mitglied in pfarrlichen und diözesanen Räten sein, verliert das aktive und passive Wahlrecht in der Kirche, kann nicht Mitglied in öffentlichen kirchlichen Vereinen sein." Mit anderen Worten: Eine aktive Teilhabe am Leben der christlichen Gemeinschaft wird durch den Kirchenaustritt ausgeschlossen.

## Gespräche mit Ausgetretenen suchen

Letztendlich stellt sich die Frage, worum es hier eigentlich geht. Kommt ein öffentlich bekundeter Kirchenaustritt wirklich einem Schisma gleich? Und legt die Kirche hier nicht allzu rigide Maßstäbe an, die ihrer eigentlichen Sendung widersprechen? Freilich gibt es viele Menschen, für die ein Kirchenaustritt kein wirklich bedeutsamer Einschnitt ist, weil sie sich von der Kirche schon lange distanziert hatten. Wer nie aktiv in eine christliche Gemeinde eingebunden war, für den sind auch die kirchenrechtlichen Konsequenzen des Austritts nicht wirklich bedeutsam. Doch es bleibt offen, ob die Kirche nicht besser daran täte, vor allem das Gespräch mit jenen zu suchen, die ihren Austritt erklären. Nicht die ausdrückliche Benennung eines Strafenkatalogs macht doch die christliche Gemeinschaft attraktiv, sondern ihr Leben aus dem Evangelium und ihr Bestreben, vor allem den Menschen, die sich von Gott abgewandt haben, einen Neuanfang zu gewähren.

**Zum Weiterlesen:**

Georg Bier (Hg.): Der Kirchenaustritt. Rechtliches Problem und pastorale Herausforderung, Freiburg i.Br. 2013.

Elmar Güthoff/Stephan Haering/Helmuth Pree (Hgg.): Der Kirchenaustritt im staatlichen und weltlichen Recht (QD 243), Freiburg i.Br. u.a. 2011.

# Welche Bilder werden für die Kirche verwendet?

Weil die Kirche eine relativ unbestimmte Größe ist, hat man schon immer versucht, ihre Wirklichkeit mit bestimmten Bildern zu umschreiben. Diese fußen vor allem auf biblischem Gedankengut und greifen teilweise auch Vorstellungen auf, die schon auf das Volk Israel übertragen wurden. Damit wird deutlich: Die Kirche steht in Kontinuität zum Gottesvolk Israel, sie ist über die Person Jesus in den Bund Gottes, den er mit Israel geschlossen hat, hineingenommen. Dennoch gibt es nicht das eine Bild, das die Realität der Kirche vollständig erfassen könnte. Kirchenbilder gibt es nur im Plural, sie ergänzen und kritisieren sich wechselseitig.

## Societas perfecta

Das Bild der Kirche als einer „vollkommenen Gesellschaft“ entwickelt sich ungefähr ab der Hälfte des 18. Jahrhunderts. Markant hervorgehoben wird es in der Enzyklika *Immortale Dei*, die Papst Leo XIII. im Jahr 1885 veröffentlicht. Darin heißt es: „Obwohl diese Gesellschaft nicht anders als die bürgerliche Gesellschaft aus Menschen besteht, ist sie dennoch wegen des ihr bestimmten Zieles und der Mittel, mit denen sie zum Ziel strebt, übernatürlich und geistlich: und deshalb unterscheidet sie sich und hebt sich von der bürgerlichen Gesellschaft ab: und – was höchst wichtig ist – sie ist eine ihrer Art und ihrem Recht nach vollkommene Gesellschaft, da sie die für ihre Erhaltung und Tätigkeit notwendigen Hilfsmittel nach dem Willen und durch die Wohltat ihres Gründers alle in sich und durch sich selbst besitzt.“ (DH 3167)

„Vollkommene Gesellschaft“ meint also: Die Kirche ist autark, sie braucht eine bürgerliche Gesellschaft nicht, um bestehen zu können. Alles, was sie benötigt, besitzt die Kirche schon und zwar deshalb, weil sie es von Christus selbst verliehen bekommen hat.

## Abgrenzung gegenüber der Welt

Aus diesem Gedanken hat sich daher auch eine bestimmte Haltung der Kirche der Welt gegenüber entwickelt: Man hat die Welt immer mehr als Gefahr wahrgenommen, von der man sich distanzieren muss. Die Kirche hat sich verstärkt nur noch auf sich selbst konzentriert und konnte sich nur noch *ad intra* beschreiben.

Erst das Zweite Vaticanum konnte diese ekklesiologische Einseitigkeit aufbrechen: Die Kirche besitzt einen Weltauftrag, sie ist „Kirche in der Welt von heute" (vgl. GS). Daher legt das Zweite Vatikanische Konzil auch zwei ekklesiologische Konstitutionen vor: Lumen gentium beschreibt die Kirche *ad intra*, Gaudium et spes umschreibt die Kirche *ad extra*. Beide Pole gehören zusammen und zwischen beiden spannt sich die Kirche auf.

## Leib Christi

Der Gedanke, dass die Kirche der „Leib Christi" ist, findet sich bei Paulus. Im ersten Korintherbrief umschreibt er das Verhältnis der Gemeinde untereinander und das Verhältnis der Gemeinde zu Christus mithilfe der Metapher vom Leib mit seinen Gliedern und seinem Haupt: „Denn wie der Leib einer ist, doch viele Glieder hat, alle Glieder des Leibes aber, obgleich es viele sind, einen einzigen Leib bilden: So ist es auch mit Christus." (1 Kor 12,12) Paulus versteht die Kirche als Leib Christi, deren Haupt Christus selbst ist. Die einzelnen Mitglieder der Communio der Kirche verhalten sich dabei wie die Glieder des Leibes: Jedem einzelnen Getauften kommt seine besondere Aufgabe zu, die ihm aufgrund der ihm verliehenen Geistesgabe (Charisma) gegeben ist (vgl. 1 Kor 12,1–11). „Nun aber hat Gott jedes einzelne Glied so in den Leib eingefügt, wie es seiner Absicht entsprach." (1 Kor 12,18) Paulus begründet damit eine Pluralität, die sich in der Verschiedenheit der Gläubigen ausdrückt. Jeder Einzelne hat seine Aufgabe und soll dieser auch in entsprechender Weise ausüben. Vereint sind die unterschiedlichen Glieder aber in einem Leib, der sie zusammenhält und ihnen eine dynamische Stabilität verleiht.

Schon beim römischen Historiker Titus Livius (um 59 v.Chr. bis um 17 n.Chr.) findet sich eine ähnliche Darstellung: Bei einem Konflikt zwischen unterschiedlichen Gruppierungen im römischen Volk, zeigt Titus Livius anhand des Magens, wie alle Glieder eines Organismus nötig sind, um diesen lebendig zu halten.

Es ist dann vor allem die Enzyklika „Mystici corporis Christi" von Papst Pius XII. aus dem Jahr 1943, welche die Umschreibung der Kirche als „Leib Christi" wiederentdeckt. Die Kirche wird darin als der mystische Leib Christi verstanden, der mit seinem Haupt, Christus, untrennbar verbunden ist. Die Tendenz des Papstes ist klar: Es geht ihm darum, das Verständnis der Kirche von einer allzu engen und eingrenzenden Sprechweise zu befreien und jene dynamische Pluralität wiederzuentdecken, die ihr aufgrund der Geistgabe innewohnt.

So greift denn auch das Zweite Vatikanische Konzil die Metapher vom „Leib Christi" auf: „Wie aber alle Glieder des menschlichen Leibes, obschon sie viele sind, dennoch den einen Leib ausmachen, so auch die Gläubigen in Christus (vgl. 1 Kor 12,12). Auch bei der Auferbauung des Leibes Christi waltet die Verschiedenheit der Glieder und der Aufgaben. Der eine Geist ist es, der seine vielfältigen

Gaben gemäß seinem Reichtum und den Erfordernissen der Dienste zum Nutzen der Kirche austeilt (vgl. 1 Kor 12,1–11).“ (LG 7) Damit sind wichtige Punkte für die Ekklesiologie angesprochen: Es gibt eine Vielfalt an Charismen in der Kirche, die Kirche ist eine dynamische Wirklichkeit und die Kirche ist auf Christus ausgerichtet, in dem die Pluralität eine Einheit erfährt.

## Volk Gottes

Das Verständnis der Kirche als Volk Gottes ist ebenfalls sehr alt und knüpft an die biblische Vorstellung von Israel, als dem auserwählten Gottesvolk, an. Israel versteht sich als das „Volk des HERRN“ (Ri 5,13), welches von ihm als sein Privateigentum auserwählt worden ist (vgl. Dtn 14,2). Die neutestamentlichen Autoren greifen dieses Bild auf und beziehen es auf die Kirche, wodurch keine Abgrenzung zu Israel, sondern die Kontinuität zum Gottesvolk Israel betont werden soll (z.B. Tit 2,14). Über Christus sind die Christen Teil des alten Gottesvolkes, sie haben ebenso Anteil an den Verheißungen für Israel.

### Ein vergessenes Kirchenbild wiederentdeckt

Über viele Jahrhunderte hinweg gerät die Volk-Gottes-Metapher für die Kirche in Vergessenheit. Erst das Zweite Vatikanische Konzil entdeckt sie wieder und macht sie zum Zentrum ihrer Ekklesiologie, die besonders in LG formuliert wird. Über das Volk Gottes hält Elmar Klinger fest: „Es ist der geistige Mittelpunkt und die erfrischende Quelle der Konstitution. Es ist die allgemeinste Grundlage der Bildung von Gemeinschaft in Christus und daher der umfassendste Kirchenbegriff, den es gibt. Von ihm sind alle anderen abgeleitet.“ (Lumen gentium, 80)

Der Volk-Gottes-Begriff ist für die Ekklesiologie in mehrfacher Hinsicht ertragreich: (1) Kirche wird als eine theologische Größe begriffen, deren Ursprung und Bezugspunkt Gott ist. Die Kirche ist keine menschengemachte Realität, sondern sie verdankt sich der Berufung durch Gott selber. (2) Die Kirche ist eine dynamische Gesellschaft, die der Geschichte unterworfen ist. Das Volk Gottes ist auf dem Weg durch die Zeit, es ist immer neu mit den „Zeichen der Zeit“ konfrontiert und muss sich zu ihnen verhalten. Das erfordert einerseits Treue zum Ursprung, andererseits aber auch Kreativität und den Mut, in den jeweiligen geschichtlichen Verhältnissen die eigene Botschaft zu verkünden und zu leben. (3) Ein Volk ist immer eine sehr plurale Größe, in der es unterschiedliche Formen der Mitgliedschaft geben kann. Dies ist gerade für den ökumenischen Dialog von Bedeutung, betont doch gerade das Zweite Vaticanum, dass es unterschiedliche Grade der Zugehörigkeit zur Kirche gibt. (4) Die Kontinuität zum Volk Israel kommt mit diesem Gedanken sehr prägnant zum Ausdruck. Die Kirche ist kein Gegensatz zum Gottesvolk Israel, sondern sie ist bleibend auf Israel als ihren Ursprung verwiesen.

## Communio

Das Zweite Vaticanum hat noch einen zweiten wesentlichen Leitgedanken der Ekklesiologie wiederentdeckt, nämlich den der Communio. Auch dieser Gedanke findet sich schon bei Paulus: Er versteht die Kirche als Gemeinschaft, als κοινωνία (koinonia). „Ist der Kelch des Segens, über den wir den Segen sprechen, nicht Teilhabe am Blut Christi? Ist das Brot, das wir brechen, nicht Teilhabe am Leib Christi? Ein Brot ist es. Darum sind wir viele ein Leib; denn wir alle haben teil an dem einen Brot." (1 Kor 10,16f) Im gemeinsamen Herrenmahl sind die Glieder der Kirche zur Communio geeint, an der alle in gleicher Weise teilhaben. Die Communio besitzt dabei eine doppelte Ausrichtung: Die Getauften haben durch Christus und im Heiligen Geist Gemeinschaft mit Gott, dem Vater (vgl. 1 Kor 1,9). Sie partizipieren an der Lebensgemeinschaft des dreifaltigen Gottes und werden so in diese Lebens- und Liebescommunio mit einbezogen. Und die Gläubigen haben Gemeinschaft untereinander, sie sind aufeinander verwiesen und angewiesen. Das Trinken aus dem einen Kelch und das Essen von dem einen Brot ist Zeichen dieser Communio.

### Gemeinschaft mit Gott und den Menschen

Besonders LG 8 hebt die Kirche als „Gemeinschaft des Glaubens, der Hoffnung und der Liebe" hervor. Und LG 1 bestimmt die Aufgabe der Kirche vom Gedanken der Communio her: „Die Kirche ist ja in Christus gleichsam das Sakrament, das heißt Zeichen und Werkzeug für die innigste Vereinigung mit Gott wie für die Einheit der ganzen Menschheit." Communio mit Gott und Communio der Menschen untereinander – das zu bewirken ist die Aufgabe, die das Konzil für die Kirche bestimmt. Dies wirkt sich auch relativierend auf die Kirche aus: Sie ist nur eine sekundäre Größe, nur „Zeichen und Werkzeug", um einer anderen Wirklichkeit zum Durchbruch zu verhelfen. Jenem Gottesreich, in dem Gott „alles in allem" ist (1 Kor 15,28).

Kritisch am Rand bleibt anzumerken, dass der Begriff der Communio vor allem in der nachkonziliaren Zeit immer wieder benutzt wurde, um ihn gegen das Verständnis der Kirche als Volk Gottes auszuspielen. So bemerkt zum Beispiel das Schlussdokument der II. Außerordentlichen Generalversammlung der Weltbischofssynode von 1985: „Die ‚Communio'-Ekklesiologie ist die zentrale und grundlegende Idee der Konzilsdokumente."

## Die eine Kirche und ihre vielen Bilder

Es ist sicher ein Verdienst des Zweiten Vaticanums, dass es die Kirche nicht auf ein einziges Bild reduziert, sondern eine Vielzahl von Kirchenbildern anbietet. Neben der Metaphern vom Volk Gottes, dem Leib Christi und der Communio erwähnt LG noch weitere Kirchenbilder: Kirche ist Haus Gottes (1 Tim 3,15), sie ist Wohnstatt Gottes im Geiste (Eph 2,19–22), Zelt Gottes unter den Menschen (Offb 21,3), sie ist die makellose Braut des makellosen Lammes (Offb 19,7), sie ist der Acker Gottes (1 Kor 3,9), der Schafstall, dessen Tür Christus ist (Joh 10,1–10), sie ist ein Weingarten (Mt 21,33–43) (vgl. LG 6).

Diese Pluralität der Kirchenbilder, die das Konzil anspricht, zeigt: Wenn man von der Kirche redet und versucht, sie mit einer bildhaften Sprache zu umschreiben, dann gelingt dies nie in einer singulären und ausschließenden Art und Weise. Die Kirche ist immer nur im Plural zu begreifen und lässt sich nicht auf ein einziges Bild zusammendrücken. Sie ist eine vielgestaltige Wirklichkeit, weil sie aus vielen Menschen besteht, die mit ihren je eigenen Charismen das Bild der Kirche prägen. Diese Vielfalt zu wahren und zu entdecken hat gerade das Zweite Vatikanische Konzil nachdrücklich betont.

**Zum Weiterlesen:**

Walter Kasper: Katholische Kirche. Wesen – Sendung – Wirklichkeit, Freiburg i.Br. 2011.

Medard Kehl: Die Kirche. Eine katholische Ekklesiologie, Würzburg [2]1993.

Gregor Maria Hoff: Ekklesiologie, Paderborn u.a. 2011.

# Hat Jesus die Kirche gegründet?

Die klassische Antwort, die bis zum Zweiten Vatikanischen Konzil vorherrschend war, lautete: Jesus hat bestimmte formelle Akte gesetzt, mit denen er sehr bewusst die Weichen für die Kirche gestellt hat. Die Kirche ist also von Jesus gewollt und eingerichtet. Erst das Zweite Vaticanum hat eine andere Perspektive eröffnet: Es stellt die Kirchengründung in einen weiten Zusammenhang und geht von einer stufenweisen Kirchengründung aus. Entscheidend sind dabei nicht einzelne formelle Akte, sondern dass die Kirche ihren Anfang im gesamten Christusgeschehen (von der Empfängnis bis Pfingsten) findet.

Ludwig Ott hält in seinem „Grundriss der Dogmatik" aus dem Jahr 1952 in aller Kürze fest: „Die Kirche wurde von dem Gottmenschen Jesus Christus gegründet." (Grundriss, 315) Dabei bezieht er sich auf die lehramtliche Aussage, die das Erste Vaticanum in seiner Dogmatischen Konstitution „Pastor aeternus" getroffen hat. Dort nämlich heißt es in der eröffnenden Nummer: „Der ewige Hirte und Bischof unserer Seelen beschloss, um das heilsame Werk der Erlösung dauerhaft zu machen, die heilige Kirche zu bauen (...)" (DH 3050). Und noch im Jahr 1910 verdichtet sich diese Aussage im *Antimodernisteneid*: „Ebenso glaube ich mit festem Glauben, dass die Kirche, die Hüterin und Lehrerin des geoffenbarten Wortes, durch den wahren und geschichtlichen Christus selbst, als er bei uns lebte, unmittelbar und direkt eingesetzt und dass sie auf Petrus, den Fürsten der apostolischen Hierarchie, und seine Nachfolger in Ewigkeit erbaut wurde." (DH 3540)

## Eine klassische Lösung

Hat Jesus die Kirche gegründet? Blickt man auf die klassisch neuscholastische Theologie, wie sie bis in die 1950er Jahre hinein bestimmend war, so ist die Antwort eigentlich eindeutig klar: Ja, der historische Jesus hat die Kirche gestiftet. Eine solche *institutio* der Kirche hat man dabei aus mehreren Schriftstellen abgeleitet: „Du bist Petrus und auf diesen Felsen werde ich meine Kirche bauen" (Mt 16,18); „Alles, was ihr auf Erden binden werdet, das wird auch im Himmel gebunden sein, und alles, was ihr auf Erden lösen werdet, das wird auch im Himmel gelöst sein" (Mt 18,18); der Auftrag des Auferstandenen, alle Menschen zu seinen Jüngern zu machen (vgl. Mt 28,16–20) oder der Auftrag, sein Gedächtnismahl zu feiern (vgl. Lk 22,17–20). Man hat also versucht, im Leben des irdischen Jesus bestimmte Momente auszumachen, an denen Jesus die Weichen für die

Einrichtung der Kirche gestellt hat. „Demnach hat Jesus ausdrücklich und formell ganz bestimmte Akte gesetzt, durch die er die Kirche als eine sichtbare, von seinem Willen her in allen wesentlichen Strukturen rechtlich festgelegte, von anderen Religionsgemeinschaften klar unterschiedene Gesellschaft (‚societas') gegründet hat (...)." (Kehl, Die Kirche, 269) Damit ist eine weitreichende Aussage getroffen, die letztendlich auch so ausgedrückt werden könnte: Die Kirche ist mit allem, was zu ihr gehört und mit ihrer gesamten Verfasstheit so und nicht anders von Jesus gewollt und eingerichtet. Über viele Jahrhunderte hinweg war dies die traditionelle Auffassung, die sich bis in die 1950er Jahre noch in den einschlägigen Lehrbüchern hinein gehalten hat.

## Die Perspektive des Vaticanum II

Das Zweite Vatikanische Konzil hat sich in seiner Konstitution über die Kirche anders zu dieser Frage positioniert. Das Konzil beantwortet das Anliegen der Kirchengründung anders, weil es eine andere Perspektive einnimmt. Hat man in der traditionellen Ekklesiologie nach einzelnen Punkten im Leben des irdischen Jesus gesucht, an denen sich die Einrichtung der Kirche festmachen lässt, stellt *Lumen gentium* die Kirchengründung in einen weitaus größeren Zusammenhang. In LG 5 heißt es:

> „Das Geheimnis der heiligen Kirche wird in ihrer Gründung offenbar. Denn der Herr Jesus machte den Anfang seiner Kirche, indem er frohe Botschaft verkündigte, die Ankunft nämlich des Reiches Gottes, das von alters her in den Schriften verheißen war: ‚Erfüllt ist die Zeit, und genaht hat sich das Reich Gottes' (Mk 1,15; vgl. Mt 4,17). Dieses Reich aber leuchtet im Wort, im Werk und in der Gegenwart Christi den Menschen auf. Denn das Wort des Herrn ist gleich einem Samen, der auf dem Acker gesät wird (Mk 4,14): die es im Glauben hören und der kleinen Herde Christi (Lk 12,32) beigezählt werden, haben das Reich selbst angenommen; aus eigener Kraft sprosst dann der Same und wächst bis zur Zeit der Ernte (vgl. Mk 4,26–29). Auch die Wunder Jesu erweisen, dass das Reich schon auf Erden angekommen ist: ‚Wenn ich im Finger Gottes die Dämonen austreibe, ist wahrlich das Reich Gottes zu euch gekommen' (Lk 11,20; vgl. Mt 12,28). Vor allem aber wird dieses Reich offenbar in der Person Christi selbst, des Sohnes Gottes und des Menschensohnes, der gekommen ist, ‚um zu dienen und sein Leben hinzugeben als Lösegeld für die Vielen' (Mk 10,45). Als aber Jesus nach seinem für die Menschen erlittenen Kreuzestod auferstanden war, ist er als der Herr, der Gesalbte und als der zum Priester auf immerdar Bestellte erschienen (vgl. Apg 2,36; Hebr 5,6; 7,17–21) und hat den vom Vater verheißenen Geist auf die Jünger ausgegossen (vgl. Apg 2,33). Von daher empfängt die Kirche, die mit

den Gaben ihres Stifters ausgestattet ist und seine Gebote der Liebe, der Demut und der Selbstverleugnung treulich hält, die Sendung, das Reich Christi und Gottes anzukündigen und in allen Völkern zu begründen. So stellt sie Keim und Anfang dieses Reiches auf Erden dar. Während sie allmählich wächst, streckt sie sich verlangend aus nach dem vollendeten Reich; mit allen Kräften hofft und sehnt sie sich danach, mit ihrem König in Herrlichkeit vereint zu werden."

## Stufenweise Kirchengründung

Über die Gründung der Kirche wird in diesem Abschnitt Verschiedenes ausgesagt: Zunächst betont das Konzil, dass die Kirchengründung keine Handlung ist, die sich auf einen singulären Akt im Leben Jesu festmachen ließe. Die Gründung der Kirche ist vielmehr prozesshaft und dynamisch zu denken, sie vollzieht sich stufenweise. Der Anfang *(initium)* der Kirche ist dabei in der Verkündigung der βασιλεία auszumachen. In der Botschaft von der nahegekommenen Gottesherrschaft findet sich der Keim, aus dem die Kirche zu wachsen beginnt. Die Kirche ist daher bleibend auf die Verkündigung Jesu verwiesen; sie ist und bleibt der Kernpunkt, auf den sich die Kirche immer beziehen muss und von dem aus sie zu wachsen beginnt. Die Botschaft von der βασιλεία erhält dabei eine christologische Zuspitzung, da sie sich im Leben und Handeln Jesu Christi verwirklicht. Und diese Verkündigung vollendet sich schließlich in der Auferstehung von den Toten und der Sendung des Heiligen Geistes.

Die Kirche ist untrennbar verbunden mit der βασιλεία-Botschaft, es ist ihre Aufgabe, diese Verkündigung, die mit Jesus begonnen hat, fortzusetzen. Wenn die Kirche die „Gebote der Liebe, der Demut und der Selbstverleugnung treulich hält", dann kann die Kirche selbst „Keim und Anfang dieses Reiches auf Erden" werden. Der Entstehungsprozess der Kirche entwickelt sich von der Predigt des irdischen Jesus, über seinen Tod am Kreuz und die Geistsendung an Pfingsten und findet schließlich seinen Abschluss in der eschatologischen Perspektive, die den Blick auf die Vollendung seines Reiches in Herrlichkeit lenkt.

## Gründung oder Stiftung?

Hat Jesus die Kirche gegründet? Auch die Ekklesiologie des Zweiten Vaticanum leugnet nicht, dass die Kirche ihre Grundlage und ihren Anfang im Leben und Wirken Jesu Christi findet. Aber sie bricht eine verengte Sichtweise auf und lässt die Vorstellung hinter sich, man könne im Leben des irdischen Jesus einzelne Akte ausmachen, die formellen Kirchenstiftungscharakter haben. Vielmehr weitet das Konzil die Perspektive: „Die Kirche hat also ihren Ursprung nicht einfach in

Absicht und Auftrag des vorösterlichen Jesus, sondern im ganzen Christusgeschehen: also im ganzen Handeln Gottes in Jesus Christus, von Jesu Geburt, Wirken und Jüngerberufung bis zu Tod und Auferstehung Jesu und zur Gabe des Geistes an die Zeugen des Auferstandenen. (...) Nicht bestimmte Worte Jesu, auch nicht eigentlich seine Lehre, sondern Jesu Person als des verborgenen Messias und als des Auferstandenen war geschichtlich die Wurzel der Kirche." (Küng, Die Kirche, 178f)

Damit ist die Kirche bleibend auf Christus und seine Botschaft von der βασιλεία verwiesen. Die Kirche ist nicht durch einen formellen Akt von Jesus gestiftet oder eingesetzt, aber sie hat ihr Fundament in seiner Person, in seinem gesamten Leben und Wirken. Er hat den Anfang der Kirche gesetzt und er ist ein „mitgehender Anfang" (Otto Hermann Pesch), der bei seiner Kirche bleibt, wenn seine Kirche in ihm bleibt. „Im bleibenden Bekenntnis zu Jesus als dem Christus ereignet sich die ‚Stiftung' der Kirche, d.h. in den Akten seiner performativen Aneignung und Auslegung. Es handelt sich um ein je akutes Glaubensereignis, in dem sich das Lebensereignis Jesu durchsetzt." (Hoff, Glaubensräume, 316) Mit anderen Worten: Dort, wo die Kirche die Botschaft von der nahegekommenen βασιλεία verkündet und wo sie diese Verkündigung in Taten der Nächstenliebe und Selbstverleugnung konkret werden lässt, dort scheint immer neu der Grund der Kirche auf, Christus selbst, seinen Zeug*innen seine Gegenwart bis zum Ende der Welt zugesagt hat.

**Zum Weiterlesen:**

Gregor Maria Hoff: Ekklesiologie, Paderborn u.a. 2011.

Georg Kraus: Die Kirche – Gemeinschaft des Heils. Ekklesiologie im Geist des Zweiten Vatikanischen Konzils, Regensburg 2012.

# Gibt es eine kirchliche Scheidung?

Da die Unauflöslichkeit ein Wesenselement der katholischen Ehetheologie ist, kann es auch keine Scheidung der Ehe geben. Vielmehr wird das Eheband erst durch den Tod eines der beiden Ehepartner zerschnitten. Dennoch gibt es die Möglichkeit der Nichtigkeitserklärung: Hierbei wird die Ehe für ungültig erklärt. Bei diesem Prozess, der vor einem kirchlichen Gericht (‚Offizialat') geführt wird, werden Gründe gesucht, warum die Ehe nicht gültig geschlossen wurde. Es gibt also keine kirchliche Scheidung, nur die Feststellung, dass eine Ehe aus bestimmten Mängeln von vornherein ungültig war.

Die Unauflöslichkeit ist eines der wesentlichen Eigenschaften der sakramentalen Ehe. Einerseits bezieht sie sich auf das Jesuswort „Was aber Gott verbunden hat, das darf der Mensch nicht trennen" (Mt 19,6). Andererseits gründet sie in der Bundestheologie: Wenn die Ehe zwischen zwei Partnern Abbild jenes Bundes sein soll, den Gott zwischen sich und den Menschen aufgerichtet hat, dann muss auch dieser Bund auf Beständigkeit hin ausgerichtet sein. Das Abbild des Bundes hat so lange Bestand, bis einer der Bundespartner den irdischen Lebensweg vollendet hat.

## Unauflöslichkeit als Wesenselement

Da einer gültigen und vollzogenen sakramentalen Ehe von zwei Getauften die Unauflöslichkeit zukommt, gibt es auch keine kirchliche Scheidung. Das Band, das zwischen zwei Ehepartnern geknüpft ist, kann gemäß kirchlicher Lehre von keiner menschlichen Macht durchschnitten werden. Einzig der Tod kann eine Auflösung des Bundes herbeiführen. Der Katechismus der Katholischen Kirche fasst diese Lehre so zusammen: „Das Band der Ehe wird (...) von Gott selbst geknüpft, so dass die zwischen Getauften geschlossene und vollzogene Ehe nie aufgelöst werden kann. Dieses Band, das aus dem freien menschlichen Akt der Brautleute und dem Vollzug der Ehe hervorgeht, ist fortan unwiderrufliche Wirklichkeit und stellt einen durch die Treue Gottes gewährleisteten Bund her. Es liegt nicht in der Macht der Kirche, sich gegen diese Verfügung der göttlichen Weisheit auszusprechen." (Nr. 1640)

Schon im historischen Rückblick zeigt sich, dass die Unauflöslichkeit der Ehe als ein sehr hohes Gut angesehen wurde: Bereits bei den Kirchenvätern gibt es das Verbot einer erneuten Heirat infolge einer Scheidung; bei Augustin findet sich dann der Gedanke, dass es zwischen zwei Getauften ein bleibendes, sakramentales Band gäbe, das auch mit einer Scheidung nicht zerschnitten werden könne. Später betont das Tridentinum ausdrücklich dieses Wesensmerkmal der Ehe und verteidigt sie so gegen die Anfragen der Reformatoren. Auch das Zweite Vatikanische Konzil hebt die unauflösliche Einheit zwischen den Ehepartnern hervor (vgl. z.B. GS 48). Diese Liebe zwischen den Gatten „bedeutet unlösliche Treue" und ist daher „mit jedem Ehebruch und jeder Ehescheidung" unvereinbar (GS 49).

## Papst Franziskus und ‚Amoris laetitia'

In jüngster Zeit haben nicht nur Johannes Paul II., sondern auch Benedikt XVI. und Franziskus die Praxis der Kirche bestätigt, wiederverheiratet Geschiedene nicht zum Empfang der Sakramente zuzulassen. Noch in seinem Schreiben „Amoris laetitia", das mit großer Spannung erwartet worden war, hält Franziskus nachdrücklich an der Unauflöslichkeit des sakramentalen Ehebandes fest (Nr. 52f) und merkt an: „Die Unauflöslichkeit der Ehe (...) ist nicht vor allem als ein dem Menschen auferlegtes ‚Joch' zu verstehen, sondern als ein ‚Geschenk' für die in der Ehe vereinten Menschen." (Nr. 62) Eben darin zeigt sich die Zuwendung Gottes zu den Menschen auf eindrückliche Weise, denn sein Ja, das er in den Bundesschlüssen der Schöpfung zusagt, ist unverbrüchlich. Freilich ruft Franziskus zu einem neuen Umgang mit Geschiedenen auf, die in einer neuen Verbindung leben; es ist „wichtig, sie spüren zu lassen, dass sie Teil der Kirche sind, dass sie ‚keineswegs exkommuniziert' sind und nicht so behandelt werden, weil sie immer Teil der kirchlichen Communio sind" (Nr. 243). Prominenz hat hierbei vor allem die Fußnote 351 des Dokuments erlangt, in welcher der Papst festhält: „In gewissen Fällen könnte es auch die Hilfe der Sakramente sein. (...) Gleichermaßen betone ich, dass die Eucharistie ‚nicht eine Belohnung für die Vollkommenen, sondern ein großzügiges Heilmittel und eine Nahrung für die Schwachen ist'". Inwiefern Franziskus hierbei an eine Zulassung von wiederverheiratet Geschiedenen zu den Sakramenten denkt, ist offengeblieben. Jedenfalls geht der Duktus von „Amoris laetitia" in Richtung eines neuen Umgangs mit jenen Menschen, deren Ehebund gescheitert ist.

## Scheidung und Nichtigkeitserklärung

Wenngleich es aufgrund der Unauflöslichkeit als Wesensmerkmal der sakramentalen Ehe keine kirchliche Scheidung geben kann, weiß die Kirche trotzdem darum, dass eine solche Beziehung immer auch scheitern kann. Hierbei kommt sie den Eheleuten entgegen und bietet ihnen die Möglichkeit, eine Ehe für nichtig erklären zu lassen. Rechtlich gesehen handelt es sich dabei aber nicht um die

Auflösung eines Ehebundes, wie dies im Fall der weltlichen Scheidung vorgesehen ist. Vielmehr will die Nichtigkeitserklärung der Ehe aufzeigen, dass eine gültige Ehe von Anfang an nicht zustande gekommen ist. Wie sich staatliches und kirchliches Vorgehen unterscheiden, zeigt sich am besten mit einem Bild: Die Ehe wird dabei als ein Seil verstanden, mit dem zwei Partner aneinandergebunden sind. Die staatliche Scheidung ist dann eine Schere, welche das Seil in der Mitte zerschneidet; das Eheband ist zertrennt, die beiden Partner können getrennte Wege gehen. Wird eine Ehe für nichtig erklärt, versucht man zu zeigen, dass es das Seil nie gegeben hat. Eine Ehe wird also nicht einfach aufgelöst, sondern es wird versucht nachzuweisen, dass ein rechtsgültiger Ehebund nie zustande gekommen ist.

Es gibt vor allem drei Gründe, warum eine Ehe für nichtig erklärt werden kann: (1) Bereits zum Zeitpunkt der Eheschließung gab es trennende Ehehindernisse, die es verboten haben, dass eine Ehe gültig geschlossen werden kann. Beispiele hierfür wären: Einer der Partner befand sich zum Zeitpunkt der Eheschließung noch in einem anderen Eheband (c. 1085 § 1); einer der Partner hatte zuvor den sakramentalen Ordo empfangen (c. 1087); die Ehepartner waren in gerader Linie blutsverwandt (c. 1091 § 1) usw.

(2) Auch das Fehlen des Ehewillens zum Zeitpunkt der sakramentalen Eheschließung kann als Grund für die Nichtigkeit der Ehe angesehen werden. Dies ist z.B. der Fall, wenn ein Ehepartner „die Ehe selbst oder eine Wesenselement der Ehe oder eine Wesenseigenschaft der Ehe" ausschließt (c. 1101 § 2). Auch wenn die Ehe unter Zwang geschlossen wurde, ist sie als ungültig anzusehen (c. 1103).

(3) Schließlich kann auch die Nichteinhaltung der vorgeschriebenen Eheschließungsform dazu führen, dass eine Ehe ungültig geschlossen wurde. Gemäß c. 1117 CIC unterliegen alle, die in der katholischen Kirche getauft sind oder in sie aufgenommen wurden der kanonische Eheschließungsform. Das heißt, sie unterliegen der Formpflicht. Damit ist ausgesagt, dass eine sakramentale Ehe nach den Vorgaben des kanonischen Rechts geschlossen sein muss, um ihre Gültigkeit zu erlangen. Konkret: Wenn sich zwei katholische Partner gültig und erlaubt die sakramentale Ehe spenden wollen, müssen sie sich an die Vorgaben halten, die der kirchliche Gesetzgeber hierfür erlassen hat.

## Die Suche nach einer Ehe, die nie gültig geschlossen wurde

Die sakramentale Ehe steht unter dem Vorbehalt des *favor iuris*, was c. 1060 CIC so formuliert: „Die Ehe erfreut sich der Rechtsgunst (*favor iuris*), deshalb ist im Zweifelsfall an der Gültigkeit der Ehe so lange festzuhalten, bis das Gegenteil bewiesen ist." Daraus ergibt sich auch das Vorgehen für eine Nichtigkeitserklärung: Wer die Ungültigkeit einer Ehe erwirken will, trägt hierfür die Beweislast, das heißt, er muss vor einem kirchlichen Gericht mithilfe von Zeugen nachweisen, dass die geschlossene Ehe aufgrund von bestimmten Gründen, ungültig ist. Die Annullierung einer Ehe wird an einem kirchlichen Gericht vollzogen, dem sogenannten *Offizialat*, das es in einer jeden Diözese gibt. Bei einem kirchlichen Ehenichtigkeitsprozess wird dabei keine Gerichtsverhandlung geführt, zu der alle Parteien erscheinen müssen. Die Beweisaufnahme erfolgt bei der Befragung der einzelnen Zeugen, die nacheinander geladen werden. Die dabei geführten Protokolle und andere Beweismittel dienen als Grundlage, auf deren Basis drei Richter ein Urteil fällen. Wer als Richter an einem Kirchengericht tätig ist, hat in der Regel ein Aufbaustudium im kanonischen Recht absolviert und wird vom Bischof einer Diözese zur Ausübung dieses Dienstes bestellt.

Ist eine Ehe vonseiten offizieller kirchlicher Seite nichtig erklärt worden, können die vormaligen Ehepartner erneut in der Kirche eine Ehe schließen. Sie haben ebenfalls uneingeschränkten Zugang zu den Sakramenten. Sie sind auch nach kirchlichem Verständnis nicht „geschieden", da der Nichtigkeitsprozess ja gezeigt hat, dass eine gültige Ehe nie existiert hat.

**Zum Weiterlesen:**

Reinhold Sebott: Das neue kirchliche Eherecht, Frankfurt a.M. u.a. [3]2005.

# Was ist das Papstamt?

Das Papstamt beruft sich auf die Sonderstellung, die Simon Petrus im Zwölferkreis eingenommen hat. Im Lauf der Jahrhunderte hat sich der Bischofssitz von Rom viele Verdienste erworben und wurde zu einer gewichtigen Entscheidungsinstanz im Leben der Gesamtkirche. Auf dem Ersten Vatikanischen Konzil wurde das Papstamt mit dem Jurisdiktionsprimat und der Infallibilität (Unfehlbarkeit) verdrillt. Beiden Vollmachten sind jedoch auch Grenzen gesetzt, wodurch es dem Papst z.B. nicht möglich ist, willkürlich unfehlbare Entscheidungen zu treffen. Bis heute ist das Papstamt der Garant für die Einheit der Kirche.

## Vom Simon zum Petrus

Simon stammte wahrscheinlich aus dem Fischerdorf Betsaida, welches sich am nördlichen Ufer des Sees Genesaret befindet; Betsaida lag in der Gaulanitis. Er gehörte wohl zur dortigen jüdischen Gemeinde und ging dem Beruf des Fischers nach, wie auch sein Bruder Andreas. Vermutlich im Zusammenhang mit seiner Heirat zog er nach Kafarnaum, wo er ein Haus besaß, welches er mit seiner Schwiegermutter bewohnte. Dass Simon verheiratet war, macht auch Paulus geltend (1 Kor 9,5). Simon war einer der ersten Menschen, die Jesus in seine Nachfolge rief (vgl. Mk 1,16f). Ebenfalls wurde er in die Gruppe der Zwölf aufgenommen und erhielt vielleicht in diesem Zusammenhang den Beinamen „Kephas", Fels oder Stein. Es könnte damit eine bestimmte Art „Stein" gemeint sein, zum Beispiel ein „Edelstein" oder ein „Grundstein". Nimmt man an, dass Simon den Beinamen im Sinne eines „Edelsteins" erhielt, könnte damit seine besondere Stellung innerhalb des Zwölferkreises intendiert gewesen sein. Simon kam im Apostelgremium eine Sonderrolle zu, er bekam als Auszeichnung einen Ehrennamen. Solche Namensgebungen sind im biblischen Bereich nicht unüblich: Man denke zum Beispiel an Abram (der den Namen Abraham erhält), an Jakob (aus dem Israel wird) oder an die Zebedäus-Söhne, die den Beinamen „Boanerges" („Donnersöhne") erhalten. Schon früh jedenfalls ist der Beiname des Simon zum Eigennamen geworden und im Lauf der Jahrhunderte hat es sich eingebürgert, von Petrus zu sprechen.

## Ein Beiname für den ersten Jünger

Es ist anzunehmen, dass Jesus selbst dem Simon diesen Beinamen gegeben hat. Damit ist allerdings noch nicht ausgesagt, dass diese Namensgebung im Zusammenhang mit dem in Mt 16 geschilderten Messiasbekenntnis in Cäsarea Philippi geschehen ist. Bei Mk 3,16 steht die Namensgebung im Kontext der Bildung des Zwölferkreises und Lk 6,13 weist schlicht und ergreifend darauf hin, dass Simon diesen Beinamen trug. Joh 1,42 verknüpft den Namen Petrus mit der Berufung des Simon. Möglicherweise weist der Name „Edelstein“ auf die Erstberufung des Simon hin: Simon war der Erste, den Jesus in die Nachfolge gerufen hatte; schon allein aus diesem Grund kam ihm eine Sonderstellung in der Nachfolgerschar Jesu zu.

### Sonderstellung im Zwölferkreis

Innerhalb des Zwölferkreises hatte Simon eine herausgehobene Position inne: Er zählte zu einem „inner circle“, zu dem Jesus ein besonderes Vertrauensverhältnis pflegte. Übereinstimmend berichten alle Evangelien, dass Simon bei der Passion Jesu versagt hatte (vgl. z.B. Mk 14,53–72). Nach der Auferstehung Jesu jedenfalls wendet sich das Blatt und Simon übernimmt eine bedeutende Position bei der Sammlung des Jüngerkreises und bei der Verkündigung des Evangeliums. Bald kehrt er wieder nach Jerusalem zurück, bevor er auch nach Antiochia kommt. Wo sich Simon sonst noch aufgehalten hat, ist unsicher. Die Tradition berichtet, dass Simon Petrus unter Kaiser Nero (vielleicht im Jahr 67) in Rom den Märtyrertod erlitten hat und dort auch bestattet worden ist.

### Neutestamentliche Bewertung des Petrus

Insgesamt ist im Blick auf das neutestamentliche Zeugnis über Petrus eine Differenz auszumachen: Es gibt Schriften, die Petrus sehr gewogen sind (zum Beispiel das Matthäus- und Lukasevangelium) und es gibt Texte, die seine Autorität relativieren (Paulus, Johannes). Die neutestamentlichen Petrusbilder lassen sich auch nicht einseitig auf die Primatsworte (Mt 16,18f; Lk 22,31f; Joh 21,15–17) eingrenzen, die als Beleg einer Sonderstellung des Petrus dienen. Simon Petrus wird in den Evangelien immer auch anders dargestellt: Jesus weist ihn schroff zurück (Joh 21,22), er nennt ihn einen „Satan“ (Mt 16,23), Simon verleugnet Jesus im Umfeld der Passionsereignisse (Lk 22,54–62). Es gibt eine Sonderstellung des Petrus, die in der Zeit vor Ostern auf seiner herausgehobenen Position im Zwölferkreis beruht. Nachösterlich wird sie dadurch gerechtfertigt, dass Petrus, der erste ist, dem der Auferstandene erschienen (1 Kor 15,5) und der im Aufbau der christlichen Gemeinden eine zentrale Rolle spielt. Auffallend ist, dass sich im Neuen Testament ein divergierendes Petrusbild erhalten hat. Viele der neutestamentlichen Schriften sind erst nach dem Tod des Petrus entstanden, dennoch gehen Ansehen und Bedeutung des Petrus in ihnen nicht zurück, sondern werden sogar noch gesteigert.

Vor allem in den ersten vier christlichen Jahrhunderten entwickeln sich die verschiedenen neutestamentlichen Petrusbilder stetig: Petrus wird (basierend auf Mt 16,17) als Garant des Evangeliums dargestellt, er ist der herausragende Heidenmissionar, der häretischen Bewegungen den Boden entzieht (vgl. Apg 8,9–24); Petrus ist der Pförtner des Himmels (vgl. Mt 16,19), Steuermann des Schiffs der Kirche und der Fürst der Apostel. Alle diese Bilder vermitteln, dass Petrus eine besondere und einzigartige Stellung innehatte.

## Petrus und Rom

Vor allem die Verbindung mit Rom, der Hauptstadt des Imperium Romanum, wird für das Folgende maßgeblich: Das Erste Vatikanische Konzil betont, dass der römische Bischof der Nachfolger des Petrus im Primat sei. Der Bischof von Rom ist Papst der Weltkirche, und zwar, weil er Bischof von Rom und damit Nachfolger des Apostels Petrus ist. War Petrus aber jemals in Rom? Die Frage wurde im Lauf der Jahrhunderte äußerst kontrovers diskutiert. Die Überlieferung weiß: Petrus hat ungefähr 25 Jahre in Rom gepredigt und gewirkt, bevor er mit dem Kopf nach unten gekreuzigt und schließlich in der Stadt bestattet wurde. Freilich wird der Romaufenthalt des Petrus in den ersten Jahrhunderten nicht bestritten, erst im Mittelalter rückt er in den Fokus der kritischen Diskussion. Heutzutage geht die Tendenz eher in Richtung, dass sich Petrus wohl tatsächlich in Rom aufgehalten und dort auch den Märtyrertod erlitten hat.

## Eine Sonderstellung für Rom?

Die Geschichte eines Primats, der mit dem römischen Bischofsstuhl verbunden ist, ist lang und wechselvoll. Zunächst gibt es viele Gründe, die im frühen Christentum gegen einen solch hervorgehobene Stellung eines einzelnen Bischofs sprechen: Neben der kollegialen Leitung der Gemeinden (der Mon-Episkopat entwickelt sich ja erst relativ spät heraus) ist vor allem die Stellung des Petrus zu nennen, die nie konkurrenzlos war. Dennoch gibt es auch Gründe, die eine solche Verbindung mit Rom befördert haben: Immerhin hatte die christliche römische Gemeinde nicht nur ein hohes Alter aufzuweisen, sondern sie war auch die Kirche der Reichshauptstadt, weshalb ihr eine besondere Bedeutung zukam. Schließlich konnte Rom mit den Gräbern von Petrus und Paulus auch die Begräbnisstätten zweier bedeutender Apostel nachweisen, womit Rom noch einmal eine Auszeichnung zuteilwurde.

## Geschichtliche Entwicklung des Primatsanspruchs

Schon am Ende des zweiten Jahrhunderts beansprucht der römische Bischof Viktor I. (189–199) eine Vorrangstellung vor den anderen Bischöfen. Im Osterfeststreit will er den Ostertermin festlegen und macht dabei seine besondere Position als Bischof von Rom geltend. In der Mitte des dritten Jahrhunderts versucht Stephan I. im Ketzertaufstreit die römische Praxis durchzusetzen; er beruft sich darauf, die „cathedra Petri" innezuhaben, wodurch ihm eine außerordentliche Verfügungsgewalt zukomme. Dieses Argument jedoch wird nicht akzeptiert, Stephan I. wird von den anderen Bischöfen zurückgewiesen. Der Ausbau des Primatsanspruchs des römischen Bischofs durchläuft mehrere Stationen, bis schließlich Leo der Große (440–461) die endgültige Ausformung der römischen Petrusdoktrin erreicht. Nicht nur, dass er alle Primatsworte verwendet und auf den römischen Bischof bezieht, er bezeichnet sich auch als „princeps Apostolorum" und als „vicarius Petri". Die Leistung Leos besteht darin, dass sein Primatsanspruch im Westen anerkannt wird. Letztendlich führt auch eine politische Situation zur Stärkung des Papsttums: 476 dankt der letzte weströmische Kaiser ab und es entsteht ein politisches Vakuum, welches die Päpste geschickt zu füllen wissen.

Insgesamt ist die Frühgeschichte des römischen Primatsanspruches eine wechselvolle Geschichte, die gezeichnet ist von Anspruch und Widerspruch, von Erfolg und Misserfolg. Sie war auch immer von der konkreten Person des römischen Bischofs abhängig und kann daher nur als eine allmähliche Entwicklung verstanden werden, die sich im Lauf der ersten christlichen Jahrhunderte etabliert hat.

## Das Papstamt und das Erste Vatikanische Konzil

Eine Konzentration auf das Papstamt und dessen theologische Konturierung erreicht schließlich einen Höhepunkt auf dem Ersten Vatikanischen Konzil im Jahr 1870. Im Umfeld einer dem ständigen Wandel unterworfenen Gesellschaft wächst das Bedürfnis nach einem Prinzip, welches Sicherheit und Stabilität vermittelt. Zu einer Zeit, die von einer hohen Dynamik geprägt ist, will die Kirche gerade das Gegenteil erreichen: Sie sucht nach einer Leitfigur, die Autorität ausstrahlt und die einen letzten, wirklichen Halt in den Stürmen der sich stetig wandelnden Gesellschaft anbietet.

Eine treibende Kraft für diese Entwicklung war Pius IX. (1792–1878, reg. 1846–1878) in dessen Pontifikat das Erste Vaticanum fällt. Von ihm ist unter anderem ein Satz überliefert, der sein Selbstverständnis als Papst gut ausdrückt: „La tradizione sono io – Die Tradition bin ich". Pius selbst arbeitete daran, die Stellung des Papstes immer weiter auszubauen und die Gesamtkirche immer mehr auf den Papst hin auszurichten.

## Die Konstitution „Pastor aeternus“

Von den zwei Konstitutionen, die Vaticanum I entworfen hat, ist für das Papstamt die Kirchenkonstitutiton „Pastor aeternus“ entscheidend. Sie wird am 18. Juli 1870 von den Konzilsvätern verabschiedet, wobei sie zuvor eine komplexe Entstehungsgeschichte durchläuft, in der die Artikel über den Papst mehr und mehr Gewicht erhalten. Dabei ist es Pius IX. selbst, der an wesentlichen Stellen eingreift, um seine eigene Stellung auszubauen. Letztendlich wird die Konstitution mit nur zwei Gegenstimmen von den Konzilsvätern angenommen.

Geprägt ist die Definition des Papstamtes vor allem von zwei Markern: der Bestimmung des (1) Jurisdiktionsprimates und der (2) Unfehlbarkeit.

## Jurisdiktionsprimat

Die zentrale Passage findet sich im dritten Kapitel von *Pastor aeternus* und lautet: „Wir lehren demnach und erklären, dass die Römische Kirche auf Anordnung des Herrn den Vorrang der ordentlichen Vollmacht über alle anderen innehat, und dass diese Jurisdiktionsvollmacht des Römischen Bischofs, die wahrhaft bischöflich ist, unmittelbar ist: ihr gegenüber sind die Hirten und Gläubigen jeglichen Ritus und Ranges (...) zu hierarchischer Unterordnung und wahrem Gehorsam verpflichtet, nicht nur in Angelegenheiten, die den Glauben und die Sitten, sondern auch in solchen, die die Disziplin und Leitung der auf dem ganzen Erdkreis verbreiteten Kirche betreffen (...).“ (DH 3060)

Damit sind mehrere Dinge ausgesagt: Die potestas, die dem Papst zukommt, ist eine *ordentliche*, das heißt, sie ist mit dem Amt selbst gegeben und wird dem Papst nicht von einer anderen Gewalt verliehen oder delegiert. Sie ist *bischöflich* und zwar in dem Sinne, dass dem Papst dieselbe *potestas iurisdictionis* zukommt, wie auch den übrigen Bischöfen. Die potestas des Papstes ist *unmittelbar*, worunter verstanden wird, dass sie sich auf jeden einzelnen Gläubigen erstrecken kann, auch, wenn dieser zunächst anderen rechtlichen Instanzen unterstellt ist. Sie ist eine *universale* Gewalt und erfasst damit alle Glieder, die zur Kirche gehören, egal, ob es sich dabei um Bischöfe handelt, oder um einen Getauften. Alles in allem kommt dem Papst die „volle und höchste Jurisdiktionsvollmacht über die gesamte Kirche“ zu (plena et suprema potestas iurisdictionis in universam ecclesiam, DH 3064).

Diese Bestimmung über die potestas des Papstes, welche das Erste Vaticanum vornimmt, ist nicht unproblematisch. Freilich setzt das Konzil dieser Vollmacht auch Grenzen. So legt es z.B. fest, dass die Bischöfe nicht bloß Vertreter des Papstes in ihren Diözesen sind, sondern dass sie als Nachfolger der Apostel eine ordentliche Jurisdiktionsvollmacht in ihren Bistümern besitzen (vgl. DH 3061).

Dennoch kann man sich des Eindrucks nicht verwehren, der Papst sei letztendlich nichts anderes als ein absoluter Monarch, der willkürlich unter Missachtung der *potestas iurisdictionis* der Bischöfe in die Diözesen hineinregieren kann. Außerdem entzieht sich der Papst dadurch jeglicher Gerichtsbarkeit: „Gegen ein Urteil oder ein Dekret des Papstes gibt es weder Berufung noch Beschwerde“, bestimmt der CIC (can. 333 § 3).

## Unfehlbarkeit

Im vierten Kapitel äußert sich *Pastor aeternus* über das unfehlbare Lehramt des Papstes: „Wenn der Römische Bischof ‚ex cathedra‘ spricht, das heißt, wenn er in Ausübung seines Amtes als Hirte und Lehrer aller Christen kraft seiner höchsten Apostolischen Autorität entscheidet, dass eine Glaubens- oder Sittenlehre von der gesamten Kirche festzuhalten ist, dann besitzt er mittels des ihm im seligen Petrus verheißenen göttlichen Beistands jene Unfehlbarkeit, mit der der göttliche Erlöser seine Kirche bei der Definition der Glaubens- oder Sittenlehre ausgestattet sehen wollte; und daher sind solche Definitionen des Römischen Bischofs aus sich, nicht aber aufgrund der Zustimmung der Kirche (ex sese, noch autem ex consensu ecclesiae) unabänderlich.“ (DH 3074)

## Bedingungen für den Unfehlbarkeitsanspruch

Das Konzil bestimmt damit die päpstliche Unfehlbarkeit, deren Ausübung aber an mehrere Bedingungen geknüpft ist: Unfehlbarkeit betrifft nur den *Römischen Bischof* und zwar dann, *wenn er sein Amt ausübt*. Das heißt, Privatmeinungen des Papstes oder Aussagen, die er als Theologe getroffen hat, können nie den Rang der Unfehlbarkeit für sich beanspruchen. Beispielhaft deutlich wird das an der Jesus-Trilogie, die Papst Benedikt XVI. während seines Pontifikats verfasst hat: Auf dem Titel steht als Autorenangabe „Joseph Ratzinger/Benedikt XVI.“. Damit leistete der Papst jeglicher Verwechslungsgefahr Vorschub: Was er in diesen Büchern über Jesus schreibt, ist nicht unfehlbar, da es vom Privattheologen Joseph Ratzinger geschrieben ist. Mit anderen Worten: In der Abfassung dieser drei Bücher übte der Papst nicht sein Amt als Bischof von Rom aus, sondern kam seiner Tätigkeit als wissenschaftlicher Theologe nach.

Unfehlbare Entscheidungen des Papstes müssen als solche klar erkennbar sein, was durch das Sprechen „ex cathedra“ eingeholt wird. Der Codex legt hierzu fest: „Als unfehlbar definiert ist eine Lehre nur anzusehen, wenn dies offensichtlich feststeht“ (can. 749 § 3 CIC). Damit wird eindeutig gesagt: Nicht alles, was der Papst von sich gibt, ist unfehlbar. Ein Papst veröffentlicht während seines Pontifikates unzählige Dokumente (z.B. Enzykliken) und hält zahlreiche Ansprachen. All dies sind aber keine unfehlbaren Äußerungen, weil sie eben gar nicht als solche gekennzeichnet wären.

## Grenzen der Unfehlbarkeit

Die päpstliche Unfehlbarkeit kann sich auch nur auf einen abgegrenzten Bereich beziehen: Nämlich auf Wahrheiten des Glaubens oder der Sittenlehre. Damit sind dem Inhalt von unfehlbaren Äußerungen klare Grenzen gesetzt, die dadurch noch einmal verstärkt werden, dass das Konzil eindeutig auf den Zusammenhang von unfehlbaren Äußerungen mit der Gesamtkirche hinweist. Der Papst darf sozusagen nichts als unfehlbar erklären, was dem Glauben der Kirche entgegensteht, sondern seine Unfehlbarkeit ist an die Unfehlbarkeit der Gesamtkirche rückgebunden. Päpstliche Aussagen, die nicht vom Glauben der Kirche gedeckt sind, können daher definitorisch auch niemals einen unfehlbaren Rang beanspruchen. Unfehlbarkeit muss daher in der Offenbarung und der Tradition der Kirche gründen.

Mit Wolfgang Klausnitzer kann man die Definition des Papstamtes auf dem Ersten Vaticanum so zusammenfassen: „Es gibt ein von Christus eingesetztes Amt der universalkirchlichen Einheit, das auf Dauer in der Kirche besteht und vom Bischof von Rom ausgeübt wird. Dieses Amt umfasst die oberste Rechtsgewalt (Jurisdiktionsprimat), die uneingeschränkt ist, und die oberste Lehrkompetenz (Unfehlbarkeit bzw. Letztverbindlichkeit des päpstlichen Lehramtes), die genau festgelegten Bedingungen unterliegt." (Der Primat des Bischofs von Rom, 417)

## Die Perspektive des Zweiten Vatikanischen Konzils

Nimmt man die Definition der päpstlichen Infallibilität genau in den Blick, so zeigt sich, dass es hierbei nicht darum geht, einen willkürlichen Missbrauch dieser Kategorie zu ermöglichen. Unfehlbarkeit heißt nicht, der Papst könne nach eigenem Gutdünken irgendwelche Glaubenslehren erlassen, die ihm gerade in den Kopf schießen. Das Zweite Vatikanische Konzil macht hierbei jenen Gedanken stark, der in *Pastor Aeternus* schon grundgelegt ist: Es braucht notwendigerweise den Kontakt zum *sensus ecclesiae* bzw. zum *sensus fidelium* (LG 12 und LG 25), um überhaupt unfehlbare Entscheidungen treffen zu können. Macht der Papst von seiner Infallibilität Gebrauch, dann ist er nur das Sprachrohr der Kirche, dann drückt er nur das in einer konzisen Erklärung aus, was sowieso schon in der Kirche geglaubt wird. Damit sind der päpstlichen Unfehlbarkeit definitive Grenzen gesetzt.

## Lehramtlich definieren, was schon geglaubt wird

Schließlich ist die Definition der päpstlichen Unfehlbarkeit (und des Jurisdiktionsprimates) ein Kind seiner Zeit. Die gesellschaftlichen Wirren, die das Erste Vatikanische Konzil geprägt haben, fanden ihren Ausdruck in der Heraushebung des Papstes als jener Leitfigur, die in den Stürmen dieser Zeit absolute Sicherheit anbietet. Wer dem Papst vertraut, der findet einen festen Anker für seine Seele, könnte man diese Einsicht salopp formulieren. Dass man in den Jahren nach dem Konzil nicht ohne Vorbehalte gegen diese Definitionen war, zeigt sich unter anderem daran, dass es lediglich zwei Dogmen gibt, die als ex-cathedra-Entscheidungen des Papstes angesehen werden: die unbefleckte Empfängnis Mariens, die noch vor dem Ersten Vaticanum im Jahr 1854 definiert wurde, und das Dogma über die leibliche Aufnahme Mariens in den Himmel von 1950. Zurückhaltend hat sich auch Benedikt XVI. über die Infallibilität geäußert, wenn er bemerkt: „Ich möchte auch sagen, dass der Papst kein Orakel und – wie wir wissen – nur in den seltensten Fällen unfehlbar ist." (Begegnung mit dem Klerus der Diözese von Aosta, 25.07.2005) Letztendlich besitzt die Unfehlbarkeit sicher dort einen positiven Gehalt, wo sich in den Grenzen bewegt, die ihr die beiden Vatikanischen Konzile setzen. Dann jedenfalls kann es keine ex-cathedra-Entscheidungen eines Papstes geben, die in der Kirche große Überraschungen hervorrufen würden. Denn der Papst kann ja nur das unfehlbar definieren, was in der Kirche und von den Gläubigen sowieso schon geglaubt wird. Er kann also nur das bestätigen, was sowieso schon da ist und nichts Neues an den Glauben der Kirche herantragen.

Dennoch muss man beim Papstamt, insbesondere bei den Definitionen des Ersten Vatikanischen Konzils, auch Abstriche machen. Nicht nur, dass sich die altkatholische Kirche infolge der Erklärungen von Pastor Aeternus von der römisch-katholischen Kirche getrennt hat, auch in der Ökumene mit den Kirchen des Ostens und den Kirchen der Reformation ist das Papstamt immer noch ein Stolperstein.

**Zum Weiterlesen:**

Wolfgang Klausnitzer: Der Primat des Bischofs von Rom. Entwicklung, Dogma, ökumenische Zukunft, Freiburg i.Br. u.a. 2004.

# Was machen Pastoralreferenten?

Der Dienst des Pastoralreferenten entwickelte sich im Zuge des Zweiten Vatikanischen Konzils und einem verstärkten Eintreten für das Apostolat der Laien. Letztendlich üben sie jene Dienste aus, die auch jeder Getaufte wahrnehmen darf. Allerdings besitzen Pastoralreferenten eine amtliche Beauftragung, im Dienst der kirchlichen Hierarchie das Evangelium zu verkünden.

## Apostolat der Laien

Bereits am Ende der 50er Jahre des letzten Jahrhunderts setzte in der Kirche eine Bewegung ein, die das Apostolat der Laien sehr stark betonte. Was hier vielerorts entdeckt wurde, kam einer fundamentalen Neueinsicht gleich: Nicht nur Kleriker sind für die Verkündigung des Evangeliums verantwortlich, sondern jeder Getaufte hat eine Berufung, Zeugnis für die nahegekommene Gottesherrschaft abzulegen. Jeder Christ hat also eine Verantwortung, nämlich jene, in allen seinen Lebensbereichen „jedem Rede und Antwort zu stehen, der von euch Rechenschaft fordert über die Hoffnung, die euch erfüllt“ (1 Petr 3,15). Diese Initiative rund um das Apostolat der Laien fand schließlich auf dem Zweiten Vatikanischen Konzil große Resonanz. Die Konstitution über die Kirche, Lumen Gentium, erklärt daher auch in Artikel 33: „Außer diesem Apostolat, das schlechthin alle Christgläubigen angeht, können die Laien darüber hinaus in verschiedener Weise zu unmittelbarerer Mitarbeit mit dem Apostolat der Hierarchie berufen werden, nach Art jener Männer und Frauen, die den Apostel Paulus in der Verkündigung des Evangeliums unterstützten und sich sehr im Herrn mühten (vgl. Phil 4,3; Röm 16,3ff). Außerdem haben sie die Befähigung dazu, von der Hierarchie zu gewissen kirchlichen Ämtern herangezogen zu werden, die geistlichen Zielen dienen.“

## Neue Dienste im Nachklang des Konzils

So ist im Nachgang des Konzils eine Ausdifferenzierung zu beobachten, welche die Dienste in der Verkündigung des Evangeliums betrifft. Diese rührt vor allem daher, dass einerseits jeder Getaufte zum Apostolat berufen ist, dass es aber andererseits auch jene Christen gibt, die einen besonderen Auftrag zur Evangeliumsverkündigung von der kirchlichen Hierarchie erhalten haben. Es gibt also eine besondere Delegation, durch die man im Auftrag der geweihten Amtsträger an ihrer Sendung Anteil erlangt. Die Konzilsväter hatten hier sicher zuerst die

Missionsgebiete im Blick, die auf dem Konzil ein großes Thema waren. Auch in Gebieten, in die nur selten ein Priester kommen konnte, sollte das Evangelium durch beauftragte Christinnen und Christen verkündet werden.

Doch gerade hierzulande konnten sich im Nachgang des Konzils zwei andere pastorale Berufe etablieren: jene der Gemeinde- und Pastoralreferenten. Auch wenn ihr Aufgabenfeld von Diözese zu Diözese variiert, so lassen sich doch einige grundsätzliche Aussagen zur Umschreibung jenes Berufsfeldes treffen: Zunächst handelt es sich um einen Beruf, der allen Getauften offensteht, der also nicht an den Empfang des sakramentalen Ordo geknüpft ist. Daher können auch Frauen diesen Beruf ausüben. Grundsätzlich haben zumindest Pastoralreferenten ein theologisches Vollstudium absolviert und eine langjährige Ausbildung hinter sich, die sie zu dieser Aufgabe befähigt. Anders als alle anderen Getauften haben sie jedoch eine amtliche Beauftragung zu ihrem Dienst erhalten, sie erhalten vom Diözesanbischof eine offizielle Sendung, die zur Wahrnehmung dieser ihrer Aufgabe berechtigt.

## Aufgabenfelder

Zum Aufgabenfeld jener Berufsgruppen gehören vor allem jene Bereiche, die in früheren Zeiten vom Pfarrer einer Gemeinde wahrgenommen wurden. Sie erteilen Religionsunterricht in den Schulen, verantworten die Sakramentenkatechese, leiten Wort-Gottes-Feiern, beerdigen oder spenden die Krankenkommunion. Sie stehen für seelsorgliche Gespräche zur Verfügung oder bilden ein Bindeglied zwischen den Gläubigen einer Pfarrei und dem Priester.

Im Blick auf die Einordnung jener Berufe gibt es zwei unterschiedliche Strömungen: Einerseits werden sie ganz und gar aufseiten der Getauften verortet. Sie besitzen keine sakramentale Sendung, nehmen also kein Amt in der Gemeinde wahr, sondern üben jenen priesterlichen, prophetischen und königlichen Dienst aus, zu dem jeder bestellt ist, der die Taufe empfangen hat. Man könnte salopp sagen: Sie sind Laien inmitten unter Laien. Was sie aber dennoch von den anderen Getauften unterscheidet, ist ihre amtliche Beauftragung, im Dienst der kirchlichen Hierarchie das Evangelium zu verkünden. Es ist ihre Lebensaufgabe, diesen Dienst auszuüben.

## Eingliederung in den sakramentalen Ordo?

Zum anderen gibt es schon seit vielen Jahrzehnten Stimmen, die auf eine Eingliederung von Gemeinde- bzw. Pastoralreferenten in das hierarchische Dienstamt drängen. Die Argumente liegen dabei auf der Hand: Wer z.B. de facto die Aufgaben wahrnimmt, die auch ein Diakon ausübt, muss konsequenterweise den sakramentalen Ordo empfangen. Tatsächlich droht hier eine Aushöhlung des sakramentalen Amtes: Obwohl man den gleichen Dienst ausübt und dieselben Aufgaben wahrnimmt, gibt es jene, die dafür eine sakramentale Weihe empfangen haben und jene, die dies nur aufgrund einer bischöflichen Beauftragung tun. Dass hierbei auch in der Wahrnehmung durch die Gläubigen immer größere Verwirrung entsteht, ist dabei offensichtlich.

**Zum Weiterlesen:**

Clemens Olbrich: Und sie bewegt sich doch. PastoralreferentInnen – unverzichtbar für die Kirche, Freiburg i.Br. u.a. 2000.

Sabine Demel (Hg.): Vergessene Amtsträger/innen? Die Zukunft der Pastoralreferentinnen und Pastoralreferenten, Freiburg i.Br. u.a. 2013.

# Was ist ein Sakrament?

Sakramente beschreiben Orte, an denen sich ein Raum eröffnet, in dem Menschen dem auferstandenen Christus begegnen können. Sakramente sind dabei immer doppelt codiert: Sie setzen sich aus einem Artefakt aus der irdischen Realität und einem deutenden Wort zusammen. Weil die Kirche selbst Sakrament ist, wie das Zweite Vatikanische Konzil betont, werden Sakramente als Selbstvollzüge der Kirche verstanden: Dort, wo Sakramente gespendet werden, realisiert sich die Kirche.

## Das Sakrament: Ein *mysterion*

Der lateinische Begriff *sacramentum* ist die Übersetzung des Griechischen *mysterion*. Im Neuen Testament wird das Wort in unterschiedlichen Bedeutungen gebraucht: Es bezeichnet das „Geheimnis des Reiches Gottes“ (Mk 4,11); das Geheimnis des göttlichen Willens, der in Christus offenbar wird (Eph 1,9–12); Christus selbst, der für die Menschen „die Hoffnung auf Herrlichkeit“ ist (Kol 1,27); den Inhalt jener Verkündigung, zu der Paulus berufen ist (1 Kor 2,1). Damit lässt sich die inhaltliche Füllung des *mysterion*-Begriffs relativ weit abstecken: Es meint Gottes Heil, das in Christus ein für alle Mal für die Menschen entschieden ist und sich in unterschiedlichen Nuancen ausdrückt. Es wird in der Verkündigung jener konkret, die zum Dienst am Evangelium bestellt sind, aber es lässt sich auch dort finden, wo Menschen sich auf Christus einlassen und aus dem Glauben an ihn in der Gemeinschaft der Kirche ihr Leben gestalten. Damit steht *mysterion* in einer Spannung: Das universale Heilsgeschehen drückt sich in partikularen Ereignissen aus und wird dort konkret erfahrbar.

## Herrschaftswechsel durch den Sakramentenempfang

*Sacramentum* ist ein Ausdruck, der ursprünglich aus der römischen Rechtssprache stammt und einen Fahneneid bezeichnet, den die Soldaten abzulegen haben. Durch Ablegen des Eides verpflichten sie sich, dem Heer des römischen Imperium treu zu dienen, in dessen Dienst sie sich stellen.

Der Erste, der den Begriff *sacramentum* im Christentum rezipierte, war Tertullian (ca. 150 – ca. 230), der damit die Taufe und die Eucharistie bezeichnete. Gerade an der Taufe lässt sich gut ablesen, wo es Anknüpfungspunkte gegeben hat, die zur Übernahme der Bezeichnung *sacramentum* motiviert haben könnten: Bei der Taufe geht es um ein Hineingenommenwerden in das Heil, das von Gott her für die Welt bestimmt; es geht um eine Eingliederung in den Leib Christi und um einen Herrschaftswechsel hinein in den Machtbereich Gottes. In der Taufe verpflichtet sich ein Mensch, treu gegenüber Gott zu leben und aus den Geboten des Evangeliums das Leben zu gestalten. So, wie sich ursprünglich die Soldaten ihrem Dienstherrn verpflichten, so überschreiben sich Menschen in der Taufe ganz Gott. Sie machen sich zu seinem Eigentum und zu seinen Zeugen in der Welt. Das vollzieht sich schließlich immer neu in der Feier der Eucharistie: Sie ist die Versammlung all jener Menschen, die Glied geworden sind am Leib Christi und die sich zur Gedächtnisfeier von Leiden, Sterben und Auferstehen Christi versammeln. In der Eucharistie wird das „Geheimnis des Glaubens" inmitten der Gläubigen konkrete Wirklichkeit.

## Augustin: Von Sachen und Zeichen

Ein wichtiger Schritt innerhalb der Sakramententheologie wurde mit Augustin vollzogen: Um zu beschreiben, was ein Sakrament ist, rekurrierte er auf den Zeichenbegriff und unterschied dabei zwischen Sache (res) und Zeichen (signum). Sachen verweisen in der Regel nur auf sich selbst, doch gibt es auch Sachen, die auf etwas anderes verweisen: Wenn irgendwo Rauch am Himmel aufsteigt, dann ist das ein Zeichen, dass es ein Feuer geben muss, von dem die Rauchschwaden produziert werden. Und die ganze Schöpfung ist, wie Augustin schreibt, ein einziger Verweis auf Gott, ihren Schöpfer.

Augustin führt nun eine Differenzierung innerhalb des Zeichenbegriffs ein: Er unterscheidet natürliche Zeichen (signa naturalia) von vereinbarten Zeichen (signa data). Der Rauch zum Beispiel wäre als natürliches Zeichen zu werten; vereinbarte Zeichen können Verkehrsschilder oder auch Worte sein. Ein Schild, auf dem drei Pfeile abgebildet sind, weist auf einen Kreisverkehr hin; das Wort „Apfel" bezeichnet die Frucht eines Obstbaumes. Beiden Beispielen ist gemeinsam, dass sie nicht von sich aus eine Bedeutung haben, sondern nur deshalb, weil vereinbart worden ist, mit diesem Schild oder Wort eine bestimmte Sache zu bezeichnen.

## Natürliche und vereinbarte Zeichen

Dem Sakrament ist nun zu eigen, dass bei ihm beide Dimensionen des Zeichenbegriffs zusammenkommen: Ein Sakrament besteht immer aus einem natürlichen Zeichen (z.B. Wasser, Öl, Brot und Wein) und einem vereinbarten Zeichen, das sich in den gesprochenen Worten bei der Sakramentenspendung ausdrückt. Wenn Wasser über den Kopf eines Säuglings geschüttet wird, kann dies unterschiedliche Bedeutungen haben, das Kind kann auch nur gewaschen werden. Erst im Zusammenhang mit den Worten „Ich taufe dich im Namen des Vaters und des Sohnes und des Heiligen Geistes" wird das natürliche Zeichen in einer bestimmten Weise interpretiert: Nämlich als Taufe, also als Eingliederung in den Leib Christi, welcher die Kirche ist. In dieser Verdrillung entsteht der Sakramentenbegriff Augustins: „Nimm das Wort weg, und was ist das Wasser als eben Wasser? Es tritt das Wort zum Element, und es wird das Sakrament, auch dieses gleichsam ein sichtbares Wort." (Tractatus in Euangelium Iohannis, 80,3) Die ganze weitere Sakramentenlehre ist von der knappen Definition Augustins bestimmt: *Accedit verbum ad elementum, et fit sacramentum.*

## Allein das Gotteswort ist entscheidend

Augustins Sakramentenbegriff macht dabei noch etwas anderes deutlich: Die Wirksamkeit eines Sakramentes ist für ihn ausschließlich an das Wort Gottes geknüpft. Weder die Disposition vom Spender des Sakramentes noch jene des Empfängers spielen für ihn eine Rolle. Mit anderen Worten: Sakramente sind immer dann wirksam, wenn sie so gespendet werden, wie sie die Kirche spendet. Mit dieser Einsicht hat sich Augustin vor allem im Ketzertaufstreit mit den Donatisten positioniert: Jene machten die Gültigkeit der Taufe von der subjektiven Würde und Rechtgläubigkeit des Taufspenders abhängig. Deswegen sahen sie auch jene Taufen als ungültig an, die von Häretikern gespendet wurden. Dem jedenfalls widerspricht Augustin mit einem fundamentalen Argument: denn nicht die Person des Taufspenders ist entscheidend, „sondern der, über den die Taube herabstieg, ist es selbst, der eigentlich tauft" (Epistula 89,5). Damit macht Augustin einen zentralen Gedanken geltend: Christus ist derjenige, der eigentlich die Sakramente spendet. Das wirkt sich relativierend auf den menschlichen Sakramentenspender aus, da zur Gültigkeit des Sakramentes seine subjektive Disposition keine Rolle mehr spielt. Vereinfacht gesagt: Bei der Spendung der Sakramente wird die Person des Spenders transparent auf Christus hin, welcher der eigentliche Sakramentenspender ist.

## Thomas und Suche nach den Ursachen des Heiles

Gerade im Mittelalter erfuhr die Sakramententheologie einen Entwicklungsprozess, der vor allem von der scholastischen Theologie und insbesondere von Thomas von Aquin beeinflusst war. Um alles, was in der Welt geschieht, zu erklären, nutzte man häufig das Schema von Ursache und Wirkung. Dies wurde auch auf die Sakramententheologie bezogen, wodurch die Sakramente als Ursache des

Heiles begriffen wurden. Man hat dies aber noch weiter ausdifferenziert: Die *causa principalis*, also die Erstursache des Sakraments ist immer Gott. Es hängt an Gott, dass die Sakramente ihre Wirkung entfalten; sie sind wiederum nur *causa instrumentalis*, also gewissermaßen ein Werkzeug, um die Gnade Gottes zu den Menschen zu bringen. Damit wurde auch die Definition eines weiteren Prinzips in der Sakramententheologie notwendig: *opus operatum*. Auch dieses Axiom wirkt zutiefst relativierend auf die menschlichen Beteiligten bei der Sakramentenspendung. Denn es macht deutlich, dass es nicht darauf ankommt, was Menschen machen, sondern Sakramente entfalten von sich aus die Gnade, die ihnen innewohnt, sie wirken *ex opere operato, non ex opere operantis*.

## Sakramente: Nichts als Magie?

An dieser Stelle gilt es, für eine kritische Rückfrage innezuhalten: Sind Sakramente dann letztendlich nichts anderes als magische Handlungen, die völlig unabhängig vom Glauben einer Person sind? Die scholastische Theologie jedenfalls widerspricht dieser Vermutung, indem sie auf das Mittun des Sakramentenempfängers verweist: Die Gnade wirkt nur, wenn man sie auch wirken lässt, also wenn man aus dem Sakrament, das man empfangen hat, tatsächlich das Leben anders gestaltet. Das Trienter Konzil spricht hier von einem Riegel (*obex*), den man den Sakramenten vorschiebt (vgl. DH 1606), wodurch man verhindert, dass sie ihre Gnade entfalten können.

## Verrechtlichung der Sakramente

Die Sakramententheologie erfährt in der Scholastik noch ein zweite, wesentliche Neubestimmung: Sie unterliegt immer mehr rechtlichen Regelungen. Fragen, die an die kirchliche Praxis herangetragen werden, lauten: Was ist zur Gültigkeit der Sakramentenspendung notwendig? Unter welchen Bedingungen dürfen Sakramente überhaupt gespendet werden? Wie müssen die ‚natürlichen Zeichen' beschaffen sein, damit ein Sakrament seine Gültigkeit nicht verliert? An all diesen Fragen kann sich die Sakramententheologie bis heute nicht vorbeidrücken. Man nehme nur einmal den heute gültigen Codex des kanonischen Rechts zur Hand und führe sich die unterschiedlichen Bestimmungen vor Augen, die erfüllt sein müssen, damit man sich *gültig und erlaubt* das Sakrament der Ehe spenden darf.

## Die reformatorische Kritik an den Sakramenten

An diesem allzu verengten und kodifizierten Sakramentenverständnis entzündete sich die Kritik der Reformatoren. Für sie waren folgende Punkte entscheidend: Sakramente wirken *sola gratia*, also allein durch die Gnade Gottes und nicht durch das Tun der Kirche. Sakramente wirken *sola fide*, also allein aus dem Glauben der Menschen, welche die Sakramente empfangen; eine Wirksamkeit der Sakramente aus sich heraus wird daher ausgeschlossen. Sakramente wirken *solo verbo*, also allein durch das Wort, das bei ihrer Spendung gesprochen wird und nicht aufgrund des Vollzugs durch eine kirchliche Amtsperson. Sakramente besitzen ihr Fundament *sola scriptura*, also allein, weil die Heilige Schrift über ihre Einsetzung berichtet; damit wird vor allem die kirchliche Tradition relativiert und die Zahl der Sakramente auf zwei, nämlich Taufe und Abendmahl, reduziert. Aufgrund dieser Näherbestimmungen wird verständlich, was die Reformatoren hauptsächlich anfragten: Es ist jene immer größer werdende Beschäftigung mit den Fragen nach Gültigkeit und den Bedingungen der Sakramentenspendung, die in der scholastischen Theologie Blüten trieb. Für die Reformatoren war dies mit einer immer größer werdenden Einschränkung der göttlichen Gnade verbunden.

## Die Wiederentdeckung des Mysteriencharakters

Erst im Zuge des Zweiten Vatikanischen Konzils und dessen Umfeld setzte in der katholischen Theologie eine fundamentale Neubestimmung der Sakramententheologie ein. Bereits in dessen Vorfeld kam es durch Initiativen der Liturgischen Bewegung zu einer Wiederentdeckung des Mysteriencharakters der Sakramente. Sakramente wurden dahingehend nicht mehr als „Infusionen der göttlichen Gnade" verstanden (also als *vasae sacrae*), sondern man betonte vorrangig den ganzheitlichen Charakter der Sakramente. Dieser bezog sich einerseits auf die ganze Sendung Christi und der Kirche und widersprach damit einer Suche nach fixen Punkten der Einsetzung der Sakramente im Leben Christi. Und andererseits wurde das gesamte Leben des Menschen betont: Die Gnade Gottes, denen ein Mensch in den Sakramenten begegnet, zielt auf die Heiligung des gesamten Lebensvollzuges. Das ganze Leben eines Christen soll aus der Zusage der liebenden Zuwendung Gottes, die sich in den Sakramenten konkretisiert, gestaltet werden.

Gerade die Kirchenkonstitution *Lumen gentium* greift diese Neueinsichten auf und rekurriert in mehreren Artikeln darauf: „Die Kirche ist ja in Christus gleichsam das Sakrament, das heißt Zeichen und Werkzeug für die innigste Vereinigung mit Gott wie für die Einheit der ganzen Menschheit." (LG 1) „Gott hat die Versammlung derer, die zu Christus als dem Urheber des Heils und dem Ursprung der Einheit und des Friedens glaubend aufschauen, als seine Kirche zusammengerufen und gestiftet, damit sie allen und jedem das sichtbare Sakrament dieser heilbringenden Einheit sei.“ (LG 9)

## Ursakrament und Wurzelsakrament

Damit entdeckt das Zweite Vaticanum eine ursprüngliche Universalität der Sakrament wieder, die jene Partikularität, die sich ab dem Mittelalter Bahn bricht, aufsprengt. Das Konzil betont dabei vor allem die ekklesiologische Dimension der Sakramente: Jenseits der Perspektive, die Sakramente nur als Gnadengeschehen für den Einzelnen erkennt, weitet das Konzil den Blick, indem es Sakramente als Grundvollzüge der Kirche als Ganzer bestimmt. Die Kirche wird damit zum Wurzelsakrament, welches wiederum im Ursakrament, nämlich Christus, gründet. Jede sakramentale Handlung ist damit ein Tun der Kirche und untrennbar an Christus rückgebunden, dessen Sendung sich in der Kirche fortsetzt. Anders gesagt: Wo immer ein Sakrament gespendet wird, realisiert sich die Sendung der Kirche, „Zeichen und Werkzeug für die innigste Vereinigung mit Gott“ zu sein (vgl. LG 1).

Das Konzil dreht damit das Sakramentenverständnis: War die klassische mittelalterliche Sakramententheologie davon geprägt, nach bestimmten Momenten im Leben Jesu zu suchen, an denen er die Sakramente eingesetzt hat, betrachtet das Zweite Vaticanum und die nachkonziliare Theologie vorrangig das Leben der Menschen. Das gesamte Leben von Menschen ist geprägt von „Freude und Hoffnung, Trauer und Angst“ (GS 1) und in diesem Leben gibt es Augenblicke, in denen die Gnade Gottes in bestimmten Handlungen erfahrbar wird. Das sind besonders die Momente der Lebenswende: die Geburt eines Kindes, die Pubertät, das Eingehen einer lebenslangen Partnerschaft, die Schwelle, die durch Krankheit und Tod markiert wird. Mit den Sakramenten bietet die Kirche etwas an: Nämlich in der Erfahrung der eigenen Existenz, die sich immer wieder wendet und verändert, Gottes Nähe zu erfahren und damit den Ausblick auf das endgültig erlöste Leben zu erhalten.

Sakramente sind daher nicht von ihrer Partikularität und den Fragen nach Wirksamkeit und Gültigkeit her bestimmt. Wichtiger ist vielmehr der Gedanke, dass das gesamte Leben eines Menschen unter der Zusage von Gottes Heil steht, das in Jesus Christus ein für alle Mal für die Menschen entschieden ist. Das gesamte menschliche Leben mit aller Freude und allen Erfahrungen der eigenen Endlichkeit ist deswegen auch von den Sakramenten strukturiert: Immer wieder sollen und dürfen wir den Ausblick auf das erlöste Leben erfahren, das Gott denen bereitet hat, die ihn lieben.

**Zum Weiterlesen:**

Herbert Vorgrimler: Sakramententheologie, Düsseldorf 2002.

Theodor Schneider: Zeichen der Nähe Gottes. Grundriss der Sakramententheologie, Mainz 1998.

Franz-Josef Nocke: Sakramententheologie, Düsseldorf 1997.

# Was sind Sakramentalien?

Sakramentalien weisen inmitten der erfahrenen Lebenswirklichkeit von Menschen auf die Gnade Gottes hin, die in und durch sichtbare Zeichen zugänglich wird. Dabei sind sie durch ihre fehlende Einsetzung durch Christus und ihre fehlende Hinordnung zur Eucharistie von den Sakramenten zu unterscheiden.

## Der Unterschied zum Sakrament

Neben den sieben Sakramenten kennt die Kirche auch noch eine Vielzahl von Sakramentalien. Diese unterscheiden sich in doppelter Weise von den Sakramenten: Sie sind erstens nicht direkt von Christus eingesetzt und besitzen zweitens keine Hinordnung zur Eucharistie. Aber sie haben letztlich den gleichen Effekt wie die Sakramente: Sie weisen inmitten der erfahrenen Lebenswirklichkeit von Menschen auf die Gnade Gottes hin, die in und durch sichtbare Zeichen zugänglich wird. Die Liturgiekonstitution des Zweiten Vatikanischen Konzils spricht sogar davon, dass Sakramentalien eine „gewisse Nachahmung der Sakramente" seien (SC 60). Und weiter formuliert das Konzil: „Wenn die Gläubigen recht bereitet sind, wird ihnen nahezu jedes Ereignis ihres Lebens geheiligt durch die göttliche Gnade, die ausströmt vom Pascha-Mysterium des Leidens, des Todes und der Auferstehung Christi, aus dem alle Sakramente und Sakramentalien ihre Kraft ableiten. Auch bewirken sie, dass es kaum einen rechten Gebrauch der materiellen Dinge gibt, der nicht auf das Ziel ausgerichtet werden kann, den Menschen zu heiligen und Gott zu loben." (SC 61)

## Hinordnung auf das Pascha-Mysterium

Damit weist das Konzil ausdrücklich auf eine Hinordnung der Sakramentalien auf das Pascha-Mysterium hin. Sie sind damit eingebunden in die sakramentale Grundstruktur der Kirche, die wiederum nicht in der Luft hängt, sondern ihren Dreh- und Angelpunkt in einer biblischen Grundlage besitzt. Und andererseits macht der Artikel aus SC noch ein Zweites geltend: Alle Artefakte, die in der Lebenswirklichkeit von Menschen auffindbar sind, können zeichenhaft auf die letzte Wirklichkeit verweisen, in der das Leben der Schöpfung gründet. Alles, was das Leben und Sterben von Menschen prägt und ausmacht, kann auf jenen Gott hinweisen, der die Welt ins Dasein gerufen hat und sie in Liebe erhält. Damit ist auch ein radikaler Perspektivenwechsel verbunden: Das Leben wird nicht mehr von seiner vielfältig angefragten Endlichkeit her betrachtet, sondern von Gottes Lebensliebe her, die den Menschen in allen Dimensionen seines Daseins zugesagt ist. Alles menschliche Leben ereignet sich unter dem Vorbehalt der Gnade, die in den Sakramentalien immer wieder in den Alltag einbricht und damit die Grundstruktur menschlichen Lebens trägt und prägt.

## Beispiele für Sakramentalien

Zu den Sakramentalien zählen Segnungen (Benediktionen): Menschen oder Gegenständen wird der Segen zugesprochen, was nichts anderes bedeutet, als dass sie fortan besonders dem Schutz und dem Beistand des lebendigen Gottes anvertraut sind. Im Laufe eines Kirchenjahres gibt es verschiedene Segnungen in der Liturgie (z.B. die Segnung des Adventskranzes, die Segnung von Salz, Weihrauch, Wasser und Kreide am Dreikönigstag, die Segnung der Asche am Aschermittwoch usw.) und Anlässe, bei denen Menschen gesegnet werden (z.B. die Kindersegnung am Tag der Unschuldigen Kinder, der Trausegen bei der kirchlichen Eheschließung, der Primizsegen nach dem Empfang der Priesterweihe usw.). Es gibt Segnungen, die ganz normal zum Alltag dazugehören (z.B. das Kreuzzeichen beim Verlassen des Hauses, die Segnung von kleinen Kindern beim Zubettgehen) und solche Segnungen, die bei besonderen Anlässen stattfinden (z.B. die Segnung eines neuen Feuerwehrhauses, einer neuen Straße, eines Fahrzeugs usw.). Wann auch immer gesegnet wird und wer bzw. was auch den Segen empfängt, letztendlich kommt damit immer eines zum Ausdruck: Wir leben in Gottes Gegenwart und sind dazu berufen, durch unser Leben und Handeln diese Gewissheit und dieses Vertrauen in unserem Alltag immer wieder neu zum Ausdruck zu bringen. Wer selbst den Segen empfangen hat, der hat zugleich den Auftrag, für andere zum Segen zu werden. Der Segen ist nie nur eine Gabe, sondern immer zugleich eine Aufgabe: Die Aufgabe, mit der ganzen eigenen Person Zeichen dafür zu sein, dass Gottes Reich bereits in dieser Welt angebrochen ist.

**Zum Weiterlesen:**

Ludwig Mödl: Den Alltag heiligen. Rituale, Segnungen, Sakramentalien. Die Bedeutung der Volksfrömmigkeit und praktische Vorschläge für die Seelsorge, Stuttgart 2008.

Adolf Adam: Grundriss Liturgie, Freiburg i.Br. u.a. [3]2018.

# Was ist das Sakrament der Krankensalbung?

Im Sakrament der Krankensalbung drückt sich die Sorge der Kirche um die kranken Mitglieder der Gemeinde aus. Bereits im Neuen Testament ist die Salbung von Kranken und das Gebet um die Wiedererlangung ihrer Gesundheit bezeugt. Im Lauf der Geschichte wurde aus der Krankensalbung die „letzte Ölung", die unmittelbar vor dem bevorstehenden Hinscheiden gespendet wurde. Erst mit dem Zweiten Vatikanischen Konzil wurde aus dem Sterbesakrament wieder das Sakrament für die Kranken.

Das Sakrament der Krankensalbung hat eine wechselvolle Geschichte durchlaufen, vor allem deshalb, weil es über viele Jahrhunderte hinweg als Sterbesakrament (miss-)verstanden wurde. Die *Letzte Ölung*, wie das Sakrament lange Zeit genannt wurde, hat man erst dann gespendet als der Tod unmittelbar bevorstand. Damit jedenfalls hat man die vielfältige Dimension dieses Sakramentes nicht ernst genommen und auf einen Augenblick zusammengeschrumpft. Dabei besitzt das Sakrament eine viel breitere Basis, die man erst seit dem Zweiten Vaticanum wiederentdeckt hat.

## Die neutestamentliche Basis

Die biblische Grundlage für das Sakrament der Krankensalbung findet sich in zwei neutestamentlichen Stellen: In Mk 6,12f heißt es im Zusammenhang mit der Aussendung der zwölf Jünger: „Und sie zogen aus und verkündeten die Umkehr. Sie trieben viele Dämonen aus und salbten viele Kranke mit Öl und heilten sie." Und im Jakobusbrief (5,14f) wird der christlichen Gemeinde folgendes ans Herz gelegt: „Ist einer unter euch krank, dann rufe er die Ältesten der Gemeinde zu sich; sie sollen Gebete über ihn sprechen und ihn im Namen des Herrn mit Öl salben. Das gläubige Gebet wird den Kranken retten und der Herr wird ihn aufrichten; und wenn er Sünden begangen hat, werden sie ihm vergeben." Damit sind zwei wesentliche Stellen benannt, aus denen eine Zuwendung zu den Kranken hervorgeht. Diese Zuwendung entspringt dabei aus dem Handeln Jesu selbst: Immer wieder wird in den Evangelien davon berichtet, dass Jesus Kranke heilt, dass er die Gemeinschaft von Kranken und Sündern sucht. Und ausdrücklich betont er: „Nicht die Gesunden bedürfen des Arztes, sondern die Kranken." (Mk 2,17) Wenn Jesus die Zwölf aussendet und ihnen den Auftrag gibt, sich besonders um die Kranken zu kümmern, dann ist ihnen der Auftrag gegeben, das Handeln

Jesu fortzusetzen. So, wie sich Jesus um die Kranken sorgte, so sollen es auch seine Jünger tun. So ist es auch Aufgabe jeder christlichen Gemeinde, die zu betreuen, die an Krankheit leiden. In der Fortsetzung der Sendung Jesu ist den Gemeindevorstehern die Sorge um die Kranken aufgetragen; gerade im Dienst an den Kranken wird das Wirken Jesu zu jeder Zeit und an jedem Ort konkrete Gegenwart.

## Zeugnisse aus der Frühzeit der Kirche

Aus den ersten frühchristlichen Jahrhunderten sind einige Gebete überliefert, die zur Segnung des Öls gedacht waren, welches zur Salbung der Kranken verwendet wurde. Eine päpstliche Äußerung zu diesem Sakrament findet sich im Jahr 416 in einem Brief von Innozenz I. an den Bischof Decentius von Gubbio. Innozenz beruft sich ausdrücklich auf Jak 5,14f; die Salbung mit Chrisam ist dabei für „alle Christen in eigener Not oder in der Not der Ihrigen" zur Verwendung vorgesehen (DH 216). Eigentlicher Spender des Sakraments ist der Bischof, jedoch können auch die Presbyter das Sakrament spenden, wenn der Bischof aufgrund vielfältiger Aufgaben nicht dazu in der Lage ist. Jedenfalls werden bei Innozenz als Empfänger des Sakraments ausdrücklich die Kranken (und nicht die Sterbenden) benannt.

## Von der Krankensalbung zur Letzten Ölung

Wenngleich aus dem 1. Jahrtausend wenig Zeugnisse über die Krankensalbung existieren, ist doch eines wesentlich: Die Salbung von Kranken mit Öl fand häufige Anwendung und sie galt den Kranken (!). Dies änderte sich grundsätzlich in der Scholastik: Wie man das Sakrament fortan interpretierte, lässt sich eindrücklich bei Thomas ablesen. Er schreibt: „Also handelt es sich bei diesem Sakrament offensichtlich um das abschließende und die gesamte geistliche Heilung zur Vollendung bringende [Sakrament], wodurch man gleichsam darauf vorbereitet wird, der Herrlichkeit teilhaftig zu werden. Deswegen heißt es auch ‚Letzte Ölung' (‚Extrema Unctio'). Hieraus ergibt sich offensichtlich, dass dieses Sakrament nicht irgendwelchen Kranken gespendet werden darf, sondern nur jenen, welche sich aufgrund einer Krankheit offensichtlich dem Tode nahen." (Summa contra Gentiles, 4/4, 447) Damit hat – wie auch bei anderen scholastischen Theologen deutlich wird – das Sakrament der Krankensalbung einen radikalen Bedeutungswandel vollzogen. Aus der Krankensalbung ist die Letzte Ölung geworden, die nur dann gespendet werden darf, wenn der Tod unausweichlich bevorsteht.

Lehramtlich wird diese theologische Position dann vor allem im Armenierdekret des Konzils von Florenz von 1439 rezipiert. Dort wird als fünftes Sakrament die *extrema unctio* genannt und ausdrücklich betont, dass „dieses Sakrament (...) nur einem Kranken gespendet werden [darf, fb], dessen Tod befürchtet wird" (DH 1324). Als Spender des Sakraments wird der Priester angeführt, die Wirkung des Sakraments besteht in der „Heilung des Geistes und, insoweit es der Seele nützt, auch des Leibes selbst" (DH 1325).

## Die Anfragen Luthers und die Reaktion von Trient

Luther lehnte die Krankensalbung als Sakrament ab und bezog sich dabei vor allem auf die geübte Praxis, die Krankensalbung nur noch den Sterbenden zu spenden. Immerhin sei es ja das eigentliche Ziel dieser Salbung, so Luther, den Kranken Gesundung zuteilwerden zu lassen und nicht, sie auf den Tod vorzubereiten.

Das Trienter Konzil musste gegen die Angriffe Luthers vor allem die Sakramentalität der Krankensalbung verteidigen. Dabei betont das Tridentinum die Einsetzung durch Christus (vgl. DH 1695) und sieht die Wirkung des Sakraments in der Sündenvergebung und der Stärkung der Seele des Kranken (vgl. DH 1696). Spender ist der Presbyter (vgl. DH 1697), über den Empfänger bestimmt das Sakrament: „Es wird auch erklärt, dass diese Salbung bei Kranken anzuwenden sei, vor allem aber bei denen, die so gefährlich darniederliegen, dass sie sich schon am Ende des Lebens zu befinden scheinen, weshalb sie [d.h. die Krankensalbung, fb] auch das Sakrament der Sterbenden (sacramentum exeuntium) genannt wird" (DH 1698). Damit bestätigt letztendlich auch Trient die scholastische Lehre von der *extrema unctio* und weist die Krankensalbung ausdrücklich als Sakrament der Sterbenden aus.

In der Zeit nach Trient manifestierte sich die Praxis der Letzten Ölung, die man einem Menschen spendete, dessen Ableben unmittelbar bevorstand. Von der eigentlichen, biblisch bezeugten Intention, *Kranke* zu salben, um sie geistlich und körperlich wieder aufzurichten, ist dabei nichts übriggeblieben. Der Würzburger Dogmatiker Hermann Schell bezeichnet die Krankensalbung in seinem Lehrbuch aus dem Jahr 1893 gar als „Sakrament der Todesweihe" (Katholische Dogmatik III/2, 614).

## Vom „Sakrament der Todesweihe" zurück zur Krankensalbung

Eine Neubesinnung auf das Sakrament der Krankensalbung unter Berücksichtigung des biblischen Zeugnisses fand erst im Zuge der Liturgischen Bewegung im Vorfeld des Zweiten Vatikanischen Konzils statt. Auch auf dem Konzil selbst war es der Wunsch vieler Väter, die geübte Praxis der Letzten Ölung grundlegend zu reformieren. Die Überlegung zu dieser Reform sind schließlich in die Liturgiekonstitution eingeflossen. Dort heißt es nun ausdrücklich: „Die ‚Letzte Ölung' (extrema unctio), die auch – und zwar besser – ‚Krankensalbung' (unctio infirmorum) genannt werden kann, ist nicht nur das Sakrament derer, die sich in äußerster Lebensgefahr befinden. Daher ist der rechte Augenblick für ihren Empfang sicher schon gegeben, wenn der Gläubige beginnt, wegen Krankheit oder Altersschwäche in Lebensgefahr zu geraten." (SC 73) Damit hat das Konzil die wesentlichen Elemente der Krankensalbung wiederentdeckt: Dies beginnt bei der Benennung des Sakraments und endet bei der Bestimmung, dass der rechte Ort für die Spendung die Krankheit ist und nicht erst die Todesstunde.

## Und eine Hand voll Überhangprobleme

Freilich bleiben auch infolge des Zweiten Vaticanum noch Überhangprobleme im Blick auf das Sakrament der Krankensalbung. So bleibt das Konzil relativ unbestimmt, wenn es über die Krankheit als Ort der Sakramentenspendung spricht. Ist dabei jede Krankheit intendiert (also zum Beispiel auch eine Erkältung oder eine Grippe) oder sind nur schwere Krankheiten gemeint, bei denen nicht sicher ist, ob ein Mensch sie überleben wird oder nicht (zum Beispiel Krebserkrankungen oder ein schwerer Corona-Verlauf)? Sicher muss man hierbei vorsichtige Abwägungen treffen: Einerseits sollte die Krankensalbung kein beliebiges Sakrament werden, welches man nur bei leichten Erkrankungen spendet, die keine Gefahr für Leib und Leben eines Menschen darstellen. Andererseits darf die Krankensalbung aber auch nicht vom Gedanken der *extrema unctio* überlagert werden, nach dem Motto, das Sakrament dürfe nur gespendet werden, wenn eine Krankheit lebensbedrohlich ist. Im Hintergrund sollte zumindest immer das Beispiel Jesu stehen, der sich den Kranken zuwendet und ihnen in besonderer Weise die Nähe Gottes zusagt. Dies kommt in der Krankensalbung in sakramentaler Weise zum Ausdruck. Man sollte daher zumindest einmal kritisch nachdenken, ob die Krankensalbung nicht viel häufiger gespendet werden sollte, um zu einem „alltäglichen" Sakrament zu werden.

## Kommt nur der Priester als Spender infrage?

Ein zweiter Punkt betrifft den Spender der Krankensalbung. Der CIC bestimmt dazu eindeutig: „Die Krankensalbung spendet gültig jeder Priester und nur er (solus sacerdos)." (c. 1003 § 1) Mit der Definition des Priesters als ordentlichem Spender der Krankensalbung sind zwei wesentliche Ausschließungen markiert: Eine betrifft einen weiteren Teilhabenden am sakramentalen Ordo, nämlich den

Diakon; die andere verweist auf alle Getauften. Mit anderen Worten: Weder ein Diakon noch Laien dürfen die Krankensalbung spenden, sondern nur ein Priester. Der Problemhorizont dieser kodikarischen Bestimmung wird vor allem dort deutlich, wo in der Krankenseelsorge kein Priester mehr eingesetzt wird. Hierzulande wird besonders die Krankenhausseelsorge oft an Pastoralreferenten*innen übertragen oder von einem Diakon wahrgenommen. Diese dürfen zwar seelsorgliche Gespräche mit den Patienten führen oder die Kranken begleiten, sie dürfen ihnen aber nicht das Sakrament der Krankensalbung spenden. Dafür muss ein Priester geholt werden, der oftmals aber überhaupt keine persönliche Verbindung mit dem Empfänger des Sakraments hat. Auf der Beziehungsebene sind dann oftmals Laien viel näher am Kranken als der Priester. Andererseits wird der Priester dadurch immer mehr zum bloßen Sakramentenspender: Die seelsorgliche Begleitung der Kranken ist ihm nicht anvertraut, aber zur Spendung der Krankensalbung wird er dennoch benötigt. Damit hängt auch das Verständnis des priesterlichen Dienstes schief, der ja kein Kultbeamter ist, den man nur zur Sakramentenspendung braucht.

**Zum Weiterlesen:**

Walter Simonis: Lebenszeichen der Kirche. Sakramentenlehre, Düsseldorf 2006.

Eva-Maria Faber: Einführung in die katholische Sakramentenlehre, Darmstadt $^2$2009.

# VII. Im Dialog mit den Konfessionen und Religionen

# Wie unterscheiden sich Eucharistie und Abendmahl?

Die Reformatoren haben besonders an drei Punkten Anstoß am römisch-katholischen Eucharistieverständnis genommen: Sie kritisierten den Opfercharakter der Eucharistie, die Lehre von der Transsubstantiation und die Verweigerung des Laienkelches. Heute können die Kontroversen als überwunden angesehen werden.

## 1. Der Opfercharakter der Eucharistie

Für die Reformatoren war es nicht hinnehmbar, dass die Messe mit einer Opferterminologie verbunden wurde. Schon in den Schmalkaldischen Artikeln wurde die Messe als bloßes Menschenwerk verstanden, mit deren Hilfe sich die Gläubigen „Vergebung der Sünden und Gnade erwerben und verdienen" wollen (ASm 2,II). Sie ist demnach auch der Hauptgrund, weshalb letztlich nur eine Schlussfolgerung bleibt: „Also sind und bleiben wir ewig geschieden und widereinander." (ASm 2,II). Und noch schärfer urteilt der Heidelberger Katechismus: „Und ist also die Messe im Grunde nichts anderes, als eine Verleugnung des einzigen Opfers und Leidens Jesu Christi und eine vermaledeite Abgötterei."

Worin bestand nun der Grund für eine dermaßen scharfe Abtrennung der Reformatoren vom katholischen Verständnis der Messe?

### Reformatorisches Opferverständnis

Zunächst wird auf lutherisch-reformatorischer Seite folgendes Verständnis von Sakrament und Opfer vertreten: Während der Mensch im sakramentalen Geschehen bloß Empfangender ist und Gott der Gebende, werden die Rollen beim Opfer vertauscht. Hier liegt die Initiative ganz aufseiten des Menschen, dem bei der Opferhandlung eine aktive Rolle zukommt; Gott hingegen ist rein passivisch nur der Empfangende der vom Menschen dargebrachten Opfergabe. Für die Reformatoren freilich ist es demgemäß nicht möglich, die Messe als Opfer zu verstehen. Das Opfer nämlich ist ja ein rein menschliches Werk, das durch menschliches Tun aufgerichtet wird. Dahingegen gilt doch in der Lehre von der Rechtfertigung das *sola gratia*, wonach Erlösung allein durch Gottes Gnade und ohne menschliches Zutun geschieht. Anders gesagt: Die Reformatoren mussten sich gegen den Opfercharakter der Messe wehren, weil sie darin einen Angriff auf die Herzmitte ihrer Theologie erkannten. Wenn in der Opferhandlung Gott zu einem rein passiven Empfänger degradiert wird, dann fällt damit die zentrale Einsicht, dass der Mensch sich nicht durch aktives Handeln retten kann, sondern dass er allein durch Gottes Gnade gerechtfertigt ist.

**Zwei entscheidende Missverständnisse**

An dieser Stelle muss eingewandt werden: Die reformatorischen Theologen sind hier einem groben Missverständnis aufgesessen, denn die Vorwürfe, die sie vorbrachten, waren nie offizielle Lehre der römisch-katholischen Kirche. Vielmehr hat schon das Trienter Konzil in aller Deutlichkeit festgestellt, dass das Kreuzesopfer einmalig ist und das Messopfer mit dem Kreuzesopfer identisch ist.

An dieser Stelle greift ein zweites Missverständnis, das zu einer Entfremdung geführt hat und sich am „Gedächtnis"-Begriff entzündet: In der römisch-katholischen Kirche wurde die Feier des Messopfers *anamnetisch* verstanden. Das heißt, es ist damit nicht ein bloßes Erinnern gemeint, sondern das Kreuzesopfer Christi wird in der Messe so gegenwärtig, dass die Gläubigen so Anteil nehmen können, als wären sie selbst bei der Kreuzigung zugegen gewesen. Mit anderen Worten: Es geht um eine Vergegenwärtigung dessen, was sich damals ereignet hat. Die Reformatoren haben diesen Gedächtnis-Begriff allerdings anders verstanden und als ein reines „sich erinnern" gedeutet. Damit aber konnte die Identität zwischen Kreuzesopfer und Messopfer (wie im Fall der anamnetischen Vergegenwärtigung) nicht gewahrt werden, das Messopfer wurde als etwas Zusätzliches zum Kreuzesopfer verstanden.

**Überwindung der Kontroverse**

Dieser knappe Durchgang zeigt, dass die Messopferlehre vor allem deshalb kontrovers diskutiert wurde, weil man auf Missverständnissen aufbaute und diese immer weiter vertiefte. Heute ist diese Auseinandersetzung überwunden und in unterschiedlichen Dialogpapieren wurden Unstimmigkeiten aus dem Weg geräumt. Der erreichte Konsens lässt sich so formulieren: „Von evangelischer und römisch-katholischer Seite kann demgemäß übereinstimmend betont werden, dass Christi Kreuzesopfer ‚weder fortgesetzt noch wiederholt, noch ersetzt, noch ergänzt werden' kann." (Lehrverurteilungen, 90) Damit ist auch ausgesagt, dass das Kreuzesopfer einmalig ist und die katholische Messe kein menschliches Werk ist, welches dieses Opfer in irgendeiner rein erinnernden Weise ergänzen würde.

## 2. Die Realpräsenz Christi in der Eucharistie

Für Luther selbst war es eigentlich unstrittig, dass Christus selbst bei der Feier des Abendmahles in den Gestalten von Brot und Wein gegenwärtig ist. Diese Einsicht floss auch in die *Confessio Augustana* ein, in deren zehnten Artikel ausdrücklich festgehalten wird: „Vom Abendmahl des Herrn wird so gelehrt, dass der wahre Leib und das wahre Blut Christi wirklich unter der Gestalt des Brotes und Weines im Abendmahl gegenwärtig ist und dort ausgeteilt und empfangen wird."

Die CA setzt sich damit vor allem von zwei Missverständnissen ab, welche von anderen Reformatoren vertreten wurden. Während sich Zwingli für einen bloßen Symbolismus aussprach, wonach Brot und Wein nur Erinnerungszeichen für Jesus sind, existierte auch die gegensätzliche Vorstellung, gemäß derer Brot und Wein wirklich Fleisch und Blut Christi sind (hier wird also ein dinglicher Realismus vertreten).

**Das Tridentinum als Richtschnur**

Von katholischer Seite hatte man – spätestens seit Trient auch offiziell lehramtlich – ein Modell favorisiert, um die Gegenwart Christi in den Gestalten von Brot und Wein auszusagen: die *Transsubstantiationslehre*. Von lutherischer Seite wurde hier vor allem Kritik laut, weil man dadurch einen Angriff auf den Geheimnischarakter der Gegenwart Christi sah. Unstrittig war, dass Christus „in, mit und unter Brot und Wein" bei der Feier des Herrenmahles gegenwärtig ist; diese Einsicht, die Luther vertrat, wird als *Konsubstantiationslehre* bezeichnet. Divergenzen gab es im Hinblick darauf, wie diese Wandlung theologisch zu beschreiben ist. Die katholische Transsubstantiationslehre jedenfalls war den Reformatoren zu eng und in dem, was sie aussagen wollte, zu detailliert.

**Frage nach der Dauer der Realpräsenz**

Auch wenn es verschiedene Erklärungsmodelle gibt, ist die Kontroverse im Bekenntnis zur wirklichen Gegenwart Christi in den Gestalten von Brot und Wein überwunden. Die einzige Frage, die nach wie vor unterschiedliche Beantwortung erfährt, bezieht sich auf die Dauer der Realpräsenz: Im katholischen Verständnis endet die Präsenz Christi in Brot und Wein erst mit der Auflösung der Materie (z.B. durch Konsumierung oder natürlichen Zerfall). Dadurch konnte sich im Mittelalter eine sehr ausgeprägte Tabernakelfrömmigkeit entwickeln, infolge derer die Schau der Hostie wichtiger wurde, als der Empfang des Leibes Christi bei der Kommunion (im Strudel einer solchen Bewegung wurde z.B. das Fronleichnamsfest aufgrund von Visionen der Mystikerin Juliana von Lüttich etabliert). Auf lutherischer Seite galt dagegen die Aussage, dass die Mahlfeier der Ort der personalen Begegnung mit Christus ist. Hier haben sich zwei unterschiedliche Modelle im Blick auf die Dauer der Realpräsenz entwickelt, deren Kontroverse bis heute nicht gelöst ist. Die Divergenzen lassen sich praktisch sehr gut am Umgang der Konfessionen mit Brot und Wein festmachen: Während bei der katholischen Eucharistiefeier die konsekrierten Hostien im Tabernakel für die Krankenkommunion aufbewahrt werden, wird das Brot, das beim Abendmahl übriggeblieben ist, für die nächste Feier in die Sakristei zurückgeräumt. Im evangelischen Verständnis ist Christus eben nur während der Mahlfeier sakramental gegenwärtig und nicht darüber hinaus.

## 3. Die Kommunion unter beiden Gestalten

In den Einsetzungsworten der Eucharistie heißt es: „Nehmet und esset alle davon (...). Nehmet und trinket alle daraus (...)." Damit war für Luther eindeutig klar: Wer das Abendmahl so feiern will, wie es Jesus am Gründonnerstag gestiftet hat, der muss den Gläubigen die Kommunion unter den Gestalten von Brot und Wein reichen. Dies war vor allem deshalb kontrovers, weil es sich katholischerseits eingebürgert hatte, den Mitfeiernden nur das Brot zu reichen, während das Trinken aus dem Kelch dem Priester vorbehalten war. Für Luther hingegen war der sogenannte „Laienkelch" eine wichtige Forderung, die er gegenüber der römisch-katholischen Sakramentenpraxis geltend machte. In der CA (Art. 22) ist im Blick auf die Verweigerung des Laienkelches in der katholischen Eucharistiefeier festgehalten: „Man soll daher das Christenvolk, wenn es das heilige Abendmahl nach Christi Einsetzung begeht, nicht zwingen, wider Christi Anordnung zu handeln." Dies jedenfalls geschieht dort, wo den Gläubigen die Kommunion nicht unter beiderlei Gestalten gereicht wird.

**Die Lehre von der Konkomitanz**

Freilich hatte man auf Seiten der römisch-katholischen Kirche schon lange die scholastische Konkomitanz-Lehre rezipiert, der gemäß Christus ganz und gar auch nur in einer der beiden Gestalten enthalten ist. Daher genügte auch die Kommunionspendung in Form des Brotes – auch unter beiderlei Gestalten hätten die Gläubigen kein qualitatives „Mehr" an Christus empfangen. Was für die reformatorische Seite allerdings wesentlich schwerer wog, war der willkürliche und vom Ursprung abweichende Umgang mit dem Sakrament. Während Luther emotional für die stiftungsgemäße Praxis plädierte, räumten die Bischöfe auf dem Trienter Konzil der Kirche einen Gestaltungsspielraum im Blick auf die Verwaltung der Sakramente ein (vgl. DH 1728).

**Und heute?**

Heute jedenfalls sind die Kontroversen um den Laienkelch nicht mehr als trennend anzusehen. Bereits auf dem Zweiten Vatikanischen Konzil wurde die Spendung unter beiderlei Gestalten empfohlen (vgl. SC 55), vielerorts wird sie entsprechend den Vorgaben des römischen Missale auch praktiziert. Damit wurde das reformatorische Anliegen von katholischer Seite grundsätzlich aufgegriffen und umgesetzt.

**Zum Weiterlesen:**

Michael Welker: Was geht vor beim Abendmahl?, Gütersloh 2005.
Thomas Söding (Hg.): Eucharistie – Kirche – Ökumene. Aspekte und Hintergründe des Kommunionstreits, Freiburg i.Br. u.a. 2019.
Michael Kappes u.a. (Hgg.): Basiswissen Ökumene. Band 1: Ökumenische Entwicklungen, Brennpunkte, Praxis, Paderborn 2017.

# Welche Jenseitsvorstellungen gibt es in Judentum und Islam?

Sowohl im Judentum als auch im Islam existieren Traditionen, die sich um die Jenseitserwartung entwickelt haben. Im Judentum sind die unterschiedlichen Entwicklungsstufen bis hin zum Glauben an die Auferstehung von den Toten anhand der alttestamentlichen Zeugnisse gut nachvollziehbar. Die islamische Vorstellung hat sich besonders unter dem Einfluss des Hellenismus entwickelt. Beiden Religionen ist gemein, dass sie von einer Zukunft des Menschen nach dem Tod ausgehen.

## Judentum

Anders als das Christentum kennt das Judentum keine ausformulierte Lehre über die endzeitlichen Dinge. Aufgrund biblischer Aussagen lässt sich aber einiges ableiten, was schließlich die Jenseitsvorstellung des Judentums prägt.

**Orientierung auf das Diesseits**

Dabei ist Vorderhand auffallend, dass die Hebräische Bibel eine sehr ausgeprägte Orientierung auf das Diesseits besitzt; Vorstellungen von einer jenseitigen Welt werden (wenn überhaupt), nur am Rande thematisiert. So heißt es im Danielbuch: „Von denen, die im Land des Staubes schlafen, werden viele erwachen, die einen zum ewigen Leben, die anderen zur Schmach, zu ewigem Abscheu“ (12,2). Und in der Episode, die vom Besuch Sauls bei der Hexe von En Dor erzählt, wird berichtet, dass diese den Totengeist Samuels heraufsteigen lässt (1 Sam 28,3–25). Auch die Psalmen wecken zumindest leise eine Hoffnung, dass die Menschen im Tod nicht in ewige Nacht fallen, sondern dass Gott, der Herr, für sie sorgt: „Denn du überlässt mein Leben nicht der Totenwelt; du lässt deinen Frommen die Grube nicht schauen. Du lässt mich den Weg des Lebens erkennen. Freude in Fülle vor deinem Angesicht, Wonnen in deiner Rechten für alle Zeit“ (Ps 16,10f).

**Die Vorstellung der *sche'ol***

Leitend ist in der Hebräischen Bibel lange die Vorstellung von der *sche'ol*, der Unterwelt bzw. dem Totenreich. Die *sche'ol* stellt das Gegenteil zur Welt der Lebenden dar: Sie ist geprägt von Finsternis (Ps 88,7), von Staub (Ps 22,16) und Stille (Ps 115,17). Sie ist unter der Erde verortet, weshalb die Hebräische Bibel von einem „hinabsteigen in die Grube“ (Jes 38,18) spricht. Die *sche'ol* ist das „Land des

Vergessens“ (Ps 88,13), sie ist ein Ort, der durch Pforten vom Land der Lebenden abgetrennt ist (vgl. Ps 9,14). Auch JHWH besitzt keine uneingeschränkte Handlungskompetenz in der *sche'ol;* er ist ein Gott der Lebenden, nicht der Toten. Damit ist das Bild der Unterwelt stark negativ konnotiert: Es ist ein Bereich, in den man am Ende des Lebens einkehrt, der aber keinerlei Hoffnung oder Zuversicht verheißt. Und – wie die ältesten Texte erkennen lassen – schon gar keine Hoffnung, die mit Gott verbunden wäre. Erst relativ spät wächst in Israel die Erkenntnis, dass Gott auch für die Menschen in der *sche'ol* von Bedeutung ist. Diese Perspektive verstärkt sich dann in den weisheitlichen Texten und in der hellenistischen Zeit: „Mein Anteil ist Gott auf ewig“, kann der Beter von Psalm 73 (V. 26) bekennen und Jes 25,8 spricht gar davon, dass Gott „den Tod für immer verschlungen“ hat. In dieser Zeit wächst auch die Vorstellung von der Auferstehung der Toten, die eindrücklich in der Vision von der Auferweckung der toten Gebeine in Ez 37,1–14 beschrieben wird. Und der Prophet Jesaja (26,19) kann bekennen: „Deine Toten werden leben, meine Leichen stehen auf.“

Damit lässt sich in der Hebräischen Bibel eine Entwicklung ausmachen: Sie setzt mit der Vorstellung von der *sche'ol* ein, die sowohl dem Land der Lebenden als auch dem Zugriffsbereich JHWHs entzogen ist. Und sie endet mit der Hoffnung auf die Auferstehung von den Toten, die schließlich im Ausblick auf das Kommen des endzeitlichen Messias noch einmal eine besondere Note erhält. „Der Unsterblichkeitsglaube der Hebräischen Bibel lässt sich somit in drei Entwicklungsstufen ordnen: Zunächst begegnet uns der Glaube an die *sche'ol*, das Totenreich, in dem die Seele nach ihrem Erdendasein als wesenloser Schatten fortlebt. Dieser Glaube, der sich vor allem in den älteren Schriften findet, entwickelt sich zum Unsterblichkeitsglauben, einmal als Auferstehungserwartung, andererseits als ein Glauben an das Fortleben der menschlichen Seele, wie es sich vor allem in den prophetischen Schriften ausmachen lässt. Zuletzt deutet sich eine dritte Möglichkeit an, so in Hiob 34,14–15, nämlich das vollständige Aufgehen der Einzelseele im Gesamtgeist Gottes“ (Basiswissen Judentum, 340).

**Unsterblichkeit der Seele und Hoffnung auf die Auferstehung**

Die Unsterblichkeit der Seele und die Auferstehungshoffnung wurde auch in nachbiblischer Zeit für das Judentum bedeutsam. Bis heute heißt es in der *Amida*, dem Achtzehnbittgebet: „You are eternally mighty, Lord. You give life to the dead and have great power to save. He makes the wind blow and the rain fall. He sustains the living with loving-kindness, and with great compassion revives the dead. He supports the fallen, heals the sick, sets captives free, and keeps His faith with those who sleep in the dust. Who is like you, Master of might, and to whom can You be compared, O King who brings death and gives life, and makes salvation grow?” (Koren Siddur, 110) Auch im Talmud und Midrasch wird die Hoffnung auf die Auferstehung von den Toten weiter ausformuliert.

Im Mittelalter erfährt diese Endzeitvorstellung in der Auseinandersetzung mit der hellenistischen Philosophie noch einmal einen Wandel. Mehr und mehr wächst die Vorstellung von einer unsterblichen Seele und der Möglichkeit einer Seelenwanderung. Solche Ideen finden sich z.B. bei Maimonides ausformuliert.

Im Ganzen lässt sich die eschatologische Vorstellung des Judentums so zusammenfassen: „Ob Auferstehung, Unsterblichkeit der Seele, Seelenwanderung oder das Weiterleben in den Gedanken der Nachwelt: All dies bleibt uns zutiefst verschlossen. Das Judentum kann keine eindeutige Antwort auf Fragen danach geben, wenn es seine Glaubwürdigkeit behalten will. Eugene B. Borowitz befand dazu (...) treffend: ‚Perhaps that is the way of modern Jewish faith. We find ourselves unable to say very much. But we are able to say something. So what we do say is very important.'" (Basiswissen Judentum, 346).

## Islam

Für den muslimischen Gläubigen ist der Tod das unausweichliche Schicksal, auf den das gesamte Leben hin zuläuft: „Siehe, der Tod, vor dem ihr flieht, wird euch doch erreichen. Dann werdet ihr zurückgebracht zu dem, der das Geheime und das Offenbare kennt, und er wird euch kundtun, was ihr getan habt." (Sure 62,8) Dabei ist der Tod aber nicht der Abbruch des Lebens, sondern die Möglichkeit, zu Gott hinüberzugehen, zu ihm heimzukehren, der die ganze Schöpfung ins Dasein gerufen hat: „Jede Seele bekommt den Tod zu schmecken. Doch euren Lohn bekommt ihr voll erstattet am Tag der Auferstehung. Wer dann vom Höllenfeuer abgewendet wird und in den Paradiesgarten eintreten darf, der hat gewonnen." (Sure 3,185) Dahingehend lässt sich der Tod auch nicht als Strafe für die Sünde des Menschen verstehen. Er ist vielmehr ein natürlich gesetztes Ende, das es dem Menschen ermöglicht, zu Gott zu gelangen: „*Wir* haben euch den Tod bestimmt, und niemand kann uns daran hindern." (Sure 56,60)

### Hellenistischer Einfluss

Unter dem Einfluss von hellenistischem Gedankengut keimte auch im Islam sehr bald die Idee einer unsterblichen Seele, die sich im Tod vom Körper trennt. Was die Muslime nach dem Tod erwartet, das ist besonders im „Islamischen Totenbuch" zu finden. Dies ist eine Sammlung von unterschiedlichen Überlieferungen, die allerdings keinen kanonischen Rang für sich beansprucht. Dort wird geschildert, dass die Gläubigen nach dem Tod vom Todesengel nach ihrem Glauben befragt werden. Das Bekenntnis zum islamischen Glauben ist dabei entscheidend, um nicht bereits im Grab Peinigungen ausgesetzt zu sein.

## Glaube an den Jüngsten Tag

Auch Muslime kennen den Glauben an den Jüngsten Tag, an dem das Weltgericht stattfinden wird: „Ihr Menschen, fürchtet euren Herrn! Siehe, ‚der Stunde' Beben ist ein gewaltig Ding. Am Tag, da ihr sie sehen werdet, wird jeder Stillenden gleichgültig werden, was sie stillte, und jede Schwangere wird ihre Leibesfrucht verlieren. Die Menschen siehst du als betrunken an, doch sind sie nicht betrunken. Hart aber ist die Strafe Gottes." (Sure 22,1f) Mit einem Posaunenstoß werden die Toten zum neuen Leben erweckt, die anschließend vor Gott Rechenschaft für ihr Leben ablegen müssen. Dies beschreibt Sure 17: „Jedem Menschen haben wir sein Omen am Hals befestigt; und am Tag der Auferstehung werden wir ihm ein Buch bringen, das er ausgebreitet vorfinden wird: ‚Lies dein Buch! Heute genügst du dir selbst als jemand, der mit dir abrechnet!'" (V. 13f)

## Abwägung der Taten eines Menschen

Wie auch im christlichen Glauben (vgl. Mt 25) gibt es im Islam eine Abwägung jener Taten, die ein Mensch zu Lebzeiten vollbracht hat. Dabei kommt gemäß islamischer Überlieferung eine Waage zum Einsatz, mit der die guten und schlechten Taten eines Menschen aufgewogen werden. Entscheidungskriterium sind dabei aber nicht die Werke, sondern allein der Glaube: „Er wird einen Menschen vortreten lassen, und dieser wird siebenundsiebzig Schriftrollen mit sich führen. Eine jede dieser Schriftrollen ist so lang, wie das Auge sehen kann. Darinnen sind seine moralischen Fehler und seine schlechten Taten enthalten. Sie alle werden auf eine der Waagschalen gelegt. Dann wird man ein Pergament von der Größe einer Fingerspitze hervorholen. Auf diesen steht die *Shahada* (...) geschrieben. Diese wird auf die andere Waagschale gelegt werden, und alle schlechten Taten werden damit aufgewogen sein." (Das Totenbuch des Islam, 139)

## Ein Gericht mit doppeltem Ausgang

Wie das Christentum kennt auch der Islam einen doppelten Ausgang des Gerichts: Eine Brücke führt nach der Abwägung des Lebens hinüber ins Paradies. Nur jene, die im Gericht bestanden haben, können die Brücke schadlos überqueren; jene aber, die im Gericht nicht für würdig befunden wurden, stürzen die Brücke hinab ins ewige Feuer der Hölle. Sure 56 beschreibt beide Zustände sehr anschaulich: Die ins Paradies kommen, „auf golddurchwirkten Ruhepolstern liegen sie, aufgestützt, einander gegenüber. Ewig junge Knaben umkreisen sie mit Gläsern, Krügen und mit einem Becher, aufgefüllt mit frischem Wasser – Kopfschmerzen befällt sie davon nicht und auch kein Rausch –, mit Früchten, frei zu wählen, und mit Fleisch von Vögeln, wie es sie gelüstet, und Mädchen mit großen schwarzen Augen umkreisen sie, die Perlen gleichen, die noch verborgen sind (...)." (V. 15–23) Im Gegensatz dazu erleiden jene, die für die Hölle bestimmt sind, ein anderes Schicksal: „In Glutwind und in siedend heißem Wasser und Schatten von schwarzem Rauch, weder kühl noch angenehm. Siehe, sie lebten vordem im Überfluss, sie verharrten in schwerer Sünde (...)“ (V. 42–46).

**Die Beisetzung eines Muslim**

Nachdem ein Muslim gestorben ist, werden seine Arme auf der Brust gekreuzt und seine Augen geschlossen. Noch am Sterbetag soll der Leichnam gewaschen werden und in ein weißes Tuch gehüllt in einen schlichten Sarg gelegt werden. Das Totengebet muss von der islamischen Gemeinde verrichtet werden. Der Verstorbene wird mit dem Gesicht in Richtung Mekka bestattet.

**Zum Weiterlesen:**

Andreas Nachama/Walter Homolka/Hartmut Bomhoff: Basiswissen Judentum, Freiburg u.a. 2015.

Monika Tworuschka: Grundwissen Islam. Religion, Politik und Gesellschaft, Münster 2017.

# Was ist Ökumene?

Aus dem Verständnis von Ökumene für den ganzen belebten Erdkreis hat sich im Zeitalter der Konfessionalisierung das Bemühen der Kirchen nach Einheit entwickelt. Da die Einheit ein Wesensmerkmal der katholischen Kirche ist, muss die Kirche immer wieder versuchen, diese Einheit mit den getrennten Kirchen zu erlangen. Die ökumenische Bewegung ist relativ jung und konnte sich erst im 20. Jahrhundert etablieren. Sie umfasst unterschiedliche Partner, die sich zu verschiedenen Zeiten und aus unterschiedlichen Gründen von der Gesamtkirche gelöst haben.

## Ein Begriff im Wandel der Geschichte

*Das Wort Ökumene leitet sich vom griechischen Begriff „oikumene" her und bedeutet zunächst einmal nichts anderes als die gesamte bewohnte Welt.* Damit war vor allem der Mittelmeerraum gemeint, der von der griechisch-römischen Kultur geprägt war. Im Zuge der Konstantinischen Wende (313 n. Chr.) erhielt der Begriff auch eine christliche Füllung: Bezeichnet wurde damit alles, was zur christlichen Kirche gehörte, also die Gesamtheit des Christlichen. Daher sprach man in der Folgezeit auch von den „ökumenischen Konzilien", womit man jene Kirchenversammlungen bezeichnete, deren Beschlüsse in der ganzen christlichen Welt rezipiert wurden. Was in der gesamten Kirche Gültigkeit besaß, das trug den Stempel „ökumenisch". Einen Wandel erfuhr dieser Begriff dann im 20. Jahrhundert als er zur Bezeichnung von Beziehungen zwischen den christlichen Konfessionen diente. Das Zweite Vatikanische Konzil hat in seinem Dekret *Unitatis redintegratio* dieses Wort ziemlich konkret umschrieben: Unter Ökumene „versteht man Tätigkeiten und Unternehmungen, die je nach den verschiedenartigen Bedürfnissen der Kirche und nach Möglichkeit der Zeitverhältnisse zur Förderung der Einheit der Christen ins Leben gerufen und auf dieses Ziel ausgerichtet sind" (UR 4).

## Einheit als Wesensmerkmal der Kirche

Warum ist aber Ökumene überhaupt notwendig? Das liegt vor allem an der Wesensbeschreibung der Kirche: *Die notae ecclesiae, also die Kennzeichen der Kirche, bestimmen sie als „eine, heilige, katholische und apostolische" Kirche.* Dabei nimmt die Einheit der Kirche eine besondere Stellung ein, weil sie auch in den biblischen Schriften nachdrücklich betont wird. Im hohepriesterlichen Gebet Jesu, das er bei seinem Abschied von den Jüngern spricht, heißt es: „Alle sollen eins sein: Wie du, Vater, in mir bist und ich in dir bin, sollen auch sie in uns eins sein, damit die Welt glaubt, dass du mich gesandt hast“ (Joh 17,21). Und auch Paulus verweist im Epheserbrief nachdrücklich auf die Einheit des Leibes Christi: „Ein Leib und ein Geist, wie ihr auch berufen seid zu einer Hoffnung in eurer Berufung: ein Herr, ein Glaube, eine Taufe, ein Gott und Vater aller, der über allem und durch alles und in allem ist.“ (4,4–6) Die Einheit ist der Kirche von Christus ausgehend ins Stammbuch geschrieben, aber diese Einheit herzustellen und zu bewahren, ist eine Aufgabe, welche die Kirche ständig fordert.

## Die eine Kirche und die vielen Kirchen

Der Blick in die lange Geschichte offenbart, dass dieses Einheitsbestreben nicht nur immer gefährdet, sondern auch massiv gescheitert ist. Im Lauf von über zweitausend Jahren hat es mehrere Kirchenspaltungen gegeben, die es nachhaltig erschweren, die Einheit der Kirche wiederherzustellen. Umso wichtiger ist die ökumenische Bewegung, das Gespräch mit den anderen Kirchen zu suchen und mit ihnen gemeinsam auf dem Weg des Glaubens voranzuschreiten.

### (1) Christliche Ostkirchen

Die Christen dieser Kirchen werden häufig verallgemeinernd als *orthodoxe Christen* bezeichnet. Dabei ist diese Zuschreibung nicht wirklich korrekt, weil es nicht die *eine* orthodoxe Kirche gibt, sondern viele unterschiedliche Kirchen, die sich unter dem Begriff Orthodoxie fassen lassen. Häufig wird als Zeitpunkt der Kirchenspaltung das Jahr 1054 angegeben, die Trennung selbst wird als „morgenländisches Schisma“ bezeichnet. Auch das entspricht nicht den Fakten, da es bereits lange vor 1054 Prozesse der Entfremdung gegeben hat, die einen jahrhundertelangen Zeitraum in Anspruch genommen haben und sich nicht auf ein konkretes Ereignis bzw. Datum fixieren lassen.

### (1.1) Assyrische Kirche des Ostens

Eine erste Kirchenspaltung gab es bereits in den ersten Jahrhunderten: Schon vor dem Konzil von Ephesus im Jahr 431 ist die assyrische Kirche des Ostens entstanden. Sie erkennt nur die Konzile von Nikaia (325) und Konstantinopel (381) an. Lange hat man diese Christen als „Nestorianer“ bezeichnet, weil sie angeblich jene christologische Lehre vertreten hatten, die auf dem Konzil von Ephesus verurteilt wurde. Heute weiß man, dass dies nicht stimmt. Die assyrische Kirche des Ostens hat nie mit einer nestorianischen Christologie sympathisiert; Johannes Paul II. und Mar Dinkha IV., das Oberhaupt der assyrischen Kirche des Ostens, haben 1994 eine gemeinsame Erklärung zur Christologie unterzeichnet.

### (1.2) Orientalisch-orthodoxe Kirchen

Infolge des Konzils von Chalkedon (451) haben sich die orientalisch-orthodoxen Kirchen von der Reichskirche abgetrennt; sie werden deshalb auch als vorchalkedonensische Kirchen bezeichnet. Während auf dem Konzil von Chalkedon die Zwei-Naturen-Lehre verbindlich in die Christologie übernommen wurde, haben die orientalisch-orthodoxen Kirchen diese Lehre nicht rezipiert. Deshalb wurden sie häufig *Monophysiten* (mono = eins, physis = Natur) genannt, obwohl sie nie eine solche Ein-Naturen-Lehre vertreten hatten. Relativ spät, nämlich erst in der zweiten Hälfte des 20. Jahrhunderts wurden auch hier Gespräche mit der römisch-katholischen Kirche aufgenommen und eine gemeinsame Erklärung zur Christologie verabschiedet.

Zu den orientalisch-orthodoxen Kirchen zählen: die Koptische Orthodoxe Kirche, die Syrische Orthodoxe Kirche, die Armenische Apostolische Kirche, die Malankarische Orthodoxe Syrische Kirche, die Äthiopische Orthodoxe Kirche, die Orthodoxe Kirche von Eritrea.

### (1.3) Orthodoxe Kirche

Die orthodoxen Kirchen haben das Konzil von Chalkedon rezipiert und werden daher auch als chalkedonische Orthodoxie bezeichnet. Darunter versteht man eine Reihe autokephaler Kirchen (d.h. selbstständiger Kirchen mit einer eigenen Leitung), die ihre Liturgie nach dem byzantinischen Ritus feiern. Obwohl sie den gleichen Glauben haben und derselben Ritusfamilie angehören, besitzen die orthodoxen Kirchen eine starke nationale Prägung, welche sie voneinander unterscheidet.

Zu den orthodoxen Kirchen gehören: das Ökumenische Patriarchat von Konstantinopel, die Griechisch-Orthodoxen Patriarchate von Alexandrien, Antiochien und Jerusalem, die Orthodoxen Patriarchate von Moskau und ganz Russland, Serbien, Rumänien, Bulgarien und Georgien, die Orthodoxen Kirchen von Zypern, Griechenland, Polen, Albanien, Tschechien und der Slowakei.

Während die Russische Orthodoxe Kirche die meisten Gläubigen zählt, kommt dem Ökumenischen Patriarchat von Konstantinopel ein Ehrenvorrang in der Reihenfolge der Kirchen zu, was mit der besonderen Stellung von Konstantinopel im byzantinischen Reich zu tun hatte.

Die orthodoxen Kirchen werden katholischerseits als *Schwesterkirchen* bezeichnet. Das hängt damit zusammen, dass es strenggenommen nur einen Trennungsgrund gibt: nämlich die Frage nach dem Papstamt. In den grundsätzlichen Fragen des Glaubens und der Sakramente gibt es eine Übereinstimmung, weshalb die Verbundenheit mit der Orthodoxie sehr hoch ist.

### (1.4) Mit Rom unierte Ostkirchen

Immer wieder hat es im Lauf der Kirchengeschichte Bemühungen gegeben, die Einheit zwischen Osten und Westen wiederherzustellen. Dabei wurden auch mehrere Unionsbeschlüsse gefasst, bei denen Ostkirchen die Gemeinschaft mit Rom suchten. Letztendlich gibt es zu beinahe jeder orientalischen und orthodoxen Kirche auch eine mit Rom unierte Kirche; die größte unter ihnen ist die Ukrainische Griechisch-Katholische Kirche.

### (2) Kirchen der Reformation

Besonders die Reformation trug dazu bei, dass eine erneute Spaltung die Kirche trennte. Prominenter Vertreter ist Martin Luther (1483–1546), der mit dem Anschlag der 95 Thesen an der Wittenberger Schlosskirche am 31. Oktober 1517 den Fortgang der Reformation nachhaltig beeinflusste. Schon bald hatten sich viele Anhänger um ihn geschart, die vor allem eine Ablehnung des Papsttums und eine kritische Haltung zur konziliaren Arbeit der Kirche verband. Nur wenige Jahre nach Luthers Tod kam es 1555 endgültig zur konfessionellen Teilung Deutschlands, bei der die konfessionelle Zugehörigkeit über das Bekenntnis des Landesfürsten bestimmt wurde (cuius regio, eius religio).

Während in Deutschland vor allem Luther als Motor der Reformation betrachtet wird, waren in der Schweiz Huldreych Zwingli (1484–1531) und Johannes Calvin (1509–1564) die maßgeblichen Gestalten. Sie gelten als die Väter der reformierten Kirche, die nicht nur in der Schweiz, sondern auch in Frankreich, den Niederlanden und Schottland zahlreiche Anhänger fand. Im Gegensatz zu den Lutheranern gibt es in der reformierten Kirche kein einheitliches Bekenntnis.

Mit dem Lauf der Jahrhunderte bildeten sich auch in den Kirchen der Reformation kleinere und größere Untergruppierungen aus: Neben der lutherischen Orthodoxie entstand schon bald die Bewegung des Pietismus; in der Aufklärungszeit kam der Kulturprotestantismus zum Tragen und in der NS-Zeit standen sich die „Deutschen Christen“ und die „Bekennende Kirche“ gegenüber. Dieser sich herausentwickelnde Pluralität wurde erst 1973 mit der Leuenberger Konkordie Einhalt geboten: Alle lutherischen und reformierten Kirchen in Europa gewähren sich fortan Kanzel- und Abendmahlsgemeinschaft und haben somit die nach der Reformation grundgelegten Differenzen überwunden.

### (3) Anglikaner

Für die Entstehung der anglikanischen Kirche war maßgeblich König Heinrich VIII. verantwortlich: Er wollte sich von seiner damaligen Frau Katharina von Aragon scheiden lassen und benötigte hierfür die Zustimmung des Papstes. Dieser jedenfalls stimmte der Scheidung nicht zu, weshalb sich Heinrich VIII. 1534 endgültig von Rom lossagte und sich selbst zum Oberhaupt der Kirche von England erklärte. Schon 15 Jahre später führte man in England einen eigenen liturgischen Ritus ein, der sich am „Book of Common Prayer“ orientierte.

Auch innerhalb der anglikanischen Kirchengemeinschaft haben sich unterschiedliche Gruppen entwickelt: Neben der sogenannten *High Church*, also jenen Anglikanern, die sich immer noch sehr stark an der römischen Tradition ausrichten, gibt es auch die *Low Church*, die eher reformatorische Inhalte rezipierte. Das Symbol der Einheit der anglikanischen Kirche ist der Erzbischof von Canterbury.

**(4) Evangelische Freikirchen**
Immer wieder trennen sich kleinere Kirchengemeinschaften ab, die einen besonderen Fokus auf eine bestimmte geistige Strömung legen. Zu ihnen zählen heute: die Mennoniten, die Baptisten, die Methodisten, freie evangelische Gemeinden und die Pfingstgemeinden.

**(5) Altkonfessionelle Kirchen**
Eine grundsätzliche Erfahrung der Kirchengeschichte lautet: Wenn es Veränderungen gab, fanden sich immer Gläubige, die diese mittrugen, aber auch jene, die sie ablehnten. Das ist schon bei den ersten Kirchenspaltungen in den frühen christlichen Jahrhunderten zu beobachten und setzt sich über die Jahrhunderte hinweg fort. So entstanden Gruppierungen, die solche Neuerungen nicht übernahmen, sondern am Althergebrachten festhielten und diese Traditionen bewahrten.

**(5.1) Altlutheraner**
Die Altlutheraner lehnten eine Union mit der reformierten Kirche ab und entstanden daher als eigene Kirchengemeinschaft am Anfang des 19. Jahrhunderts. Sie hielten am lutherischen Bekenntnis, welches 1580 in einer Konkordienformel zusammengefasst ist, fest.

**(5.2) Altreformierte**
Hierbei handelt es sich um eine Abspaltung von der reformierten Kirche, die dadurch grundgelegt wurde, dass in ihr Ideen der Aufklärung nicht mitgetragen wurden. Die altreformierten Gläubigen sahen durch eine Rezeption von zeitgenössischen Idealen ihr grundlegendes Bekenntnis in Gefahr und trennten sich in der Mitte des 19. Jahrhunderts von der reformierten Kirche ab.

**(5.3) Alt-Katholische Kirche**
Stein des Anstoßes für die Entstehung der Alt-Katholischen Kirche war das Erste Vatikanische Konzil 1869/70. Die Gläubigen trennten sich von der Großkirche ab, weil sie die Beschlüsse, die das Konzil zum Papsttum fasste (Jurisdiktionsprimat und Unfehlbarkeit), nicht mittrugen. In der Schweiz trägt die Kirche den Namen christkatholische Kirche. Durch die Utrechter Union sind die Alt-Katholischen Kirchen seit 1889 in einer Kirchengemeinschaft verbunden.

**(6) Pfingstlerisch-charismatische Gemeinschaften**
Diese Gemeinschaften erhalten derzeit starken Zulauf. Im Gegensatz zu vielen Großkirchen, bei denen meist das strenge Einhalten einer liturgischen Ordnung oder ein klares Bekenntnis im Vordergrund steht, sind diese Gemeinden von einer Frömmigkeit geprägt, die sich besonders in charismatischen Phänomenen ausdrückt. Das dynamische Wehen des Heiligen Geistes steht hierbei sinnbildlich für die vielen Charismen und Begabungen, die in einer Gemeinde in unterschiedlichen Formen zum Ausdruck kommen. Visionen, Heilungen und Glossolalie prägen die gottesdienstlichen Zusammenkünfte dieser Gemeinschaften und verleihen ihnen eine hohe Offenheit, die gegensätzlich zu einem starren Rubrizismus oder einer fixen Gottesdienstordnung steht.

## Geschichte der ökumenischen Bewegung

Die ökumenische Bewegung ist nicht vom Himmel gefallen, sondern sie ist das Ergebnis eines langen Prozesses, in dem es immer wieder zu Annäherungen, aber auch zu erneuten Distanzierungen kam. Besonders die Wende vom 19. zum 20. Jahrhundert war hierbei aus mehreren Gründen ein maßgeblicher Einschnitt: Mit dem Zerfall des Osmanischen Reiches war das Orthodoxe Patriarchat von Konstantinopel in die Verantwortung gerufen, Kontakte zu den anderen Kirchen der Orthodoxie zu knüpfen. Und im Westen rückte besonders der Gedanke der Mission in das Zentrum der kirchlichen Überlegungen: Wie konnte es möglich sein, den christlichen Glauben auch angesichts der vielen neu entstehenden Bewegungen glaubwürdig zu verkünden? Kritische Anfragen von außerhalb führten notgedrungen dazu, dass man sich miteinander arrangieren musste, wenn man auch weiterhin als Zeugen für das Evangelium wahr- und ernstgenommen werden wollte. Einschneidend für die gesamte ökumenische Bewegung ist das Jahr 1910, in dem die Weltmissionskonferenz in Edinburgh zusammentraf. Damals hielten sich die Orthodoxie und die römisch-katholische Kirche allerdings noch zurück, sie blieben der Konferenz fern.

In der Folgezeit wurde die ökumenische Bewegung beinahe zum Selbstläufer und führte dazu, dass sich immer neue ökumenische Initiativen und Zusammenkünfte etablierten. Zu nennen ist vor allem der lutherische Erzbischof von Uppsala (Schweden), Nathan Söderblom, der die „Bewegung für praktisches Christentum" („Life and Work") ins Leben rief und 1925 zur Ersten Weltkonferenz für Praktisches Christentum in Stockholm einlud.

Eine andere Initiative verantwortete der anglikanische Bischof Charles Brent. Er rief die „Bewegung für Glauben und Kirchenverfassung" („Faith and Order") ins Leben, die im Jahr 1927 erstmals zu einer Weltkonferenz in Lausanne zusammentraf.

Schon wenige Jahre später, nämlich 1937, schlossen sich die beiden Bewegungen zusammen und gründeten den Ökumenischen Rat der Kirchen (ÖRK). Die Dynamik, welche die ökumenische Bewegung bis dato gewonnen hatte, wurde jedoch durch den Zweiten Weltkrieg herb unterbrochen. Und erst im August 1948 konnte die Gründungsversammlung des ÖRK in Amsterdam stattfinden.

Katholischerseits dauerte es noch bis in die 1960er Jahre und damit bis zum Zweiten Vatikanischen Konzil, bis eine engere Kooperation mit dem ÖRK möglich wurde. So waren Vertreter des ÖRK als Beobachter zum Konzil eingeladen und seit 1968 arbeiten katholische Theologen beim ÖRK mit. Dennoch ist die katholische Kirche bis heute kein Mitglied im ÖRK.

**Zum Weiterlesen:**

Johannes Oeldemann (Hg.): Konfessionskunde, Paderborn 2015.

Kurt Koch: Wohin geht die Ökumene? Rückblicke, Einblicke, Ausblicke, Regensburg 2021.

Michael Kappes u.a. (Hgg.): Basiswissen Ökumene. Band I: Ökumenische Entwicklungen, Brennpunkte, Praxis, Paderborn 2017.

# Welche Modelle gibt es, um das Verhältnis zu den nichtchristlichen Religionen zu beschreiben?

Um das Verhältnis der katholischen Kirche zu den nichtchristlichen Religionen zu beschreiben, haben sich vor allem vier Modelle entwickelt: Der lange Zeit vorherrschende Exklusivismus betont, dass nur in der eigenen Religion die Fülle der Wahrheit zu finden ist, alle anderen Religionen werden dabei disqualifiziert. Demgegenüber öffnet sich der Inklusivismus auch für andere Religionen und hebt hervor, dass auch in anderen Religionen die Wahrheit bruchstückhaft verwirklich ist. Schließlich markiert das pluralistische Modell eine Haltung, die alle Religionen als gleichberechtigte Partner ansieht und keiner Religion den vollen Besitz der Wahrheit zubilligt. Die komparative Theologie, die sich erst in den vergangenen Jahrzehnten entwickelt hat, arbeitet hingegen nur vergleichend. Sie konzentriert sich auf bestimmte Aspekte einer Religion und setzt diese zu anderen ins Verhältnis, ohne grundsätzliche Aussagen über die Wahrheit oder das Heil zu treffen.

## Exklusivismus

Die Position des Exklusivismus lässt sich in einem Satz so auf den Punkt bringen: *Es gibt nur in einer einzigen Religion den Zugang zum Heil; andere Religionen werden dadurch zugleich disqualifiziert.* Nur die eigene Religion besitzt die wirkliche Wahrheit, in allen anderen Religionen ist diese nicht zu erlangen.

**Drei Spielarten des Exklusivismus**
Letztendlich lassen sich aber *drei Formen des Exklusivismus* unterscheiden:

(1) *Radikaler* Exklusivismus: Dieser vertritt die eben genannte Grundhaltung, dass es nur in einer einzigen Religion, nämlich dem Christentum, das Heil in voller Weise verwirklicht gibt. Nur, wer sich zu Christus bekennt und sich auf seinen Namen taufen lässt, kann davon ausgehen, gerettet zu werden.

(2) *Gemäßigter* Exklusivismus: Vertreter dieses Modells billigen auch Angehörigen nichtchristlicher Religionen zu, Anteil am Heil zu erlangen. Allerdings wird dieses Heil nicht über die eigene Religion erlangt, sondern ausschließlich über das Christentum.

(3) *Unentschiedener* Exklusivismus: Auch diese Spielart geht davon aus, dass das Heil einzig in der christlichen Religion in voller Weise verwirklich ist. Ob es jedoch auch für Angehörige nichtchristlicher Religionen einen Zugang zu diesem Heil

gibt, lässt der unentschiedene Exklusivismus offen. Er plädiert vielmehr dafür, dass sich Christen darüber ob und wie Nichtchristen am Heil partizipieren, keine Gedanken machen sollten. Es liegt allein in Gottes Hand, über diese Frage zu entscheiden. – Gemeinsam ist diesen drei Spielarten des Exklusivismus jedoch, dass sie die volle Verwirklichung des Heils exklusiv an die christliche Religion binden.

Wenngleich ein exklusivistischer Anspruch nicht ausdrücklich in den biblischen Schriften formuliert wird, lässt er sich mitunter aus mehreren Aussagen im NT ableiten: „Wer glaubt und sich taufen lässt, wird gerettet; wer aber nicht glaubt, wird verurteilt werden“ (Mk 16,16). Und: „Wenn jemand nicht aus dem Wasser und dem Geist geboren wird, kann er nicht in das Reich Gottes kommen“ (Joh 3,5). „Ich bin der Weg und die Wahrheit und das Leben; niemand kommt zum Vater, außer durch mich“ (Joh 14,6). „Dieser Jesus ist der Stein, der von euch Bauleuten verworfen wurde, der aber zum Eckstein geworden ist. Und in keinem anderen ist das Heil zu finden“ (Apg 4,11f).

**Taugt die Bibel als Ausgangsbasis?**
Die Frage, die zumindest benannt werden muss, lautet hierbei: Taugen solche Aussagen, um damit eine exklusivistische Theologie zu begründen? Betrachtet man den historischen Kontext, in dem diese Texte entstanden sind, lässt sich die Frage wohl nur verneinen. Denn die angeführten neutestamentlichen Verse haben ja nicht andere Weltreligionen im Blick. Den Islam z.B. gab es zur Zeitenwende noch nicht einmal. So lässt sich wohl mit Perry Schmidt-Leukel festhalten: „Mir scheint jedoch, dass keine der gerade genannten Aussagen mit der Absicht einer religionstheologischen Urteilsbildung formuliert ist. (...) Daher lässt sich zumindest sagen, dass es nicht ganz unproblematisch ist, aus solchen Aussagen unmittelbar einen religionstheologischen Exklusivismus abzuleiten.“ (Gott ohne Grenzen, 100) Freilich tragen die neutestamentlichen Autoren ihren maßgeblichen Teil dazu bei, dass solche Tendenzen mit Rückgriff auf die Bibel genährt wurden. Umso wichtiger ist es aber heute, sich nicht vorschnell verleiten zu lassen, einen religionstheologischen Exklusivismus mit solchen Zitaten zu begründen.

**Außerhalb der Kirche kein Heil – oder doch?**
Christlicherseits greift hier besonders die Heilsnotwendigkeit der Kirche, die schon der Bischof Cyprian von Karthago (ca. 200–258 n. Chr.) in der Mitte des 3. Jahrhunderts recht eindeutig zusammenfasst: *„Extra ecclesiam nulla salus – Außerhalb der Kirche gibt es kein Heil“*. Andernorts variiert Cyprian diese Aussage und bestimmt: „Der kann Gott nicht zum Vater haben, der die Kirche nicht zur Mutter hat.“ Auch diese Axiome sind mit Vorsicht zu genießen. Wie Reinhold Bernhardt formuliert, waren sie „ursprünglich nicht gegen Nichtchristen, sondern in einem innerchristlichen Streit gegen die Anhänger des Gegenbischofs gerichtet und bezog sich auch nicht auf das ewige Heil, sondern auf die sakramentale Heilsver-

mittlung der Kirche durch einen legitimen Bischof.“ (Inter-Religio, 287) Damit ist eigentlich klar: Auch Cyprian taugt nicht zur Rechtfertigung eines religionstheologischen Exklusivismus. Cyprian richtet seine Worte eben nicht gegen die Angehörigen von anderen Religionen, sondern gegen solche Menschen, die Häresien anhängen und sich durch einen Akt des Schisma von der christlichen Gemeinde getrennt haben. Es sind Vorwürfe eines Christen gegen Mitchristen, die sich aber durch ihre Lehre und ihr Leben von der christlichen Großkirche getrennt haben. Mit anderen Worten: Bischof Cyprian äußert sich nicht über Mitglieder anderer Religionen, sondern über die Anhänger der eigenen Religion.

Bald schon wurden die Axiome Cyprians jedoch verwendet, um damit einen radikalen Exklusivismus zu begründen. Besondere Schärfe erlangt dieser schon bei Fulgentius von Ruspe (468–533), der im Kapitel über die Verdammten ausdrücklich bestimmt: „Halte mit felsenfestem, unerschütterlichem Glauben daran fest, dass nicht nur alle Heiden, sondern auch alle Juden, alle Häretiker und Schismatiker, die außerhalb der katholischen Kirche ihr Leben beschließen, in das ewige Feuer gehen werden, das dem Teufel samt seinen Engeln bereitet ist!“ (De fide ad Petrum 79,35) Drastischer kann man eine exklusivistische Position wohl kaum zum Ausdruck bringen. Die Kirche jedenfalls hat hieran angeknüpft, wenn das Konzil von Ferrara-Florenz 1442 Fulgentius zitierend konstatiert: „Sie glaubt fest, bekennt und verkündet, dass ‚niemand, der sich außerhalb der katholischen Kirche befindet, nicht nur keine Heiden‘, sondern auch keine Juden oder Häretiker und Schismatiker, des ewigen Lebens teilhaft werden können, sondern dass sie in das ewige Feuer wandern werden (...)“ (DH 1351).

**Vorhölle und Begierdetaufe**

Wenngleich damit lehramtlich eine exklusivistische Haltung der katholischen Kirche bestimmt war, wurde diese im Lauf der Jahrhunderte immer weiter aufgeweicht. Zunächst rekurrierte man hierzu auf die Lehre vom „Limbus“, also der „Vorhölle“. Diese war in den „limbus patrum“ unterteilt, in welchem sich die Väter des Alten Bundes befanden, und den „limbus puerorum“, der als Aufenthaltsort für ungetaufte Kinder angenommen wurde. Das Modell der „Vorhölle“ diente dazu, einen Ort zu schaffen, der zwischen endgültiger Verdammung und ewiger Erlösung lag. In diesem Zustand durfte man zwar Gott nicht auf ewig schauen, war aber dennoch in die Seligkeit der Erlösten mithineingenommen.

Zum anderen entwickelte sich die Lehre vom „votum implicitum“ und von der „Begierdetaufe“. Das Problem lässt sich am einfachsten mit der Person des Abraham veranschaulichen: Abraham (und alle anderen Gerechten des Alten Bundes, sowie gemeinhin alle Menschen, die vor Jesus gelebt haben) konnte ja nicht zum Glauben an Christus kommen, weil die Lebenszeit Abrahams chronologisch vor der Lebenszeit Jesu lag. Abraham konnte also nicht zum christlichen Glauben kommen, weil er Christus nicht kennen konnte. Um also die Gerechten des Alten

Bundes nicht gänzlich vom Heil auszuschließen, sprach man fortan von der „ecclesia ab Abel“. Konkret mutmaßte man: Wenn Abraham und die Menschen, die zeitlich vor Jesus gelebt haben, das Evangelium gehört hätten, dann hätten sie auch das Verlangen (= die Begierde) gehabt, sich taufen zu lassen. Schon seit Abel besaßen die Menschen einen impliziten Glauben, der explizit in der Selbstmitteilung Gottes in Christus konkret geworden ist. Damit wird letztendlich nichts anderes ausgesagt, als dass alle glaubenden Menschen, die vor dem Zeitraum von ca. 7 v. Chr. bis 30 n. Chr. gelebt haben, implizit auf das Heilsereignis in Christus hingeordnet sind.

Mit diesen beiden Modellen hat man einen radikalen Exklusivismus aufgeweicht und zwar dahingehend, dass der Kirchenbegriff die Institution Kirche überstiegen hat. Man konnte auch Teil der Kirche sein, ohne getauft zu sein. Ungetauften Kindern, die verstorben waren, unterstellte man dahingehend, sie hätten zumindest das Verlangen besessen, sich taufen zu lassen, wenn es möglich gewesen wäre. Eine solche „Begierdetaufe“ kam damit der explizit gespendeten Taufe gleich.

**Eine Aufweichung des Exklusivismus**

Auch lehramtlich wurde diese Aufweichung des Exklusivismus rezipiert: Unter den Auffassungen, die Clemens XI. im Jahr 1713 verurteilt, findet sich auch der Satz: „Außerhalb der Kirche wird keine Gnade gewährt“ (DH 2429). Diese Haltung setzte sich fort und erhielt immer mehr die Züge eines gemäßigten Exklusivimus, der aber an der Schwelle zu einem Inklusivismus stand. Damit ist man letztlich auch beim Zweiten Vatikanischen Konzil und der Zeit danach angekommen, wo eine exklusivistische Haltung endgültig vom Inklusivismus abgelöst worden ist. So hält die Internationale Theologenkommission in ihrem Schreiben „Das Christentum und die Religionen“ im Jahr 1996 fest: „Die Heilsmöglichkeit außerhalb der Kirche für diejenigen, die gemäß ihrem Gewissen leben, steht heute nicht mehr in Frage. Diese Rettung geschieht aber (...) nicht unabhängig von Christus und seiner Kirche. Sie basiert auf der universalen Gegenwart des Heiligen Geistes, die vom österlichen Geheimnis Jesu nicht getrennt werden kann.“ (Nr. 81)

Kritik am Modell des Exklusivismus kann vor allem dann stark gemacht werden, wenn man von einem universalen Heilswillen Gottes ausgeht (wie dieser in 1 Tim 2,4 formuliert wird). Wenn Gott will, dass alle Menschen gerettet werden und das Heil erlangen, dann kann diese Heilsmöglichkeit nicht auf die Grenzen einer einzigen Religion beschränkt sein. Mit anderen Worten: Dann muss es auch für die Nichtchristen die Chancen geben, Anteil an diesem göttlichen Heil zu erlangen.

## Inklusivismus

Das Modell des Inklusivismus schwächt die exklusivistische Position dahingehend ab, da es Heilsmöglichkeiten auch außerhalb der christlichen Religion einräumt. Diese sind aber so auf das Christentum bezogen, dass es zwar Spuren des Heils in anderen Religionen gibt, die Fülle des Heils aber nur in der christlichen Religion verwirklicht ist. Es gibt zwar viele Wege, diese aber besitzen ihren Knotenpunkt in Jesus Christus, in dem sich Gott selbst mitgeteilt hat.

### Das Heil: Für alle Menschen zugänglich

Ansätze des Inklusivismus scheinen sich schon im NT ausmachen zu lassen: Im Zuge der Perikope, die von der Heilung des Dieners des Hauptmanns von Kafarnaum berichtet, sagt Jesus: „Einen solchen Glauben habe ich in Israel noch bei niemandem gefunden. Ich sage euch: Viele werden von Osten und Westen kommen und mit Abraham, Isaak und Jakob im Himmelreich zu Tisch sitzen" (Mt 8,10f). Die Tendenz, die in diesem Jesus-Wort zum Tragen kommt, ist offensichtlich: Das Heil ist nicht nur auf das Volk Israel begrenzt, sondern wird auch für Menschen außerhalb von Israel zugänglich. Das ist ja auch der Gedanke, der beim matthäischen Weltgericht zum Tragen kommt. Das Entscheidende ist nicht die Herkunft aus einem bestimmten Volk, es geht vielmehr darum, dem Nächsten Gutes zu tun und so im Nächsten Christus selbst zu begegnen (vgl. Mt 25,40). Paulus greift diese Spur in seiner Verkündigung auf, wenn er in seiner Areopag-Rede vom Altar, welcher dem „unbekannten Gott" geweiht ist, auf Christus abhebt. „Sie sollten Gott suchen, ob sie ihn ertasten und finden könnten; denn keinem von uns ist er fern. Denn in ihm leben wir, bewegen wir uns und sind wir; wie auch einige von euren Dichtern gesagt haben: Wir sind von seinem Geschlecht." (Apg 17,27f) Damit greift Paulus heidnisches Gedankengut auf und interpretiert es auf den Gott hin, der sich in Jesus Christus offenbart hat. Hier wird deutlich: Auch in der paganen Umwelt gibt es Punkte, an die eine christliche Verkündigung andocken kann.

### In jedem Menschen ist ein Teilchen des Logos

Eine solch inklusivistische Grundhaltung findet sich später bei Justin dem Märtyrer (um 100–165). In seiner zweiten Apologie entwickelt er den folgenden Gedankengang: Der sieht die christliche Religion besonders herausgehoben, weil sie Christus, den „ganzen Logos" verkündet. Dagegen gibt es aber auch „Teilchen vom Logos", die auch bei anderen (nichtchristlichen) Denkern, Philosophen und Weltanschauungen gefunden werden können. Justin spricht hierbei von den „logoi spermatikoi", also den „Samenkörnern des Logos". Diese sind zwar nicht die volle Verwirklichung des Logos, sind aber auf diesen hingeordnet. So ist es für Justin auch denkmöglich, dass schon Menschen wie Sokrates, die lange Zeit vor Christus lebten, diesen zumindest teilweise erkannt hätten (vgl. Zweite Apologie, 10).

Solche inklusivistischen Positionen sind in den ersten fünf christlichen Jahrhunderten dominant, wie Perry Schmidt-Leukel konstatiert (vgl. Gott ohne Grenzen, 131). Erst mit dem 6. Jahrhundert setzt die Wende hin zu einem radikalen Exklusivismus ein, wobei auch hier einzelne Theologen wie Nikolaus von Kues (1401–1464) oder Petrus Abaelard (1079–1142) durchaus eine inklusivistische Religionstheologie stark machen.

**Die ökumenische Bewegung, anonyme Christen und das Konzil**
Eine Renaissance erlebte der Inklusivismus dann mit dem Aufkommen der ökumenischen Bewegung und den ersten beiden Weltmissionskonferenzen 1910 und 1928, bei denen ein inklusivistisches Religionsmodell ausdrücklich favorisiert worden ist. In der katholischen Theologie ist es vor allem Karl Rahner, der mit seiner Theorie vom „anonymen Christentum“ dem Inklusivismus neuen Aufschwung verliehen hat. Dieser mündete schließlich in der Neuorientierung innerhalb der Religionstheologie, die auf dem Zweiten Vaticanum wegweisend war.

Seit dem Zweiten Vatikanischen Konzil vertritt die Kirche eine solche inklusivistische Position; der Einfluss Rahners war hierbei maßgeblich. Dass auch Menschen, die nicht dem christlichen Bekenntnis angehören, Anteil am Heil erhalten können, bestimmt ausdrücklich LG 16: „Wer nämlich das Evangelium Christi und seine Kirche ohne Schuld nicht kennt, Gott aber aus ehrlichem Herzen sucht, seinen im Anruf des Gewissens erkannten Willen unter dem Einfluss der Gnade in der Tat zu erfüllen trachtet, kann das ewige Heil erlangen. Die göttliche Vorsehung verweigert auch denen das zum Heil Notwendige nicht, die ohne Schuld noch nicht zur ausdrücklichen Anerkennung Gottes gekommen sind, jedoch, nicht ohne die göttliche Gnade, ein rechtes Leben zu führen sich bemühen.“ Damit ist eine exklusivistische Haltung ein für alle Mal überwunden.

**Die inklusivistische Haltung von Vaticanum II**
Weiter erkennt das Konzil in NA 2 anderen Religionen eindeutig eine Teilhabe an der Wahrheit zu: „Die katholische Kirche lehnt nichts von alledem ab, was in diesen Religionen wahr und heilig ist. Mit aufrichtigem Ernst betrachtet sie jene Handlungs- und Lebensweisen, jene Vorschriften und Lehren, die zwar in manchem von dem abweichen, was sie selber für wahr hält und lehrt, doch nicht selten einen Strahl jener Wahrheit erkennen lassen, die alle Menschen erleuchtet.“ Das Missionsdekret AG spricht dabei ausdrücklich von den „Saatkörnern des Wortes“, die es in den anderen Religionen aufzuspüren gilt (Nr. 11); damit rekurriert das Konzil auf Justin und sein Konzept vom „logos spermatikos“, der allem Lebendigen innewohnt.

Die Frage, inwiefern in anderen Religionen die Wahrheit verwirklicht ist, beantwortet das Konzil, in dem es ein Modell entwirft, welches sich mittels konzentrischer Kreise oder einem Zwiebelschalenprinzip abbilden lässt. Die Kirchenkonstitution Lumen gentium spricht dabei von einer abgestuften Zugehörigkeit zur Kirche: Die Mitglieder der katholischen Kirche bilden das Zentrum, ihnen sind die Katechumenen zugeordnet, die sich auf die Taufe vorbereiten (LG 14). Besonders verbunden mit der katholischen Kirche sind alle, die „der Ehre des Christennamens teilhaft sind" (LG 15), sprich: alle, die sich zum christlichen Glauben bekennen. Dann folgen jene, die an den einen Gott glauben: Zunächst wird hier das jüdische Volk benannt, dann aber auch die Muslime, alle, „die in Schatten und Bildern den unbekannten Gott suchen" (LG 16) und zuletzt jene, die Gott noch nicht erkannt haben, aber ihrem Gewissen gemäß handeln. Damit wird allen Menschen, egal welcher Religion oder welchem Bekenntnis sie auch zugehören, die Möglichkeit zuerkannt, das Heil zu erlangen. Letztlich sind hierbei sogar Atheisten im Blick.

Kritisch anfragen lässt sich das Modell des Inklusivismus, inwiefern damit wirklich eine Überwindung des (gemäßigten) Exklusivimus intendiert ist. Immerhin geht ja auch das inklusivistische Modell davon aus, dass es die volle Verwirklichung des Heils und der Wahrheit nur in einer Religion gibt, nämlich in der christlichen. Alle anderen Religionen partizipieren zwar an diesem Heil, aber eben nur bruchstückhaft. Damit führt in letzter Konsequenz auch beim Inklusivismus kein Weg am Bekenntnis zu Jesus Christus vorbei.

## Pluralismus

Eine junge religionstheologische Position ist der Pluralismus, dessen Vertreter vor allem im angelsächsischen Raum beheimatet sind (v.a. John Hick und Paul Knitter). Die Grundthese des pluralistischen Modells lautet: Es gibt eine Vielfalt von göttlichen Offenbarungen, die in unterschiedlichen Religionen verwirklicht ist. Perry Schmidt-Leukel, einer der deutschsprachigen Vertreter dieser religionstheologischen Position, definiert den Begriff so: Er „besagt, dass sich heilshafte Offenbarung/Transzendenzerkenntnis innerhalb nichtchristlicher Religionen und innerhalb des Christentums findet, ohne dass hierbei eine der unterschiedlichen Formen, in denen sie bezeugt und vermittelt wird, alle anderen überragt. Das heißt, aus christlicher Sicht werden andere Formen der Transzendenzerkenntnis beziehungsweise Offenbarung trotz ihrer Unterschiedenheit vom Christentum als der im Christentum bezeugten Offenbarung gleichwertig anerkannt." (Gott ohne Grenzen, 70) Und John Hick beschreibt diese Strömung so: „Pluralismus ist somit die Ansicht, wonach sich die Umwandlung der menschlichen Existenz von der Selbst-Zentriertheit zur REALITÄTS-Zentriertheit auf unterschiedlichen Wegen innerhalb der Kontexte aller großen religiösen Traditionen ereignet. Es gibt nicht nur einen Weg, sondern eine Vielfalt von Heilswegen bzw. von Wegen zur Befreiung. In christlich-theologischer Terminologie ausgedrückt: Es gibt eine

Vielfalt von göttlichen Offenbarungen, die eine Vielfalt von Formen heilshafter menschlicher Antwort ermöglicht." (Eine Philosophie des religiösen Pluralismus, 309)

**Eine biblische Basis?**
Biblisch lässt sich der religionstheologische Pluralismus besonders mit zwei Stellen begründen: In Amos 9,7 heißt es: „Seid ihr nicht wie die Kuschiten für mich, ihr Israeliten? – Spruch des HERRN. Habe ich Israel nicht heraufgeführt aus dem Land Ägypten und ebenso die Philister aus Kaftor und Aram aus Kir?" Und 1 Joh 4,7 schreibt: „jeder, der liebt, stammt von Gott und erkennt Gott". Diese beiden Bibelstellen sind deshalb ertragreich, weil sie eine exklusivistische Engführung aufbrechen und anzeigen, dass der Zugang zu Gott eben nicht exklusiv an eine Person gebunden werden kann. Ob das freilich sofort eine pluralistische Position begründet und nicht eher Hinweis auf einen Inklusivismus ist, muss jedenfalls offenbleiben.

**Jesus – nur einer von vielen Heilsmittlern?**
Innerhalb des Pluralismus ist auch eine pluralistische Christologie angesiedelt: Sie geht vom Gedanken aus, dass Christus nur einer von vielen möglichen Heilsmittlern war. Christus war eben nicht Höhepunkt und Abschluss der Offenbarung, sondern Gottes Offenbarung geht weiter und verwirklicht sich in den verschiedenen Religionen in unterschiedlichen Menschen.

Im Lauf der Theologiegeschichte finden sich immer wieder Ansätze für eine pluralistische Position. Vollends zum Tragen kamen diese aber erst in der zweiten Hälfte des 20. Jahrhunderts. Wobei sich zwischen den einzelnen Theologen, die eine solches Modell vertreten, durchaus tiefgehende Unterschiede ausmachen lassen.

Katholischerseits wurde die Kritik an diesen Modellen im Schreiben „Dominus Iesus" (2000), das von der Glaubenskongregation unter der Ägide des damaligen Kardinalpräfekten Joseph Ratzinger verantwortet wurde, laut. Dort heißt es: „Die immerwährende missionarische Verkündigung der Kirche wird heute durch relativistische Theorien gefährdet, die den religiösen Pluralismus nicht nur *de facto*, sondern auch *de iure* (oder prinzipiell) rechtfertigen wollen." Auch in der evangelischen Theologie blieben mahnende Stimmen nicht aus. Reinhold Bernhardt, der sich diese Kritik zu eigen macht, fasst zusammen: „Ein Kernpunkt der Kritik war dabei das Postulat einer essenziellen Gemeinsamkeit der Religionen: Die Pluralistische Religionstheologie nehme die Vielfalt der Religionen nicht ernst, sondern mache sie soteriologisch gleichnamig." (Inter-Religio, 358)

## Komparative Religionstheologie

Das jüngste Projekt innerhalb der religionstheologischen Modellbildungen ist die komparative Religionstheologie. Die prominentesten Vertreter dieser Position sind der US-amerikanische Jesuit Francis X. Clooney und der deutsche Fundamentaltheologe Klaus von Stosch.

### Vergleiche zwischen Religionen

Die komparative Theologie arbeitet zwischen den Religionen vergleichend. Das heißt, sie bezieht sich auf einzelne Elemente, die in unterschiedlichen Religionen vorkommen, und setzt sie zueinander ins Verhältnis. Dabei geht es aber nicht um eine sterile Betrachtungsweise, sondern der Vergleich geschieht von einem religiös-konfessionellen Standpunkt aus. Die komparative Theologie fragt also nicht nach irgendwelchen Bekenntnisformeln, die für verschiedene Religionen charakteristisch sind, sondern richtet den Fokus auf den gelebten Glauben oder die Glaubenspraxis. „Glaubende machen mit ihren religiösen Sätzen nämlich nicht einfach nur Aussagen über die Wirklichkeit, sondern lassen ihr Leben von religiösen Glaubenssätzen, Symbolen und Normen regeln; sie lassen sich in ihren durch Zeichensysteme strukturierten Handlungen von religiösen Regeln leiten. (…) Was der Glaube an die Gottessohnschaft Jesu Christi eigentlich bedeutet, zeigt sich oft erst, wenn ich sehe, in welche Praxis er eingebettet ist." (Stosch, Komparative Theologie als Herausforderung, 2)

### Die Lebenspraxis der Menschen als Ausgangspunkt

Das Forschungsinteresse einer komparativ arbeitenden Theologie richtet sich also auf die Lebenspraxis von gläubigen Menschen. Im Gegensatz zu den anderen religionstheologischen Modellen trifft sie keine generellen Aussagen über Wahrheit oder Heil und inwiefern unterschiedliche Religionen hierzu einen Zugang eröffnen. Diese Position zoomt vielmehr hinein in die Religionen und bezieht sich auf singuläre Aspekte dieser Religionen. Generelle Aussagen, die das Gesamt einer Religion im Blick hätten, sind der Arbeit einer komparativen Theologie fremd.

Bei diesem religionstheologischen Modell geht es also darum, auf den anderen zuzugehen und ihn in seiner Andersheit zu akzeptieren. „Komparative Theologie lebt (…) davon, dass sich Theolog/inn/en standpunktbewusst, wertschätzend, teilnehmerorientiert, mit guten theologischen Gründen und einer spirituellen Haltung auf eine andere religiöse Tradition einlassen, um Theologie im Gespräch mit ihr betreiben zu können." (Winkler, Wege der Religionstheologie, 472) Für pauschale Aussagen ist dabei eben so wenig Platz wie für verallgemeinernde Standpunkte. Vielmehr geht es um eine „mikrologische Vorgehensweise" (Stosch, Komparative Theologie, 3), also darum, einzelne Aspekte herauszugreifen und über diese miteinander ins Gespräch zu kommen.

**Zum Weiterlesen:**

Ulrich Winkler: Wege der Religionstheologie. Von der Erwählung zur komparativen Theologie, Innsbruck 2013.

Ulrich Dehn/Ulrike Caspar-Seeger/Freya Bernstorff (Hgg.): Handbuch Theologie der Religionen. Texte zur religiösen Vielfalt und zum interreligiösen Dialog, Freiburg i.Br. u.a. 2017.

Perry Schmidt-Leukel: Gott ohne Grenzen. Eine christliche und pluralistische Theologie der Religionen, Gütersloh 2005.

# Literaturverzeichnis

Literaturangaben wurden im Text stets in der Kurzform angegeben, lehramtliche Quellen mit den gängigen Abkürzungen. Die Heilige Schrift wurde (wenn nicht anders angegeben) nach der revidierten Einheitsübersetzung von 2016 zitiert. Wo angegeben, wurde die Übersetzung des Neuen Testaments von Fridolin Stier (München 1989) benutzt.

## Lehramtliche Quellen

DH = Denzinger, Heinrich: Enchiridion symbolorum, definitionum et declarationum de rebus fidei et morum. Kompendium der Glaubensbekenntnisse und kirchlichen Lehrentscheidungen, herausgegeben von Peter Hünermann, Freiburg i.Br. u.a. [42]2009.

CIC/1917 = Codex Iuris Canonici. Benedicti Papae XV auctoritate promulgates, Rom 1917, online unter: http://www.jgray.org/codes/cic17lat.html, zuletzt geprüft am 03.02.2022.

CIC = Deutsche Bischofskonferenz (Hg.): Codex Iuris Canonici. Codex des kanonischen Rechts. Lateinisch-deutsche Ausgabe mit Sachverzeichnis, Kevelaer [8]2017.

KKK = Katechismus der Katholischen Kirche. Neuübersetzung aufgrund der Editio typica latina, Oldenbourg u.a. 2005.

### Die Dokumente des Zweiten Vatikanischen Konzils

Dekret „Unitatis redintegratio“ (UR) über den Ökumenismus, verfügbar unter: https://www.vatican.va/archive/hist_councils/ii_vatican_council/documents/vat-ii_decree_19641121_unitatis-redintegratio_ge.html, zuletzt geprüft am 27.01.2022.

Dekret über die Missionstätigkeit der Kirche „Ad gentes“ (AG), verfügbar unter: https://www.vatican.va/archive/hist_councils/ii_vatican_council/documents/vat-ii_decree_19651207_ad-gentes_ge.html, zuletzt geprüft am 27.01.2022.

Dogmatische Konstitution „Lumen gentium“ (LG) über die Kirche, verfügbar unter: https://www.vatican.va/archive/hist_councils/ii_vatican_council/documents/vat-ii_const_19641121_lumen-gentium_ge.html, zuletzt geprüft am 27.01.2022.

Erklärung „Nostra aetate“ (NA) über das Verhältnis der Kirche zu den nichtchristlichen Religionen, verfügbar unter: https://www.vatican.va/archive/hist_councils/ii_vatican_council/documents/vat-ii_decl_19651028_nostra-aetate_ge.html, zuletzt geprüft am 27.01.2022.

Konstitution über die Heilige Liturgie „Sacrosanctum Concilium“ (SC), verfügbar unter: https://www.vatican.va/archive/hist_councils/ii_vatican_council/documents/vat-ii_const_19631204_sacrosanctum-concilium_ge.html, zuletzt geprüft am 27.01.2022.

Pastorale Konstitution „Gaudium et spes“ (GS) über die Kirche in der Welt von heute, verfügbar unter: https://www.vatican.va/archive/hist_councils/ii_vatican_council/documents/vat-ii_const_19651207_gaudium-et-spes_ge.html, zuletzt geprüft am 27.01.2022.

II. Außerordentliche Generalversammlung der Weltbischofssynode: Schlussdokument „Exeunte coetu secundo“ im Pontifikat von Papst Johannes Paul II. mit dem Thema „Die Kirche unter dem Wort Gottes feiert die Geheimnisse Christi zum Heil der Welt“ anlässlich des 20. Jahrestag des Abschlusses des II. Vatikanischen Konzils, in: Der Apostolische Stuhl 1985, 1863–1882.

Benedikt XVI.: Begegnung mit dem Klerus der Diözese von Aosta. Ansprache von Papst Benedikt XVI., 25.07.2005, in: Der Heilige Stuhl, verfügbar unter https://www.vatican.va/content/benedict-xvi/de/speeches/2005/july/documents/hf_ben-xvi_spe_20050725_diocesi-aosta.html, zuletzt geprüft am 03.02.2022.

Franziskus: Ansprache des Heiligen Vaters Papst Franziskus zum 25. Jahrestag der Veröffentlichung des Katechismus der Katholischen Kirche, 11. Oktober 2017, in: Der Heilige Stuhl, verfügbar unter https://www.vatican.va/content/francesco/de/speeches/2017/october/documents/papa-francesco_20171011_convegno-nuova-evangelizzazione.html, zuletzt geprüft am 23.01.2022.

Franziskus: Enzyklika „Laudato si` “ von Papst Franziskus über die Sorge für das gemeinsame Haus, 24. Mai 2015, in: Der Heilige Stuhl, verfügbar unter https://www.vatican.va/content/francesco/de/encyclicals/documents/papa-francesco_20150524_enciclica-laudato-si.html, zuletzt geprüft am 23.01.2022.

Franziskus: Nachsynodales Apostolisches Schreiben „Amoris laetitia“ des Heiligen Vaters Franziskus an die Bischöfe, an die Priester und Diakone, an die Personen des geweihten Lebens, an die christlichen Eheleute und an alle christgläubigen Laien über die Liebe in der Familie, 19. März 2016, in: Der Heilige Stuhl, verfügbar unter https://www.vatican.va/content/francesco/de/apost_exhortations/documents/papa-francesco_esortazione-ap_20160319_amoris-laetitia.html, zuletzt geprüft am 19.01.2022.

Franziskus: Schreiben von Papst Franziskus an den Präsidenten der internationalen Kommission gegen die Todesstrafe, 20.März 2015, in: Der Heilige Stuhl, verfügbar unter https://www.vatican.va/content/francesco/de/letters/2015/documents/papa-francesco_20150320_lettera-pena-morte.html, zuletzt geprüft am 23.01.2022.

Internationale Theologenkommission: Das Christentum und die Religionen, 30. September 1996, in: Der Heilige Stuhl, verfügbar unter https://www.vatican.va/roman_curia/congregations/cfaith/cti_documents/rc_cti_1997_cristianesimo-religioni_ge.pdf, zuletzt geprüft am 23.01.2022.

Johannes Paul II.: Enzyklika „Evangelium vitae“. An die Bischöfe, Priester und Diakone, die Ordensleute und Laien, sowie an alle Menschen guten Willens über den Wert und die Unantastbarkeit des menschlichen Lebens, 25. März

1995, in: Der Heilige Stuhl, verfügbar unter https://www.vatican.va/content/john-paul-ii/de/encyclicals/documents/hf_jp-ii_enc_25031995_evangelium-vitae.html, zuletzt geprüft am 23.01.2022.
Katholischer Katechismus der Bistümer Deutschlands, Freiburg 1955.
Kongregation für die Glaubenslehre: Erklärung „Dominus Iesus" über die Einzigkeit und Heilsuniversalität Jesu Christi und der Kirche, 06. August 2000, in: Der Heilige Stuhl, verfügbar unter https://www.vatican.va/roman_curia/congregations/cfaith/documents/rc_con_cfaith_doc_20000806_dominus-iesus_ge.html, zuletzt geprüft am 23.01.2022.
Kongregation für die Glaubenslehre: Schreiben an die Bischöfe über die neue Formulierung der Nr. 2267 des Katechismus der Katholischen Kirche bezüglich der Todesstrafe, 01. August 2018, in: Der Heilige Stuhl, verfügbar unter https://www.vatican.va/roman_curia/congregations/cfaith/documents/rc_con_cfaith_doc_20180801_lettera-vescovi-penadimorte_ge.html, zuletzt geprüft am 23.01.2022.
Paul VI.: Constitutio Apostolica „Indulgentiarum doctrina". Sacrarum Idulgentiarum recognition promulgatur, 01. Januar 1967, in: Der Heilige Stuhl, verfügbar unter: https://www.vatican.va/content/paul-vi/la/apost_constitutions/documents/hf_p-vi_apc_01011967_indulgentiarum-doctrina.html, zuletzt geprüft am 19.01.2022.
Paul VI.: Enzyklika seiner Heiligkeit Paul PP. VI. „Mysterium fidei" über die Lehre und den Kult der heiligen Eucharistie, 15. September 1965, in: Der Heilige Stuhl, verfügbar unter https://www.vatican.va/content/paul-vi/de/encyclicals/documents/hf_p-vi_enc_03091965_mysterium.html, zuletzt geprüft am 23.01.2022.

## Quellen aus der Philosophie- und Theologiegeschichte

Anselm von Canterbury: Proslogion. Anrede. Lateinisch/Deutsch, Stuttgart 2005.
Aristoteles: De sophisticis elenchis. Sophistische Widerlegungen, Heidelberg 1883.
Athanasius der Große: De incarnatione. Über die Menschwerdung des Logos und dessen leibliche Erscheinung unter uns, in: Übersetzung online: https://bkv.unifr.ch/de/works/82/versions/95/divisions/103195 auf der Grundlage von: Athanasius. Ausgewählte Schriften Bd. 2. Aus dem Griechischen übersetzt von Anton Stegmann und Hans Mertel (BKV I,31), München 1917.
Athanasius der Große: Orationes contra Arianos. Vier Reden gegen die Arianer, in: Übersetzung online https://bkv.unifr.ch/de/works/47/versions/60/divisions/93023 auf der Grundlage von: Des heiligen Athanasius ausgewählte Schriften. Aus dem Griechischen übersetzt (BKV I,13), München 1913.

Augustinus von Hippo: De civitate Dei. Zweiundzwanzig Bücher über den Gottesstaat, in: Übersetzung online https://bkv.unifr.ch/de/works/9/versions/20/divisions/102266 auf der Grundlage von: Des heiligen Kirchenvaters Aurelius Augustinus zweiundzwanzig Bücher über den Gottesstaat. Aus dem Lateinischen übersetzt von Alfred Schröder (BKV I,1,16,28), Kempten u.a. 1911–1916.

Augustinus von Hippo: De vera religione. De la vraie religion, in: Französische Übersetzung online https://bkv.unifr.ch/de/works/421/versions/605/divisions auf der Grundlage von: De la vraie religion. Traduction de M. l'abbé Joyeux. In Œuvres Complètes de Saint Augustin, tome III, pp 547 ss. Éd. L. Guérin, Bar-le-Duc 1864.

Augustinus von Hippo: Enchiridion ad Laurentiom, seu de fide, spe et caritate, in: Übersetzung online: https://bkv.unifr.ch/de/works/132/versions/150/divisions/51313 auf der Grundlage von: Des heiligen Kirchenvaters Aurelius Augustinus ausgewählte Schriften Bd. 8. Aus dem Lateinischen übersetzt (BKV I,49), Kempten u.a. 1925.

Augustinus von Hippo: Epistulae, online unter: https://www.augustinus.it/latino/lettere/index.htm auf der Grundlage von: Augustinus, Opera Omnia II (PL 33), Paris 1902.

Augustinus von Hippo: Sermones, online unter: https://www.augustinus.it/latino/discorsi/index.htm auf der Grundlage von Augustinus, Opera Omnia V/1 (PL 38), Paris 1865.

Augustinus von Hippo: Tractatus in Euangelium Iohannis. Vorträge über das Johannes-Evangelium, in: Übersetzung online https://bkv.unifr.ch/de/works/34/versions/46/divisions/113028 auf der Grundlage von: Des heiligen Kirchenvaters Aurelius Augustinus Vorträge über das Evangelium des hl. Johannes. Übersetzt und mit einer Einleitung versehen von Thomas Specht (BKV I,8,11,19), München 1913–1914.

Boethius: Philosophiae consolatio. Trost der Philosophie, in: Übersetzung online https://bkv.unifr.ch/de/works/315/versions/336/divisions/126852 auf der Grundlage von: Anicius Manlius Severinus Boethius: Trost der Philosophie. Übersetzt von Eberhard Gothein, Berlin 1932.

Camus, Albert: Der Mythos des Sisyphos, Reinbek bei Hamburg 2000.

Clemens von Alexandrien: Stromata. Teppiche, in: Übersetzung online https://bkv.unifr.ch/de/works/172/versions/191/divisions/108656 auf der Grundlage von: Ders.: Teppiche. Wissenschaftliche Darlegungen entsprechend der wahren Philosophie (Stromateis). Aus dem Griechischen übersetzt von Geh. Regierungsrat Prof. Dr. Otto Stählin (BKV II,17,19,20), München 1936–1938.

Clemens von Rom: Erster Brief an die Korinther, in: Übersetzung online https://bkv.unifr.ch/de/works/1/versions/1/divisions auf der Grundlage von: Erster Brief des Klemens an die Korinther. Aus dem Griechischen übersetzt von Franz Zeller. In: Die Apostolischen Väter (BKV I,35), München 1918, 25–69.

Das Augsburger Bekenntnis (Confessio Augustana), online unter: https://www.ekd.de/Augsburger-Bekenntnis-Confessio-Augustana-13450.htm, zuletzt geprüft am 03.02.2022.

Der Koran. Aus dem Arabischen übertragen von Hartmut Bobzin unter Mitarbeit von Katharina Bobzin, München [2]2015.

Die Schmalkaldischen Artikel, in: Die Bekenntnisschriften der Evangelisch-Lutherischen Kirche. Vollständige Neuedition herausgegeben von Irene Dingel im Auftrag der EKD, Göttingen 2014, 713–788.

Dionysius Areopagita: De divinis nominibus. Schriften über „göttliche Namen", in: Übersetzung online https://bkv.unifr.ch/de/works/149/versions/168/divisions/54990 auf der Grundlage von: Des heiligen Dionysius Areopagita angebliche Schriften über „Göttliche Namen"; angeblicher Brief an den Mönch Demophilus. Aus dem Griechischen übersetzt von Josef Stiglmayr (BKV II,2), Kempten u.a. 1933.

Epiphanius von Salamis: Panarioan Haer. Gegen die Antidikomarianiten, in: Übersetzung online: https://bkv.unifr.ch/de/works/114/versions/132/divisions/49359 auf der Grundlage von: Des heiligen Epiphanius von Salamis Erzbischofs und Kirchenlehrers ausgewählte Schriften. Aus dem Griechischen übersetzt von Josef Hörmann (BKV I,38), Kempten u.a. 1919.

Feuerbach, Ludwig: Das Wesen der Religion. 30 Vorlesungen, Leipzig [11–15 Tsd.]1908.

Feuerbach, Ludwig: Das Wesen des Christentums, Leipzig [3]1909.

Flavius Josephus: Des Flavius Josephus jüdische Altertümer (Antiquitates Iudaicae). Übersetzt und mit Einleitung und Anmerkungen versehen von Heinrich Clementz, Wiesbaden [12]1994.

Freud, Sigmund: Die Zukunft einer Illusion, in: Ders.: Gesammelte Werke: 14. Werke aus den Jahren 1925–1931, London 1948, 323–380.

Freud, Sigmund: XXXV. Vorlesung. Über eine Weltanschauung, in: Ders.: Gesammelte Werke: 15. Neue Folge der Vorlesungen zur Einführung in die Psychoanalyse, London [3]1961, 170–197.

Freud, Sigmund: Zwangshandlungen und Religionsübungen, in: Ders.: Gesammelte Werke: 7. Werke aus den Jahren 1906–1909, London 1941, 129–139.

Fulgentius von Ruspe: De fide ad Petrum. Vom Glauben an Petrus, in: Übersetzung online https://bkv.unifr.ch/de/works/159/versions/178/divisions/56825 auf der Grundlage von: Das Leben des hl. Fulgentius. Des hl. Bischofs Fulgentius von Ruspe Vom Glauben an Petrus; Ausgewählte Predigten. Aus dem Lateinischen übersetzt von Leo Kozelka (BKV II,9), Kempten u.a. 1934.

Ignatius von Antiochien: Die sieben Briefe des Ignatius von Antiochien, in: Übersetzung online https://bkv.unifr.ch/de/works/105/versions/121/divisions auf der Grundlage von: Die sieben Briefe des Ignatius von Antiochien. Aus dem Griechischen übersetzt von Franz Zeller, in: Die Apostolischen Väter (BKV I,35), München 1918, 117–156.

Irenäus von Lyon: Contra haereses. Gegen die Häresien, in: Übersetzung online https://bkv.unifr.ch/de/works/18/versions/30/divisions/111765 auf der Grundlage von: Des heiligen Irenäus fünf Bücher gegen die Häresien. Aus dem Griechischen übersetzt von E. Klebba (BKV I,3), München 1912.

Justin der Märtyrer: Apologia (secunda). Zweite Apologie, in: Übersetzung online https://bkv.unifr.ch/de/works/40/versions/52/divisions/114398 auf der Grundlage von: Frühchristliche Apologeten und Märtyrerakten, Band I (BKV I,12), München 1913, 139–155.

Justin der Märtyrer: Dialogus cum Tryphone. Dialog mit dem Juden Trypho, in: Übersetzung online: https://bkv.unifr.ch/de/works/87/versions/100/divisions/96998 auf der Grundlage von: Justinus. Dialog (BKV I,33), Kempten u.a. 1917.

Kant, Immanuel: Kritik der reinen Vernunft. Herausgegeben von Wilhelm Weischedel, Frankfurt a.M. [10]2020.

Leo der Große: Sermones. Sämtliche Sermonen, in: Übersetzung online https://bkv.unifr.ch/de/works/137/versions/155/divisions/97640 auf der Grundlage von: Sämtliche Sermonen. Aus dem Lateinischen übersetzt und mit Einleitung und Inhaltsangaben versehen von Dr. Theodor Steeger (BKV I,54–55), München 1927.

Marx, Karl: Zur Kritik der Hegelschen Rechtsphilosophie. Einleitung, in: Ders./Engels, Friedrich: Werke. Band 1, Berlin 1976, 378–391.

Nietzsche, Friedrich: Die fröhliche Wissenschaft, in: Ders.: Kritische Gesamtausgabe V/2. Idyllen aus Messina. Die fröhliche Wissenschaft. Nachgelassene Fragmente. Frühjahr 1881 bis Sommer 1882, Berlin u.a. 1973, 11–335.

Nietzsche, Friedrich: Ecce homo, in: Ders.: Sämtliche Werke Band 6. Der Fall Wagner. Götzendämmerung. Der Antichrist. Ecce homo. Dionysos-Dithyramben. Nietzsche contra Wagner, Berlin u.a. [2]2021, 255–374.

Origenes: Contra Celsum. Gegen Celsus, in: Übersetzung online: https://bkv.unifr.ch/de/works/136/versions/154/divisions/125387 auf der Grundlage von: Origenes. Acht Bücher gegen Celsus. Aus dem Griechischen übersetzt von Paul Koetschau (BKV I,52 und 53), München 1926.

Origenes: De principiis. Über die Grundlehren der Glaubenswissenschaft, in: Übersetzung online https://bkv.unifr.ch/de/works/318/versions/339/divisions/107606 auf der Grundlage von: Origenes über die Grundlehren der Glaubenswissenschaft. Wiederherstellungsversuch von Dr. Karl Fr. Schnitzer, Stuttgart 1835.

Tertullian: Ad uxorem. Die zwei Bücher an seine Frau, in: Übersetzung online https://bkv.unifr.ch/de/works/29/versions/41/divisions auf der Grundlage von: Die zwei Bücher an seine Frau. Aus dem Lateinischen übersetzt von Dr. K.A. Heinrich Kellner, in: Tertullian: Private und katechetische Schriften (BKV I,7), München 1912, 60–84.

Tertullian: De carne Christi. Über den Leib Christi, in: Übersetzung online: https://bkv.unifr.ch/de/works/324/versions/345/divisions/109840 auf der Grund-

lage von: Tertullians Sämtliche Schriften. Aus dem Lateinischen übersetzt von Karl Adam Heinrich Kellner, Köln 1882.
The Koren Siddur. With introductions, translation and commentary by Rabbi Jonathan Sacks, Jerusalem 2009.
Thomas von Aquin: Summa contra Gentiles (ScG), 4 Bände, Darmstadt 2001.
Thomas von Aquin: Summa Theologiae, online unter: https://www.corpusthomisticum.org/sth0000.html.

## Allgemeine Literatur

Althaus-Reid, Marcella: Indecent theology, London 2000.
Amor, Christoph: Ist der Himmel auch für Tiere offen? In: Geist und Leben 89 (2016), 268–273.
Ansorge, Dirk/Kehl, Medard: Und Gott sah, dass es gut war. Eine Theologie der Schöpfung, Freiburg i.Br. u.a. [3]2018.
Bachl, Gottfried: Der schwierige Jesus, Innsbruck u.a. [2]1996.
Bachl, Gottfried: Über den Tod und das Leben danach, Graz 1980.
Backhaus, Knut: „Das Göttliche an unserem Gott ist seine Menschlichkeit". Jesus von Nazaret und die Kirche heute, in: Ernst, Josef (Hg.): Jesus Christus, Gottes Sohn, Paderborn 1998, 191–212.
Backhaus, Knut: Jesus und Johannes der Täufer, in: Schröter, Jens (Hg.): Jesus-Handbuch, Tübingen 2017, 245–252.
Barth, Karl: Die kirchliche Dogmatik. Dritter Band: Die Lehre von der Schöpfung. Erster Teil, Zollikon-Zürich, 1945.
Barth, Karl: Die kirchliche Dogmatik. Dritter Band: Die Lehre von der Schöpfung. Zweiter Teil, Zollikon-Zürich 1948.
Bernhard, Reinhold: Inter-Religio. Das Christentum in Beziehung zu anderen Religionen, Zürich 2019.
Betz, Johannes: Eucharistie in der Schrift und Patristik (Handbuch der Dogmengeschichte IV/4a), Freiburg i.Br. u.a. 1979.
Boros, Ladislaus: mysterium mortis. Der Mensch in der letzten Entscheidung, Mainz 1993.
Brand, Fabian: Gottes Lebensraum und die Lebensräume der Menschen. Impulse für eine topologische Theologie, Münster 2021.
Büchner, Georg: Datons Tod, in: Ders.: Werke und Briefe. Neue, durchgesehene Ausgabe, hg. von F. Bergemann, Frankfurt a.M. [13]1979.
Dürnberger, Martin: Die Heterotopie des Fegefeuers. Über das Befreiende im Schrecklichen, in: Hoff, Gregor Maria (Hg.): Gott im Kommen. Berichtsband der Salzburger Hochschulwochen 2006, Innsbruck u.a. 2006, 259-282.

Feldmeier, Reinhard/Spieckermann, Hermann: Der Gott der Lebendigen. Eine biblische Gotteslehre, Tübingen 2011.

Feldmeier, Reinhard/Spieckermann, Hermann: Menschwerdung, Tübingen 2018.

Gertz, Jan Christian: Das erste Buch Mose (Genesis). Die Urgeschichte Gen 1–11, Göttingen 2018.

Gertz, Jan Christian: Tora und Vordere Propheten, in: Ders. (Hg.): Grundinformation Altes Testament, Göttingen [4]2010, 193–311.

Gnilka, Joachim: Jesus von Nazaret. Botschaft und Geschichte, Freiburg i.Br. u.a. [4]1995.

Greshake, Gisbert: Art. Auferstehung der Toten/des Fleisches, LThK[3] (1993), 1198–1206.

Greshake, Gisbert: Bemerkungen zur Endentscheidungshypothese, in: Ders./ Lohfink, Gerhard: Naherwartung, Auferstehung, Unsterblichkeit. Untersuchungen zur christlichen Eschatologie (QD 71), Freiburg i.Br. u.a. [4]1982, 121-130.

Greshake, Gisbert: Die Leib-Seele-Problematik und die Vollendung der Welt, in: Ders./Lohfink, Gerhard: Naherwartung, Auferstehung, Unsterblichkeit. Untersuchungen zur christlichen Eschatologie (QD 71), Freiburg i.Br. u.a. [4]1982, 156–184.

Grillmeier, Alois: Jesus der Christus im Glauben der Kirche. Band 1: Von der Apostolischen Zeit bis zum Konzil von Chalcedon (451), Freiburg i.Br. u.a. [3]1990.

Hick, John: Eine Philosophie des religiösen Pluralismus, in: MThZ 45 (1994), 301–318.

Hoff, Gregor Maria: Glaubensräume 2. Topologische Fundamentaltheologie 1. Der theologische Raum der Gründe, Ostfildern 2021.

Imhof, Paul/Biallowons, Hubert (Hg.): Karl Rahner im Gespräch. Band 1: 1964–77, München 1982.

Janowski, Bernd: Anthropologie des Alten Testaments. Grundfragen – Kontexte – Themenfelder, Tübingen 2019.

Kasper, Walter: Jesus der Christus (Gesammelte Schriften Band 3), Freiburg i.Br. u.a. 2007.

Kehl, Medard: Die Kirche. Eine katholische Ekklesiologie, Würzburg [2]1993.

Kehl, Medard: Eschatologie, Würzburg [2]1988.

Kessler, Hans: Das Stöhnen der Natur. Plädoyer für eine Schöpfungsspiritualität und Schöpfungsethik, Düsseldorf 1990.

Kessler, Hans: Sucht den Lebenden nicht bei den Toten. Die Auferstehung Jesu Christi, Würzburg [2]2011.

Klausnitzer, Wolfgang: Der Primat des Bischofs von Rom. Entwicklung, Dogma, ökumenische Zukunft, Freiburg i.Br. u.a. 2004.

Klausnitzer, Wolfgang: Glaube und Wissen. Lehrbuch der Fundamentaltheologie für Studierende und Religionslehrer, Regensburg [2]2008.

Klinger, Elmar: Die dogmatische Konstitution über die Kirche „Lumen gentium“, in: Bischof, Franz Xaver/Leimgruber, Stephan (Hgg.): Vierzig Jahre II. Vatikanum. Zur Wirkungsgeschichte der Konzilstexte, Würzburg 2004, 74–97.

Knop, Julia: Beziehungsweise. Theologie der Ehe, Partnerschaft und Familie, Regensburg 2019.

Koch, Günter: Sakramentenlehre, in: Beinert, Wolfgang (Hg.): Glaubenszugänge. Handbuch der Dogmatik, Band 3, Paderborn 1995, 309–523.

Köckert, Matthias: Die Entstehung des Bilderverbots, in: Spieckermann, Hermann u.a. (Hgg.): Die Welt der Götterbilder, Berlin u.a. 2007, 272–290.

Körner, Reinhard: Christsein auf den Punkt gebracht (2), in: Karmelimpulse 23 (2013), 5–9.

Krebs, Andreas: Gottes Verheißung, Gottes Scheitern. Eine Theologie im Horizont der offenen Gottesfrage ausgehend von der Namensoffenbarung JHWHs in Exodus 3,14, Freiburg i.Br. u.a. 2021.

Küng, Hans: Die Kirche, in: Ders.: Kirche. Sämtliche Werke Band 3, Freiburg i.Br. u.a. 2015, 103–583.

Lehrverurteilungen – kirchentrennend? I: Rechtfertigung, Sakramente und Amt im Zeitalter der Reformation und heute. Herausgegeben von Karl Lehmann und Wolfhart Pannenberg, Freiburg i.Br. u.a. 1986.

Lohfink, Gerhard: Was kommt nach dem Tod?, Ders./Greshake, Gisbert: Naherwartung, Auferstehung, Unsterblichkeit. Untersuchungen zur christlichen Eschatologie (QD 71), Freiburg i.Br. u.a. [4]1982, 208–223.

Lohfink, Gerhard: Zur Möglichkeit christlicher Naherwartung, in: Ders./Greshake, Gisbert: Naherwartung, Auferstehung, Unsterblichkeit. Untersuchungen zur christlichen Eschatologie (QD 71), Freiburg i.Br. u.a. [4]1982, 38–81.

Marcel, Gabriel: Geheimnis des Seins, Wien 1952.

Metz, Johann Baptist: Religion ist Mitleidenschaft (2001), in: Ders.: Gespräche, Interviews, Antworten. Eine Auswahl (Gesammelte Schriften, Band 8), Freiburg i.Br. u.a. 2017, 192–195.

Moltmann, Jürgen: Der gekreuzigte Gott. Das Kreuz Christi als Grund und Kritik christlicher Theologie, München [4]1981.

Müller, Gerhard Ludwig: Katholische Dogmatik. Für Studium und Praxis der Theologie, Freiburg i.Br. u.a. [5]2003.

Nachama, Andreas/Homolka, Walter/Bomhoff, Hartmut: Basiswissen Judentum, Freiburg u.a. 2015.

Neunheuser, Burkhard: Eucharistie in Mittelalter und Neuzeit (Handbuch der Dogmengeschichte IV/4b), Freiburg i.Br. u.a. 1963.

Ott, Ludwig: Grundriss der Dogmatik, Freiburg i.Br. 1952.

Pohle, Josef: Lehrbuch der Dogmatik in sieben Büchern. Für akademische Vorlesungen und zum Selbstunterricht. Band 3, Paderborn [4]1910.

Premm, Matthias: Katholische Glaubenskunde 1953

Pröpper, Thomas: Erlösungsglaube und Freiheitsgeschichte. Eine Skizze zur Soteriologie, München [2]1988.

Pröpper, Thomas: Theologische Anthropologie (2 Bände), Freiburg i.Br. [2]2012 (Kartonierte Studienausgabe 2015).

Pröpper, Thomas: Thesen zum Wunderverständnis, in: Ders.: Evangelium und freie Vernunft. Konturen einer theologischen Hermeneutik, Freiburg i.Br. u.a. 2001, 225–244.

Rahner, Karl: Die Ehe als Sakrament, in: Ders.: Schriften zur Theologie. Band 8, Einsiedeln 1967, 519–540.

Rahner, Karl: Hörer des Wortes. Zur Grundlegung einer Religionsphilosophie, München 1941.

Rahner, Karl: Warum lässt Gott uns leiden?, in: Ders.: Schriften zur Theologie. Band 14, Köln 1980, 450–466.

Ratzinger, Joseph/Benedikt XVI.: Eschatologie. Tod und ewiges Leben, Regensburg 2007.

Ratzinger, Joseph: Art. Himmel, in: LThK[2] (1957–1964) Bd. V, 355–358.

Ratzinger, Joseph: Art. Hölle, in: LThK[2] (1957–1964) Bd. V, 446–449.

Ratzinger, Joseph: Christi Himmelfahrt, in: Dogma und Verkündigung, München [3]1977, 357–362.

Ratzinger, Joseph: Einführung in das Christentum. Vorlesungen über das Apostolische Glaubensbekenntnis, München [6]2005.

Ratzinger, Joseph: Einleitung und Kommentar zum Vorwort und zu Kapitel I, II und VI der Offenbarungskonstitution Dei Verbum, in: LThK[2] Erg.-Bd. II (1967), 498–528 und 571–581.

Ratzinger, Joseph: Mein Glück ist es, in deiner Nähe zu sein. Vom christlichen Glauben an das ewige Leben, in: Der.: Gesammelte Schriften. Band 10. Auferstehung und ewiges Leben. Beiträge zur Eschatologie und zur Theologie der Hoffnung, Freiburg i.Br. u.a. 2012, 452–467.

Remenyi, Matthias: Apokalyptischer Weltenbrand oder Hoffnung für den ganzen Kosmos? Theologische Überlegungen zum Ende der Welt, in: Theologische Quartalschrift 188 (2008), 50–68.

Remenyi, Matthias: Auferstehung denken. Anwege, Grenzen und Modelle personaleschatologischer Theoriebildung, Freiburg i.Br. 2016.

Remenyi, Matthias: Stellvertretung, nicht Äquivalenz. Überlegungen zur Soteriologie im Anschluss an *Cur Deus homo*, in: Schärtl, Thomas u.a. (Hgg.): Handbuch für Analytische Theologie, Münster 2017, 695–719.

Sander, Hans-Joachim: Glaubensräume. Topologische Dogmatik Band 1, Ostfildern 2019.

Sander, Hans-Joachim: Theologischer Kommentar zur Pastoralkonstitution über die Kirche in der Welt von heute *Gaudium et spes*, in: Hünermann, Peter/Hil-

berath, Bernd Jochen (Hgg.): Herders Theologischer Kommentar zum Zweiten Vatikanischen Konzil (Band 4), Freiburg i.Br. u.a. 2005, 581–886.
Schell, Hermann: Katholische Dogmatik in sechs Büchern. Band III,2, Paderborn 1893.
Schick, Ludwig: Das dreifache Amt Christi und der Kirche. Zur Entstehung und Entwicklung der Trilogien, Frankfurt a.M. 1982.
Schlier, Heinrich: Der Römerbrief (Herders Theologischer Kommentar zum Neuen Testament), [2]1979.
Schmidt-Leukel, Perry: Gott ohne Grenzen. Eine christliche und pluralistische Theologie der Religionen, Gütersloh 2005.
Schmitz, Josef: Das Christentum als Offenbarungsreligion im kirchlichen Bekenntnis, in: Kern, Walter u.a. (Hgg.): Handbuch der Fundamentaltheologie. Band 2: Traktat Offenbarung, Tübingen u.a. 1985, 15–27.
Schnackenburg, Rudolf: Der Brief an die Epheser (EKK), Zürich u.a. 1982.
Schockenhoff, Eberhard: Die Kunst zu lieben. Unterwegs zu einer neuen Sexualethik, Freiburg i.Br. u.a. 2021.
Seckler, Max: Der theologische Begriff der Religion, in: Kern, Walter u.a. (Hg.): Handbuch der Fundamentaltheologie. Band 1, Traktat Religion, Freiburg i.Br. u.a. 1985, 173–194.
Stosch, Klaus von: Komparative Theologie als Herausforderung für die Theologie des 21. Jahrhunderts, online unter: https://kw.uni-paderborn.de/fileadmin/fakultaet/Institute/kath-theologie/Systematische_Theologie/Prof._Dr._Klaus_von_Stosch/Publikationen/3._Artikel_Articles/25._KOMPARATIVE_THEOLOGIE.pdf, zuletzt geprüft am 03.02.2022.
Tillich, Paul: Symbol und Wirklichkeit, Göttingen 1962.
Verweyen, Hansjürgen: Gottes letztes Wort. Grundriss der Fundamentaltheologie, Regensburg [4]2002.
Werbick, Jürgen: Bilder sind Wege. Eine Gotteslehre, München 1992.
Werner, Helmut (Hg.): Das islamische Totenbuch. Jenseitsvorstellungen des Islam, Bergisch-Gladbach 2002.
Whitehead, Alfred North: Prozeß und Realität. Entwurf einer Kosmologie, Frankfurt a.M. [9]2021.
Winkler, Ulrich: Wege der Religionstheologie. Von der Erwählung zur komparativen Theologie, Innsbruck u.a. 2013.
Wolff, Hans Walter: Anthropologie des Alten Testaments, Darmstadt 2010.
Wolter, Michael: Paulus. Ein Grundriss seiner Theologie, Göttingen [3]2021.
Zenger, Erich: „Gott hat keiner jemals geschaut" (Joh 1,18). Die christliche Gottesrede im Angesicht des Judentums, in: Ders.: Mit Gott ums Leben kämpfen. Das Erste Testament als Lern- und Lehrbuch. Herausgegeben von Christoph Dohmen und Paul Deselaers, Freiburg i.Br. u.a. 2020, 151–170.

Zenger, Erich: Lebenshaus für alle. Die Botschaft der biblischen Schöpfungstheologie, in: Ders.: Mit Gott ums Leben kämpfen. Das Erste Testament als Lern- und Lehrbuch. Herausgegeben von Christoph Dohmen und Paul Deselaers, Freiburg i.Br. u.a. 2020, 323–342.